# 史学管见集

◎ 张绪山 著

生活·讀書·新知 三联书店

# 目 录

自 序　1

## 欧洲中古史与年鉴学派

论威克利夫宗教改革思想及其影响　1
试论经院哲学与文艺复兴的关系　26
论马丁·路德宗教改革对经院哲学的继承和发展　36
论经院哲学对近代科学思维的贡献　48
14世纪欧洲黑死病及其社会影响　76
文艺复兴和宗教改革时期的西欧史学理论　89
法国年鉴学派产生的历史条件及其评价　116
年鉴学派的史学理论　127
马克·布洛赫与《国王神迹》　154

## 古代中国与希腊罗马世界

近百余年黎轩、大秦问题研究述略　180
3世纪以前希腊罗马世界与中国在欧亚草原之路上的交流　196
罗马帝国沿海路向东方的探索　207
"中国境内罗马战俘城"问题检评　223
关于"公元100年罗马商团到达中国"问题的思考　237
《后汉书·西域传》记载的一段希腊神话　245

汉籍所载希腊渊源的"女人国"传说　254
6至7世纪拜占庭帝国与西突厥汗国的交往　261
6至7世纪拜占庭帝国对中国的丝绸贸易活动及其历史见证　277
"桃花石"（Ταυγάστ）名称源流考　296

## 史学散论与随笔

奥运发展史上的奥林匹克精神　310
学术著作的翻译与世界史研究的前景　317
"国学"困境三题　321
"以史为鉴"是否可能　328
历史学是何种意义上的"科学"？　335
略论儒家思想不属于人本主义范畴——向吴于廑先生求教　344
"儒家资本主义"论是假命题　350
"学以致用"观是非论　357
"学而优则仕"传统功过说　363
"做官发财"积习历久不衰原因论　370
妾妇之道与传统"谏议"政治——读《晏子春秋》有感　379
传统政治伦理中的两种权力正义观
　　——从诸葛亮与王朗的对骂说开去　385
"汤武革命论"与中国传统政治伦理　390

**后　记**　401

# 自 序

本书所收文字分为三个部分。第一部分涉及欧洲中世纪史与年鉴学派；第二部分涉及中国与希腊罗马世界的交流；第三部分则是在所谓"正业"之余所写的史学散论与随笔，是我进行史学研究通俗化尝试的部分成果。在写作时间上，这些文字跨越近三十年。

我读史的兴趣最初集中于欧洲中世纪史。"威克利夫"一文是我于1984—1987年攻读硕士学位的论文。后来曾搜集资料，准备对这个题目进行更多研究，但自20世纪90年代初我的兴趣已经转移，此后再没有回到这个专题上来。现在看来此文颇幼稚，但作为当时"入行资格"的作品，写作颇为用心，故对它有特殊的情感。现在收入此书，除注释稍作变动，其他一仍其旧，目的是存其本相。令我感到欣慰的是，此后二十多年已经陆续有人关注这个题目并展开研究，但这篇旧作的影子还隐隐可见。

我最初的总体研究设想，是从欧洲中世纪盛期开始，向近代早期延伸。无论是对经院哲学的关注，还是对"黑死病"的探讨，都是这一设想的体现。随着研究的深入，我发现经院哲学在欧洲中世纪文化向近代文化的演变中居于枢纽地位，于是下决心探讨经院哲学与文艺复兴、宗教改革的关系，具体说，就是从文化发展的量变、质变原则与继承性原则，来理解欧洲中古盛期文化与晚期文化运动的联系。这一主题，尤其是经院哲学与近代科学思维的联系，至今仍然是我感兴趣的问题之一。我对法国年鉴学派的关注基本上服从这一设想，但后来的兴趣逐渐转向马克·布洛赫的作品，开始致力于其代表作的翻译。

最近二十余年我的学术兴趣所在是古代中外交流史研究，尤其是汉唐中国与希腊罗马世界的交流，大多数研究成果已纳入2012年出版的《中国与拜占庭帝国关系研究》（中华书局）一书中。本书第二部分收入的是不便于收入上书的文字。不过，最近所写的一些文章另有安排，未纳入本书之中。

我对史学散论与随笔的写作一直怀有浓厚的兴趣，认为这是将严肃的史学研究转化为大众精神食粮的一种重要手段，为此进行了不间断尝试。我喜爱这种文字，主要是因为它形式自由，无需受制于所谓的"学术规范"，刻板地提供叠床架屋、花哨烦琐的提要、注释、关键词等等；而且它多为有感而发，主题灵活，可长可短，能够最大程度地体现作者的灵性与才情；更重要的是，它符合读者的阅读趣味，节省阅读时间，而获得的启迪则毫不逊色于高头讲章。长期以来，我就是这类文章的忠实读者。本书第三部分所收入的便是这类史学散论与随笔。

三十载光阴从身边悄然流逝，直如白驹过隙；如染秋霜的白发日渐增多，而求学的雄心却愈加消磨。逝者如斯，思之黯然。

欧洲中古史与年鉴学派

# 论威克利夫宗教改革思想及其影响

在欧洲宗教改革史上，14世纪英国著名的神学家约翰·威克利夫（John Wycliffe, 1320—1384）被誉为"宗教改革运动的晨星"。文化史家威尔·杜兰认为，欧洲的"宗教改革真正开始于14世纪的约翰·威克利夫……由15世纪的约翰·胡司推波助澜，而到达16世纪，在鲁莽的威登堡修士（指路德——引者）手中开始大放异彩"。[1]作为开欧洲宗教改革运动之先河的宗教改革家，威克利夫的宗教改革思想，对欧洲后来长达二百年的宗教改革运动产生了深远的影响。

## 一、威克利夫的宗教改革思想

威克利夫大约于1320年生于英国的约克郡，1384年卒于路特沃斯（Lutterworth）。作为英国著名的学者和神学家，他的一生大部分时间是在学校中度过的。威克利夫早年就学于牛津大学的女王学院、默顿学院和巴里奥学院，1360年担任巴里奥学院院长。1361年他辞去院长职务，出任斐灵汉（Filingham）教区的神甫。1363年和1368年获得林肯郡主教的准许，到牛津大学进行研究，于1369年和1372年先后获得神学学士和博士学位。这说明，在1372年即他50多岁时还信奉正统教义。1374年4月，爱德华三世授他以路特沃斯教区长职务。7月受命参加皇室代表团前往布鲁日，与教皇代表就教皇在英国征税和

---

[1] 威尔·杜兰:《世界文明史》，第18卷,《从威克利夫到路德》，中国台北，1977年版，原序第3页。

任命神职人员等问题进行谈判，无功而返。这次谈判使威克利夫认识到教皇的虚伪和贪婪，对他影响很大。威克利夫回到牛津后，于1374年至1376年间发表一系列讲演，批判教会的统治。他将讲演所表达的思想加以发挥，写成《论神权》(De Dominio Divinio)和《论民权》(De Civili Dominio)，表明他脱离了正统教义，走上了宗教改革的道路。

威克利夫的宗教改革，乃是14世纪中后期英国社会重大变化的产物。当时英国社会的重大变化是：农村商品经济获得重大发展，劳役和实物地租被货币地租所取代，农奴制实际上"已经不存在了"；城市数量增加，市民势力业已壮大；羊毛业迅速发展，纺织业壮大起来，农村封建贵族的中下层从封建等级中分化出来，投身于获利的农产品和羊毛贸易中，同市民阶级在利益上日趋一致；与此相伴随的是，作为封建统治精神支柱的天主教会却日趋腐败堕落。"在14世纪的英国教士阶层中，只有比较少数的人从事一般人认为是他们之所以有理存在的工作，即灵魂得救的工作。"[1]教会的荒淫无耻成为人们切齿痛恨的对象。教廷依恃昔日巨大国际统治中心的优势，仍然蛮横地干涉各国的内政，激起了王权逐渐强大的欧洲各国，特别是英国的不满和反抗。英国多次颁布法令，反对教廷对英国国内事务的干涉。[2]百年

---

[1] 希尔顿·法根:《1381年的英国人民起义》，生活·读书·新知三联书店，1956年版，第60页。

[2] 英国王权和教会的斗争由来已久。早在亨利一世（1100—1135）时双方经斗争后达成妥协，规定国王有选择主教之权，英国主教须先由国王指定，然后由大礼拜堂的教士会议选举，再由教皇正式授职，最后以封臣身份向国王行臣服礼。亨利二世（1154—1189）为建立国教会，于1164年制定了著名的《克拉林顿宪法》，其中规定：英国境内的主教、大主教此后必须向国王效忠；不得向教皇尽忠纳贡，如未得英王允许，不得擅自出国；未得英王允许，不得选任神职人员，亦不得宣布任何英国臣民破门；除非纯属教会事务，其他一切案件必须交由国家法庭处理。亨利二世因形势不利，放弃其计划。失地王约翰（1199—1216）同教皇英诺森三世的斗争也以失败告终，被迫缴纳大量贡银。教皇的勒索激起王权更激烈的行动。1279年，英国《永代让渡法》(The Statute of Mortmain)通过，禁止把属于俗权的土地编入教会中。1333年，爱德华三世（1327—1377）拒绝交付失地王约翰向教皇保证的贡银。1351年，《神职官员法案》(The Statute of Provisors)颁布，禁止英国的神职人员由教皇任命。1353年，英国国会通过《反教权法案》(The Statute of Praemunire)，严禁英国人把任何法庭的诉讼案交给"外国"（教皇）法庭处理。1365年，《第二反教权法案》(The Second Statute of Praemunire)重申《反教权法案》的精神。1376年英国国会公开指责英国境内的教皇税吏将大笔钱财交给教皇，及遥领职衔的法国红衣主教从英国郊区抽取大量财物。至此，英国王权及国会的反教会的民族主义已经形成。

战争(1337—1453)爆发以后,教廷站在法国一边,对英国采取敌对态度,使英国的反教会情绪更为强烈。

在英国,教会成为一切矛盾冲突的集结点:王权反对教廷的干涉,要求建立民族的中央集权的国家政权;大贵族和骑士想夺取教会的财产以自肥;农民反对教会的压榨、掠夺和精神欺骗;作为一支正在崛起的新兴力量,市民阶级反教会的愿望最为迫切,他们要求抵制教会繁苛的剥削和非法统治,摆脱教会旧教条的束缚,建立新的为自己服务的教会和宗教信条。威克利夫作为时代潮流的代表者,正是顺应这个时代的发展趋势,在实践中形成了一套新的宗教改革的理论主张。

威克利夫的宗教改革思想包括前提和结论两个部分。

"神恩统治论"(Dominion by Grace)是威克利夫宗教改革思想的前提和基石。在《论神权》和《论民权》等著作中,威克利夫认为,所有权威都建立在神恩的基础之上;在最高意义上,统治权属于上帝,上帝是至高无上的主宰,"人类所有的权力都以神的权威为前提……所以一切正当的对人类的统治权,都以和上帝相关的正当权威为前提,但是任何犯有大罪的人缺乏与上帝相关的正当统治权,所以他没有正当的权威"。[1]上帝是大地万物的主宰和所有者,一切东西都属于上帝,所有人从上帝那里直接得到这些东西。"对一个人来说,除非上帝首先把礼物给予了他,否则他不可能合法地给人以上帝的礼物,所以一个生灵得到礼物时,是上帝首先给予了他。"[2]从这一点出发,威克利夫论及教会的权力,通常含糊地说,"神甫赦免了悔悟之人的罪",正确地说,应是上帝首先赦免了人的罪;同样,人们说圣餐中"神甫制造了基督的肉体",确切地说,神甫制造的只是代表基督肉体的东西(面包)。基督肉体的临在是靠基督神奇的力量,不是神甫的力量所能办到的。

---

[1] 迈尔斯:《英国历史文献》(A. R. Mayers, *English Historical Documents*, London 1969),第4卷,第885页。

[2] 同上,第885页。

威克利夫认为，人类的始祖亚当和夏娃是有自由意志的，由于他们背叛了上帝，使他们本身及其后代都丧失了自由意志，坠入了罪恶之中。只有受上帝恩宠，蒙上帝喜爱者，才能获得救赎，重新回到上帝的怀抱。上帝将恩宠赐给其所喜爱者，并在人出生前就预定永生。每个人会失去永生，或因得救而得永生。[1]忠于上帝者，将会受到上帝的恩宠。每个人对上帝的关系都是直接的，不需要任何中间媒介。如果教皇或神甫声称必须介入，则应予拒斥。"神恩统治论"确立了上帝的至上权威，排除了横在上帝和人之间的教会，否定了它存在的必要性，以及教会人员的特殊作用和特权地位。

在"神恩统治论"的前提下，威克利夫提出了他的教会观、圣礼观和教义观。

首先，对于教会，威克利夫否定它拥有世俗权力，特别是世俗财产权。他认为，教会占有世俗财产，是和福音法相悖的。按照《圣经》，教会不应有世俗财产；财产是罪的结果，基督和信徒们没有财产。教士一旦拥有财产，即是背离了耶稣的教导，随即也就无法完成与灵界交往的特殊任务了。威克利夫指出，当时的教会，从教皇到教士都在掠夺、侵吞世俗财产，犯着不可饶恕的大罪。被认为是教会首脑的教皇总揽了世界上的财产和政治权威，"耶稣基督没有寸土之地，但人们说这位教皇（指格里高利十一世——引者）却拥有半个帝国的领土……耶稣至为谦卑，但教皇却端坐在宝座上，使各郡领主低吻其足"，并公开干着指挥教士兜售赦罪券、搜刮民财的勾当；"被反基督者带入教会的大主教们以买卖圣职向人们讨价还价，并用其他手段欺骗世人"[2]；修士们一方面大讲贫穷之道，一方面却在聚敛钱财，某些修道院已经成了"贼窝、蛇窟、妖魔之室"。教士们借虚假的赎罪券与特赦状去蒙骗世人，可恶地抢夺金钱；许多教士以各种淫行去玷污有夫之妇、闺秀、寡妇和修女，干尽养狗放鹰、赌博、玩乐、捏造神

---

[1] 威尔·杜兰：《世界文明史》，第18卷，第42页。
[2] 迈尔斯：《英国历史文献》，第4卷，第838页。

迹和陷富欺贫的坏事。从行为上，从教皇到教士"简直是强盗……老狐狸……恶狼……老虎……恶魔……猿猴"[1]，"可见……教皇及其被授予世俗统治权的全体教士，都是顽固的异端分子"[2]。

威克利夫认为，占有世俗财产使教会成为罪恶的渊薮。教会拥有世俗权力，占有世俗财产，不仅违背了基督的教导，而且产生了一系列严重后果，它使教士们第一，产生统治欲，第二，卷入尘世纠纷，第三，沉溺于肉欲，第四，陷于争斗和冲突，第五，变得贪婪无度，第六，忽视传播福音的义务。[3] 把教会从罪恶中拯救出来的办法，是使它脱离世俗权力和财产。耶稣基督及其门徒生活在贫穷之中，他的教士也理应如此，乐守清贫与尘事之权绝缘。如果教士不能自动皈依清贫之传道生涯，则国家和王权应予以干涉并没收其财产，并作为教会的哨兵实行监督，使其坚守耶稣所训诫之贫穷。

威克利夫认为，国王和教皇都是上帝的代表，"管理物质事务的国王和管理精神事务的统治者，必须按照正确的秩序进行管理，如同国王使用民法（Civil Law）进行统治一样，精神统治者应该使用福音法（Law of the Gospel）进行统治"[4]。王权对于世俗财产，包括教会的财产拥有神圣的权力，就如同教会对精神生活拥有神圣权力一样，国王作为受上帝派遣掌管俗世事务的代理人，有权限制教士的奢华，就如同教士有权指导国王的精神生活一样。在剥夺教会财产的行动中，王权不必畏惧教皇的诅咒，因为"没有任何人之诅咒具有上帝本身诅咒的力量"，而且，"在世俗世界，王权具有更优越的条件，因为它代表着基督的神威，而教士则代表着基督的仁慈"[5]。国王单独对上帝负责，其权力直接来自上帝。作为上帝管理尘世的代表，国王有权限制

---

[1] 威尔·杜兰：《世界文明史》，第18卷，第46页。
[2] G. F. 穆尔：《基督教简史》，商务印书馆1981年版，第206页。
[3] 迈尔斯：《英国历史文献》，第4卷，第886页。
[4] 同上，第885页。
[5]《剑桥中古史》(*The Cambridge Mediaeval History*, Cambridge 1968)，第7卷，第500页。

教会的奢华。他否定了格里高利七世和卜尼法斯八世所宣扬的世俗政府应服从教会的信条，认为国家有权控制所有教会财产，教士的职位应由国王授予。

威克利夫把"神恩统治论"应用于教会，得出的结论是，在世间"有两类教会，一是上帝的教会，它无论如何都不受惩罚，另一类是魔鬼的教会，它一时是好的，但不会长久，它不是神之教会或其一部分"[1]。神之教会是由那些注定得救的人组成的，教皇不是教会的首脑，"如果说基督的教会必须有一个首脑，这是对的，因为基督就是它的首脑，直到末日审判，基督及其教会共存于世上，到处都是他的神性"[2]。教皇不是不犯错误，"我们不认为如果一个人被选为教皇，他就可以为人祝福，被称为'最慈爱的父亲'……从这一点得出的异端结论欺骗了许多头脑简单的人"[3]。威克利夫认为，教会为了世俗目的，而把一部分穷人排斥在得救的大门之外是错误的；所有的人都属于或应该属于"基督的教团"，而且只隶属于它。这个教团的成员的显著特点，就是在日常生活中履行基督的善行，无论教士或俗人都是如此。神甫及教士宣称自己是"掌管宗教之人"，比其他人更接近于上帝，但他们的规矩是在俗世上形成的，是本笃派或方济各派制定的。他号召人们要看人的真正价值，而不是在教会中的位置，"因为头冠和服饰不能使人成为神甫，皇帝的主教的语言也不能，只有基督给予的权力才能使人成为神甫"[4]。

威克利夫的教会观念至死不渝。在逝世前，罗马教廷传讯威克利夫，他拒绝出庭，并以讥讽的口吻回答："我很高兴把我的信念向别人解释，尤其是罗马主教……我认为，作为俗世上的代理人，罗马主教

---

[1] 迈尔斯：《英国历史文献》，第4卷，第841页。

[2] 同上，第841页。

[3] 同上，第842页。

[4] 屈威廉：《威克利夫时代的英国》（G. M. Trevelyan, *England in the Ages of Wycliffe*, London 1920），第180页。

在所有要人中，最应该遵守基督福音法……基督在尘世的一生是所有人中最贫穷的，所有尘世的权威承自基督。从这些前提我推出自己的结论：教皇应该把尘世的权威交给俗权，并告诫教士也这样做。"[1]这一主张，反映了英国各阶层要求打破教会垄断世俗权力和财产的强烈愿望。

第二，威克利夫主张废除教会强行规定的烦琐仪式，强调建立民族"廉俭教会"的必要性。他攻击教会强调的赦罪必需的祈祷和忏悔，认为忏悔作为人们虔信上帝的表示，如果是处于自愿，那么这种忏悔是好的，也是有用的；但如果强迫向神甫——他们也许是最不配接受人们忏悔的人——忏悔，那么就糟透了。强制忏悔不是圣礼，也不是得救所必需的[2]；"向神甫私下忏悔……并不需要，这只是后来魔鬼带来的玩意；耶稣基督未曾使用过秘密忏悔，其后之任何使徒，亦未见使用过。如果忏悔对人们是有用的，那么基督会使用它，并教导人们使用它"[3]。在使徒的行动中只能看到自愿公开的忏悔。"强迫性的忏悔似乎在信仰上毁坏了教会……对信仰的亵渎就产生在这种反基督的事情中，因为是给人恩施、居于人们心中的上帝赦免了人类，去掉了罪过……当上帝赦免人的罪过，而教士则不能的时候，教士就不该说'我赦免了你'。"[4]威克利夫意识到，教会坚持得救必须经过教会，其目的在于使人们屈从于教会：在强制性的秘密忏悔中，"反基督者使人们屈从于教皇，按教皇的意志行事……基督使奴隶自由，而反基督者却使人们重新戴上枷锁"[5]。不仅如此，教会有时把秘密忏悔用于政治和经济目的，从事犯罪活动，从这种情况看，正直的教外人赦免罪人可能比邪恶的教士更有效。

---

［1］格林：《英国人民简史》(J. R. Green, *A Short History of English People*, Chicago 1916)，第244页。
［2］屈威廉：《威克利夫时代的英国》，第140页。
［3］迈尔斯：《英国历史文献》，第4卷，第840—841页。
［4］屈威廉：《威克利夫时代的英国》，第140页。
［5］同上，第141页。

威克利夫认为，教会规定的烦琐仪式，对人的得救是无用或多余的，无意义的，一个悔悟的人不需要外在的仪式，多余的仪式妨碍了人们与上帝的直接交往。[1]"由罪人主持的早祷、弥撒、晚祷、挽歌和葬歌以及对圣母的早祷被人们唱起来，它妨碍了人们理解所唱的内容，使人们感到厌倦，因头昏脑涨而放弃学习上帝的法律。"[2]他引述奥古斯丁的话来说明仪式对信仰的危害："通常是歌声而不是歌的内容使我兴奋，所以我承认自己犯了重罪。"[3]在他看来，天主教的弥撒书也没有存在的依据，"因为蠢货们把这东西看得比上帝的圣训、学习和传播基督的福音更为重要"，妨碍福音深入人心；同样，教堂豪华的建筑和富丽堂皇的装饰会把礼拜者的思想弄得混乱不堪。[4]

威克利夫指出，人的得救与否，不是由教会及其各种仪式决定的，得救有另一条道路——神性生活。他把得救的权力转变为个人对心灵的责任，即与上帝的关系。"彼得在尘世禁止的事情在天堂也被禁止，在尘世允许的事情在天堂也被允许。"如果一个人宽恕了自己的灵魂，或放任之，或束缚之，那么天堂中的上帝也会如此做出判决。每一个将受惩罚的人将罚当其罪，每一个得救的人将会因其善行而得救。威克利夫所说的"善行"不同于教会所强调的"善功"，它指的是表明人类灵魂状态的行为，而不是没有它就不能得救的特殊信仰。威克利夫相信一个人得救或受惩罚是命中注定，但他坚持认为得救的标志是人的一生的行为，而不是其坚持的信条。威克利夫虽然没有像后来的加尔文那样，明确提出人在尘世的成功即上帝选民的标志，但他排除了教会信条作为得救获选的标志，强调了人在尘世的所为，乃是加尔文"先定论"说的先驱。

鉴于罗马教廷的腐败和宗教仪式的烦琐，威克利夫主张英国教会

---

[1]《剑桥中古史》，第7卷，第493页。
[2] 迈尔斯：《英国历史文献》，第4卷，第840页。
[3] 屈威廉：《威克利夫时代的英国》，第176页。
[4] 迈尔斯：《英国历史文献》，第4卷，第840页。

应脱离教廷的统治，建立民族的独立的"廉价教会"。1377年——此时英法两国还处于百年战争的对峙状态——一位代表教皇的法籍人士和大多数为法国人的红衣主教团在英国聚敛钱财。10月，英国议会召开会议，英王顾问询问威克利夫："当驱除外敌成为燃眉之急时，英国是否可以不理睬教皇之恶评或以服从相许，而合法地制止钱财流入国外？"威克利夫利用这个机会写了一本小册子，回答了这一问题和其他问题，其中写道："教皇除了按慈善原则以募捐方式外，不能要求这份财富……因为一切施舍行为先从国内开始，所以当本国急需财物时，而将它们送往国外，并不是慈善事业，而是愚昧行为。"[1]针对罗马教廷所谓"英国教会本是整个教会或罗马天主教会的一部分，故该向它服从"的观点，威克利夫指出："依《圣经》之言，英国王朝应是一个整体，教士、领主和平民都是它的成员。"[2]英国王朝及教会作为独立的实体，不应屈服于教皇，更不允许教廷在英国掠夺财富。他主张独立后的英国教会，应该简化组织，更少决定性的权威，给教徒更多的个人自由。尘世的生活比修道院的生活更好，它更符合福音书中记载的基督的要求；控制在修士手中的大量财富，对国家和社会是无用的。商人和武士有时会导致国家的重大损失，但他们是巨大的财源，而教士的存在带给国家的只有损失。为了防止教会腐化堕落，王权必须对教会实行监督。这一主张的实质是"取消修士、取消高级教士、取消罗马教廷，一言以蔽之，就是教会中一切糟蹋钱的事情"[3]。这既是市民阶级的要求，也反映了英国民族意识的增强。

第三，威克利夫宗教改革最具革命性的内容是他的教义观，即否定教会的化体说（Transubstantiation），以《圣经》的权威取代教皇的权威。化体说是中世纪教会至上权威赖以存在的基石，它坚持认为圣餐礼中使用的面包和酒，在主礼教士祈祷并按基督在最后的晚餐上说

---

[1] 屈威廉：《威克利夫时代的英国》，第82页。

[2] 同上，第82页。

[3] 恩格斯：《德国农民战争》，人民出版社1976年，第35页。

的话"这是我的肉体""这是我的血"念叨之后,就会转化为基督的肉和血;分享了面包和酒就是吃了基督的肉、喝了基督的血,并且规定,圣餐中俗人只能领取面包,只有教士才能面包和酒同领。这种理论的本质,是强调教士在圣体转化中的特殊作用和神职人员的特权地位。1378年教会发生大分裂,教会的威望受到严重影响,威克利夫开始攻击化体说。1382年,他写成《论圣餐》(*De Eucharistia*)一文,宣布"没有什么东西比认为主礼神甫制造了基督的肉体更令人厌恶了;弥撒是为了世俗的目的而捏造的荒诞的奇迹",因为"福音书中未见规定弥撒"[1]。关于圣餐的观点,他认为,"第一,面包和酒在祭献后仍然是面包和酒;第二,圣餐中基督的肉和血不是本质、实体和身体,它只具有象征性或比喻意义",也就是说,祭献之后,面包是两种东西:自然性质上它是面包,精神上是基督的肉体,但它不是基督的肉体本身。我们所看到的神甫所"制造"的东西,在礼仪上是基督的肉体,但它不是基督的肉体本身;基督的临在确实"精神地、真实地、实在地、有效地"存在着,只是必须凭借着面包和酒来表现,不是神甫的力量所能完成的。在圣餐问题上,威克利夫的观点和奥古斯丁有相似之处,"他对圣餐的见解可以认为是奥古斯丁理论的经院哲学的翻版"[2]。对化体说的否定,意味着对教阶制和教会特权的否定。

威克利夫认为,鼓吹教皇权威至上是错误的。他认为,"乌尔班六世之后,没有人被认为是教皇,人们应该按照希腊教会的方式,在自己的法律下生活"[3]。1378年他写了《论圣经的真理》(*De Veritate Sacrae Scripturae*),肯定《圣经》是最高权威,远在教皇和教会信条之上;每一个公正的俗人在宗教上都有判断权,可以和任何教士一样接近上帝;接近上帝的手段就是阅读《圣经》,理解上帝的旨意。为了使广大民众能像有学问的人一样阅读理解《圣经》,他在生命的最

---

[1] 迈尔斯:《英国历史文献》,第4卷,第844页。
[2] G. F. 穆尔:《基督教简史》,第207页。
[3] 迈尔斯:《英国历史文献》,第4卷,第844页。

后两年,即 1382 年被逐出牛津大学回到路特沃斯以后,把拉丁文《新约》译成了英文。他的弟子尼古拉·赫里福德(Nicholas Hereford)和约翰·柏维(John Purvey)译完了《旧约》。威克利夫告诉人们:"基督教的男女老少应该仔细阅读《新约·圣经》,因为它具有权威,对拯救灵魂极为重要的观点通俗易懂……《圣经》中的字字句句,不管是深奥还是明了,都提倡顺从和博爱,因此,只有做到这两点的人才能完全懂得《圣经》……傲慢与贪欲会使教士是非不分,因而也就无法透彻地理解《圣经》。"[1]随着英文《圣经》的译出,"告解、赦罪券、忏悔式、到圣殿朝拜、对偶像的崇拜、对圣徒的顶礼都相继被否定了。把《圣经》作为信仰的基础,以及断言每个有教养的人都有权阅读《圣经》,给教会旧的教条以毁灭性的威胁"[2]。威克利夫翻译《圣经》,号召人们正确地阅读和理解《圣经》,从中洞悉上帝的旨意,打破了教会对人类得救权的垄断。《圣经》的翻译,对英国语言文学的发展也具有重要意义,是威克利夫宗教改革的重大成就之一。

威克利夫的宗教改革思想,基本上包括了后来宗教改革的主要内容,即反对教士世俗化,攻击教会拥有世俗财产,要求严格的宗教道德;召唤人们从教会回到《圣经》,从自由意志回到宿命论,从凭借教会强调的善行获救回到凭借神恩获选;拒斥赎罪券、聆听告解与化体说等;否认教士为上帝与人民之间的沟通者;抗议国家财富拱手让给教廷,要求国家王权不做教皇之附庸,等等。从宗教思想所达到的深度和广度而言,威克利夫被称为"宗教改革的晨星",是当之无愧的。

## 二、威克利夫宗教改革思想的历史渊源

威克利夫"神恩统治论"的本质,是要确立上帝至高无上的权威。这与 12、13 世纪欧洲的主导思想潮流——经院哲学——的发展有关。

---

[1] 温斯顿·丘吉尔:《英语国家史略》,上册,新华出版社 1985 年,第 322 页。
[2] 格林:《英国人民简史》,第 241—242 页。

经院哲学的主要特点，是以理性来维护神学教条，换言之，即调和理性和信仰的关系。这个任务在托马斯·阿奎那（1225—1274）手里最终完成。但此后不久，反阿奎那运动就开始了。牛津大学的方济各派修士邓斯·斯各特（Duns Scotus, 1268—1308）是这一运动的急先锋，他接受了奥古斯丁的上帝意志自由论，强调上帝意志非人类的理性所能认识，同时又在其他方面强调人类理性的广度和敏锐性，提高理性的地位。斯各特的学生威廉·奥卡姆（William Occam，约1300—1350）继续了他老师的事业。他认为，信仰为权威而存在；上帝的存在、真理和善行应被作为信仰而相信，因为它们在人类的理性之外。在奥卡姆的认识中，上帝的意志变得不可思议，难以预料，人的得救变得不能断定。上帝可以接受一个人使其永生，甚至这个人缺乏受恩的条件；相反，上帝也可以惩罚一个人，即使他没有犯罪。奥卡姆学派关于信仰和理性分离的观点，产生了两方面的结果：一方面，既然理性不能认识神及其意志，那么就应该用于探索自然世界，因此它鼓动了人们探索自然的兴趣；另一方面，它强调了上帝意志的至上权威，使许多思想家以极端的形式重新复活奥古斯丁的先定论。[1] 14世纪60年代，威克利夫开始在牛津大学教学时，奥卡姆所证实的唯名论仍然是占统治地位的哲学潮流[2]，因此他不可能不受到这种思潮的影响。

对威克利夫的"神恩统治论"发挥具体影响的是阿尔玛的斐茨拉尔弗（Fitzralph of Armagh，约1295—1360）。威克利夫关于统治权的信条，几乎毫无改变地采自斐茨拉尔弗。[3] 斐茨拉尔弗出生于爱尔兰，1332—1334年曾任牛津大学校长。他在与修士们讨论使徒的安贫问题时，发展了关于统治权的信条。"按照斐茨拉尔弗的观点，人的能力、权力和统治权完全依靠上帝的恩施和意志；任何人在进行忏悔并得到

---

[1] 迈尔斯：《英国历史文献》，第4卷，第89页。

[2] 麦基塞克：《14世纪1307—1399》（M. McKisack, *The 14th Century 1307-1399*, Oxford 1959），第510页。

[3] 《剑桥中古史》，第7卷，第498页。

上帝的意志以前是没有真正的统治权的。"[1]在《论救主的贫穷》(De Pauperie Salvatoris)一书中，斐茨拉尔弗指出，"亚当的权威，以及由亚当而产生的每个人的权力，真正说来，也是借来的一种权力，而不是真正的权力，真正的权力属于上帝一人"，又指出，"世俗权力，如同原始权一样，是上帝给予人们的，条件是人们为上帝服务；所以当人们犯罪时，就失去了原始权（就如同从前亚当失去原始权一样），同样地失去了世俗权"[2]。威克利夫的重要作用是，一方面，他把斐茨拉尔弗的学说加以发挥使之在牛津大学更为盛行，另一方面，"由于他把斐茨拉尔弗的信条应用于批判教会的财产上，因而把斐茨拉尔弗的思想推进到一个新的阶段"，对教会构成了更大的威胁。[3]

威克利夫"神恩统治论"中宿命论的救赎观，从根源上，来自奥古斯丁。奥古斯丁断言，人们的得救，只有依靠上帝的施恩，但施恩并不是给予所有人，而只给予上帝所拣选的人；从古代起，上帝就拣选并预定了一定数量的人得到永生，其余的人，上帝让他们处于罪恶状态；整个人类都要遭受"公正的"惩罚。

威克利夫通过他的先驱者布拉德沃丁（Bradwardine，？—1349）继承了先定论的奥古斯丁思想。[4]布拉德沃丁于1349年担任坎特伯雷大主教，同年死于黑死病。他生前被誉为"饱学博士"，主要著作是《论神因》(De Causa Dei)。在该书第六章中，布拉德沃丁写道："上帝对万物——现在、过去和将来的事物，真实的、所有可能的、不可能的，以及可以想象的事物——无所不晓，所以上帝是无所不知，无所不晓。"关于人类的救赎，他从《圣经》中引用了大量内容说明，先定（predestination）是上帝的自由意志。上帝的拣选不是基于人们的工作，而是基于上帝的自由意志。人们命中注定得救或注定受惩罚，不是因

---

[1] 迈尔斯：《英国历史文献》，第4卷，第628页。

[2] 同上，第887页。

[3] 《剑桥中古史》，第7卷，第498页。

[4] 格林：《英国人民简史》，第236页。

为其所为，而是因为上帝自由的施恩（Free Grace）。布拉德沃丁的著作，对于下一代人包括威克利夫具有重大影响，威克利夫经常在著作中提到他的名字，并大量引用他关于神恩和先定论的教义。[1]

对威克利夫教会观、圣礼观和教义观的形成具有重要影响的，还有帕多瓦的马西留（Marsiglio of Padua，约 1270—1342）和威廉·奥卡姆。马西留出生在意大利的帕多瓦。他生活的时代，正是教廷的"阿维尼翁囚禁"时期。教廷臣服于法国，操纵、干涉欧洲各国的政治事务，激起英、德、意等国强烈的民族意识。马西留于 1324 年写成中世纪欧洲最有影响的政治论文《和平保卫者》（*Defensor Pacis*），大约在 1328 年，马西留和当时英国著名学者威廉·奥卡姆在慕尼黑相遇，二人同住在一个修道院里，从事反教皇的著述。通过奥卡姆，马西留的思想被介绍到英国，并为威克利夫所熟悉。

《和平保卫者》一书指出，欧洲的和平已为国家和教会之间的争执所摧毁，只有把教会随同其一切财产与神职人员，像其他团体与财货一样，划归于同一帝王和皇室权威之下，方能恢复和平。教会觊觎世俗财富，违背基督的教导；教会人员以各种卑劣手段攫取财富，破坏了信徒的虔诚信仰，因此，世俗统治者应管辖教会人士，控制教会事务。马西留认为，国家是由农民、工匠、商人、军人、教士、国王和官吏六类人或六个等级组成的有机整体。教士虽为国家不可缺少的等级，但不比其他等级更优越。"教士的作用，是按照《圣经》的指示，把应该信仰、必须履行或应该加以避免的了解清楚，并以此教诲人们，使人们超脱痛苦，得到永久的拯救。"[2] 教会不应该定义为教士团体，而该认定为整个基督教徒的团体。他断然否认教会的权力来自彼得的无上地位的说法，认为所有主教的权力都是平等的，都直接来自基督。教皇无权规定信仰问题，解决宗教法中的疑点，只有代表信众的普世

[1] 迈尔斯：《英国历史文献》，第 4 卷，第 628 页。
[2] 马西留：《和平保卫者》，第 1 部分第 6 章第 8 节，转自徐大同主编《西方政治思想史》，天津人民出版社，1985 年，第 108 页。

教会机构才有此权力，任何个人或代表一部分人的会议，都不具备这种权力。在一切世俗事务上，包括教皇在内的教士们，应受到政府司法、法律的管辖。在《和平保卫者》一书中，"教皇在信仰、道德或教规方面给教会制定法律的权力，以及随之而来的赦罪权，还有他对整个教会的统治权，以至于教会对世俗权力的最高权威——可以说，中世纪关于教皇统治权的整个理论——都受到了严厉的驳斥"[1]。这一切，对威克利夫有着深刻的影响。1377年的教皇训谕、谴责威克利夫的异端理论类似于"可诅咒的帕多瓦的马西留的邪恶的观点和粗鄙的学说"[2]。

奥卡姆曾执教于牛津大学，他所证实的唯名论长期统治着牛津大学。作为该大学的学生，威克利夫本人认为奥卡姆是自己的导师。[3] 关于教会，奥卡姆的观点，第一，世俗国家和教会是两个不同的机构，人间的、世俗事务的一切方面的权力都属于国家；掌握宗教事务的权力则由教会来执行，它的权力可以扩展到"有关灵魂拯救"的一切方面。一般说来，教皇的权力不能干涉世俗事务，反过来也是如此。教皇仅有精神上的武器，而没有物质上的武器；奥卡姆强调，如果有充分的根据（如异端、严重的罪行），教皇不仅应受到宗教审判，而且应该受到世俗审判。第二，教会既是耶稣意志的产物，就应该仿效耶稣的榜样。基督教所需要的是教会回到耶稣身边，从钱财、权势回到淳朴的生活与教规。教会不应该定义为教士团体，应该定义为整个基督徒的共同体。这一团体包括妇女，应该推选包括妇女在内的代表参加会议，由会议选举并监督教皇。第三，教皇制只是临时的制度，不是必要的，因为教皇并不是基督的全权代表，不能说教皇不犯错误。奥卡姆用《圣经》是唯一权威的原则，完全否定了教皇对其他统治者的统治权：最高的世俗政权即罗马帝国，与最高的宗教权威即教会，

---

[1] G. F. 穆尔：《基督教简史》，第176—177页。
[2] 屈威廉：《威克利夫时代的英国》，第172页。
[3] 同上，第172页。

在各自的范围内是彼此独立的，也是平等的。[1]

奥卡姆学派的影响不仅限于牛津，而且在中欧各大学颇为盛行。胡司在布拉格、路德在爱尔福特都学习过奥卡姆的理论。奥卡姆"宣传教会遵守清贫，影响了威克利夫，而他之攻击教皇职位，以及经常呼吁从教会返回到《圣经》与早期之基督教，则预为路德铺路"[2]。概言之，威克利夫作为欧洲宗教改革史上承前启后的宗教改革家，其思想中"有深远意义的结论"，是"采用与帕多瓦的马西留及奥卡姆相似的立场，并结合神恩统治论，把这理论应用于世俗及教会统治权的起源、性质及范围"而演绎出来的。[3]

## 三、威克利夫宗教改革思想的历史影响

威克利夫宗教改革思想包含了后来宗教改革的内容，对后来的宗教改革产生了重大影响，远远超出了其所属的时代。16世纪初亨利八世的宗教改革，深深地烙印着威克利夫宗教改革思想的影响。

1529年到1540年，英王亨利八世及其国会颁布一系列法令，强行断绝同罗马教廷的联系，停付罗马教廷强行勒索的大批赋税；没收教会在英国的大量地产；确立新教的一套神学教条，比较成功地完成了英国的宗教改革。英国宗教改革之所以发生并获得成功，除了英国王权不能容忍教廷继续干涉英国内政，英国人的民族意识日益增长，以及新贵族和资产阶级垂涎教会的财产等原因外，长期的反教会的理论和实践准备也是不容忽视的。在英国，这一准备工作是由威克利夫宗教改革为始端的本国宗教改革运动来完成的。

首先，在法王腓力四世反教皇卜尼斯八世的斗争胜利之后，威克利夫的宗教改革使教会再次受到重创，教会的精神权威更为削弱。教

---

[1] G. F. 穆尔：《基督教简史》，第177页。

[2] 威尔·杜兰：《世界文明史》，第18卷，第370页。

[3] G. F. 穆尔：《基督教简史》，第205页。

会神圣不可侵犯的形象不复存在。威克利夫对教会腐朽生活的大胆揭露，对秘密忏悔等所谓圣礼制度的猛烈攻击，以及对化体说的公开否定，震撼了被教会的说教所束缚而几近窒息的英国民众的心灵。教会的大分裂（1378—1417）及诸教皇的并立和相互攻讦，使教廷威望扫地，教皇的权威和神圣感丧失殆尽。从威克利夫时代到16世纪"这一漫长的历史时期，许多人虽没有改变信仰，却受到反教会思想的影响，或者虽然没有行动，但已改变了信仰。"[1]大批仍对新教教义怀有敌意或漠然处之的英国人也被迫认识到，在中世纪正统天主教之外，还有其他的派别。英国人作为"世界上最虔信宗教的民族，同时又是最不信宗教的民族"[2]的性格逐渐形成。当亨利八世宣布同教廷决裂时，除教士外，英国民众很少反对，普遍表示欢迎。这一方面是由于社会经济原因，另一方面则是因为，以威克利夫宗教改革肇始的反天主教运动在民众心灵中造成了反抗教会的心理准备。

其次，如果说威克利夫的宗教改革思想为16世纪的宗教改革提供了理论依据，完成了舆论和心理准备，那么他的追随者罗拉德派（Lollards）[3]的活动，则为这次宗教改革奠定了群众基础。早在1382年，教会的编年史家就夸张地报告说，威克利夫的信仰者"像发芽的植物一样孳长极快，而遍及全国……当你在路上行走，遇到两个人，其中之一就会是威克利夫信徒"[4]。在以后的漫长时期，虽然罗拉德派受到教会和世俗统治者残酷镇压、迫害，但它一直顽强地存在。他们渗透到英国社会阶层中，坚持宣传自己的教义。"坚持取消修道院与教会财产的彻底要求，是仅有威克利夫派的异端信徒即罗拉德派提出

---

[1] 屈威廉:《威克利夫时代的英国》，第350页。

[2] 《马克思恩格斯全集》，第1卷，第659页。

[3] 威克利夫和罗拉德派的关系，是一个较复杂的问题。罗拉德派先于威克利夫宗教改革而存在，所以认为罗拉德派为威克利夫信徒，不妥；威克利夫宗教改革思想形成和传播开来后，罗拉德派成为积极的拥护者，所以认为二者不相干也是错误的。罗拉德派运动长期存在于英国，16世纪初与路德派合流。

[4] 威尔·杜兰:《世界文明史》，第18卷，第170—171页。

过，这些人多半是乡绅分子与从 1536 年到 1540 年解散修道院得好处最多的阶级的先驱者。"[1] 16 世纪初，罗拉德派重新壮大起来。伊拉斯姆在 1523 年给教皇阿德里安六世的信中说："威克利夫信徒曾一度被国王的强力征服过，但仅仅是征服，而没有根本消灭掉。"[2] 罗拉德派对宗教改革的极大热情和积极态度，推动了宗教改革的发展。

再者，威克利夫和罗拉德派促进了英国人对路德教重要内容的承认。宗教改革中，亨利八世在保留天主教教义成分的前提下，把"唯信称义"等内容纳入了新的教义中，形成了英国国教（安立甘教）。它表明英国宗教上的改宗。值得注意的是，路德教刚传入英国时，亨利八世曾撰文反驳路德教义，并因此获得教会授予的"信仰保卫者"的称号。1523 年 1 月，亨利八世写信给萨克森选侯称："路德派新教是不折不扣的威克利夫主义……必须制止这种罪恶的学说。"[3] 他之所以把路德教中最重要的内容纳入国教教义中，是因为他知道，反抗罗马教廷，必须利用拥有广泛群众基础的反教会力量——罗拉德派，而路德教义中"唯信称义"等内容又为罗拉德派衷心拥护。罗拉德派拥护路德教的原因在于，路德教义和他们信仰的威克利夫教义是一脉相承的。

威克利夫宗教改革思想的影响也波及欧洲许多国家，其中以波希米亚和德国最为显著。

约翰·胡司（John Huss，1371—1453）在波希米亚掀起的宗教改革和威克利夫宗教改革有着极为密切的关系。1381 年英国农民起义发生后，被认为与这次起义有重大关系的罗拉德派，受到教会和世俗统治者的残酷迫害，许多人逃到了波希米亚。威克利夫的信徒彼得·潘恩，从宗教法庭逃出后到了波希米亚，成为胡司派中的杰出人物之一。当时的波希米亚青年，很多人到英国牛津大学留学，其中许多人取得或

---

[1] 希尔顿·法根：《1381 年的英国人民起义》，第 76 页。

[2] 卡林顿·杰克逊：《英国史》（C. E. Carrington, J. H. Jackson, *The History of England*, Cambridge 1954），第 170 页。

[3] И. Н. 奥西诺夫斯基：《托马斯·莫尔传》，商务印书馆，1984 年，第 186 页。

转抄了威克利夫的作品,带回波希米亚。胡司的门生布拉格的杰罗姆带回了威克利夫的《三人谈话录》和《论圣餐》。1401年,胡司读到了这些著作。1402年,胡司担任布拉格大学校长时,威克利夫的见解在布拉格大学甚为流行,总主教堂的教士会议——主事教士从威克利夫的文章中摘录了45段文字送给大学各主管,要求将这些言论清除出去,胡司对此予以拒绝。

1408年,胡司被教会开除教籍。在这以后许多年中,胡司以拉丁文或波希米亚文写下了他的主要著作,几乎全部都受到威克利夫的启示和影响。他的著作《论教会》,在观点上与威克利夫的同名著作完全一致,实质上可说是后者的翻版。[1] 在著作中,胡司接受和发挥了威克利夫的观点,表现在:第一,反对幻想式的崇拜、耳听式的告解和繁文缛节的宗教仪式,指控教士买卖圣职及对洗礼、婚姻、丧葬等仪式收取费用;同威克利夫一样,认为犯有圣职买卖罪的神甫,不能参加圣礼。第二,追随威克利夫成为宿命论者,并且同意威克利夫的主张,认为教会不应有世俗财物;教会不仅是教士的,也不仅是基督徒的总体,而是天上和地下所有信众的总体。第三,反对教皇的至上权力,树立基督的权威;认为教会的首脑是基督而非教皇,教皇并非绝对正确,他本人也可能是冥顽不灵的罪人或异端;基督徒的导引是《圣经》,而不是教会宣扬的教士;只有在基督律令的范围内,才有必要遵守教皇的命令,"反抗犯错误的教皇,即是遵从基督"。在宗教改革的实践中,胡司以威克利夫为榜样,积极倡导用方言和民族语言做礼拜和传道,并亲自用波希米亚语翻译了《圣经》。胡司本人也承认自己是威克利夫的学生。1414年,胡司在康斯坦茨会议上受审时,公开声称:"我想威克利夫会得救。我认为,要是他被罚入地狱,我的灵魂会追随他而去。"[2]

胡司和威克利夫的差别在于,从教义上说,胡司的主张比威克利

---

[1] 威尔·杜兰:《世界文明史》,第18卷,第246页;穆尔:《基督教简史》,第208页。
[2] 同上,第246—247页。

夫保守。[1] 胡司不提倡威克利夫的全部激进观点,"他所保卫和传播的只是威克利夫那些在他看来符合实际和正义的观点"[2]。胡司更多地注意了当时的客观形势,并努力使自己的理论符合斗争形势的需要。虽然他和威克利夫一样,反对教皇可以赎罪,否认向教士忏悔是获得赦免的必要条件,但他并不像威克利夫一样反对化体说,他在思想中保留了天主教化体说中的圣体实在论(Real Presence)。胡司教义中最重要的思想,是强调了俗人领圣餐时和教士具有同等的权利,同领面包和酒,既吃基督的肉,又喝基督的血。这种思想的社会意义,体现了信徒在上帝面前人人平等的要求;这一要求一旦实现,教士这一特权阶级的优越地位也就被取消了。

在欧洲宗教改革史上,马丁·路德以其宗教改革的理论和实践做出了划时代的贡献。他的思想理论中,许多成分直接来源于威克利夫和胡司。当然,由于路德所处的时代与胡司更近,并且德国与波希米亚经济文化联系更为密切,路德对胡司思想的继承也更多一些。

早在进入爱尔福特大学(1501年)不久,路德就读到了胡司的著作。他描述当时的情形:"在这些演说里,我真的找到很多东西,我竟大为吃惊:我心里想这个人为什么被烧死,他所引证的《圣经》是这么符合基督教的道理,也是这么有说服力量。"1507年路德出家进入修道院以后,阅读了胡司的一篇论文,更加剧了他精神上的怀疑和不安,他写道:"一个能写出如此具有基督教精神且大有能力的人,为什么被处火刑?……我将书合上,带着满腔的疑问走开。"[3] 从此他开始寻求灵魂得救的手段。

1519年6月27日,路德参加莱比锡论战。他大胆否认教皇或宗教会议有任何神圣权威来解释基督的意旨,主张每个人可依照自己诵读《圣经》得到的见解来规定生活。当他的见解被对手视为胡司在康

---

[1] G. F. 穆尔:《基督教简史》,第208页。

[2] 鲁勃佐夫:《胡司战争》,生活·读书·新知三联书店,1961年,第81页。

[3] 威尔·杜兰:《世界文明史》,第19卷,《宗教改革》,中国台北,1977年,第10页。

士坦茨宗教会议上发表的观点时,路德公开为胡司辩护:"胡司之见解,就某种观点言之,极为合乎《圣经》本义,故康士坦茨宗教会议之判处胡司火刑,实为罗马教皇之一大暴政。"[1]1520年2月,路德写道:"虽然我们没有认识到,但我们都是约翰·胡司的拥护者。"[2]1524年4月的沃姆斯会议上,教会势力要求路德撤销其著作及其同威克利夫、胡司相同的观点,遭到路德的断然拒绝,教会人士严厉斥责:"马丁·路德,你的辩词,从《圣经》的观点听来,总是异端的说法。你只是重蹈威克利夫和胡司的覆辙……"路德的学说被认为是集合了威克利夫和胡司等"许多异端分子早已湮没的污秽不堪的学说之大成"[3]。

威克利夫否定化体说,强调《圣经》在人与上帝灵交中的作用;路德"唯信称义"认为仅凭信仰就可以与上帝交往,但路德同时强调信仰的最终标准是《圣经》,《圣经》是信仰与生活的唯一权威标准。所以,"如果威克利夫和路德相见的话,那么很难说他们会有不同见解。他们都试图取消罗马教廷规定的仪式,但一个更多地强调证明信仰的著作,而另一个则强调包含着著作的活的信仰"[4]。不过,路德强调通过《圣经》来确立信仰过程中人的内心世界的作用,按照个人的思想去解释《圣经》,不可避免地给信仰者以更多的思想自由。思想领域中看似微小的进步,却对德国乃至欧洲具有重大贡献。海涅指出:"自从路德说出了人们必须用《圣经》本身或理性的论证来反驳他的教义这句话以后,人类的理性才被授予解释《圣经》的权利,而且它,这理性,在一切宗教的论争中才被认为是最高的裁判者。这样一来,德国产生了所谓精神的自由或如人们所说的思想自由。思想变成了一种权利,而理性的权能变得合法化了。"[5]这正是路德比威克利夫和胡司

---

[1] 冯作民:《西洋全史》(八)《宗教改革》,中国台北,1977年,第86—87页。

[2] 查德威克:《宗教改革》(O. Chadwick, *The Reformation*, Penguin 1964),第50页。

[3] 约·阿·克雷维列夫:《宗教史》,上卷,中国社会科学出版社,1983年,第259页。

[4] 屈威廉:《威克利夫时代的英国》,第141页。

[5] 亨利希·海涅:《论德国宗教和哲学的历史》,商务印书馆,1974年,第42页。

更高明、更进步的地方。

恩格斯指出:"13世纪至17世纪发生的一切宗教改革运动,以及在宗教幌子下进行的与此相关的斗争,从它们的理论方面来看,都只是市民阶级、城市贫民以及同他们一起参加暴动的农民使旧的神学世界观适应于改变了的经济条件和新阶级的生活方式的反复尝试。"[1]如果撇开经济和社会诸因素,单从宗教改革思想演化的角度说,路德的宗教改革,是"步威克利夫及胡司之后尘,而非任何其他新组织。……从威克利夫至胡司到马丁·路德,是14到16世纪宗教改革发展的主线"[2]。形象地说就是,"威克利夫发出了火花,胡司点燃了木炭,而路德则挥舞着燃烧的火炬"[3]。作为先驱者,威克利夫提供了丰富的宗教改革思想理论和具体的实践活动的榜样;作为后继者,胡司和路德吸收了先驱者的思想理论营养和经验教训,改变先驱者贡献的思想资料使之更适合新时代的特点。

[原载于《郭守田先生诞辰95周年纪念文集》,长春:东北师范大学出版社,2006年。作者附记:这是我于1984—1987年在东北师范大学读书期间完成的硕士学位论文的部分内容。虽然后来我搜集了一些资料准备修改,但并没有付诸实施,这次修改只限于个别词句的改动和段落的调整,其他一仍其旧,为的是保其原貌,存其真相。20年前郭师评点我的手稿时,常常对我说:"你是否应再参考一下某某书啊?"或者说:"某某书可能有相关材料,不妨查一查。"那种商量的口气和神态仍然历历在目,恍若昨日。20年的光阴犹如白驹过隙,转瞬即逝,令人油然而生"人生如梦"之叹。郭师仙逝已12载矣,愿以这篇见证我们师生情谊的小文告慰他的在天之灵。(2005年)]

---

[1]《马克思恩格斯全集》,第21卷,第545—546页。
[2] 威尔·杜兰:《世界文明史》,第19卷,第54页。
[3] 屈威廉:《威克利夫时代的英国》,第353页。

# 试论经院哲学与文艺复兴的关系

欧洲思想文化史的研究者,对于经院哲学和文艺复兴的关系,有两种明显的倾向。一种倾向是,仅注意到经院哲学是以维护神学信仰为宗旨,为教会神学服务的工具,而文艺复兴是在借鉴古典思想文化基础上兴起的以人文主义为指导思想的新文化运动,因而过分强调它们之间的对立性;另一种倾向则是贬低文艺复兴的地位和意义,认为"中世纪并非如从前人所想的那样黑暗与停滞,而文艺复兴也不是那么光明且突如其来"[1],因而主张"真正的人文主义"是经院哲学的产物,11和12世纪的经院哲学思想远比文艺复兴时代的思想深刻。前一种倾向无视统治欧洲思想界长达数百年的经院哲学对文艺复兴有任何积极的影响,会使人得出两种相继发展起来的文化没有任何联系的结论。这在理论上是错误的,而在实际上是不可能的。后一种倾向漠视两种文化的不同阶级性质,混淆了它们之间的本质区别,错误也是明显的。正确地探讨经院哲学和文艺复兴的关系,不仅有助于正确评价经院哲学在欧洲中世纪思想文化史的地位和作用,而且对于正确认识文艺复兴的性质也是必要的。经院哲学和文艺复兴各有一套庞大的体系,从各个方面说明二者之间的关系是困难的,因此,本文只从认识论角度来讨论这一问题。

---

[1] 哈斯金斯:《12世纪的文艺复兴》(C. H. Haskins, *The Renaissance of the Twelfth Century*, Harvard University Press, 1927),第178页。

## 一、经院哲学对于文艺复兴的贡献

经院哲学是欧洲中世纪的官方哲学。在 10 至 13 世纪它是欧洲特别是西欧封建社会占统治地位的意识形态。经院哲学的根本特征，就是以一个既定的神学命题为前提而展开思维和哲学论证，因此"经院哲学本质上就是神学，而这个神学直接的就是哲学"[1]。在神学这个外在的形式和前提束缚下，哲学所固有的思维的、理念的活动是不自由的。它抛开一切现实实践和经验，把现实性放在一边，在神学信条的抽象概念中绕圈子。在经院哲学的论证中，"理性只是在另外一个世界中得到它的实现、它的定在，而不在这一个世界中"[2]。所以，恩格斯称它是"一种像肥皂泡那样吹起来的唯理论体系"[3]。

经院哲学借助哲学来论证神学的教条和教义，驱使哲学为神学服务，虽然提高了神学的灵活性，但它也吞下了一颗致自己于死的苦果。经院哲学既然要利用以哲学为代表的理性，那么它就不能将理性完全彻底地束缚死，因此，在经院哲学的神学范畴中，理性固有的思辨功能仍然保留着。随着经院哲学的发展，理性也在发展。

经院哲学烦琐空洞地运用亚里士多德的逻辑，毁灭了其中有活力的因素，但它毕竟保留了以亚里士多德哲学为代表的古希腊逻辑分析传统。经院哲学不像教父学那样蛮不讲理，认为"正因为是荒谬的，所以我才信仰"，而是高度运用哲学的分析思辨作用，以表面上的合理性达到维护信仰的目的。11 世纪经院哲学实在论的最大代表安瑟伦（1033—1109）对于上帝存在论的证明，充分运用了逻辑三段论。在信仰和理性的关系上，虽然他强调"基督教应该由信仰进展到理性"，"我们必须用理性去维护信仰"，但他同时也指出，"当我们有了坚定的信仰时，对于我们所信仰的东西，不力求加以理解，乃是一种很大

---

[1] 黑格尔:《哲学史讲演录》，第 3 卷，商务印书馆，1983 年版，第 279 页。
[2] 同上，第 280 页。
[3] 《马克思恩格斯全集》，第 30 卷，第 335 页。

的懒惰"。[1]经院哲学家把哲学作为捍卫神学信仰的工具和法宝，无意中提高了理性的权能和地位。作为基督教教义的权威解说者，阿奎那（1225—1274）坚持认为，"基督教的某些基本真理可以不用启示的帮助，而单靠独立无助的理性得到证明"[2]。因此，他承认在人的一切欲望中，智慧的欲望是最令人欣慰的。经院哲学内部，唯名论为了同唯实论抗争，不得不走批判之路，不得不提供论证，这也推动了理性的发展。经院哲学不间断地运用哲学理学，维持了理性的缕缕不坠。亚里士多德逻辑的存在，对人们的思维发展"不失为某种精确性的一个训练"[3]。

理性的机器一旦开动，怀疑精神必然随之产生。上帝的存在尚需证明，那么上帝权威的绝对性和当然性，以及其他神学教条的力量必然受到怀疑，人们的思想也必然从盲目崇拜的天地转到怀疑的领域。这是不以经院哲学家的意志为转移的。12世纪法国著名的唯名论经院哲学家彼埃尔·阿伯拉尔（1079—1142）针对"信仰而后理解"，大胆提出"理解才能信仰"。他认为"怀疑是研究的道路"，"研究才能达到真理"，"在学问上最好的解决问题的方法就是坚持的和经常的怀疑。……由于怀疑，我们就验证，由于验证，我们就获得真理"[4]。恩格斯认为，阿伯拉尔的"主要东西——不是理论本身，而是对教会权威的抵抗……对盲目的信仰进行永不松懈的斗争"[5]。在阿伯拉尔的怀疑精神中，已经可以看到摆脱中世纪思想习以为常的教条框框的征象。

经院哲学企图使自己成为一个固定不变的单一的逻辑体系，不可避免地对几乎所有事物提出明确的见解，因此它很容易卷入对所有尖端问题的论战。在论战中又不得不再次求助于理性。这样，经院哲学就"把

---

[1] 安瑟伦：《神人论》，第1卷，第3章；见黑格尔：《哲学史讲演录》，第3卷，第290页。
[2] 罗素：《宗教与科学》，商务印书馆，1982年版，第3页。
[3] 罗素：《西方哲学史》，下卷，商务印书馆，1982年版，第5页。
[4] 郭守田主编：《世界通史资料选辑》（中古部分），商务印书馆，1985年版，第332页。
[5] 《马克思恩格斯论艺术》，人民出版社，1963年版，第96页。

信仰的对象变为思维的对象，把人从绝对信仰的领域引到怀疑、研究和认识的领域。它力图证明和论证仅仅立足权威之上的信仰的对象，从而证明了——虽然大部分违背它自己的理解和意旨——理性的权威，给世界引入一种与旧教会的原则不同的原则——独立思考的精神的原则，理性的自我意识的原则或者至少是为这一原则作了准备"[1]。

13、14世纪经院哲学内部出现了"双重真理论"，主张上帝的真理只有通过信仰来领悟，而上帝真理之外的真理要由理性来认识。信仰和理性的分离使理性获得一定程度的自由，其结果是"思想在自身之内发现和认识自身，由此就产生了理性和教会学说或信仰之间的对立"[2]。理性可以肯定同信仰相悖的事物，这正是文艺复兴唯理思想的认识前提。哲学理性这一经院哲学死灰下掩埋的活的生命，一旦跨出神学教条限定的门槛，再前进一步，就可到达文艺复兴要求的境界了。但是，文艺复兴兴起之前还缺乏使理性冲破神学牢笼的条件，所以理性是在基督教神学的束缚中艰难地挣扎着。

经院哲学不仅认为上帝是可以通过哲学来认识的，而且对自然界也持这种态度，"托马斯·阿奎那所阐明的经院哲学保存了自然可以理解的信仰"[3]。对于当时的知识宝藏，无论是宗教的还是世俗的，经院哲学都是以理性为手段加以解释的，因此，在理性面前，它使人们隐约地感到宇宙似乎也不是不可以理解的。要在实践上改造自然，必须首先在思想上假定自然是可以认识和改造的。经院哲学由于告诉人们自然是可以理解的，使人们在思想上对于认识和改造自然有所准备。

在西欧，12和13世纪是亚里士多德著作被重新发现的时期。阿拉伯人和犹太人对亚里士多德著作的注释，促进了西欧对亚里士多德的研究和进一步认识。亚里士多德著作真面目的恢复，使学者们认识到真正的亚里士多德著作和经院哲学家所歪曲利用的亚里士多德学说

---

[1] 费尔巴哈：《费尔巴哈哲学史著作选》，第1卷，商务印书馆，1978年版，第12页。

[2] 黑格尔：《哲学史讲演录》，第3卷，第336页。

[3] W. C. 丹皮尔：《科学史》，商务印书馆，1987年版，第13页。

之间所存在的不同，所以在阿奎那完成了理性和信仰的调和统一之后不久，反阿奎那运动就开始了。邓斯·斯各特（1263—1308）以上帝万能为借口，认为理性不能认识上帝，从而使理性具有摆脱信仰的倾向，"为14世纪信仰和理性的分离铺平了道路"[1]。他的学生威廉·奥卡姆（1300—1350）把理性和信仰分离的观点向前推进。他认为信仰和理性是两个互不联系的领域，信仰只能以"天启"为基础，要合理地证明信仰是不可能的，因而完成了信仰和理性分离之理论的论证。

强调理性同信仰分离，产生了两个方面的结果：一方面它鼓吹上帝的至上权威，使许多思想家以极端的形式重新复活奥古斯丁的先定论，以上帝的权威否定教会的权威，这是后来宗教改革思想的因素；另一方面，它鼓动了人们探索自然的兴趣。既然理性不能认识上帝及其意志，而自然又是可以认识的，那么理性就应该去认识自然。自然世界成为未来理性认识的对象。如果说经院哲学中保留了理性可以认识自然这一思想是人们走上实践之途的前提条件的话，那么完成理性脱离信仰之必要性的论证，则是走向实践之必不可少的环节。假若理性为神学信仰的绳索牢牢地捆绑住，那么理性的目光就永远不会彻底转向尘世，投向自然。因此，文艺复兴时代的人们，当他们跨出迈向认识与改造自然的具有决定意义的一步时，是经院哲学家中的先进分子为他们铺平了道路，给予他们以潜在的勇气和教导。"文艺复兴时代的人，一旦摆脱了经院哲学权威的桎梏，就吸收了经院哲学的方法给予他们的教训。他们本着自然是一致和可以了解的信念，开始进行观察，用归纳的方法形成假设以便解释他们的观察结果，然后又用逻辑的推理演绎出推论，再用实践去加以检验。经院哲学训练了他们，结果反而叫这些人把它摧毁。"[2] 这是一个悖论，也是一个量变到质变的过程。

所以我们认为，经院哲学内部哲学理性的存在，怀疑思想的产生，

---

[1] 迈尔斯：《英国历史文献》（A. R. Mayers, *English Historical Documents*, London 1969），第4卷，第627页。

[2] W. C. 丹皮尔：《科学史》，第153页。

自然世界可以认识这一观念的保留，以及理性和信仰分离论的发展，这一切都构成了联系经院哲学和文艺复兴运动的桥梁，也是经院哲学对于文艺复兴的积极贡献。

## 二、文艺复兴同经院哲学在思维方式上的根本区别

经院哲学中蕴含的理性思想，随着时代的发展表现出越来越大的力量，但是在文艺复兴之前，它始终没有跳出神学信仰的圈圄而成为彻底独立的因素。因此，在信仰、幻想和幼稚的偏见蒙蔽下，"人类意识的两个方面——内心自省和外界观察都一样——一直是在一层共同的纱幕之下，处于睡眠或者半醒状态"[1]。

文艺复兴时代，人的理性从神及其信仰中彻底独立出来了。它"鼓励这种习惯：把知识活动看成是乐趣洋溢的社会性活动，而不是旨在保存某个前定的正统学说的遁世冥想"。[2]在理性灯塔的照耀下，神学信仰套在人头上的光环消灭了，人的本来面目暴露在理性的光芒面前。人作为万物之灵的高大形象恢复了，人性、人的权威和尊严以及人生的价值都得到承认。一种健康、乐观、蓬勃向上的人文主义思潮形成了。是什么力量促成了这种变化？

首先是社会变化最主要的标志——生产力和生产关系的变化。14世纪以后，西欧最主要的工业部门如纺织业、采矿业、冶金业等相继采用了新的工具和设备。越来越多的手工业从农业中分离出来。城市中原有的行会陷于瓦解，新的手工业部门内部分工加强。生产力的发展引起生产关系的变化。按照马克思的见解，14、15世纪，地中海沿岸的某些城市已经出现了资本主义的最初萌芽。新的资本主义商品经济要求改变旧的认识观念。竞争使旧的神学世界观的荒谬性暴露无遗，而理性则展示了巨大的威力。因此，理性认识论取代神学世界观而成

---

[1] 布克哈特：《意大利文艺复兴时期的文化》，商务印书馆，1979年版，第125页。
[2] 罗素：《西方哲学史》，下卷，第14页。

为认识的主流。

其次,教皇权威的沦落和教会的腐朽加速了理性的发展。14世纪是教皇权威盛极而衰的转折点。教皇的"阿维尼翁囚禁"(1308—1377)、教会的大分裂(1378—1417),以及比萨会议(1400年)后的三教皇并立,使教皇权威及神圣感丧失殆尽。文艺复兴时代,教会的腐朽令人为之瞠目。人们声称,当时的教会乃是罪恶的渊薮、可耻的象征、世界上最卑鄙无耻者的表率。教会权威的丧失和教会的腐朽,使人们不得不怀疑教会本身的正当性及其所宣传的教义的正确性。人们不再盲目地迷信教会的说教,越来越多的人开始用理性的眼光审视和批判教会及其教义,因而理性的力量随之壮大起来。

另外,希腊罗马古典文化的重新发现提供了理性复归的契机。希腊罗马古代手抄本和雕像艺术的重新发现,为西欧展示了一个崭新的人的世界。"在它的光辉形象面前中世纪的幽灵消逝了。"[1]理性在"人"身上找到了归宿。理性摆脱神学后回到"人"这一认识主体,显示了它的极端重要性,所以,人文主义者对理性大唱赞歌,认为人之不同于禽兽的根本原因就在于人的理性;理性使人高尚,使人完善;理性使人掌握知识,具有智慧,创造财富;理性使人创造幸福生活,改变人生的价值。甚至认为,理性使人具有神性,上帝的高贵只不过是具有更高超的理性。拉伯雷在《巨人传》中高呼:"请你们畅饮,请你们到知识的源泉那里去……研究人类和宇宙,理解物质世界和精神世界的规律!"莎士比亚在《哈姆雷特》中慨叹:"人是一个什么样的杰作啊!人的理性多么高贵!人的能力无穷无尽……人的洞察力多么宛如神明!"理性从神学信仰的羁绊中解脱出来,实现了新的飞跃:由神学的奴婢转变为人类思维的主体意识,这是文艺复兴认识观不同于经院哲学认识观的明显特点之一。

由经院哲学关于自然可以认识的观念发展到以实验(实践)改变

---

[1]《马克思恩格斯选集》,第3卷,第445页。

自然，在认识论上形成实验主义，这是文艺复兴区别于经院哲学的另一特征。爱因斯坦认为，西方科学的发展是以两个伟大成就为基础的，一是以欧几里得几何学为代表的希腊哲学家发明的形式逻辑体系，二是文艺复兴时期证实的通过系统的实验有可能找出因果关系的重要结论。[1]确实注重实验对于认识的作用和意义，在文艺复兴时期是一种非常普遍的现象。达·芬奇是实验主义思潮的典型代表。他认为："经验是一切可靠知识的母亲，那些不是从经验里产生，也不受经验检定的学问，那些无论在开头、中间或末尾都不通过任何感官的学问，是虚妄无实的、充满错误的。"[2]他在论述自己的研究方法时告诉人们，在研究一个科学问题时，他首先安排几种实验，然后根据实验解决问题，并指出为什么物质在某种原因下会有这样的效应。他认为这是研究自然界现象所必须遵循的方法。[3]达·芬奇把实验看成知识的评判者和导向真理的必由之路。

文艺复兴如此强调实验的作用，并在实践中做出巨大的成就，这在经院哲学是难以设想的。经院哲学中虽然保留了自然可以认识的理性思想，但它不允许理性思想游离于神学而投入自然研究的怀抱。正如达·芬奇所言，经院哲学只会讨论奇迹、解说人类心灵所不能及、任何自然事例所不能证明的那些东西，而不会观察和研究千姿百态、勃勃生机的自然世界。

13世纪，经院哲学内部激进的唯名论思想家曾提出过实验主义的思想理论，这就是罗吉尔·培根（1214—1294）。在中世纪的欧洲，他在精神上接近他以前的伟大的阿拉伯人或他以后的文艺复兴时代的科学家。培根认为，认识有三种方法，即权威、实验和判断；如果不以理智为前提，那么权威不能给我们以确定的知识；如果不以实验来

---

[1] 爱因斯坦：《爱因斯坦文集》，第1卷，商务印书馆，1977年，第574页。
[2] 《西方哲学原著选读》，上卷，北京大学哲学系外国哲学史教研室编译，商务印书馆，1981年，第309页。
[3] 斯蒂芬·F. 梅森：《自然科学史》，上海人民出版社，1977年版，第102页。

检验，那么判断从自身中不能在证明中区别诡辩论，因此只有实验科学才是认识的真正道路。[1]据说，他是靠"实验来弄懂自然科学、医药、炼金术和天上地下一切事物"的。[2]罗吉尔·培根的实验主义认识论对经院哲学的亚里士多德权威是有力的冲击，但它没有形成为强大的思想潮流而延续下来，产生后不久便销声匿迹了。其原因一方面是经院哲学的极力扼杀，另一方面则是13世纪的西欧社会，还没有提出实践（实验）改造世界的任务。

文艺复兴时期，教会权威的崩溃，解除了神学教条对人们思想的禁锢；生产领域的扩大和生产技术的提高，使人们在更广阔的范围、更大的深度上直接面对许多新的自然现象和复杂问题。信仰和幻想无法解释暴露在人们面前的新世界，更不能解决生产中不断涌现的新问题；随生产的发展而壮大起来的科学增加了人类改造自然的勇气并提供了有力的武器，"技术给了人一种能力感：感觉人类远不像在以前的时代那么凭环境摆布了"[3]；另外，资产阶级新生力量的壮大和经济实力的增加，为大规模的实验活动提供了不可缺少的条件和可能性。因此，强调实验（实践）对认识的巨大作用，并把实验（实践）作为改造自然世界的主要手段，成为文艺复兴时期的主要意识潮流。理性的独立和实验主义思潮的广泛盛行，在认识论上构成文艺复兴不同于经院哲学的两个最为鲜明的特征，也是文艺复兴同经院哲学的根本区别。

## 三、关于经院哲学与文艺复兴关系的基本结论

我们认为，对于经院哲学的认识，过去更多的是注意它的神学性质，而对其中的活跃因素——理性的存在——则大为忽略了。经院哲学并非不充分利用理性，相反，它极力运用理性来维护神学。经院

---

[1] 奥·符·特拉赫坦贝尔:《西欧中世纪哲学史纲》，中国对外翻译出版公司，1985年版，第147页。
[2] 斯蒂芬·F. 梅森:《自然科学史》，第102页。
[3] 罗素:《西方哲学史》，下卷，第6页。

哲学的特点是"漠视事实和科学,在仅凭观察才能决定的事物上偏信推理,以及过分强调语言上的区别和其精微意义"。[1]经院哲学家把锐利而深沉的智慧和大量的闲暇时间,荒废在非常有限的天地里,特别是亚里士多德的狭小的世界里,而不去研究丰富多彩的人类社会和自然世界,这使他们陷入万劫不复的烦琐论证的泥潭中不能自拔,但在这种不断的机智努力中,一张科学的蛛网在不知不觉中形成了。因此,经院哲学在一定程度上"维持了理性的崇高地位……这样,它就为科学铺平了道路"。[2]文艺复兴时代的人们不自觉地接受了经院哲学所给予的某些方法的积极训练。这为文艺复兴运动的兴起做了潜在的准备。更为重要的是,经院哲学认为上帝和宇宙是可以理解的,这一信念给文艺复兴时代的人们改造自然、从事实践以精神上的鼓舞和勇气,也是文艺复兴时代实验主义思潮的深层认识基础。

正如胚胎不是完全意义上的人一样,肯定经院哲学和文艺复兴之间的渊源联系并不意味着抹杀二者之间的区别。文艺复兴不同于经院哲学之处在于,它要求并实现了理性从神学的独立,摧垮了经院哲学僵死、封闭的体系,完成了理性和"人"这一认识主体的结合,也就是说,文艺复兴不仅把理性看作是人的特性,更重要的是它把人本身当作理性认识的对象。理性复归于"人",导致了人文主义思想的发展。同时,随着时代的发展,实践(实验)改造世界不仅成为可能,而且成为必要,因此,经院哲学认识论中自然可以认识的观念发展成为现实的实验主义思潮,认识上升到更高的层次。如果用一句话来概括我们的结论的话,那就是:在中世纪经院哲学的发展中,具有文艺复兴时代特点的文化因素已有一定地位,但从根本上,经院哲学和文艺复兴代表着不同阶级属性和社会发展不同阶段的意识形态,是代表两种不同时代精神的两种文化的体现。

(原载于《史学月刊》,1989年第3期)

---

[1] 罗素:《西方哲学史》,上卷,第530页。

[2] 丹皮尔:《科学史》,第12页。

# 论马丁·路德宗教改革对经院哲学的继承和发展

众所周知，经院哲学是欧洲中世纪占统治地位的封建的神学哲学，宗教改革则是标志着资产阶级意识形态初露端倪的神学革命。[1]基于这种既定的结论性认识，欧洲思想史特别是宗教思想史的研究者，往往在强调经院哲学的反动落后性、宗教改革的积极意义的同时，夸大二者之间的差别和对立。本文试图从对经院哲学和宗教改革的具体分析中探讨其中的继承、发展关系。

## 一、经院哲学的理性思维与马丁·路德宗教改革的发动

经院哲学又称烦琐哲学。它的突出特征，就是用逻辑推理的方法和哲学的形式来表现和论证基督教神学教条，以理性的手段来捍卫神学信仰的内容，因此，"经院哲学本质上就是神学，而这个神学直接的就是哲学"[2]。在经院哲学以神学教义为前提建立的"唯理论体系"[3]中，哲学理性为神学信仰这一外在的形式所拘囿和束缚，其活动是不自由的。但是，神学既然要求理性为其服务，那么就得允许它存在，从而也就不能彻底扼杀理性本身的思辨功能。哲学思维的形式可以被歪曲，但思辨的性质是无法改变和消灭的。所以经院哲学内部存在着理性发展的可能性。托马斯·阿奎那（1225—1274）说："每个人都

---

[1]《马克思恩格斯选集》，第1卷，第9页。
[2] 黑格尔:《哲学史讲演录》，第3卷，商务印书馆，1983年，第279页。
[3]《马克思恩格斯全集》，第30卷，第335页。

有理性，并且依靠理性的启示，他的行动才被导向所趋的目的。……对于自己的行动，有依靠上帝赋予的理性的启发而充分加以发挥的自由。"[1] 经院哲学对哲学理性合法地位的不自觉、不情愿的认可，为怀疑主义的产生和发展保留了地盘。唯名论者彼埃尔·阿伯拉尔（1076—1142）提出："由于怀疑，我们就验证；由于验证，我们就获得真理。"理性怀疑主义在经院哲学内部不以经院哲学家的意志为转移而发展了起来。

马丁·路德（1483—1546）最初"是作为练达的神学博士而不是以耽于幻想的精神改革家而领导反对罗马和传统宗教的"[2]。他接受了经院哲学中有益的教诲，以此为基础对教会进行批判。1501年，路德进入爱尔福特大学学习。此地是奥卡姆（1285—1349）唯名论成名的地方，是唯名论哲学的大本营之一，这时唯名论思潮仍然统治着爱尔福特大学的讲坛。梅兰希敦说"路德不仅深谙中世纪晚期的神学，而且熟知彼埃尔·戴依和加布里尔·比尔[3]的著作"[4]。这是和他在爱尔福特大学所接受的经院哲学唯名论教育分不开的。奥卡姆唯名论主张思维的个别性，"这在他自由思考方面有所启示，进而使他对于教会感到厌恶"[5]。路德看到奥卡姆关于教会和宗教会议会犯错误的理论后，开始以理性与怀疑的眼光审视经院哲学的理论，发现了其中许多互相矛盾的地方，因此他对一位朋友说他自己的哲学，"不一定学习旧的一些滥调"[6]。这种困惑、怀疑的情绪随着路德神学活动的拓展与

---

[1] 阿奎那：《论君主政治》，《阿奎那政治著作选》，商务印书馆，1963年，第43—44页。

[2] 斯蒂芬·奥泽门：《改革时代1250—1550：中世纪晚期和宗教改革时代欧洲思想和宗教史》（Steven Ozment, *The Age of Reform, 1250-1550 : An Intellectual and Religious History of Late Medieval and Reformation Europe*, Yale University Press, 1980），第231页。

[3] 彼埃尔·戴依是中世纪法国神学家、唯名论者，著有《世界的幻想》；加布里尔·比尔是中世纪德意志神学家、唯名论者，对奥卡姆学说的发展有贡献。

[4] 斯蒂芬·奥泽门，上引书，第233页。

[5] 释圣严：《基督教之研究》，中国台北，1984年，第177页。

[6] 威尔·杜兰：《世界文明史》，第19卷，《宗教改革》，中国台北，1977年，第8页。

日俱增。1507年进入修道院后，路德接触到胡司的异端思想，心灵受到更为剧烈的震荡。他在《自传》中描述阅读胡司演说时惊奇、恐惧和迷惘不解的心情："在这些演说里，我真的找到很多东西，我竟大为吃惊：我心里想这个人为什么被烧死；他所引证的《圣经》是这么符合基督教的道理，也是这么有说服的力量。……于是我就掩卷走开，一颗心扑扑跳着。"[1]对教会信条的疑惑和对教会腐朽现状的不满，是路德对教会发动攻击前的基本思想活动，其深层的文化心理准备是由经院哲学内部发展起来的理性怀疑主义。1517年10月教皇特使在德国叫卖赎罪券时，路德终于按捺不住内心的愤怒，在维登堡教堂门口贴出《九十五条论纲》，发动了宗教改革。

随着宗教改革的发动和"唯信称义"说的形成，路德不得不使用理性和信仰两个武器向教会进攻：对教会的现实批判需要理性的帮助；对教会权威的反抗则依靠信仰的力量。由于路德的宗教改革活动越来越趋向于创立新教学说，所以信仰在路德思想中占有越来越大的比重。1520年路德在《罗马教皇权》中说："本来上帝的道……是给我们对抗一切敌人的，现在我们反要用我们的理性去维护上帝的道，这是最可悲的事……本来上帝的法律应该是我们的武器，我们反企图用我们的理性来维护上帝的法律，这也是同样的愚蠢。"[2]在农民战争爆发以后，路德更为敌视理性，视理性为"魔鬼的情妇"，骂亚里士多德"是魔鬼、可怖的诽谤者、凶残的诬告人、愚昧无知的公爵、不折不扣的阿波利翁、野兽、愚弄对哲学一窍不通的人类的狠毒的骗子，在光天化日下公然扯谎"。[3]在晚年，路德获悉哥白尼的"太阳中心说"，怒火中烧，斥哥白尼是"突然发迹的星相术士"，认为他"处心积虑要证明天空或苍穹、太阳和月亮不转，而是地球转"，是"希望显得伶俐"。路德颇为得意地说："《圣经》告诉我们，约书亚令太阳静止下来，没

---

[1]《世界中世纪史原始资料选辑》，天津人民出版社，1959年，第158页。

[2]《路德选集》，上册，金陵神学院，1957年，第116页。

[3] 约·阿·克雷维列夫：《宗教史》，上卷，中国社会科学出版社，1984年，第276页。

有命令大地"[1]。在路德那里,《圣经》成了对付一切敌人的王牌。可见,路德后期为了信仰的独尊地位和至上权威,对理性和科学的攻击和憎恨达到了登峰造极、无以复加的程度。

那么,路德从开始时心安理得地接受经院哲学理性怀疑精神的教诲,并用它对教会进行现实批判,到后来极力拒斥、仇视,乃至百般诋毁理性思维,这种转变的内层原因何在呢?

如前所述,经院哲学把理性纳入神学体系中,从而为理性的存在保留了一席之地。把理性作为捍卫神学的工具而利用,当作服务于神学的婢女而役使,在客观上承认了理性对神学信仰的合法地位和一定程度的限制、约束力,其结果必然是,理性思维对信仰具有并发挥某种监督作用。宗教改革要突出信仰的权威,以此来对抗教会的权威,必须排斥、摒弃一切不利于强化信仰的因素。理性的本质决定了它在完成对教会的现实批判后,必然成为神学信仰的头号敌人,因此,一定要打倒、摒除理性,解除它对信仰的限制和威胁。路德曾举例说,圣母玛丽亚是耶稣的母亲,而她却是个童贞女。这不仅同任何理性相悖,而且同上帝创世说相抵触。所以路德号召人们说:"无须费脑筋思虑某事可能与不可能,而应当这样说:既然上帝说了,那么,即使看来不可能的事,也会发生。"[2]从肯定《圣经》真理,维护信仰至上权威的角度,路德认为凡是《圣经》所说的都是现实。理性思维的武器在事过境迁之后被排斥了。因此,宗教改革的结果必然是"破除了对权威的信仰,却恢复了信仰的权威"[3]。

但是,能否以此认为宗教改革比经院哲学更落后、更反动呢?回答是否定的。宗教改革在本质上并不是要消灭权威,但它却"移动了宗教中权威的位置,起初是把权威从教会和《圣经》转移到单独的《圣

---

[1] 罗素:《宗教与科学》,商务印书馆,1982年,第10页。
[2] 约·阿·克雷维列夫:《宗教史》,上卷,第277—278页。
[3] 《马克思恩格斯选集》,第1卷,第9页。

经》方面，然后又把它转移到个人的心灵里"。[1]当权威依附于心灵时，对人生疏的外物便被抛弃了。这和经院哲学以理性来论证外物（教会信条、组织、仪式等）的作用是完全不同的。正因为如此，路德宗教改革才是宗教发展史上的一次变革，使"德国开始了一个新时代"[2]。

## 二、经院哲学的唯名论与"唯信称义"说

经院哲学的集大成者托马斯·阿奎那把亚里士多德的学说引入神学体系中，完成了信仰和理性的调和与统一，使经院哲学变成了一种具有极其灵活性和说服力的学说和信仰。按照阿奎那的神学学说，上帝赋予人以自由意志，使他们有择善避恶的力量，但他同时又强调，人们不能独立无助地做出这种选择，必须求助于神的恩典和帮助，也就是要接受作为上帝尘世代表的教会的帮助。圣事是上帝把恩典传给人们的不可缺少的媒介，除非特殊情况，教士之外的人不能主持圣事。由于教会人员继承了使徒彼得从基督那里得到的能敞开天国大门的钥匙的权力，所以只有他们才能沟通上帝和人的关系，把恩典传给人们。阿奎那的学说以理性思维的方式论证了教会存在的合理性和教职人员的权威。

但是，正是在理性和信仰的关系这个敏感问题上，阿奎那遭到了经院哲学内部唯名论的强烈攻击。阿奎那同时代的被称为"博学鸿濡"的多米尼克会修士阿尔伯特（？—1230）指出，哲学问题应该当作哲学问题来处理，不应与神学问题混为一谈。哲学虽然可以论证上帝的存在和属性，及其与宇宙的关系，但专门的基督教教义，如三位一体、道化成人身等问题，却超出了哲学的范畴，难以用哲学来论证。在后期经院哲学中，要求将哲学和神学分离开来的主张形成一股强大的思想潮流，其主要代表是著名的唯名论者邓斯·斯各特（1260—1303）

---

[1] 罗素：《宗教与科学》，第6页。
[2] 亨利希·海涅：《论德国宗教和哲学的历史》，见《论德国》，商务印书馆，1980年，第232页。

和威廉·奥卡姆。斯各特强调上帝的万能和上帝意志的自由，否定了理性认识上帝的可能性；同时他又强调理性对于认识其他事物的重要性，提高理性的地位。奥卡姆则认为，必须区分两种真理：神学真理和哲学真理。神学真理不仅不能依靠理性来证实，甚至不能被证明为合理，它只能靠信仰来领会和接受，其根据是启示。人类的理性只能以观察到的事物为限，在神秘的上帝及神圣世界中，人类运用理性只限于看到或直接感知的事物。对于上帝意志及决定的事物，只能信仰和服从，而不能以理性非议。奥卡姆主义关于理性和信仰分离的观点，在西欧思想界产生了两个方面的影响：一方面，它鼓动了人们探索自然世界的兴趣：既然理性不能认识神及其意志，那么就应该去认识神以外的自然界，文艺复兴时期自然科学的发展颇得益于此观念的启发[1]；另一方面，它强调上帝意志的自由和至上权威，以后的宗教改革家以此为基点，以极端的形式重新复活奥古斯丁的先定论。

路德在爱尔福特期间，就全面地接受了奥卡姆学派的影响，成为奥卡姆主义的热情追随者。路德称奥卡姆为"导师"，称奥卡姆学派为"我的团体"[2]，用他自己的话说，"奥卡姆，我的老师，是最伟大的辩证法大师"。在理性和信仰的关系问题上，路德完全赞同奥卡姆的主张，认为"逻辑是用来探索知识而不能用于捍卫信仰"（《反经院神学论》第49条）。[3]"因此，在恩典及其作用的问题上……他毫不犹豫地接受奥卡姆及其继承者从斯各特沿袭而来的上帝的意志不受理性约束的理论。"[4]

路德的"唯信称义"说主要有两个方面的内容：第一，它认为善

---

[1] 拙作《论经院哲学与文艺复兴的关系》对这一观点有较为详细的阐发，见《史学月刊》1989年第3期，第88—93页。

[2] 《不列颠百科全书》（英文版），第14卷，1956年，第49页。

[3] 斯蒂芬·奥泽门：《改革时代1250—1550：中世纪晚期和宗教改革时代欧洲思想和宗教史》，第238页。

[4] G. F. 穆尔：《基督教简史》，商务印书馆，1951年，第235页。

功（即教会强调的仪式）对于人的得救（称义）是无用的，人的得救不依赖于人的主观努力。这一点是同经院哲学家所强调的人通过努力得到相应的恩典，然后通过相应的善功获得救赎（称义）的观点是对立的。第二，它强调人的得救（称义）依靠信仰。信仰就是果决地接受和拥有福音，接受和拥有从基督那里得到的"得救"的应许。"唯信称义"说的既定前提，是上帝的至上权威和上帝意志的不可改变。确立这种观念，需要克服经院哲学"善功得救论"在道德意义上的重大障碍，如承认上帝不仅是善的主宰，而且也是恶的根源。"在这方面，他从斯各特派唯名论继承下来的关于把上帝看作绝对意志的思想……无疑也起了帮助作用。"[1]

为了使"唯信称义"说的这个基本前提建立在更为牢固的基础上，路德在形式上又回到了奥古斯丁的先定论。奥古斯丁先定论的依据，是一个"至高、至美、至能、无所不能、至仁、至义、至隐、无往而不在，至美、至坚、至定，但又无以执持，不变而变化一切，无新无故而更新一切"的全能的上帝[2]；上帝的意志统治一切，即使是一个麻雀落在地上也是神的旨意。人性是无可救药的堕落，人本身对此无能为力。因此，人必须依靠上帝，不仅依靠上帝的恩典而释罪，而且依靠上帝决定他死后的命运。上帝按照自己的意志决定那些命中注定得永生的人，才能得救。奥古斯丁把人的命运完全交给上帝支配，以先定论的形式否定了一个有组织的教会来行使人类得救职能的必要。对于路德，先定论成为对抗教会这一现实存在物的最好武器，因此他自然乐于接受而运用之。

罗素认为，"路德……返回到圣奥古斯丁，不过只保留他的教义中讲灵魂与神的关系的那一部分，不保留关于教会的部分"[3]。但是我们看到，即使是讲灵魂与神关系的部分，路德也不是毫无改变地全盘

---

[1] G. F. 穆尔:《基督教简史》，第237页。

[2] 奥古斯丁:《忏悔录》，商务印书馆，1987年，第5页。

[3] 罗素:《西方哲学史》，商务印书馆，1986年，第41页。

接受。按照奥古斯丁的理论，称义是人性的一次真正改变。人由于分享了神的义，才由罪人变为义人。人所赖以释罪称义的信仰，是充满对基督爱心的信仰行为，因此，称义既是一种行为，同时又是一个过程。这种观点也为经院哲学家如阿奎那等人所坚持。路德的"唯信称义"说则认为，称义是因为人与神发生了新的关系，从而使人的罪归于基督，基督的义归于人。称义不在于行善时所积下的功德，而在上帝的恩典和人对上帝的信仰。称义随信仰而来，信仰是称义不可缺少的条件。在路德的理论中，信仰脱离了教会这个实体，不表现为行为。天主教会强调的宗教仪式、信条等外物在信仰面前失去了功效。可见，路德宗教改革之向奥古斯丁的回归，乃是形式上的回归，内容上的飞跃，是"理论性的"革命的一部分。[1]

## 三、神秘主义者与宗教改革家

在确切意义上，神秘主义不属于经院哲学的范畴，但它和经院哲学有着密切的联系。"经院哲学的大师们，包括阿奎那在内，无不在不同程度上带有神秘主义因素……另一方面，13至15世纪的教会神秘主义，都带有经院哲学的性质。"[2]

德国神秘主义有悠久的历史传统。到14世纪，德国出现了一批引人注目的神秘主义者，如艾克哈特、陶勒尔和苏索等。艾克哈特在斯特拉斯堡和科隆任神学教授多年，曾写下大部头的神学著作。他认为，在人的灵魂深处，有一种非受造的光，在这光的照耀下，灵魂便飞向上帝空虚静寂之境，因而也就从有差别的人的世界进入无差别的神的永恒不变的世界。在上帝意志的世界里，人的灵魂得以再生。艾克哈特门徒众多，后来形成几个大的神秘主义团体，活动在德国和低地国家。作为艾克哈特的著名弟子，陶勒尔和苏索把老师的理论付诸实践，

---

[1]《马克思恩格斯选集》，第1卷，第9页。
[2] G. F. 穆尔：《基督教简史》，第192页。

广为宣传，使德国的神秘主义达到了繁荣。神秘主义的盛行产生两个重要后果：第一，它使人们觉得，宗教主要是一种内心生活，表现在基督的行为中，并以基督的行为为准则，不仅仅是接受教会的信条，享受一些有效的圣事；第二，它注重个人的体验，比较忽视教义和教规，从而也比较忽视外在的教会控制的权威。[1]

路德很早就与神秘主义团体有联系。1497 年路德被送到马德堡中学读书，给他授课的教师许多是"共生兄弟会"（Brotherhood of Common Life）的成员。共生兄弟会是由艾克哈特的门徒佛兰芒俗人传教士杰拉德·格鲁特在 1375 年前后创立的，其成员主要从事祈祷、宣传和慈善事业。他们不像教士那样被限制在寺院里，而分布在欧洲各学府中宣传神秘主义的理论与主张。神秘主义强调内心圣洁而不是外在的善行，主张同上帝直接灵交而不是借助圣事仪式，以及他们身体力行的实践活动，这给路德留下了颇为深刻的印象。后来，"路德发现神秘主义中非经院哲学的方法和对宗教的个人态度对他有特别的吸引力"[2]。因此，他逐渐亲近神秘主义。

1507 年路德成为修士后，"阅读了德国的一些神秘主义论著，尤其是陶勒尔的著作，使他对沟通带有原罪的人类与正义、万能的上帝之间，有了希望"[3]。所以他在给朋友的信中，称陶勒尔的布道是"纯正而坚实的神学"，并说在当代拉丁文和德文著作中，没有一本比它更有益和接近于福音书。[4]另外，对路德影响颇大的是一本被他命名为《德意志神学》的匿名的神秘主义著作。这本书系用通行于大众的高地德意志语写成，很早就流行于德国神秘主义经院哲学家中。艾克哈特对此书十分重视，认为它是德国神秘主义的源泉。1516 年路德将

---

[1] 穆尔：《基督教简史》，第 195 页。
[2] 斯蒂芬·奥泽门：《改革时代 1250—1550：中世纪晚期和宗教改革时代欧洲思想和宗教史》，第 240 页。
[3] 威尔·杜兰：《世界文明史》，第 19 卷，《宗教改革》，第 10 页。
[4] 斯蒂芬·奥泽门，上引书，第 239 页。

它整理后正式出版。路德本人认为,"除了《圣经》和圣奥古斯丁的著作,再没有其他著作比《德意志神学》教给他更多关于上帝、基督、人以及所有事物本性的道理"[1]。可见影响之深。恩格斯在谈到神秘主义对路德宗教改革的意义时指出:"说到神秘主义,那么大家知道,16世纪的宗教改革和它就有多么密切的关系。"[2]

中世纪正统神学认为,建立神人关系不可缺少的条件,是达到同神相似的状态,其手段是通过宗教的物质和精神上的实践,以神性的自我取代有罪的自我,简言之,就是依靠履行宗教仪式来完成赎罪的过程。神秘主义不同于正统神学之处在于,它强调"内在的启示"、"灵光照亮的灵魂"在人与神的结合中的突出作用,以及由此而产生的对上帝的直觉认识。它断言,在入神的状态下,人的灵魂能最清楚地听到"圣灵之音"。因此,神秘主义在否定教会主张的外在仪式方面同路德的"唯信称义"说达到了统一。但是路德并没有停滞在神秘主义所强调的沉思生活,以及通过人的神性化而与上帝结合——德国神秘主义最突出的特征——的观点上。在陶勒尔的一份布道的边注上,路德以"信仰"取代陶勒尔所说的"心灵的火花或人的最高部分"。在路德看来,只有信仰,而不是心灵的特殊本质使人成为精神体;信仰是神和心灵神秘结合的媒介和条件。[3]

神秘主义和路德"唯信称义"说所具有的共同的意义是,人的得救不需要教会这个特殊的"人与上帝之间的中介";人的得救乃是内心世界的产物,不是沉醉在世俗利益中的教会所能办到的。但是神秘主义者所强调的"心灵的火花"带有原始的、自发的性质,不具有路德主张的"信仰"的积极能动性。路德"新教放在自己学说中心位置

---

[1]冯作民:《西洋全集》,(八),《宗教改革》,中国台北,1979年,第20页;又见斯蒂芬·奥泽门:《改革时代1250—1550:中世纪晚期和宗教改革时代欧洲思想和宗教史》,第239页。

[2]《马克思恩格斯全集》,第7卷,第401页。

[3]斯蒂芬·奥泽门:《改革时代1250—1550:中世纪晚期和宗教改革时代欧洲思想和宗教史》,第241页。

的信仰，乃是个人的感受，实际上这种感觉不受外部的解释和监督。每个人可以在自己的信仰中放进各自不同的内容。这种信仰的个体性，造成了偏离普遍承认的教条甚至批评这种教条的广阔的余地"[1]。神秘主义的主张只是路德"唯信称义"中"信仰"因素的一个潜在的前提和出发点，是教会善功得救论和路德"因信称义"说之间的过渡性环节。所以路德宗教改革所具有的进步意义，远非神秘主义以及中世纪其他的意识潮流所能比拟。这正是路德宗教改革的高明之处和时代特色。

概言之，宗教改革是对经院哲学的扬弃。

恩格斯指出："每一个时代的哲学作为分工的一个特定的领域，都具有它的先驱者传给它而它便从此出发的特定的思想资料作为前提。"[2] 宗教改革作为宗教领域中的一次重大变革，其"由此出发的特定的思想资料"前提是经院哲学。所以，我们应该认识并承认宗教改革对于经院哲学的继承关系，否则就难以理解思想意识发展的继承性原则。

由于认识到路德宗教改革思想和中世纪思想文化的渊源关系，有的学者认为，路德的思想学说只是"利用宗教改革前的反对派、神秘主义以及后期经院哲学的唯名论等所主张的学说……把中世纪的教条、教会观和伦理等转移到保罗那以信仰和精神、恩典和基督为中心的宗教上"[3]。应当说，承认路德宗教改革思想的继承因素是符合实际的，但否认宗教改革对中世纪基督教学说，特别是经院哲学的质的变化和阶级性区别，则是贬低了路德宗教改革的历史地位，是不恰当的、不正确的。

路德宗教改革对经院哲学的继承关系表现在：经院哲学内部存在的理性思维，在最初阶段成为路德对教会进行现实批判的武器，是他

---

[1] 约·阿·克雷维列夫：《宗教史》，上卷，第278页。

[2] 《马克思恩格斯全集》，第4卷，第48页。

[3] 恩斯特·特勒尔奇：《基督教社会思想史》，中国香港，1976年，第280—281页。

发动宗教改革的必要准备；后期经院哲学唯名论所主张的信仰和理性分离的观点，以及与此紧密相连的上帝意志自由论，是路德"唯信称义"说的主要理论依据和基本前提；神秘主义对教会外物的否定为宗教改革鸣锣开道，同时也构成宗教改革理论的潜在环节。

宗教改革作为具有鲜明时代特征的思想运动，对经院哲学的发展在于：宗教改革在利用理性完成对教会的现实批判后，排斥了理性，以信仰为武器和旗帜向教会作战，即以信仰的权威对抗对权威的信仰；与此相联系的是，以信仰得救论（唯信称义）取代善功救赎说，在形式上表现为抛弃阿奎那的学说，代之以奥古斯丁的理论；以发展的具有新时代特点的积极的"信仰"，取代神秘主义中被动消极的"入神"、"默思"。宗教改革与经院哲学的相互联系，以事实证明了思想意识的继承发展原则和量变质变规律。

（原载于《史学月刊》，1991年第1期，署名章叙珊）

# 论经院哲学对近代科学思维的贡献 [1]

近代科学在西方的勃兴，历来被视为欧洲的"奇迹"之一。对于这一"奇迹"产生的原因，研究者或以欧洲社会的巨变来说明，或以欧洲的智力优越性来解释，皆难得正鹄。就文化发展的继承性而言，经院哲学与近代科学在思维方式上存在不可脱离之内在联系；欧洲近代科学思维方式和内在精神的形成，实得益于经院哲学的积极贡献。经院哲学直接影响了欧洲近代科学思维方式的形成，不应被完全视为历史长河中的负面遗产。

## 一、近代科学思维由经院哲学脱胎而来

近代科学的根本要素有两个：一是科学各学科取得的具体成果，一是统御各学科的思维方式，即理解和认识自然世界的法则。真正意义上的欧洲近代自然科学形成于15世纪后半叶到17世纪中叶。在这两个多世纪中，欧洲近代科学取得了巨大成就，形成了完整的体系，确立了与之互为表里的近代科学思维方式。与近代自然科学形成的对应事件是文艺复兴运动，因此可以说，近代科学思维方式是文艺复兴运动中后期的产物。

自文艺复兴以来，自然科学取得了空前未有的巨大成就，成为改

---

[1] 本研究完成于十多年前，曾得到清华大学"骨干人才支持计划"项目资助。其中部分内容以概要形式发表于《经济社会史评论》第1期，生活·读书·新知三联书店，2004年。现在将全文发表，以呈现该成果的全貌。

造自然和社会的强大力量,这是人们熟知的事实。但对于促成这种大变化的原因,却历来众说纷纭,难得要领。有人坦然承认:"把促成这种变化的一切因素与见解聚拢在一起,观察者仍然觉得在这一切背后还有一种生气活泼的精神,这种精神我们只能很不完全地捕捉到。它有力量把其余的因素掺和在一起,使其突然成为一个整体。这种现代精神以可惊的速度形成,我们还不能充分解释其过程。"[1]

马克思主义创始人从社会发展尤其是生产力的变化上解释科学的巨大发展。恩格斯认为:"如果说,在中世纪的黑夜之后,科学以意想不到的力量一下子重新兴起,并且以神奇的速度发展起来,那么,我们要再次把这个奇迹归功于生产。"[2] 从物质决定意识这一角度,这样的解释自然是正确的。这是就人类精神活动的根本物质基础而言。不过,人类每一种精神活动,都是以它从以往历史中继承的人类文化精神遗产为前提。科学思维作为精神活动的一种形式,是以它所继承的前一个时期的精神遗产作为出发点的。那么,近代科学思维方式的精神文化前提是什么?

科学史家 W. C. 丹皮尔(1868—1952)说:"人类历史上有三个学术发展最惊人的时期:即希腊的极盛期、文艺复兴时期和我们这个世纪。"[3] 就科学发展进程而论,文艺复兴时期与丹皮尔所说的"我们这个世纪"即 20 世纪具有明显的连续性,尽管这两个时期的各自特点不尽相同。希腊的极盛期与文艺复兴时期之间则不然。如果罗马帝国可勉强视作希腊文化的继承者,那么,从罗马帝国衰亡到欧洲文艺复兴之间的"中世纪",在文化形态上与希腊罗马文化迥然不同。基督教在中世纪的精神统治,在文艺复兴时期和古代希腊极盛时期之间划出了一条鸿沟,特别是公元 500 年到 1000 年之间的五个世纪,更是

---

[1] Creighton, *Cambridge Modern History*, vol.1, Cambridge 1902, p. 2;转自丹皮尔《科学史》,商务印书馆,1987 年,第 161 页。

[2] 恩格斯:《自然辩证法》,人民出版社,1972 年,第 163 页。

[3] W. C. 丹皮尔:《科学史》,第 160 页。

西欧文化发展的低谷,故又被称作"黑暗时代"。这种状况是罗马帝国自3世纪危机以后古典文化衰落之势的延伸,同时也是蛮族(日耳曼人、维金人、匈牙利人等)入侵造成的必然结果。

罗马帝国承载的古典文化的式微,蛮族入侵对罗马帝国文化残垣断壁的扫荡,造成欧洲尤其是西欧文化的空白状态,为混乱状态中稍有能力维持社会秩序的基督教组织确立其精神独尊地位提供了条件。恩格斯说:"中世纪是从粗野的原始状态中发展而来的。它把古代文明、古代哲学、政治和法律一扫而光,以便一切从头做起。它从没落的古代世界承受下来的唯一事物就是基督教和一些残缺不全而且失掉文明的城市。其结果正如一切原始发展阶段中的情形一样,僧侣们(教士们——引者注)获得了知识教育的垄断地位,因而教育本身也渗透了神学的性质。"[1]作为中世纪居于统治地位的神学,经院哲学是近代科学兴起前的主导意识形态。近代科学的兴起和经院哲学日渐衰落是前后相继的两个文化运动,二者之间存在着一种彼消此长、新陈代谢的关系。近代以来科学和科学思维方式的形成,显然并非直接继承古希腊的文化遗产,而是脱胎于经院哲学这一精神遗产。因此,近代科学思维方式的形成离开它的经院哲学遗产,是不可思议的,在逻辑关系上是难以理解的。

因此,我们不得不面对的问题是,近代科学思维方式与经院哲学之间的内在的联系是什么?这种联系是如何建立起来的呢?

## 二、经院哲学的本质特点:神学与逻辑的结合

经院哲学(Scholasticism)一词来自拉丁文 Scholasticus,意为"经院里的学问"。一般认为,8至10世纪是经院哲学的酝酿期,11至13世纪是其兴盛期,14世纪以后它在欧洲思想舞台上已逐渐衰微。经院

---

[1] 恩格斯:《德国农民战争》,《马克思恩格斯全集》,第7卷,第400页。

哲学有狭义和广义两种含义，狭义的经院哲学指修道院中的职业神职人员从事的神学研究；不过，12世纪以后大学日渐成为欧洲大陆文化活动的中心，经院学术的中心也大都转移到大学，所以，广义的经院哲学是指11至13世纪的学术活动，既包括基督教神学院中的神学研究，也包括中世纪大学内部的学术研究，也就是说，它指的是这一时期占统治地位的思维习惯方式和学术活动。

经院哲学是此一阶段神学发展的一种特定形式，其本质仍然是神学，但它依赖的工具是"辩证法"和三段论的推理，表现在形式上，就是将亚里士多德哲学（主要是逻辑学）引进神学体系，将神学和哲学加以调和，形成一种思辨体系；它以一个既定的神学命题为前提展开思辨论证。由于经院哲学家在思辨论证时抛开一切现实性的经验，在神学的抽象概念中绕圈子，所以在气质上表现为"烦琐的与好辩的"特征。[1]在经院哲学的论辩中，理性的逻辑被限定在神学世界中，与客观的、活生生的现实世界的人类实践活动没有关联。因此，恩格斯称它是"一种像肥皂泡那样吹起来的唯理论体系"[2]。

经院哲学内部有三种思想倾向：一是将理性当作神学信条的裁判者；二是在神学研究领域根本拒斥理性；三是使神学和理性调和，但使理性服从神学。在经院哲学发展里程中，第三种倾向占据了主导地位，表现出两个显著特点：第一，把基督教会的教义建筑在形而上学的基础上；其次，对教会的全部教义加以系统研究。[3]经院哲学的一切矛盾由此而生发出来：神学教义是前提，它不允许理性思维超出神学既定教义的大范围；但它又借助理性思辨来论证其教条和教义，驱使哲学为神学服务，其结果是理性的逻辑论辩在神学这个崇高的对象面前充当了"奴婢"的角色。但是，神学要利用哲学这个奴婢，在客观上不能摆脱哲学的理性思辨功能，于是，不仅不能扼杀，而且还要

---

[1] 罗素：《西方哲学史》，上卷，商务印书馆，1986年，第530页。

[2] 《马克思恩格斯全集》，第30卷，第335页。

[3] 黑格尔：《哲学史讲演录》，第3卷，商务印书馆，1983年，第289页。

充分利用它；在经院哲学的神学范畴中，哲学固有的理性思辨功能不仅得到保留，而且在一定程度上得到培育与发展。经院哲学家追求神学的说服力量，追求逻辑论证的完美，在客观上推动了理性与逻辑的发展。这一特点几乎见于所有的经院哲学家的智力活动。

安瑟伦（1033—1109）是 11 世纪经院哲学实在论的最大代表。他是将逻辑三段论娴熟地运用于上帝存在论证明的代表人物。在信仰和理性的关系上，虽然他强调"基督教应该由信仰进展到理性"，但他同时又指出，"我们必须用理性去维护信仰"，"当我们有了坚定的信仰时，对于我们所信仰的东西，不力求加以理解，乃是一种很大的懒惰"，"我们必须用理性去维护我们的信仰，以反对不信上帝的人"。[1] 托马斯·阿奎那（1225—1274）是基督教教义的权威解说者，虽然他坚持"神学高于哲学，哲学乃神学奴仆"的原则，认为"神学可能凭借哲学来发挥，但不是非要它不可"。但他又坚持认为，基督教的某些基本真理可以不用启示的帮助，而单靠独立无助的理性得到证明。[2] 因此，他承认在人的一切欲望中，智慧的欲望是最令人欣慰的。[3] 在阿奎那的神学著作中，有一种对哲学事业的尊敬和一种希望在任何可能的地方运用它的决心。在阿奎那无所不包的哲学体系中，唯理主义和基督教化的神秘主义，希腊人的知识和教会的说教，天启和理性结合了起来。哲学的思辨论证提高了神学的灵活性，其自身也获得生存和发展的机会；经院哲学把哲学作为捍卫神学信仰的工具，维持了理性的地位和权能。

神学将理性与思辨作为一种工具加以利用，使已经确定了的信仰内容变成了思辨的对象。这在经院哲学内部唯名论和唯实论的论争中尤为明显。唯名论者贝伦伽里（约 1000—1088）反对共相（即抽象概念）是真正的本质，认为"实体以外没有任何真实的东西"，他讨论重要

---

[1] 黑格尔：《哲学史讲演录》，第 3 卷，第 290 页。
[2] 罗素：《宗教与科学》，商务印书馆，1982 年，第 3 页。
[3] 戴维·林德伯格：《西方科学的起源》，王珺等译，中国对外翻译出版公司，2001 年，第 239 页。

宗教信条圣餐化体（Eucharist）说，认为圣餐仪式中人们所"吃"的是普通的面包，"喝"的是普通的酒，而不是教会所称的"主的肉和血"；圣餐仪式只具有精神的象征意义，因为基督的身躯已"升至天国"，怎么能在圣餐礼中"临在"呢？人们怎能吃、喝天国里的东西呢？即使主的身躯大得如耸立的巨塔，被如此多的信徒吃喝，岂不早被吃得一干二净？经院哲学内部唯名论和唯实论的争论中，诸如此类的辩驳比比皆是，不胜枚举。尤其是，神学教条并没有也不可能回答理性思维提出的所有问题，从而为理性思辨留下了极大的空间。如基督教教义中末日审判时死者复活受审的问题，经院哲学家往往进一步讨论：人的肉体是否复活？死后的人在什么年龄复活？复活时是作为儿童还是青年？外貌如何？是瘦子还是胖子？等等。经院哲学将诸如此类的问题纳入逻辑论辩的范围并展开激烈论证，其方式是烦琐的，但作为一种思维训练，对于思维方式的形成无疑大有益处；从长远的观点看，这种刻意的挑剔性的诘问和辩难，是逻辑思维发展的一个非常重要的环节。科学思维方式中的逻辑严格性在这里得以孕育。

理性思维的存在促成了怀疑精神的产生，尽管在中世纪的精神氛围中，这种怀疑不可能达到否定教会信条的地步。12世纪法国著名的经院哲学家彼埃尔·阿伯拉尔（1079—1142）针对"信仰而后理解"，大胆提出"理解才能信仰"。虽然他并不怀疑《圣经》的权威，并公开声明"我不想成为一个与保罗发生冲突的哲学家，也不想成为与基督脱离关系的亚里士多德"[1]，但他对教会所依赖的教父们的著作却表示出强烈的怀疑态度，认为这些人的著作中有不少矛盾或难解之处，对"所有这一类著作都要有充分的自由进行批判，而没有不加怀疑地接受的义务，否则一切研究的道路都要被阻塞"。他坚持"怀疑是研究的道路"，"研究才能达到真理"。他在《是与否》中写下的一段文字，集中体现了经院哲学家所具有的一种充满活力的信念：

---

[1] 蒙克利夫编：《圣殿下的私语：阿伯拉尔与爱洛依丝书信集》，岳丽娟译，广西师范大学出版社，2001年，第164页。

在学问上最好的解决问题的方法,就是坚持的和经常的怀疑。在所有哲学家中最有眼光的亚里士多德,首先希望唤起这种怀疑精神,因为在他的《论范畴》中对研究学问的人作过如下的劝勉:"除非经常探讨这些事物,否则很难获致一个正确的结论。怀疑每一点都不是无益的。"由于怀疑,我们就验证,由于验证,我们就获得真理。[1]

阿伯拉尔是他那个时代最杰出的经院教师之一,有众多学生追随他求学问道。他在教学活动中所依靠的是他的雄辩而犀利的思想力量,而不是依靠传统。[2] 在西方神学家中,他首先建设性地运用怀疑精神和批判方法,研究神学体系中各方面的问题。他的体系中的独到见解,对当时或后来,都没有引起多大反应,但是他的方法却为他的后继者所普遍采用。[3] 阿伯拉尔的思维方式的特点,"是对教会权威的抵抗……对盲目的信仰进行永不松懈的斗争"[4]。

阿伯拉尔在他所处的时代并不孤单,当时新兴起的大学所代表的智力复兴势力有一种共识性的要求,即在神学范围内"说明人类和哲学的证据,希望更多地理解而不是简单宣布福音。他们曾这样说:无法理解的言辞有什么用处?人们不可能信仰他们无法理解的东西"[5]。在当时的传统中,这种见解是一股具有强大潜力的新兴思想潮流。随着翻译运动的深入,亚里士多德逻辑的运用在 13 世纪以后则呈现出系统化的趋势。大阿尔伯特(1206—1280)明确提出"逻辑是科学方法",在《论逻辑的性质》一文中写道:"这门科学(逻辑)是一切哲学的方法,它不是哲学的一部分。"

---

[1] 郭守田主编:《世界通史资料选辑》(中古部分),商务印书馆,1985年,第232页。
[2] 雅克·勒戈夫:《中世纪的知识分子》,商务印书馆,1996年,第33页。
[3] G.F.穆尔:《基督教简史》,商务印书馆,1989年,第183页。
[4] 《马克思恩格斯论艺术》,人民出版社,1963年版,第96页。
[5] 勒戈夫:《中世纪的知识分子》,第43页。

经院哲学充分运用哲学的思辨功能，在表面上达到了维护信仰的目的，但造成的后果是，它在不间断地运用亚里士多德逻辑学的过程中，发展了以亚里士多德哲学为代表的古希腊逻辑分析传统，这对思维的发展"不失为某种精确性的一个训练"[1]。而且，经院哲学企图使自己成为一个固定不变的单一的逻辑体系，不可避免地对几乎所有事物提出明确的见解，这使它很容易卷入对所有问题的论战。在论战中又不得不再次求助于理性与逻辑。在这种相互作用中，经院哲学确立了信仰对于理性思辨的依赖关系，思维方式中的理性逻辑原则也由此得以确立。费尔巴哈说："经院哲学是为教会服务的，因为它承认、论证与捍卫教会的原则。尽管如此，它却从科学的兴趣出发，鼓励和赞许自由的研究精神。它把信仰的对象变为思维的对象，把人从绝对信仰的领域引到怀疑、研究和认识的领域。它力图证明和论证仅仅立足权威之上的信仰的对象，从而证明了——虽然大部分违背它自己的理解和意志——理性的权威，给世界引入一种与旧教会的原则不同的原则——独立思考的精神的原则，理性的自我意识的原则，或者至少是为这一原则作了准备。"[2]这个分析是准确的。

思维的逻辑原则是经院哲学对于欧洲文化最有价值的贡献，它提高了人类理性和理性之人在宇宙中的地位。12世纪欧坦的贺诺琉斯（Honorius von Autun）说："除了理性证明的真理，不存在别的权威；权威教导我们信仰的东西，理性以它的证据替我们证实。逻辑推理的理性，证明《圣经》有目共睹的权威所宣布的东西：即便是全体天使都留在天堂，人连同他的所有后裔也会被创造出来。因为这个世界是为人类而创造的，而我所理解的世界是天、地和宇宙包含的一切。要是相信如果众天使继续留在天空，人类就不会被创造出来，那是荒唐愚蠢的，正像我们读到的，正是为了人，宇宙才被创造出来。"[3]人和

---

[1] 罗素：《西方哲学史》，下卷，商务印书馆，1986年，第5页。
[2] 费尔巴哈：《费尔巴哈哲学史著作选》，第1卷，商务印书馆，1978年版，第12页。
[3] 勒戈夫：《中世纪的知识分子》，第48页。

人的理性在上帝这个前提下得到应有的尊重。但是，经院哲学在借用希腊知识遗产的过程中，采用了亚里士多德学说中的古典宇宙观念，将他视为最高权威，将有关宇宙即上帝、人和自然界的全部知识，包括可以从观察和理性获得的，以及来自启示、希腊哲学和基督教神学的知识组织起来，建立了一个完整、连贯的理性体系，并认为它们是基督教神学的定论，因此，教会在维护它的权威性时，便不得不与文艺复兴以来反抗亚里士多德宇宙观念的近代科学发生冲突，并利用它的巨大力量迫害近代科学家。这是经院哲学留给近代科学思维的双重遗产。

### 三、近代科学思维对经院哲学的继承与发展

"欧洲近代科学思维方式"，指的是在欧洲近代社会中从事科学研究的人们形成的思维习惯，以怀特海的说法，是指这一时期"有素养的思想家中一种盛极一时的传统习惯"[1]。爱因斯坦认为，近代科学的发展是以两个伟大成就为基础的：一是以欧几里得几何学为代表的古希腊哲学家发明的形式逻辑体系，二是文艺复兴时期证实的通过系统的实验有可能找出因果关系的重要结论。[2]因此，形式逻辑体系和实验思想可以视为近代科学思维的主要特征。

近代科学思维的这两大特征，已成为当今世界各国科学家的共识。如有的科学史家说："实验法可以认为是科学的一条腿，而另一条腿是希腊—巴比伦的逻辑的数学遗产。"[3]又有科学史学者指出："(1)刻卜勒、伽利略、牛顿和他们的追随者的方法意味着把知识限制于现象世界以及这世界的量的方面。(2)它以细致的观察补充理论分析，并通

---

[1] 怀特海:《科学与近代世界》，商务印书馆，1989年，第3页。
[2] 爱因斯坦:《爱因斯坦文集》，第1卷，商务印书馆，1977年，第514页。
[3] 普赖斯:《巴比伦以来的科学》，中共中央党校出版社，1992年，第39页。

过精密测量来检验论证。"[1]我国著名科学家吴大猷说:"科学的具体形式及实质部分,是各部门的知识,但科学包括获得这些知识的全部程序,如现象的观察和度量,由此形成或建立若干概念(基本的,及由此界定的观念),观察及度量结果的归纳和引申,建立观念的函数关系(成为定律);新观念的创立,实验的构想和计划,数学方法的采用和创造;以想象力创造理论(假设物理观念间的新函数关系),根据逻辑方法作演绎,推出新的函数关系,以实验测证这些关系以及其所由出之理论。"[2]对于现代科学家而言,逻辑(归纳、演绎)原则和实验原则已经是科学思维的不证自明的两个基本要素,犹如飞鸟必有两翼一样自然而然。

近代科学思维产生的一个前提因素,是相信自然界存在理性可以认识的秩序。正如怀特海所指出:"如果没有一种本能的信念,相信事物之中存在一定的秩序,尤其是相信自然界中存在着秩序,那么现(近)代科学就不可能存在。"[3]这种信念是近代科学思维方式中逻辑原则和实验原则之上的统御原则。在欧洲科学思想史上,自然秩序观念最初表现在古希腊悲剧思想中的不可改变的命运必然性和维护城邦生活的城邦法中,罗马时代表现在罗马法的秩序观念上,而在经院哲学中则是对上帝理性的坚定信仰,即相信上帝为自然和宇宙设定秩序、每一事物都受到上帝的监督并被置于上帝的秩序之中。以12世纪法国的沙特尔修道院中发展起来的沙特尔学派为例。这个学派并不否认上帝创造世界的创世说,但它认为上帝创造的这个世界是一个有机的合理的整体。康歇的威廉(William von Couches)和阿尔诺·德彭涅瓦尔(Arnaurd de Bonneval)认为:"上帝把属下各物按地点和名称作了区分,给众事物就像给一个巨大身躯的四肢,分配了相应的尺寸和功能。在上帝那里,甚至在始初的创造时刻,不存在任何混乱,

---

[1] 沃克迈斯特:《科学的哲学》,商务印书馆,1996年,第38页。
[2] 吴大猷:《科学技术与人类文明》,《吴大猷文集》,浙江文艺出版社,1999年,第117—118页。
[3] 怀特海:《科学与近代世界》,第4页。

任何混沌,因为在创造中事物就已经在它们的实体中形成了适当的类别。"[1]由于上帝赋予自然世界以秩序,自然世界成了理性可以认识的对象;认识自然要服从于认识上帝这个最终目标,认识自然变成了认识上帝的手段。

　　进入近代以后,"上帝为自然或宇宙设定秩序"的观念保留下来,成为自然科学研究中牢不可破的信念。牛顿说:"真理是在简单性中发现的,而不是在事物的多样性和纷乱中发现的。至于世界,它向肉眼展示出客观事物极其多种多样,在用哲学的理解去概括时,会显示出其内部组成是很简单的,以至理解得如此之好,从这些眼光来看它就是这样。正是上帝工作的完好,以最大的简单性将它们全都创造出来。"[2]1727年英国诗人亚历山大·薄珀为牛顿逝世撰写的墓志铭:"自然和自然的规律在黑暗中隐藏;上帝说,让牛顿诞生吧!于是一切都已照亮。"显然,在牛顿和他那个时代的人们看来,科学家的使命,是寻找和发现上帝创造但被隐藏在黑暗中的自然秩序(即规律)。爱因斯坦说:"没有可能用我们的理论结构掌握实在的信仰,没有我们世界内在和谐的信仰,就不可能有科学。这种信仰是并将永远是一切科学创造的根本动力。"[3]在爱因斯坦的观念中,对"世界内在和谐"即秩序的信仰一如既往。因此,我们探讨欧洲近代科学思维中的这一因素的发展历程,不能忽视经院哲学所确立的上帝的理性观念、上帝理性下的自然秩序观念这个至关重要、不可或缺的环节。

　　在上帝的秩序观念之下,经院哲学涉及人类如何认识人和自然或宇宙的问题。经院哲学既以理性逻辑来认识上帝,则必然同样会以它来认识上帝的创造物,即包括人类自身在内的自然世界。13世纪阿奎那完成了理性和信仰的综合,确立了理性服从信仰的原则,但他同时也肯定了理性的作用,对二者的关系做了说明,认为神学源自信仰,

---

[1] 勒戈夫:《中世纪的知识分子》,第46—47页。
[2] 阎康年:《牛顿的科学发现和科学思想》,湖南教育出版社,1989年,第467页。
[3] 上同,第467页。

而哲学源于自然理性，二者对象不同，但服务于共同的目的，即认识上帝。邓斯·斯各特（1263—1308）以上帝万能为由，认为理性不能认识上帝，使理性具有摆脱信仰的倾向，为14世纪信仰和理性的分离铺平了道路。[1]他的学生威廉·奥卡姆（1300—1350）把理性和信仰分离的观点向前推进。他认为信仰和理性是两个互不联系的领域，信仰只能以"天启"为基础，要合理地证明信仰是不可能的，上帝的真理只有通过信仰来领悟，而上帝真理之外的真理要由理性来认识，人类理性的运用范围限于所能看到或直接感受到的事物。这就是著名的"双重真理论"。

将理性与信仰分离开来，目的是为了防止理性损害信仰，但它有助于确立理性在认识自然和俗世事物中的作用，是理性向自由思维跨出的极为重要的一步。假若理性一直为神学信仰这一主体所束缚，那么理性就永远不会投向自然研究，更不会考虑去揭示自然内部的规律。近代科学研究走上自然研究的道路，与经院哲学家所提供的上帝理性观和"双重真理论"密不可分。

理性思维脱离神学目标后首先将世俗事物作为审视的对象，这就是14世纪以后出现的世俗理性的复兴。在欧洲，尤其是西欧，希腊拉丁古典文化和文物的研究，是世俗理性复兴的直接原因和动力。15世纪中叶更受到拜占庭学者的有力推动：拜占庭帝国首都君士坦丁堡于1453年被奥斯曼土耳其攻陷，许多拜占庭学者携带古希腊抄本逃往意大利，向西欧人打开了古希腊灿烂的文化宝库，展现了一个与神学迥然殊异的崭新的世俗世界，在这种世界中，没有教士阶级的统治，也没有武断的信条，人们可以自由地思考人间或天上的一切事物，如世界的构成、事物的普遍结构、物质的实体、人的本性和命运等主题。在希腊古代手抄本和雕像艺术展示的新世界的"光辉形象面前，中世

---

[1] 迈尔斯：《英国历史文献》（A. R. Mayers: *English Historical Documents*, London 1969），第4卷，第627页。

纪的幽灵消逝了"[1]。

经院哲学中发展起来的理性找到了新的结合点,形成世俗理性思潮,即人文主义;这种世俗理性思潮鼓励人们把知识活动看成是乐趣洋溢的社会性活动,而不是为保存某个前定的正统学说而遁世冥想。[2]它明确肯定人和人的理性的重要性,告诉人们人世生活不是无足轻重的为来世的准备;人是万物之灵,人类拥有崇高的权威和尊严,人性和人生具有其他动物没有的无与伦比的价值;人之不同于禽兽的根本原因就在于人的理性,理性使人掌握知识,具有智慧,创造财富;理性使人高尚和完善,使人创造幸福生活,改变人生的价值。它甚至认为,理性使人具有神性,上帝的高贵只不过是具有更高超的理性。拉伯雷在《巨人传》中高呼:"请你们畅饮,请你们到知识的源泉那里去。……研究人类和宇宙,理解物质世界和精神世界的规律!"莎士比亚在《哈姆雷特》中慨叹:"人是一个什么样的杰作啊!人的理性多么高贵!人的能力无穷无尽……人的洞察力多么宛如神明!"理性从神学设定的羁绊中解脱出来,实现了思维对象上的新飞跃:人类的理性思维转向了人本身。

15世纪后半叶世俗理性转向自然现象的观察和研究。对于近代进行自然研究的人来说,经院哲学中严格的逻辑造成了一个不容忽视的后果,它使"严格肯定的思想习惯深深地扎根在欧洲人的心中了,这种习惯在经院哲学被否定以后仍然一直流传下来。这就是寻求严格的论点,并且在找到之后坚持这种观点的可贵习惯"。即使那些对经院哲学极端厌恶的人,对于经院哲学造就的理性逻辑严格性,也在潜移默化中加以接受。伽利略"那条理清晰和分析入微的头脑便是从亚里士多德那里学来的"[3]。笛卡尔以反对经院哲学著称,但他得益于经院哲学的地方也很多,"如果不坚持把笛卡尔主义同经院哲学对照起来

---

[1]《马克思恩格斯选集》,第3卷,第445页。
[2] 罗素:《西方哲学史》,下卷,第14页。
[3] 怀特海:《科学与近代世界》,第12页。

看，就无法理解笛卡尔主义。笛卡尔主义鄙视经院哲学，但本身又植根在经院哲学之中；因为笛卡尔主义采纳了经院哲学，由此人们可以认为，笛卡尔主义从经院哲学中汲取了养料"[1]。

　　近代自然科学研究将世俗理性向前更进一步，达到了逻辑的数学表达阶段，这是文艺复兴时期科学思维的重要成就之一。[2]这种思维习惯是这一时期思想人物的重要特征。达·芬奇强调："那些真正的科学满怀希望，通过五官深入钻研，使争论者哑口无言；它们并不拿梦想来哺育研究者，始终根据那些真实不虚、人所共知的根本原理一步一步前进，循着正确的次序，最后达到目的。这一点在普通数学里是很明显的，研究数的代数和研究量的几何就把不连续量和连续量讲得十分正确。"他又说："人类的任何探讨，如果不是通过数学的证明进行的，就不能说是真正的科学。"[3]伽利略说："哲学是写在那本一向展现在我们眼前的巨大的书即宇宙之中的；但是，如果我们不首先学会用来写它的语言，弄懂其符号，那我们是无法理解它的。这本书是用数学语言写的，符号是三角形、圆和其他几何图形，而没有这些符号的帮助，那是连一个字也不可能理解的。没有它们，我们只能在黑暗的曲径中彷徨而一无所得。"刻卜勒则更进一步，在他看来，数学不单纯是一个可以有益地用于研究过程的工具，而且是唯一使科学分析成为可能的前提，事物的量的特征是唯一能理解的方面。除了量或借助量，任何事物都不可能被完全认识到。[4]在牛顿那里，数学表达成为科学思维的重要原则。他认为科学是自然界过程的精密的数学表达。他说："我希望指出（像应有的那样有例子予以说明），数学在自然哲学中是多么宝贵，因此献身于自然哲学的人就要首先学习数

---

[1] 勒戈夫：《中世纪的知识分子》，第85页；L. Thorndike, The Survival of Mediaeval Intellectual Interests into Early Modern Times, *Speculum*, vol. II (1927), pp. 150—152.

[2] 索柯洛夫：《文艺复兴时期哲学概论》，唐侠生译，北京大学出版社，1983年，第13页。

[3] 《西方哲学原著选读》，上卷，商务印书馆，1981年，第309—311页。

[4] 沃克迈斯特：《科学的哲学》，第15页；丹皮尔：《科学史》，第199页。

学……依靠哲学方面的几何学家们和几何方面的哲学家们的帮助,真正地取代了到处宣扬的猜测和可能性,我们就将最终地建立有最主要的证据所支持的自然科学。"[1]

近代科学思维的数学逻辑特点,在形式上表现为直接回到古希腊逻辑体系,但它的实际起点却是经院哲学的理性与逻辑思维。所以有学者指出:"在被人们错误地称为'蒙昧主义的'中世纪里(我要重复这一点),神学,一种典型的理性化之举诞生了。什么是神学?当然,它承认启示的真理,但它随即转向那些不太理解启示的人、异端分子、无神论者,以便向他们证明这一神圣真理的真理性。其实,神学在于凭借自然认识的方法(根据神学家们的用语),即我们所有人都拥有的这种理性的方法,去证明超自然的认识。这种理性恰恰与当时的理性相同。新颖之处(是)……哥白尼—伽利略之举,特别是伽利略之举,不再使用日常语言去构思这种理性,而是选取数学语言作为范例。"[2]可以说,从经院哲学理性到近代科学数理逻辑,二者之间存在着一种内在的必然的联系,近代科学家反对乃至激烈抨击经院哲学把理性与逻辑严格限制在神学范畴的做法,造成了近代科学与经院哲学在形式上的对立,这种对立的形象在很大程度上往往使后人忽视了其内在联系性的存在。

实验观念作为近代科学思维的另一特点,也经历了经院哲学的培育。理性和信仰严格分离的思想,在中世纪晚期思想领域表现为两个重要特征,即理性思维的独立和不涉及逻辑推理的虔诚神秘主义的发展。理性脱离神学后获得一定程度的自由,可以自由地与实验研究结合。虔诚神秘主义则使许多思想家以极端的形式重新复活奥古斯丁的先定论,以上帝的权威否定教会的权威;同时,对直接感官知觉对象的重视,打破了人们对抽象观念的信仰,促进了直接的观察与实验,

---

[1] 阎康年:《牛顿的科学发现和科学思想》,第483页。
[2] 弗朗索瓦·夏特莱:《理性史》,冀可平、钱翰译,北京大学出版社,2000年,第84页。

促进了归纳研究,包括炼金术的发展。[1]实验观念进入经院哲学家的意识中。

早在13世纪,英国林肯郡主教罗伯特·格罗塞特(1175—1253)就已"感到需要从实验得出一般原则,需要利用数学的演绎推理然后根据事实来检验这种推理"[2]。经院哲学内部激进的唯名论思想家罗吉尔·培根(1214—1294)受格罗塞特的影响,认为认识有三种方法,即权威、实验和判断;如果不以理智为前提,那么权威不能给我们以确定的知识;如果不以实验来检验,那么判断从自身中不能在证明中区别诡辩论,因此只有实验科学才是认识的真正道路。[3]他指出:"没有经验,任何东西都不可能充分被认识。因为获得认识有两种方法,即通过推理和通过实验。推理做出一个结论,并使我们承认这个结论,但并没有使这个结论确实可靠。它也没有消除怀疑,使心灵可以安于对真理的直观,除非心灵通过经验的方法发现了它……所以只有推理是不够的,还要有经验才充分。"[4]他主张,真正的学者应靠"实验来弄懂自然科学、医药、炼金术和天上地下的一切事物"。他曾研究过平凸镜的放大效果,并建议制造望远镜。[5]罗吉尔·培根思想中的"实验"是指以特定目的为指向、以特定手段进行的科学实验。他一生在物理、化学和光学等方面做过许多实验,是公认的近代实验科学的先驱。

实验主义认识论在14世纪时形成一股思潮。14世纪的炼金术士费拉拉的布努斯说:"如果你希望知道胡椒是热性的,醋是冷性的,药西瓜和苦艾呈苦性,蜂蜜是甜的,草乌含有毒素,磁能吸铁,砷能使

---

[1] 丹皮尔:《科学史》,第150—151页。
[2] 克莱因:《古今数学思想》,第1册,北京大学数学系数学史翻译组译,上海科技出版社,1979年,第238页。
[3] 奥·符·特拉赫坦贝尔:《西欧中世纪哲学史纲》,中国对外翻译出版公司,1985年,第147页。
[4] 《西方哲学原著选读》,上卷,第287页。
[5] 梅森:《自然科学史》,上海人民出版社,1977年,第105页。

黄铜变白，而锌土（氧化锌）则能使它变成橘色，对这些事例中的任何一个，你必须通过经验来确证其可信性。在具有某种实用目的的实用性范围的地理学、天文学、音乐、透镜以及其他一些科学学科领域里，情况也是这样。……和其他所有类型的现实的自然观一样，这种对真理和公正的探索必须用实在的实验来加以验证。除此而外，无论如何是实现不了这种探求的。"[1]达·芬奇更明确地指出："在我看来，经验是一切可靠知识的母亲，那些不是从经验里产生、也不受经验检定的学问，那些无论在开头、中间或末尾都不通过任何感官的学问，是虚妄无实的、充满错误的。"[2]他告诉人们自己的研究方法："在研究一个科学问题时，我首先安排几种实验，因为我的目的是根据经验来解决问题，然后指出为什么物体在什么原因下会有这样的效应。这是一切从事研究自然界现象所必须遵循的方法……我们必须在各种情况和环境下向经验请教，直到我们能从这许多事例中引申出它们所包含的普遍规律。"[3]伽利略也有同样的说法："我认为在讨论自然问题时，我们不应当从《圣经》段落的权威出发，而应当从感觉的经验和必然的证明出发。"[4]在近代科学思维方式中，实验观念被提高到了与数理逻辑同等乃至更为重要的地位。

近代科学思维异乎以往思维方式的显著特色，是重视和坚持实验原则与逻辑原则的密切结合，认为真理必须经历这两种手段的检验。达·芬奇说："人类的任何探索，如果不是通过数学的证明进行，就不能说是真正的科学。如果你说那些从头到尾都在理性中的科学才有真理性，那是我们不能同意的，我们有很多理由否定这个说法，最重要的一条理由就是这种理性探讨里毫无经验，离开了经验是谈不到什么

---

[1] 杜布斯：《文艺复兴时期的人和自然》，陆建华、刘源译，浙江人民出版社，1988年，第26页。
[2] 《西方哲学原著选读》，上卷，第309页。
[3] 梅森：《自然科学史》，第102页。
[4] 沃克迈斯特：《科学的哲学》，第15页。

可靠性的。"[1]伽利略是公认的近代科学实验之父,但他并非只是以实验进行研究,爱因斯坦指出:"任何一种实验方法都有其思辨概念和思辨体系;而且任何一种思辨思维,它的概念经过比较仔细的考察之后,都会显露出它们所由产生的经验材料。把经验的态度同演绎的态度截然对立起来,那是错误的,而且也不代表伽利略思想。……伽利略只是在他认为亚里士多德及其门徒的前提是任意的,或者是站不住脚的时候,才反对他们的演绎法;他强调说……即使是最讲得通的演绎,如果同经验的判断不符,也应当被抛弃。另一方面,伽利略自己也使用了不少的逻辑演绎。"[2]弗兰西斯·培根(1561—1626)认为,科学研究上的经验主义者好像蚂蚁,只知道收集,而理性主义者则好像蜘蛛,只知道织网。真正的科学研究应采取蜜蜂的方法,从花园和田野里采集材料,然后用自己的力量来改变和消化这种材料。[3]培根将他的实验方法确定为"学术经验的设计",总结了八种实验方法。"实验和理性"的密切结合,尤其是实验原则被置于突出位置,是近代科学思维方式的根本特征;逻辑原则和实验原则二者的密切结合已经达到自觉阶段,这是近代科学思维方式已经成熟的重要标志。

## 四、经院哲学在欧洲科学思维发展史中的地位

对经院哲学的批评始自文艺复兴时代。当时的人们认为自己所处时代是古代希腊罗马文化重新复兴的时代,是与基督教会一统天下的中世纪对立的。在他们强烈否定中世纪文化的激情中,自然不会对经院哲学给予客观的认识和评价,经院哲学的神学形象也不可能在他们的心目中留下良好印象,所以在这个时期的作品中,对它表现出本能的厌恶和情感上的对立,认为由经院哲学而来的教育方式无益且愚蠢。

---

[1]《西方哲学原著选读》,上卷,第311页。
[2]《爱因斯坦文集》,第1卷,第584—585页。
[3]《西方哲学原著选读》,上卷,第358—359页。

在这种情感倾向中，经院哲学作为一个过时的事物，变成了一个可笑且可恶的对象。

彼得·拉谟斯（Peter Ramus，1515—1572）对经院哲学教育方式的态度具有代表性。他说："我们花了三年六个月的时间研读经院哲学。之后，根据大学规定，研读了《工具论》里的各篇论文，进行讨论，再做一番苦思冥索（在亚里士多德的所有著作中，那些论述论辩的著作在三年课程里，尤其要一读再读）。按部就班地做完那一切以后，我合计了一下埋头于经院学问的日子。很自然地，我开始寻找运用那些废寝忘食而习得的知识的目的。我很快就意识到，所有那些篇章既没有给我以更多的历史和古代知识，没有使我的辩才有所长进，也不能使我成为一位杰出的诗人，不能使我更机敏更圆滑一些。呵，多么的无知，多么的让人忧伤！在经历过千辛万苦之后，我却采集不到、哪怕是看一眼那些被认为在亚里士多德的论辩里能找到的异常丰富的智慧之果！我该怎样悲叹我不幸的命运、贫乏的思想！"[1] 文艺复兴时代的人们直接承受了经院哲学的传统遗产，最能体会到将思维对象局限于狭隘的神学内容对活跃的思维造成的严重束缚。

近代以来哲学家评论经院哲学时，基本上沿着同样的思路，抨击其思维内容的脱离实际和狭隘空洞。黑格尔认为，经院哲学整个讲来"完全是野蛮的抽象理智的哲学，没有真实的材料和内容。……它只是形式、空疏的理智，老是在理智的规定、范畴的无有根据的联系中转来转去"；"完全是抽象理智的紊乱，像北日耳曼自然景象中多枝的枯树一样"[2]。

与此相似的是，列宁指出："经院哲学和僧侣主义抓住亚里士多德学说中僵死的东西，而不是活生生的东西……亚里士多德的逻辑是寻求、探索，它接近黑格尔的逻辑学，但是，亚里士多德（他到处，在每一步上所提出的问题正是关于辩证法的问题）的逻辑学却被变成僵

---

[1] 埃伦·杜布斯：《文艺复兴时期的人与自然》，第5页。

[2] 黑格尔：《哲学史讲演录》，第3卷，第323页。

死的经院哲学……"[1]。很显然，逻辑思辨活动在思维材料上的有限性和不自由，造成了思维成果的贫乏，这是近代以来经院哲学遭受诟病和攻击的最大弊端。

斯大林主义影响下的苏联学者强调经院哲学的阶级属性，认为"经院哲学最初的'繁荣'一方面与亚里士多德的学说在哲学界得到极其广泛的运用有关。经院哲学体系具有妥协性，为了正统思想的需要，力图利用新思想的萌芽和新的材料；另一方面，所谓'庞大的经院哲学体系'是极反动的正统天主教思想体系的表现和巩固。中世纪的黑暗势力终于在这个体系中形成。在这个体系中，'亚里士多德的'逻辑学被巧妙地与论鬼神的学说相结合，与对女巫和异教徒的辨识和扑灭之指导结合，并用于论证罗马教会的世界统治。维护劳苦群众所遭受的那种残酷的剥削，为封建的等级制度辩护，窒杀进步的思想——这就是经院哲学体系的真实意义和目的"[2]。这种具有代表性的观点，明显地折射出阶级斗争理论的影子。

但是，从科学思想史演变的角度，此类认识都没有从人类思维的继承性和连续性角度考虑两种思想形态的关系，同时还忽略了一点：经院哲学是中世纪的黑暗状态的"后果"，而非原因；作为一种文化形态，它是社会现实的反映。因此，对经院哲学的地位的认识和评价，必须将它置于整个欧洲科学思想的演变过程中。

我们知道，对人与自然关系的探索在古希腊文化中占有极其重要的地位，古希腊人依靠"天才的直觉"——恩格斯《自然辩证法》中的说法——创造了至今仍令人赞叹的科学成就。但古希腊的衰落和被罗马帝国的征服，结束了希腊文化的繁荣局面。罗马人的兴趣和贡献在军事活动和国家管理方面。4世纪基督教被确定为罗马帝国的国教，标志着古希腊文化精神已在制度上退出历史舞台。390年，罗马皇帝下令禁止异教活动，415年亚历山大城著名的女数学家希帕提亚被基

---

[1]《列宁全集》，第38卷，人民出版社，1959年，第416—417页。
[2] 特拉赫坦贝尔：《西欧中世纪哲学史纲》，第88页。

督教徒杀害，529年查士丁尼皇帝封闭柏拉图创建的活动近千年的雅典学院，这一切说明欧洲进入信仰占据统治地位的时代。日耳曼各族的入侵在欧洲尤其是西欧造成的动荡，在几个世纪中维持了欧洲文化的荒芜状态。8世纪末9世纪初，加洛林帝国形成，查理曼利用当时的文化条件，举办教会学校和宫廷学校，鼓励和推动教士们学习，以上帝最喜欢的"最谦虚的态度，热烈钻研，以求更容易地、更正确地探索《圣经》的奥秘"，一时间出现了"加洛林文艺复兴"。这一运动的贡献，主要在于发现和保存了一些古典文本。但9至10世纪维金人、马扎尔人的入侵使西欧的动荡局面延续到10世纪末11世纪初。在这一个半世纪里，拉丁世界所遭受的蛮族入侵风暴与5世纪的蛮族入侵一样，对文化的培植和发展是极为不利的。

欧洲社会发展的新阶段是从11世纪开始，入侵活动的停止，农业的进步，尤其是城市的复兴和人口的增长，使欧洲社会进入快速增长时期和理智复兴时期。11世纪以后经院哲学的兴盛，是理性活动逐渐复苏的标志，是整个欧洲社会物质和精神变化的具体体现。在这种理智复兴中，有两大文化运动与经院哲学联系在一起，其一是翻译运动的发展；其二是大学的兴起。在一定程度上，翻译运动的发展和大学的兴起是互相关联的事物，但对经院哲学的发展而言，二者的作用有所区别：翻译运动为经院哲学提供了新的思维资料并影响到它的思维方式；而大学的兴起则为经院哲学提供了一个舞台，对其存在和连续性提供了一种制度保证。

拉丁世界对古典文化的吸收在12世纪进入一个新阶段，这个阶段被人称为"12世纪文艺复兴"。这种说法是否合适，曾有过讨论[1]，此处不加涉及。但古典文化重新抬头是不可否认的事实。这一时期为人熟悉的古代人物有维吉尔、奥维德、卢坎、贺拉斯、西塞罗和塞内加；

---

[1] 有关此一问题的讨论，可参见 E. M. Sanford, The Twelfth Century — Renaissance or Proto-Renaissance? *Speculum, a Journal of Mediaeval Studies*, vol. XXVI (1951) pp. 635-642; 以及 U. T. Holmes, The Idea of a Twelfth-century Renaissance, *ibid.*, pp. 643-651.

同时亚里士多德的逻辑学通过评注者的著作得到研究和重视；法学领域则是《查士丁尼法典》的重新发现。法国沙特尔地方的伯纳德说过一句名言，"我们是站在巨人肩膀上的侏儒"，说明当时的人们认识到古典文化遗产的巨大恩泽。[1]

12世纪末到13世纪初叶，拉丁世界通过大规模的翻译运动吸收古典文化的养料。这一运动的材料来源有两个：一是阿拉伯典籍，二是拜占庭帝国的典籍。这两方面提供的古希腊典籍通过西班牙和意大利南部及西西里岛注入拉丁世界。7世纪中叶崛起的阿拉伯人在不到一个世纪的时间里基本上控制了地中海水域，全面接触到希腊罗马世界的文明成果，在惊讶之余开始了积极吸收过程，在1000年之前的三个多世纪中几乎将全部希腊医学、自然哲学以及数学著作译成了阿拉伯文。11世纪，随着拉丁世界从穆斯林手中重新夺回西班牙（特别是1085年夺回西班牙重镇托莱多）和西西里岛，阿拉伯古籍保存的古希腊文化科技成果通过翻译运动又回流到拉丁世界。12至13世纪从事翻译的众多名家中，以意大利克里莫纳的杰拉德（约1114—1187）最为杰出，他一人翻译的著作达约80部，其中包括亚里士多德、欧几里得、盖伦、托勒密、花拉子模、阿维森纳等人的论著。拉丁世界与拜占庭帝国的关系从未完全中断，12世纪从希腊文翻译希腊典籍的事业重新开始，威尼斯翻译家因与拜占庭学者保持联系，翻译了一批亚里士多德的著作，12世纪中叶托勒密和欧几里得的著作被译成拉丁文；13世纪穆尔贝克的威廉（活跃于1260—1286年）译出了亚里士多德的文集和集注，以及许多新柏拉图主义作家的著作和阿基米德的数学著作。对古希腊典籍的翻译和注释，促进了西欧对古希腊文化的吸收；正是这些古希腊著作对经院哲学产生了深远的影响。[2]

---

[1] Marc Bloch, *Feudal Society*, vol. 1, Routledge & Kegan Paul Ltd, repr. 1989, pp. 103-104.

[2] 戴维·林德伯格：《西方科学的起源》，第211—212页；G. Makdisi, The Scholastic Method in Medieval Education: An Inquiry into its Orgins in Law and Theology, *Speculum*, *a Journal of Mediaeval Studies*, vol. XLIX（1974）, pp. 658-659。

这种影响通过中世纪的大学这种教育机制发挥出来。中世纪大学的前身是城市学校。城市学校随城市兴起而产生，其中最出色的是那些教堂学校和教区教士经营的各种公立学校。这些学校并不直接服务于培养教士这一目标，而是面向任何可以负担费用的人。这一时期法国各城市，如巴黎、奥尔良和沙特尔各学校以严肃的数学研究著称；意大利波洛尼亚等城的学校以法学教育闻名遐迩；英国的牛津各学校在法律、神学和人文艺术方面享有盛誉。城市学校在复兴世俗理性方面的努力，为12世纪末和13世纪初兴起的大学所继承，其哲学方法越来越多地被应用于课程体系中，包括《圣经》和神学研究上。

大学的兴起产生的影响，首先是受教育者人数的增加。以最早的几所大学论，14世纪波洛尼亚大学的学生数量可能在1000—1500人，牛津大学的规模大致相同，巴黎大学的学生数量最多时达2500—2700人。但是，如果不是伴随着教育内容的改变，则大学的文化传播功能必然大打折扣。翻译运动提供的大量新的思想资料迅速进入大学教育内容。传统"七艺"各科的比重已发生变化，其中文法的重要性下降，逻辑学的作用上升；伦理哲学、自然哲学和形而上学进入大学课程；医学、法学和神学是最高级的课程。亚里士多德的影响越来越大，在自然哲学教育中，亚里士多德自然哲学成为核心内容，13世纪下半叶，他的形而上学、宇宙论、物理、天象学、心理学和自然史著作成为大学的必修课程。新的思想材料的注入大学，犹如清澈的溪流注入干涸的土地，使拉丁化欧洲几近枯萎的思想田园迅速恢复生机。新思想材料成为新理智运动的刺激源，欧洲各地的学子聚拢到牛津、巴黎或波洛尼亚等学术中心后，参与热烈的辩论活动。重新活跃的学术活动使学生们的心智处于一种昂扬激荡的气氛中。[1]

大学教育内容的变化影响到经院哲学，主要是因为在大学任教的学者差不多同时都是经院神学家。以亚里士多德为代表的古希腊哲学

---

[1] 威尔·杜兰：《世界文明史·信仰的时代》，下册，东方出版社，1999年，第1290页。

进入大学，必然影响到经院哲学，其后果是，亚里士多德的宇宙论和自然哲学被教会纳入神学体系，取得了神学教条的地位。从本质上，亚里士多德哲学是开放性的，它允许质疑和讨论，于是，作为教条的亚里士多德宇宙论和自然哲学以及作为研究对象的亚里士多德哲学体系，成为大学内部的学者——同时也是神学家——争议的对象，集教授和神学家于一身的学者们由此而分化开来。这一特点可以解释亚里士多德哲学，尤其是他的宇宙论和自然哲学，何以在教会的权威下成为以天文学革命为代表的近代科学的严重障碍，造成了不利的影响；也可以说明，对科学思维方式做出贡献的中世纪学者，为何几乎都是大学中任教的神学家，如格罗塞斯特是牛津大学的学者和该大学第一任校长；罗吉尔·培根曾在牛津大学和巴黎大学学习并在巴黎大学任教；大阿尔伯特曾在帕多瓦大学学习，在巴黎大学任教，并在1248年受命创立科隆大学；托马斯·阿奎那曾在那不勒斯大学学习，在巴黎大学任教；邓斯·斯各特曾在牛津学习，在巴黎大学任教；威廉·奥卡姆是牛津大学的教授。

有学者对大学制度进行细致的考察后承认："描述中世纪的陈词滥调把教授刻画得毫无骨气、充满奴性，把他们描绘成亚里士多德和神父们的卑屈追随者……丝毫不敢偏离权威的指挥。当然，的确是有很多神学上的限制，但是在这些限制的范围内，中世纪学者有相当大的思想自由和言论自由。几乎没有一项教条，不论是哲学的还是神学的，不曾受到中世纪大学学者们细致的审查和批判。可以肯定地说，中世纪的学者，特别是那些专门研究自然科学的学者，并不认为自己受到了古代或宗教权威的限制和压迫。"[1] 的确，只要学者们研究成果不对神学信条造成致命威胁，教会就不会走向极端。

考察经院哲学与近代科学的关系，不能忽视一个明显的事实：对科学事业做出重大贡献的近代科学家本身，差不多都具有大学教授和

---

[1] 林德伯格：《西方科学的起源》，第220页。

神学家双重身份，无人不具有神学信仰。如哥白尼（1473—1543）曾在克拉科夫大学和意大利的波洛尼亚和帕多瓦等大学学习，但他又担任教士职务；布鲁诺（1548—1600）则始终是教士身份；伽利略曾任教比萨大学和帕多瓦大学的教授，但他并不否认上帝的存在。牛顿是近代科学史上里程碑式的人物，他的思想活动具有典型意义。他说："上帝是一个代名词……一个人要证明有一个完美的存在（being），却未同时证明他就是造物主或万物的创造者，则就尚未证明上帝的存在。一个永恒的、无限的、全智的、最完美的却无支配权的存在，不是上帝，而是自然……上帝的神性最好不由抽象的概念，而由现象，由它的最终原因来证明。"[1]牛顿并没有抛弃对上帝的信仰。与牛顿相类似的是，波义耳临死时留下50英镑作为讲座基金，以求论证上帝的存在。在这些自然科学家那里，上帝并非不存在，上帝与自然的关系仍然是创造者和被创造者的关系，但自然是一个完全独立的研究对象，一个不同于上帝本身的理性可以认识的对象；在近代科学研究活动中，科学家已经不再使上帝及其相关教义纠缠和限制自然研究过程，研究活动不再以上帝为既定对象，换言之，上帝被放在了一边。从这个意义上，恩格斯说："上帝在信仰他的自然科学家那里所得到的待遇，比在任何地方所得到的都坏。"[2]

如何解释基督教会对近代科学家的迫害？这要从基督教会教义学的发展史说起。"地心说"最初是由古希腊学者提出的，后经亚里士多德，特别是托勒密的阐发，形成一种完整的学说。这一学说因符合教会主张的上帝"创世说"，而被纳入到基督教信仰之内，成为其最基本的教条之一。教会为了维护自身的权威，便不得不极力维护信仰体系。然而，哥白尼"日心说"所标志的近代科学革命，首先且直接冲击的正是基督教会坚守的"地心说"信条。罗素说："哥白尼是一位波兰教士，抱着真纯无瑕的正统信仰……他的正统信仰很真诚，他反

---

[1] 阎康年:《牛顿的科学发现和科学思想》，第445页。
[2] 恩格斯:《自然辩证法》，人民出版社，1971年，第178页。

对认为他的学说与《圣经》相抵触的看法。"[1]事实确实如此。哥白尼在《天体运行论·导言》写道:"如果真有一种科学能够使人心灵高贵,脱离时间的污秽,这种科学一定是天文学。因为人类果真见到天主管理下的宇宙所有的庄严秩序时,必然会感到一种动力促使人趋向于规范的生活,去实行各种道德,可以从万物中看出来造物主确实是真美善之源。"不幸的是,这位怀有探寻上帝的创造物之"庄严秩序"使命的虔诚教士,其智力活动的成果即"日心说",却颠覆了基督教教会极力维护的根本教条之一,损害了教会的权威,这如何不引起教会组织的恐慌与震怒?于是,教会组织为了维护其本身把持的教义解说权的权威,对任何忤逆的学说实施干预与惩罚,成为必然。这便是我们通常所说的基督教会迫害近代科学家的真相。这种情形很类似斯大林为维护自身权威以"反马克思主义"罪名对那些虔诚的马克思主义信徒所实施的迫害。

法国思想家伏尔泰(1694—1778)说,传教士告诉孩子们上帝存在,而牛顿则向人们证明了宇宙是上帝智慧的杰作。近代以来,科学家普遍持有的信念是,上帝以理性创作宇宙,为它制定了秩序和规则,而被上帝创造并被赋予理性和自由意志的人类的使命,则是探索被上帝隐藏的自然法则。这可以解释为什么近代以来科学家普遍怀有宗教情怀,甚至连牛顿之后最伟大的科学家爱因斯坦也不能脱离这种情愫,认为"科学撇离宗教便是跛子,宗教撇开科学便成了瞎子"。可以说,即使到今天,经院哲学中培育的对上帝理性的坚定信仰,仍然是很多西方科学家探索宇宙规律的重要动力。

我们认为,对于经院哲学的评价,从长期的历史过程,不应仅仅注意它的神学性质,更应该注意它内部的活跃因素,即理性与逻辑思辨方法的积极意义。经院哲学在本质上是神学,但是,它在既定的神学前提下并不排斥理性与逻辑,相反,它极力运用理性与逻辑思辨来

---

[1] 罗素:《西方哲学史》,下卷,第44—45页。

维护神学。经院哲学的特点是,"漠视事实和科学,在仅凭观察才能决定的事物上偏信推理,以及过分强调语言上的区别和其精微意义"[1]。换言之,经院哲学家把锐利而深沉的智慧和大量的闲暇时间,荒废在非常有限的任何自然事例所不能证明的那些东西上,从而陷入了万劫不复的烦琐论证的泥潭而不能自拔。不过,经院哲学致力于理性逻辑的开发和运用,是不可否认的。在这种不断的机智努力中,科学思维所需要的严密逻辑推理的习惯不知不觉地培养起来了。近代科学家接受了这种必要的严格训练,转向自然现象的研究时,便形成了近代科学思维方法。从这个意义上,经院哲学为科学铺平了道路,功不可没。

科学史家丹皮尔有一段精辟的分析,可为不易之论:

> 经院哲学的代表人物采取了解释者的态度;创造性的实验研究是与他们的观念不相合的。可是他们的理性的唯知主义,不但保存了而且还加强了逻辑分析的精神,他们关于神和世界是人可了解的假设,也使得西欧聪明才智之士产生了一种即使是不自觉的也是十分可贵的信心,即相信自然界是有规律和一致的;没有这种信心,就不会有人去进行科学研究了。文艺复兴时代的人,一旦摆脱了经院哲学权威的桎梏,就吸收了经院哲学的方法给予他们的教训。他们本着自然是一致和可以了解的信念,开始进行观察,用归纳的方法形成假设以便解释他们的观察结果,然后又用逻辑的推理演绎出推论,再用实践去加以检验。经院哲学训练了他们,结果反而叫这些人把它摧毁。[2]

丹皮尔所说的"经院哲学权威的桎梏"是指思维过程的神学权威前提。理性的逻辑分析原则脱离神学戒条和神学权威前提而转向自然现象的观察和分析,并与系统的实验相结合,是一个渐变的潜移默化

---

[1] 罗素:《西方哲学史》,上卷,第580页。
[2] 丹皮尔:《科学史》,第153页。

的过程;在这个过程中,古代文化遗产经受经院哲学的改造和加工后,最终走向了近代的科学思维方式。从这个角度,无视经院哲学在古代文化遗产和近代科学思维之间的中介和桥梁作用,是不符合历史事实的。研究欧洲科学思维发展史,不应该忽视经院哲学的作用,而应该对它进行充分的分析和考察,并做出公允的评价。

(《古典学评论》,第1辑,上海三联书店,2015年)

# 14世纪欧洲黑死病及其社会影响

**内容提要**：14世纪中叶，黑死病在中亚里海一带发生，然后传到黑海沿岸、克里米亚和小亚，进而传至地中海，横扫欧洲。某些学者关于瘟疫起源于东方（印度、中国）的结论是错误的。黑死病对欧洲社会产生了巨大影响。首先，人口大量死亡，欧洲社会政治秩序陷入动荡和混乱中，对农奴制的瓦解起到了推波助澜的作用。其次，教会威信日益下降，反教会的异端和神秘主义团体壮大，反教会势力为日后的宗教改革运动奠定了基础。第三，黑死病使欧洲长期存在的虐犹思潮变成了大规模屠犹运动，并得到上层统治者的支持，从而在地域和精神上确立了把犹太人同其他人隔离开来的"犹太区"。第四，黑死病促进了教育和卫生防疫制度的发展。

## 一

14世纪中叶，一场特大的瘟疫横扫欧洲，使欧洲遭受到空前绝后的残酷蹂躏。据估计，8000万人口中有2500万在这场瘟疫中丧生。欧洲积累数世纪的物力人力被扫荡殆尽。基督教徒在绝望中慨叹：世界末日到了。这场堪与第一次世界大战相比的巨大灾难，留在人类史册上的是一个可怕的字眼：黑死病。

黑死病是一种鼠疫，主要以老鼠和跳蚤为媒介传播。寄生在老鼠身上的跳蚤叮咬了人，将细菌散布于人体伤口上，然后由伤口侵入血液，导致疾病的产生。根据发病部位不同，鼠疫可分为三种类型：一是出现结节肿的淋巴结鼠疫，它侵害血液，引起腹股沟腺炎和内出血；由接触传染。二是肺鼠疫，能使肺脏发炎，在数日内使患者丧生；由呼吸可传染。此类瘟疫危害最大，传播最烈。第三种是鼠疫败血症[1]。亲身经历过1348年瘟疫的佛罗伦萨作家薄伽丘（1313—1375）在《十日谈》中对染病的症状作过真实细致的描述：[2]

> 染病的男女，最初在鼠蹊间或是在胳肢窝下隆然肿起一个瘤来，到后来愈长愈大，就有一个小小的苹果，或是一个鸡蛋那样大小。一般人管这叫"疫瘤"，不消多少时候，这死兆般的"疫瘤"就由那两个部分蔓延到人体各部分。这以后，病征又变了，病人的臂部、腿部，以致身体的其他各部分都出现了黑斑或是紫斑，有时候是稀稀疏疏的几大块，有时候又细又密；不过反正这都跟初期的毒瘤一样，是死亡的预兆。

黑死病是传染性极强的瘟疫。薄伽丘说："健康的人只要一跟病人接触，就染上了病，那情形仿佛干柴靠近烈火那样容易燃烧起来。不要说走近病人，跟病人谈话，会招来致死的病症，甚至只要接触到病人穿过的衣服，摸过的东西，也立即会染上了病。"编年史记载佐证了薄伽丘的说法："此种疾病之强烈传染性实在可怕，当一个人染病死亡，所有在病中见到或探视过患者以及为死者送葬的人，都会迅速地步死者的后尘而去，没有任何防范措施。"[3] 更可怕的是，鼠疫不仅在人与人之间传染，而且还在人与牲畜之间传染。薄伽丘目睹了过人畜交相染病的情形：两头猪用鼻子翻动染病死亡者的衣物并乱嚼一番后，就像吃了毒药似的倒在衣物上死去。在中世纪肮脏龌龊的环境中，

---

[1]《人类的100件大事》，中国台北地球出版社，1980年，第130页。
[2] 薄伽丘：《十日谈》，方平、王科一译，上海译文出版社，1985年，第10—11页。
[3] 腓力·齐格勒：《黑死病》（P. Ziegler, *The Black Death*, Penguin Books 1970），第23页。

1348—1350年瘟疫首次发生，接着在1361—1363年发生第二次，此后又于1369—1371年、1374—1375年、1390年、1400年及1405年多次反复发生。

20世纪初的西方学者一般认为这种瘟疫起源于东方（亚洲）。巴黎医学院的学者认为起源于印度。[1]美国学者汤普逊则明确认定瘟疫首先发生在中国。[2]甚至具有权威性的《大英百科全书》也持相似观点。[3]我国有的学者则更进一步认为瘟疫首先发源于云南省，然后经由埃及北渡地中海传染至意大利，最终蔓延到整个欧洲。[4]

现代学者关于黑死病起源地的说法，所依据的是14世纪西方记载中某些关于瘟疫的猜测性的断言。[5]如薄伽丘说："它最初发生在东方……后来竟不幸传播到了西方。"[6]当时英国的编年史家亨利·奈顿读过一些关于印度因瘟疫而死亡枕藉的报道，在《勒斯特寺院年代记》第二卷中说："在那一年和翌年，世界各地发生了人口普遍大量死亡的情况。首先从印度开始，接着蔓延到塔尔西斯，然后蔓延到萨拉森人中，并最后蔓延到基督教和犹太人中……"[7]一些学者受传统材料的局限，重复了关于黑死病起源地（中国、印度）的旧说法。

但是，认为黑死病发源于印度的观点，与理相悖。新航路开辟之前，印度同西方的往来主要有两条路线：一是经波斯湾、两河流域、地中海东岸和叙利亚，然后经地中海抵达欧洲；二是经阿拉伯海进红

---

[1] 汤普逊：《中世纪晚期欧洲经济社会史：1300—1530》（J. W. Thompson, *Economic and Social History of Europe in the Later Middle Ages：1300-1530*, New York, 1931），第378—379页。

[2] 同上，第378—379页。

[3] 《不列颠百科全书》（英文版），第1卷，1974年，第58页。

[4] 冯作民：《西洋全史》（六），《中古欧洲》（下），中国台北燕京文化事业股份有限公司，1979年，第212页。

[5] 克劳福特：《文学艺术中记载的瘟疫和流行病》（Raymond Crawfurd, *Plague and Pestilence in Literature and Art*, Oxford, 1914），第111页。

[6] 薄伽丘：《十日谈》，第10页。

[7] 迈尔斯主编：《英国历史文献》（A. R. Mayers, *English Historical Documents*, London 1969），第4卷，第89页。

海,然后经陆路至埃及的亚历山大港,由此经地中海达欧洲。如果说瘟疫先由印度发生,那么首先遭传染的应是西亚和北非广大地区,而不是南欧各国。实际情况是,北非广大地区的瘟疫是由西西里经突尼斯传入的。

认为黑死病发源于中国的旧结论也为新的研究成果所匡正。我国学者证明,黑死病在欧洲流行前后,正是元顺帝至正年间,我国并没有出现大的瘟疫,因而谈不上向西传播的问题。[1]韦尔斯则明确指出,黑死病的发源地是里海源头周围地区。[2]他的这一观点为其他学者研究所证实。美国学者巴·塔奇曼认为,引发黑死病的是隐藏在跳蚤胃中和身上带有跳蚤的老鼠血液中的杆状菌,这种杆状菌的产生不是在中国,而是在中亚的某一地区,然后沿商路向西传播。认为黑死病产生于中国,乃是14世纪人们的错误观念。

塔奇曼的观点涉及中亚里海一带发生的瘟疫何以被误认为来自中国的问题。从地理位置和当时的国际交往形势看,中亚、里海、黑海到地中海的贸易十分繁荣,商业联系使之成为一个整体;蒙古帝国对亚欧广大地区的统治和开明的商业贸易政策,为东西方的交往提供了便利条件。因此,把发源于中亚里海一带的瘟疫传到黑海沿岸、克里米亚和小亚,进而传至地中海欧洲是极有可能的。由于此属东西方贸易要道,欧洲人把这里产生的瘟疫误认为来自中国,就很自然了。而且,自14世纪初叶以后,意大利旅行家马可·波罗所写的那本《马可·波罗游记》在西方流传甚广,东方某些国家特别是中国在西方已是家喻户晓,把一种莫名其妙的疾病与一个遥远的颇具神秘色彩的国度附会在一起,也是情理之中的事。

中亚里海一带产生的瘟疫传到黑海沿岸的克里米亚半岛。热那亚人在克里米亚半岛有一个港口卡法(今称费奥多西亚),1347年10月,几艘热那亚商船从这里出发,带着已死及濒临死亡的船员驰进了西西里

[1] 刘启戈:《世界中世纪史》(上),(北京师范大学,1957年出版,内部交流,第301页。
[2] H.韦尔斯:《世界史纲》,人民出版社,1986年,第804页。

的墨西拿港，把瘟神的种子撒向了欧洲。1347年末至1348年初瘟疫蔓延至西西里和威尼斯。4月至9月间，瘟疫传入佛罗伦萨，整个意大利受到摧残。从意大利越过阿尔卑斯山侵入瑞士、德国、波兰和匈牙利。1348年1月，瘟疫由船只载入马赛，向西经朗该多克和加斯科尼越过比利牛斯山脉侵入西班牙；向北上溯罗讷河于3月抵达阿维尼翁。2月至5月间，瘟疫波及纳尔旁、蒙彼利埃、卡尔卡松和图卢兹；6月至8月间，到达波尔多、里昂和巴黎，并传至勃艮第和诺曼底；8月通过英吉利海峡从诺曼底传播到英格兰南部的梅尔科比地区。1349年，瘟疫再次在巴黎流行，由此传至庇喀第、佛兰得尔和低地国家（比利时、卢森堡和荷兰）。

当英国人受到瘟神冲击时，苏格兰人认为这是发动对英格兰人战争的好机会，遂越过边界向英格兰进攻，从而也染上了瘟疫。1350年苏格兰和爱尔兰受到侵袭。1349年，一艘幽灵船将黑死病从英格兰带到了挪威的卑尔根，从这里又传到了瑞典、丹麦、普鲁士北部和俄国北部，同时远播至冰岛和格陵兰岛。到1350年，瘟疫席卷了欧洲大部分地区，唯有波希米亚未受到侵害。1351年俄罗斯受染。瘟疫的蔓延到冬天受到扼制，但在夏天又流行起来。1348—1351年大瘟疫过后，又数度爆发。在14世纪大部分时间欧洲大部分地区陷入瘟疫的魔掌中。

二

黑死病对欧洲社会的最直接的影响，是造成人口的大量死亡。中古城市人口集中，接触相对密切和频繁，卫生知识缺乏，卫生设备落后，遭受的危害最为惨烈。1348年黑死病流行高峰时，阿维尼翁每天死亡400人，仅一块墓地6个星期内就接纳了11000具尸体。半数居民死于瘟疫。尸体填满坟场以后，人们不得不把尸体抛进罗讷河，最后不得不挖掘许多供群葬的大坟坑倾倒尸体。[1] 薄伽丘说，佛罗伦萨在 1348 年 3—7 月间死亡达 10 万人以上。伦敦市有一处坟地埋葬了 5 万具尸体。布列斯托尔活着的人都来不及埋葬死人。美因河畔的法兰克福 72 天死亡 2000 人，美因茨死亡 6000 人，明斯特 1.1 万人，爱尔福特 1.2 万人，不来梅仅 4 个教区就死亡近 7000 人。[2] 1349 年，巴黎死亡总数达 5 万人，占城市人口总数的一半[3]，马略尔卡 3 万人，纳尔旁 3 万人，斯特拉斯堡和培尔各有 1.4 万人，维也纳 4 万人。[4] 当时的城市超过 10 万人的为数很少，如此大的死亡数字令人惊悚。

农村状况也很悲惨。勃艮第地区的村庄吉午利人口在 1200—1500 人之间，鼠疫流行时的 14 个星期内死亡 615 人，而前 10 年平均每年仅 30 人。英国剑桥郡的 3 个村子，人口死亡率分别是 47%、57% 和 70%。[5] 法国南部的巴济耶 1304 年有 1.4 万居民，一个世纪后仅有 4000 人。马赛附近的渔埠可征税的家庭由 354 个减少到 135 个。[6] 许多村子被遗弃，陷入了荒凉状态。

黑死病在 14 世纪后期和 15 世纪初期反复发生，使欧洲人口难以得到必要的恢复。意大利前后发生过 9 次，1399 年有 4000 农民丧生；西班牙在 1381—1444 年间发生 4 次，法国在 1361—1426 年发生过 6 次，其中最后一次夺取 5000 巴黎人的生命；1361—1391 年瘟神 5 次降临英国，1382 年有 1/5 的人口被毁灭，其中约克郡有 1.1 万人丧生；1363—1391 年，黑死病席卷德国和波兰，一年之中布雷斯劳有 3 万人死亡，克拉科夫有 2 万人死亡，西里西亚有一半到 2/3 的居民死去。[7]

---

[1] 巴·塔奇曼：《远鉴：14 世纪的灾难》（B. W. Tuchman, *A Distant Mirror : The Calamitous 14th Century*, Ballantine Books, 1987），第 94 页。

[2] 齐格勒：《黑死病》，第 85 页。

[3] 巴·塔奇曼：《远鉴：14 世纪的灾难》，第 95 页。

[4] P. 布瓦松纳：《中世纪欧洲生活和劳动》，商务印书馆，1985 年，第 290 页。

[5] 巴·塔奇曼：《远鉴：14 世纪的灾难》，第 95 页。

[6] 同上，第 119 页。

[7] P. 布瓦松纳：《中世纪欧洲生活和劳动》，商务印书馆，1985 年，第 290 页。

从欧洲各地死亡人数看，从 1/3 到 9/10 不等。现代人口学家对染病的广大地区的全面估计，欧洲人口 8000 万中死亡 2500 万，即近总人口的三分之一。

  人口的大量死亡造成欧洲社会政治秩序的极大混乱。在黑死病以前的二三百年时间里，欧洲各国政府都在艰难而缓慢地发展着管理机构，训练着所需要的各级官员，突然间数以万计的训练有素的官员被瘟疫消灭了，政府机构所受到的冲击是可以想见的。在锡也纳，寡头行政官 9 人中死去 4 人，法国王室公证人死亡 1/3，英国布列斯托尔 52 名市议员中死亡 15 人。大批官员的死亡，使公共治安、法庭审判，甚至日常生活秩序都陷入瘫痪状态中。为了使各级政府机构重新发挥它的功能，政府不得不补充大量官员。大批不学无术、愚蠢无能的虚伪奸猾之徒填充到各级官衙。这些人以其自私之动机趁瘟疫造成的混乱中饱私囊，极力搜刮民众膏血。另一方面，幸存的普通民众也在绝望中转向了狂饮暴食和恣意纵欲。毁坏劳动成果、谋财害命、欺骗、通奸、盗窃，已成通常之事。在某些地方，无家可归的人与因饥饿而加入绿林的土匪游荡纠合，大事劫掠。庞大的国家机器在低效率中运转，社会政治秩序陷入动荡和混乱中。

  瘟疫过后的劳工缺乏，对欧洲尤其是西欧社会经济结构产生了重大的影响。在英国，瘟疫过后，劳动力极度缺乏，以致女人和小孩被迫参加农耕。大劫以后的物品价格变得出奇高昂。劳工、手工业者、仆役、职员甚至神甫，都在为取得较高的工资而斗争。英国的编年史说："劳工们得意扬扬、傲慢固执，以致对国王的法令置之不理，如果有人想要雇佣他们，那么就要满足他们的要求，或者是损失自己的果实和庄稼，或者满足他们的极其傲慢贪婪的愿望……"[1] 1349 年葡萄牙法律的前言中说："现在，由于一些人的死亡，一部分人得到了一些财产，便自以为了不起，不愿意继续从事以前的事业……另外，还

---

[1] 迈尔斯：《英国历史文献》，第 4 卷，第 90 页。

有一些人从前一直从事挖掘、修剪树木花草、耕种、收割、收摘葡萄、放牧牛羊……但现在如果不按照他们提出的要求支付工钱,他们就拒绝干这些活儿。"[1]在欧洲,劳工减少引起工资普遍上涨,在西欧尤为突出。

劳工为提高工资所做的斗争,使封建主难以按照以前固有的经营方式管理地产。土地所有者被迫大量减少租税,或者把土地分成小块租出去,让劳动者独立耕种,交纳定额货币地租。有些土地所有者则被迫放弃耕种从事其他营生。1349年葡萄牙法律的前言中说:"由于他们(劳工)的要价太高,葡萄园、农场、牧场等主人认为将来的收益还不够支付这笔开支,于是便不再种植葡萄和经营农场了。"[2]英国以养羊代替耕种。由于英国素有养羊传统,以牧代耕十分普遍。另外,佛兰德尔、香槟、托斯堪尼、伦巴第和奥格斯堡的许多地区都存在类似的情形,在货币地租和养羊业兴盛的地区,农奴制关系逐渐松动瓦解,因此,黑死病对欧洲有些地区已开始的由劳役地租向货币地租的转变以及农奴制的瓦解起了推波助澜的作用。

封建国家对劳工要求提高工资的回答便是不断而无情地镇压。欧洲各国相继颁布了限制提高劳工工资的方法。葡萄牙国王颁布法令,要求每个教区的农场主调查清楚哪些人在瘟疫流行前是一贯劳动的,有何理由不再从事劳动。如无正当理由,农场主可以拿出他认为合理的工钱强迫劳工继续干活。同时规定,如果被雇的劳工在合同未到期前就擅自离开工作岗位,应受鞭笞和游街示众的处分。英国政府为保证劳工以黑死病以前的工资受雇,于1349年颁布《劳工立法》,规定:王国内每一个60岁以下能劳动的自由或不自由的男女,不能以经商或其他手段谋生,如果需要,他必须按黑死病以前的工资为需要他的人工作,否则入狱,直到他找到保证人为之担保为止。如果一个劳工或仆役在合同期满前离开,应予以监禁。很明显,《劳工立法》"一开

---

[1] J. H. 萨拉依瓦:《葡萄牙简史》,中国展望出版社,1988年,第90页。

[2] 同上,第90页。

始它的目的就是剥削劳动者"(马克思:《资本论》)。但是劳工并没有因此而停止斗争,事实上雇主也难以按《劳工立法》去做。他们支付给劳工的工资通常是瘟疫前的两三倍。1357年和1360年劳工法规一再重定,说明《劳工立法》并未真正奏效。当逃亡农奴分散的斗争进一步发展,汇成全国规模时,1381年农民起义爆发了。它的浩大的声势和力量推动着英国社会向货币地租和废除农奴制生产关系的方向发展。法国也是如此。

## 三

从医学角度,黑死病造成人口大量死亡,表明当时欧洲医学水平的落后和医疗卫生事业的不发达,但人们为消灭瘟疫所做的努力对医学的发展有重大贡献。瘟疫的巨大杀伤力激起全社会的高度重视和关注。神圣罗马帝国皇帝查理四世深感非常有必要"了解这场肆虐并蹂躏欧洲各国的瘟疫的原因",因而倍加关心大学教育的发展。他于1348年建立了布拉格大学,并在以后五年内授予奥兰治、波鲁吉亚、锡也纳、帕多瓦和路卡大学以帝国特许权。也是在这五年中,剑桥大学建立了三个新的学院,即三一学院、圣体学院和克莱尔学院,其中1352年建立的三一学院主要为研究医学和宗教服务。新兴大学对瘟疫和各种疫病的研究,推动了欧洲医学尤其是解剖学和外科学的长足进展。

医学界为防治瘟疫采取了各种措施。乔利阿克(1300—1367)是教皇克力门六世的御医,中世纪最享盛名的外科医生。他详细观察了病状,区分了瘟疫的不同形式,并采取了被证明是行之有效的医救方法,[1]为后来的瘟疫防治积累了宝贵的经验。

随着瘟疫传染性的被认识,防疫意识越来越发展。1348年巴黎医

---

[1] 参见卡斯蒂格略尼:《世界医学史》,第1卷,商务印书馆,1986年,第337页。

师学会向人们建议：以香料和甘菊植物类熏蒸居室、公共庭院和人口杂居之处，以达消毒之目的；不要进食橄榄油、家禽及含有大量脂肪的肉类，尽可能进食干肉和新鲜水果；忌沐浴、禁性交。1349年蒙彼利埃医师会也提出类似主张。这些措施在遏止瘟疫扩散上收到一定功效。

政府在医学界敦促下也采取相应的防疫措施。1348年丹多罗总督下令严禁暴尸街头，必须深葬死者，对患者实行隔离。1374年威尼斯首先颁布法令，严禁患者进城。意大利各城市先后照此执行。1377年拉古萨共和国颁布海员条例，在距离城市和海港相当远的地方，指定登陆场所，所有可能受瘟疫传染的人，必须在空气新鲜、阳光充足的环境里停留30天方可入境，后来改为40天，称为"四旬斋"。这就是现代通用的名词"海港检疫"（quarantine）的来历。1383年马赛成立特别海港检疫站。

但是，黑死病流行时期和以后相当长的时间，医学界并没有注意到老鼠和跳蚤在瘟疫产生和传播中的作用，以致对它们视若无睹，对瘟疫产生的真正原因茫然无知。1348年10月，巴黎大学医学系的博士们认为，1345年3月20日，土星、木星和火星在宝瓶座宫40度处相汇，是造成瘟疫流行的主要原因。星辰冲剋导致瘟疫流行的说法，似乎成了科学和权威性的结论，被知识界广泛认可和接受，甚至科尔多瓦和格林那达的阿拉伯医生也表示赞同。但神职人员和浸润在宗教情感中的广大民众，则相信这是上帝愤怒之后对人类的惩罚。基督徒极力设法平息上帝的愤怒。鲁昂市严令取缔一切激怒上帝的活动，如赌博、诅咒、狂饮等。但是，随着瘟疫势不可挡地蔓延开来和祈祷的失败，信徒们对上帝的无动于衷开始感到失望，信仰逐渐丧失，敌对情绪滋长，一些主教和神甫不顾濒死者的请求，放弃神职从信徒中逃走，加剧了人们对教会的反感。信徒中开始有人做黑弥撒，崇拜一些恶魔和恶魔的爪牙。他们在神职人员弃置的教堂祭坛上放置动物的头盖骨、骨架、内脏和一些令人毛骨悚然的偶像。那些热心的十字路口上的布道者以及马路讲演者强烈谴责社会的罪恶和不公，兜售着济世秘方和灵丹妙药。绝望中的人们比以往更加热心地倾听测心家、圆梦者、神棍术士、江湖郎中及欺骗之徒的言论。

鞭笞派信徒（Flagellant）的队伍在瘟疫中壮大起来。鞭笞派最早出现在11世纪早期意大利的一些修道院，13世纪中叶以后渐盛。这派人相信，依靠对自己身体的鞭打折磨，可以赢得上帝的赎罪。1349年欧洲各地的鞭笞派信徒一丝不挂地在街上游行，一面用粗大的鞭子抽打自己，一面祈祷着最后的审判及乌托邦与大屠杀的来临。鞭笞派信徒在德国、匈牙利、波兰、佛兰德尔、捷克和低地国家势力强大。1349年低地国家6个月接待了2500人，图尔内两个半月内有5300人集结，康斯坦斯一地有信徒1.2万人。[1]在德国，鞭笞派带头宣布废除天主教教会圣职秩序，嘲笑圣餐礼仪并拒绝崇拜圣体。他们破坏教会，把教士驱除出教堂并掠夺教会的财物。鞭笞派和其他异端一道对天主教会构成了强有力的挑战。

与此同时，教会的威望却每况愈下。虽然教士阶层特别是下层教士为救护患者并为之祈祷而大批死于瘟疫（英国大约有40%的教士死于1348—1350年），但这并不能改变教会的形象。许多高级教士在瘟疫流行时期，拒绝为死者举行忏悔仪式，甚至从患者身边逃走。为了填补因死亡或逃走造成的教职空缺，教皇任命了大批教士。这些人多为失去家庭后到教堂避难的目不识丁者。他们担任教职后，"已为无穷的贪欲所染，对灵魂之事不闻不问"。更令人难以容忍的是，教会在瘟疫中大量接受捐赠，乘机大发瘟疫财。巴黎圣日耳曼修道院在9个月中接受死者留下的49起赠产，相当于以前8年78起赠产的总量。1348年10月，锡也纳市议会决定在2年内停止向宗教机构提供经费，原因是它们"已经因接纳赠产而富庶异常"。在佛罗伦萨，宗教机构一共接受35万佛罗棱的赠产。[2]这时的教会已忘记了拯救灵魂的神圣

---

[1] 齐格勒：《黑死病》，第95页。
[2] 塔奇曼：《远鉴：14世纪的灾难》，第122页。

职责，沉湎于觊觎死者财产的俗务中。当教会不再以拯救人类的灵魂为主要目标，由牧羊人变成豺狼时，反教会的异端和神秘主义团体越来越赢得人心。这股潜滋暗长的反教会势力便是日后宗教改革运动的肥沃土壤。

黑死病使欧洲长期存在的虐犹思潮变成了大规模狂暴的屠犹行动。黑死病发生以后，基督教徒相信，是犹太人与魔鬼合伙带来了瘟疫。[1] 传统的反犹思潮和犹太人因经商有方获得的大量财富所产生的巨大诱惑力，终于使犹太人成为这场悲剧事件的可怜牺牲品。1348年春天，法国南部发生第一起屠杀犹太人事件。5月普洛温斯、纳尔旁、卡尔卡松发生大屠杀。1348年9月犹太人在萨伏依受到审判，重刑之下屈认自己往井里投毒，"要毁灭整个基督教王国并统治全世界"，其行动受西班牙托莱多大本营的指挥。犹太人的供词以书信方式迅速扩散到欧洲各城市，为迫害犹太人找到了借口。屠犹风潮席卷德国、阿尔萨斯、瑞士和法国，其中以德国最为凶狂。1349年1月，数百名犹太人在巴塞尔被杀。2月，2000名犹太人在斯特拉斯堡被杀。从8月起，屠犹行动从美因河上的法兰克福波及美因茨和科隆。美因茨一地至少有1.2万人被害。1350年，汉萨诸城的犹太人被杀光。[2] 鞭笞派在自虐的同时，也把犹太人当作宣泄狂热欲念的目标，每进一城便疯狂屠杀犹太人。弗赖堡、奥格斯堡、纽伦堡、慕尼黑、柯尼斯堡、雷根斯堡和其他一些地区，犹太人被屠杀尽净。1349年3月，沃姆斯有400名犹太人为了不被敌人屠杀而自焚。在布鲁塞尔，虽有布拉班公爵的干预，还是有600名犹太人被杀。至1349年12月，布鲁塞尔和安特卫普的犹太人团体全部被杀。瘟疫过后，德国和低地国家很少有犹太人生存下来。

对犹太人的屠杀得到上层统治者的支持。图林根公爵弗里德里克写给北豪森市议会的信，曾讲述他如何焚毙犹太人，并建议他们也这

---

[1] 阿巴·埃班：《犹太史》，中国社会科学出版社，1986年，第175页。

[2] 齐格勒：《黑死病》，第105页。

样做。皇帝查理四世把阿尔萨斯地区犹太人的三幢最好的房子送给勃兰登堡侯爵。[1]因此，不能说虐犹、屠犹行动是完全自发的。

屠杀犹太人在基督教徒虔诚崇信的一面留下了极其丑恶的污点。据统计，14世纪瘟疫流行期间，犹太人的60个大团体和150个小团体被消灭，不同地区大约有350次屠杀事件发生。[2]它不仅造成犹太人的大量死亡，而且也迫使他们迁徙和流亡，许多人逃到了波兰和立陶宛，虽然在以后的时间里少数犹太人又返回到欧洲西部，但是把犹太人从其他人隔离开来的"犹太区"，在地域上和精神上被确立了，它成为以后历次反犹运动的重要的实事榜样和心理基础。在反犹思潮发展的链条上，黑死病这一神秘的毁灭性力量所起的作用，无疑是重要的一个环节。

（原载于《东北师范大学学报》，1992年第2期）

---

[1] 齐格勒：《黑死病》，第108—109页。
[2] 同上，第111页。

# 文艺复兴和宗教改革时期的西欧史学理论

## 一、人文主义史学的兴起

自14世纪起,意大利各城市和西欧各国资本主义生产关系相继萌芽,新兴资产阶级产生,引发思想文化上的一次巨变,西欧社会进入了一个新时代——文艺复兴时代。

西欧文艺复兴是刚刚兴起的资产阶级在意识形态领域中向封建神学体系发动的一次大规模进攻。它打着复兴古典文化的旗帜,用人文主义的观念体系同封建神学世界观相对抗,创造了灿烂的人文主义文化。人文主义史学是文艺复兴文化宝库中绚丽的瑰宝。

### (一)人本主义历史观

人文主义者以复兴古代希腊罗马的人文主义文化来反对中世纪基督教文化。在文艺复兴前期(14至16世纪),古代的人本主义历史理论得到恢复和发展。

中世纪西欧的基督教史观是神本主义的。按照这种史观,人类社会历史上发生的一切,都来自上帝的意志、上帝的计划。人类社会变迁的原因,不应从人类社会本身寻找,而应到上帝的王国中去寻找。尘世中人们的历史活动,只是上帝旨意的工具,人的历史活动来源于上帝的安排。这是一种宗教宿命论史观。

文艺复兴时期的人文主义以古代的史学传统和文化遗产为材料,建造了新的历史观,他们以古希腊罗马的历史学为榜样,大量搜集波利比阿、普罗塔克、李维、塔西佗等古代史学家的著作，汲取思想营养，确立了以人为中心的人本主义历史观。

以人文主义者看来，人是世俗世界的主宰，历史是人的历史，是人所创造的历史，历史变化的原因在于人本身。人文主义史家剔除了历史著述中的各种宗教迷信、谎言，把目光集中到人的历史活动上来。从意大利第一位人文主义史家列奥那多·布鲁尼开始，人文主义史家集中写人的历史活动，用人的原因解释历史。在布鲁尼看来，佛罗伦萨的全部历史是"公民自由"原则发展为贵族共和制的过程，推动历史运动的动因是人性和人的心理。虽然各有不同，但大多数人文主义者都把人性，把诸如人的理性、激情、愿望等精神因素看成历史变迁的决定力量。与基督教关于人的原罪说和堕落的理论相反，人文主义者大都肯定人性善的一面，肯定人的"德"性，他们认为历史的进步源于人的德行的发展；德行的提高主要在于教育，所以人文主义者特别强调改进教育的社会作用。

个人主义是人文主义思想的一个重要特征。人文主义者肯定人是历史的创造者，但他们讲的"人"是个体的、单数的人，而非群体的、复数的人，是抽象的人而非社会的人。有时他们也提出诸如"佛罗伦萨人""威尼斯人"等群体概念，但却往往把这类群体当作个体一样看待。人文主义史学的研究对象大都是个体的，而非群体的，也"很少有人文主义史家感到有必要去分析制度或其他社会结构"。[1]在人文主义者看来，社会的改进，并不在于改变制度、体制和社会结构，而在于人，通过教育改变了人，也就改造了社会。

历史是人所创造的，人的历史活动来源于人的思想活动，源于人的意志。文艺复兴时代的人文主义者大都与古代学者一样，是自由意志论者。自由意志论往往把历史运动中的人同制约其活动的社会和外在自然环境条件隔离开来，片面夸大人的作用，把人看作一切的主宰

---

[1] 布雷萨赫:《古代、中世纪和近现代历史编纂学》(E. Breisach, *Historiography: Ancient, Medieval and Modern*, University of Chicago Press 1983)，第166页。

者，人的活动主要为其意志所支配，并不为外在的社会和自然环境所制约。自由意志论是一种与历史决定论相对立的历史观。自由意志论者大都否认历史运动的规律性，否认历史变化的不可避免性，认为历史的运动出自人们的自由选择。人们可以有意识地避免某种历史结局的出现，历史运动的轨迹取决于人们的意志和选择。文艺复兴时期的大师们歌颂人的自由，提倡人的自由意志，歌颂人的力量和伟大，把人看作世间的主宰，这都是自由意志论的思想表现。他们研究历史，目的是为了吸取历史上的经验教训，以便在现实政治活动中做出正确的选择，避免不利的局势发生。

自由意志论的孪生姐妹，是英雄史观。历史是人创造的，首先是英雄人物创造的。西欧文艺复兴时期流行英雄史观。普罗塔克的《希腊罗马名人传》备受尊崇，传记历史著作风靡一时。在此时史学大师的笔下，英雄人物的历史作用大都被夸大。马基雅维利在《佛罗伦萨史》中，开篇便歌颂了东哥特国王狄奥多里克，认为由于他的"德行"和"善良"，不仅罗马和意大利，而且西方帝国的各个部分都"从它们忍受多年的无数入侵所产生的连续灾难中崛起，获得了自由，并再一次变成了幸福而且秩序井然的社会"。瓦萨里更盛赞人文主义画家乔托，"他虽然出生于平庸的画匠中，但他独自使绘画再次流行，并使它成为一种可以称之为善的形式"[1]，似乎人文主义艺术的崛起应归于乔托。

然而，历史事实是，人的历史活动，包括英雄人物的历史活动，并不是完全自由的，要受社会、自然和历史条件的种种制约。人不能随心所欲地创造历史。即使在自由意志论的古代希腊罗马和文艺复兴时期的西欧，人们也意识到了这一点。为了克服这种缺陷，他们往往拿命运、机缘之类的观念，来作为自由意志论的补充。人文主义者清醒地意识到，命运或运气可能并经常捉弄他们自己。马基雅维利说过：

---

[1] 转引自克罗齐：《历史学的理论与实践》，商务印书馆，1982年，第187页。

"我相信，命运是我们行为半数的主宰者，但她把另一半或另一小半留给我们自己来主宰。""基察第尼攻击那些把一切事情归因于人力和德行而排斥'命运力量'的人，因为我们知道，人类的事务在一切时代都从意外的事件受到巨大的推动，那不是人类的力量所能预见或逃避的，虽则人类的关怀和理解能对许多事情发生调节作用，然而仅仅这样是不够的，好运气也是必要的。"[1] 在自由意志论不能完全解释历史现象时，拿命运、机缘之类观念作补充，既简便，又有效。

与命运、机缘之类观念一起，文艺复兴前期的人文主义者也承继了古代学者的历史循环论思想。命运是某种神秘的、超越人的历史活动而不断干预人类历史的力量，它应当服从于自然的宇宙秩序。自然界的现象，如春夏秋冬的往复，人与动植物的生老病死交替，都是处于循环之中的。由命运、机缘所调控的人类历史自然也是循环的。马基雅维利的历史观，便是典型的历史循环论（见下文）。瓦萨里也认为绘画史和其他一切艺术的历史，"像人体一般有生、有长、有老、有死"[2]。由于当时认识水平的局限，人们尚难从人与社会、与自然环境的交互作用中认识人类社会的历史运动，难以对历史运动做出科学的解释，只好把历史变迁最终归于当时认为是自然界规律的循环往复，认为人类社会历史"不受历史发展法规的指挥，而受自然的循环的法规的指挥"。这样，在人文主义史学中，"不仅基督教的上帝消失不见了，连中世纪时肯定过的理性、目的和发展等观念也消失不见了"[3]。从宗教的历史进步论退至自然的历史循环论，这是西方历史家在逐步认识历史运动的探索中一个暂时的退缩和曲折。

西欧文艺复兴时期的史学继承了古代的许多史学思想，但它绝非仅仅是古代史学的复兴，在经历了中世纪的漫漫千年后，西欧社会已发生了巨大变化，思想文化也有了重大不同。人文主义者抬出古代的

---

[1] 克罗齐：《历史学的理论与实践》，第187页。
[2] 同上，第188页。
[3] 同上，第188页。

亡灵是为了对抗基督教会，并用以建设自己的文化。正如意大利思想家克罗齐的评论：文艺复兴时期的历史，"对中世纪的著作来说，它们当然是新的，但对希腊罗马的著作来说，它们也同样是新的；在希腊和罗马的著作中，没有什么能和它们相比的东西"[1]。

与古代和中世纪史学相比，人文主义史学家有了新的历史视野。首先，在时间跨度上对历史有了新的认识，确立了新的历史分期。古代的史学家尚没有明确的历史分期的观念。伴随基督教史学出现了历史分期，但基督教史学的历史分期主要依据《圣经》和宗教教义，缺乏历史基础。对于世俗的历史，他们一般的分期，是巴比伦、亚述、波斯、罗马四大君主国。他们认为，罗马君主国经东罗马帝国、查理曼帝国和神圣罗马帝国而一直延续到他们的时代，否定了他们的时代同古代的区别。人文主义史学家最早意识到西罗马帝国灭亡至自己时代的这一时期，并不是古代历史的继续，而是一次中断，与古代是两个不同的时期。彼特拉克用"黑暗时代"来描绘这一时期，比昂多提出了"中间时代"的概念，把"中间时代"看作欧洲历史上一个独特的时期，这样，人文主义史学家创立了古代、中世纪、现代三阶段递进的历史分期法，一直沿用至今。

其次，对历史发展空间的认识也有了不同。15、16世纪后，伴随西欧经济、政治和思想文化的发展，一批新的民族国家登上了历史舞台，不同于古代史学的城邦、帝国，也不同于中世纪史学的"普世"或世界，西欧各国的人文主义史学家开始把新崛起的民族国家作为历史研究的实体，对各个国家、民族的历史进行研究，把国家、民族作为历史运动的基本单元。在今天看来，这也许是常识，但在那个时代，却是新的思想。

---

[1] 克罗齐：《历史学的理论与实践》，第183页。

## （二）对历史学及其方法的认识

同古代史学一样，人文主义史学也是一种实用主义史学，它的功能主要是总结历史上的经验教训，用以教育政治家和公民，是一种"以事实为训的道德哲学"。

人文主义史学家一般都把历史看作政治经验的储藏库，从那里可以找到各种各样的范例，用来教育政治活动家和公民，使其在现实政治活动中做出明智的选择，避免前人犯过的错误，使历史进程按照人们理想的轨迹发展。历史之所以具有这种借鉴作用，是因为古往今来，人性是永恒的，历史运动的背景条件是相同或相似的。在文艺复兴时代的西欧，还没有形成历史发展的观念，还缺乏后来的历史进步或历史进化的思想。对大多数人文主义者来说，历史上时间的推移并没有多大意义，并没有根本改变什么；古犹如今，今同于古，古人的历史经验对今仍是贴切的，有用的。马基雅维利在《论李维的〈罗马史〉前十书》中认为："任何一位审视过去与现在的人都会很容易地看到，任何城市、任何民族都为并自古以来一直都为相同的愿望和相同的激情而充满了生命力。因此，通过勤勉地研究过去，人们很容易预见未来任何共和国里将会发生的事情。"马基雅维利甚至认为，一位明智的统治者，如果他能认真汲取历史上的经验教训，那么他甚至能够改变历史的进程。基察第尼也持相似的观点。他说："过去的事件能照亮未来，因为世界古往今来总是与现在的样子相同。所有现在的或者将来的东西，在时间上也同时是过去的东西。事物总是在重复自身，但是以改变了的名字和颜色进行，因而并非每一个人都能辨别它们，只有那些刻意辨认和注意它们的人才能做到这一点。"[1]人性千古，历史循环不辍，人们能够通过研究历史，汲取经验教训，以便在现实中做出正确的抉择，并可预见未来，历史就是这样一门实用的学问。

像古代一样，在文艺复兴时期的西欧，历史要在政治生活中发挥

---

[1] 施密斯：《论历史学家与历史》（P. Smith, *The Historian and History*, New York 1964），第 27 页。

借鉴、指导、劝诫和教化的作用。这需要历史家用华丽的辞藻、雄辩的语言、动人的情节和优美的修辞技巧、畅达的表达方式来打动读者，说服读者，影响读者。因此，人文主义史学家对历史著述的文采和修辞技巧的注重，甚至超过了对历史真实性的追求，造成以文害意，因文失真。在这一时期，历史是人文学科，与修辞学有不解之缘。历史研究的领域集中到能吸取经验教训的政治史、军事史、外交史，而人们的日常生活和经济等现象则被视为下流，不屑一顾。

这些思想在人文主义史学的政治修辞学派中体现得比较明显。不过，这时还存在着另一类型的历史研究，即由一些被称为"好古者"组成的博学派所从事的历史研究。这些被称作"好古者"的历史家，并不以吸取历史经验教训服务于现实为己任，他们研究历史的目的是重建过去，复原过去。他们研究过去，并不着眼于现在，是为过去而过去。"好古者"自古希腊时代以来一直存在，当"历史家"们用编年顺序描述政治、军事活动和事件时，"好古者"却孜孜不倦地致力于搜集、整理过去的资料、文物，从社会生活各个方面试图系统地构筑、复原过去。文艺复兴时期是"好古者"空前活跃、地位大大提高的时期。虽然在当时他们大都尚未被承认为历史家，但他们对历史学的发展却做出了巨大的贡献。"历史家"和"好古者"分别代表了西方史学发展史上"解释的历史"和"博学的历史"两种传统，这两种传统直到19世纪初才完全合一。

在历史研究方法上，人文主义史学的政治修辞学派继承了古典史学的传统，强调修辞风格。以博学派为代表的另一些学者，为批判史料，发展了文字学、文书学、考古学、碑铭学和钱币学等一系列的历史辅助学科，大大丰富了历史研究的方法和手段。这些学者对历史资料的辨伪考证，主要集中在"文本批判"方面。他们认为在每一特定历史时期，人们有特定的语言方式，有特定的词汇范围，有词语使用上的特别规则，一句话，有自己特定的历史文化背景。不同的历史时期历史文化背景不同，因此，对另外时期文本的任何添加篡改，都带着"时代错乱症"（anachronism），都是可以辨认的。他们依据这一原则，纯化古典作品，剔出任何后人所做的歪曲，恢复其本来面目。这些批判方法较之古代、中世纪，显然是大大前进了一步。

## 二、意大利人文主义史学理论

意大利是西欧文艺复兴的发源地，它在文学艺术上的繁荣，远非西欧其他国家所能比拟，同样，它在史学上的成就也是当时其他国家难以望其项背的。史学界一般把意大利人文主义史学分为修辞派、政治学派和博学派，各派的史学理论也各有特色。

### （一）修辞学派史学

意大利人文主义史学中的修辞学派，是因其对历史写作中修辞风格的注重、对历史叙述的浮夸和戏剧性的追求而得名的。他们撰写本地区的历史，是为了赞美自己的城市和国家，激起民众的爱国热情，提高本城市或本国在国际政治舞台上的威望。为达此目的，他们往往非常注重修辞风格和效果。这一派的许多史学家把李维作为学习的典范而刻意模仿，因为李维的作品使枯燥无味的传说变成了美妙而内容丰富的故事。与此相联系，修辞派史学家极力使用拉丁语而不是意大利语写作，抛弃了许多中世纪编年史学创立的适应中世纪生活关系的术语。这在一定程度上妨碍了史学恰如其分地、现实主义地叙述各类历史事实，背离了古代史学求实、求真的传统。但是作为人文主义的新兴学派，它在史学上的贡献仍然是很突出的。

修辞学派史学家将历史研究的视野由观察神的活动及其意志在历史上的表现转向人的历史活动，奠定了人文主义历史观的基础。列奥纳多·布鲁尼（1369—1444）是修辞学派的典型代表。他的主要著作有《意大利史评述》和未完成的十二卷本《佛罗伦萨史》。布鲁尼排斥历史发展过程中神意的作用，用世俗的因素解释历史。在史料选择上，他删去宗教传说、轶事和迷信奇迹等内容，强调人性和人的心理在历史上的作用，把人的活动作为历史的中心内容；布鲁尼也十分重视史料的搜集和批判，他的著作利用了档案材料，不但有城市内部生活的报道，也有关于国际关系和战争的材料。他的《佛罗伦萨史》还搜集了李维的《罗马史》、5世纪西班牙神甫奥罗修斯的《世界史》、8世纪意大利僧正保罗的《伦巴底人史》，以及布鲁尼之前的意大利史家维拉尼的《佛罗伦萨史》等一大批历史著作，这些著述中的宗教迷信、奇迹传说等内容被一律删去，为后代保存了不少有价值的史料。在史料的搜集运用方面，修辞学派史家也表现了与中世纪史学的宗教蒙昧主义截然不同的求是、求真的优良风貌。

（二）政治学派史学

意大利人文主义史学中的政治学派研究历史，首先是从政治需要出发，力图从历史中得到政治借鉴，因此，历史研究往往服从于既定的政治意图，历史研究的内容也集中到政治、军事和外交事件上。这一派的代表人物是马基雅维利（1496—1527）和基察第尼（1483—1540）。

马基雅维利是意大利文艺复兴时期最杰出的政治学家和历史学家。他的主要历史著作有《佛罗伦萨史》《论李维的〈罗马史〉前十书》等。在历史上，马基雅维利首先是以其政治学说而闻名的。他认为，佛罗伦萨的历史就是各个政党争夺政权并力图消灭其政敌的历史。意大利的最大悲剧，在于各城市相互对立、无穷无尽的分裂混乱使统一的民族国家难以形成。因此意大利的迫切任务就是实现国家的统一。当软弱的共和政体无法完成这一重任时，他不得不放弃共和国的理想，而赞成强有力的君主专制体制。他认为，为了实现意大利的统一，君主可以使用暴力，使用残暴行为，杀人，这就是通常所说的"马基雅维利主义"：为达目的，可以不择手段。

马基雅维利对人和社会的关系进行了深入思考。他"对人类状况的观念不如15世纪的人文主义者那样乐观。他把人看成是自私自利的生物,首先关心的是他们自身的利益,如果不是绝无,也是在极少有的情况下,人才会做些宽厚无私之事。为了统治这些人,道德和宗教原则都无济于事,权力才是首要任务"[1]。不过,马基雅维利并不是人性恶论者,他的主张是,在当时的环境和条件下,人难以为善而易于为恶,因此,"千万不要把过去这些动乱归罪于人们的天性恶劣,而应归之于时代,因为时代变了,就使人们有合乎道理的根据,希望只要有一个好政府,我们的城邦就会享有较好的命运。因为人们的恶意是可以克服的"[2]。他使政治理论摆脱了道德的束缚,把"权力"作为"法"的基础,并对人和社会的关系做出辩证的考察。这标志着人文主义史观向现实主义的深化和发展。

马基雅维利试图对历史发展的规律做出说明和总结。他在《佛罗伦萨史》第一卷中提出:"应当弄清楚的是,经过一千年的辛勤劳苦之后,佛罗伦萨竟然变得这么衰微孱弱,其原因何在。"通过对佛罗伦萨历史的研究,他得出结论性的认识:各地区常常由治到乱,然后又由乱到治,这是由兴衰变化的规律所决定的:"因为人世间的事情性质不允许各地区在一条平坦的道路上一直走下去;当它们到达极尽完美的境况时,很快就会衰落;同样,当它们已变得混乱不堪、陷入极度沮丧之中,不可能再往下降时,就又必然开始回升。就是这样,由好逐渐变坏,然后又由坏变好。"[3]马基雅维利对历史的认识实际上是一种"分久必合、合久必分"的历史循环论。这虽不是科学的历史思想,但它从历史自身的变化去说明历史的规律,而不是从神意及其信条去解释历史,表明他有构造新的史学理论的意图。

人文主义史学家从古典权威学到的最重要的教训,是历史学必须把注意力集中在祖先的最光辉的成就上,从而使人们仿效之。马基雅维利理解并赞同这种观点,他的独特之处在于把这种观点加以发展,

---

[1] 布鲁克尔:《文艺复兴时期的佛罗伦萨》,生活·读书·新知三联书店,1985年,第391页。
[2] 马基雅维利:《佛罗伦萨史》,商务印书馆,1982年,第131页。
[3] 同上,第231页。

以颠倒的形式来完成同样的使命，即不是以叙述伟大事迹来"点燃人们模仿的自由精神"，而是希望"点燃人们那种避免和除去当前种种腐败行为的精神"。马基雅维利之所以这样做，是和意大利存在着普遍衰败腐朽的现实相关的。他在《佛罗伦萨史》这部最能体现其史学思想的著作的第五卷开头就宣称：意大利的各位君主对内对外的所作所为，虽然比不上古人的品质高尚，值得敬仰，但为了保持他们不配享有的名誉，却在玩弄诡计和阴谋。[1] 所以，全部《佛罗伦萨史》都是围绕着衰落和崩溃的主体来写作的。

马基雅维利把人文主义者关于撰写历史的两个基本信条付诸实践，即撰写历史必须向人们灌输道德训诫；对史料必须精心组织和挑选，以便拥有更人的道德教诲力量。在《佛罗伦萨史》第二卷中，他从道德说教的角度叙述雅典公爵如何在 1342 年作为一个暴君统治佛罗伦萨，并在次年被赶下台；第三卷对半个世纪的历史作了简明的概述之后，直接转向具有道德警示性的历史事件——1378 年的革命；第四卷略过此后 40 年间的事件，直接讨论美第奇如何兴起并夺取权力。在写作上，马基雅维利采用他最擅长的警句和对偶式的手法，以精心修饰的文辞形式再现其政治理论的所有主要主题。

基察第尼是马基雅维利同时代的政治学派史学家。他出生于佛罗伦萨。主要著作有《佛罗伦萨史》和《意大利史》等。基察第尼具有同马基雅维利相似的人文主义史观。同时代的法国人文主义者蒙田评论他的著作说："他是一位勤奋的历史作家。从他的著作中，我认为我们可以了解到从任何其他作家的书中了解到的他那个时代同样准确的事实真相（因为真正的'内幕'历史是在档案和文献中找到的）……他从来都不曾把任何事情记在道德、宗教或良心的账上。在任何一项行为背后他总能发现有某种野心唆使或谋利的意图。"[2]

基察第尼所提倡的史学为政治服务的观点，对后来史学理论的发

---

[1] 马基雅维利：《佛罗伦萨史》，第 233 页。
[2] 汤普逊：《历史著作史》，上卷第 2 分册，商务印书馆，1988 年，第 720 页。

展有重要影响。"近代分析史学,亦即史学中的政治论战,就是从这部《佛罗伦萨史》开始的。"[1]他对于史学的目的在于教诲的观点表示赞同。他在《意大利史》中说:"考虑到有如此众多的事例在对人们进行考验、指导和示范,因而一切君主、人民和世袭遗产继承者都可以了解,人事在天命摆布下如何无常……我们认为,对如此巨大、如此变化多端的这些事情的了解,可以提供许许多多有益的教训。一般说来对所有的人都是如此,对每一个特定的个人说来也是一样。"[2]虽然他同马基雅维利的政治观点不同,但历史思想方面有许多相似之处。

政治学派从政治斗争的观点解释历史,表现了人文主义史学理论的进步,但也暴露了它的弊端,即对历史文献辨伪的漠视和对历史事实确切性的相对忽略。在政治学派的史学著作中常常发现史实上的错讹和失误。例如,马基雅维利在《佛罗伦萨史》中以1440年米兰和佛罗伦萨在安吉阿里的战争为例,说明雇佣兵为金钱而战,并没有真正的战斗热情。双方只死亡一人,而且不是死于敌人刀枪之下,是从马上掉下来被踩死的。这种描述完全违背史实。根据考证,马基雅维利能看到的史料已记载说,双方阵亡三百余人。现代学者估计死亡超过数百人。历史研究中这种为引出某种政治结论,无视历史事实的手法,在一定程度上降低了政治学派史学理论的价值。

## (三) 博学派史学

在意大利人文主义史学中,博学派史学远不如修辞学派和政治学派有影响。博学派史家是一些"好古者",他们研究历史,目的不是总结历史上的经验教训,而是重建过去、复原过去。他们历史研究的基本内容是收集、鉴别历史资料,既包括文字资料,也包括非文字资料。在治史方法上,他们既不强调修辞风格,也不注重清醒的政治头脑和精辟的理性分析,而是发展了一系列辅助学科,踏踏实实地进行

---

[1] 汤普逊:《历史著作史》,上卷第2分册,第716页。
[2] 同上,第718页。

历史文献资料的搜集和考证。

博学派的代表人物是弗拉维奥·比昂多（1392—1463）和罗伦索·瓦拉。考古学作为学术上的一门学问是由比昂多创立的。他的《著名的罗马》《复兴的罗马》《胜利的罗马》是考古学的奠基之作。15世纪末，考古学作为一门科学已取得独立的地位，它对古典文化的复兴提供了有价值的诠释，在历史学的批判和解释方面也起了重要作用。

比昂多是一位勤奋的资料搜集者。他搜集了大量从未加工整理过的资料并对它们进行了初步的批判分析。比昂多力求对每个问题找出它最原始的、最接近所描述的事件的史料。他认为，后来的史料总是失真的。他借助于最原始的史料验证较晚的史料。尽管这种批判方法很不完善，但它推翻了许多中世纪历史学中习惯的传说，如查理大帝组织十字军远征等。他的名作《罗马帝国衰亡以来的历史》是批判史学的一个里程碑。

在史料的搜集和批判方面，比昂多无疑做出了很大贡献。然而，真正确立比昂多在史学上的重要地位的，还是由他首次提出的古代、中世纪和现代的历史分期。在《罗马帝国衰亡以来的千年史》一书中，比昂多将412年作为断限，此年之前划为古代，412—1412年为"中间时代"即中世纪，1412年后为现代。在西欧历史学中，古代、中世纪和现代的划分便由此开始。

罗伦索·瓦拉（1406—1457）是那不勒斯著名的人文主义史家。他的主要著作有《阿拉冈国王斐迪南史》和《论君士坦丁的圣赐》，前书具有修辞学派的风格，后一书则是博学派的名篇。

《君士坦丁的圣赐》[1]是论证教皇国的世俗权力以及教皇对西方最高权力要求的文献。瓦拉以其熟练的技巧和渊博的学识对这个文献的真实性和神圣性进行了批判分析，以对历史事实的严密论证和对拉丁

---

[1]《君士坦丁的圣赐》谎称，罗马帝国皇帝君士坦丁患麻风病，罗马教皇西尔维斯特为其洗礼、治愈。为报答教皇，皇帝将对罗马和意大利的统治权让给教皇，自己东迁拜占庭，确立了罗马主教在全世界主教中的最高地位，等等。

文形式与结构、语法与风格的非凡剖析，证明了这一文献中的一些说法以及所谓的文件起源的各种时代条件互相矛盾，从而得出《君士坦丁的圣赐》乃是后人伪造的结论。瓦拉以其对历史文献的批判开创了文献校勘学的新道路。

瓦拉批判精神的难能可贵还在于，他不仅把文献校勘学原理应用于对教会权威文献的批判，而且也同样用于对古代历史家作品的批判。他在《双城》中批判李维对于早期罗马史的处理。这部著作说明，从批判精神来看，即使是最受人尊敬的古代权威著作也不一定比教会文献更可靠。大多数人文主义修辞派史学家对中世纪的圣迹和传说都持怀疑态度，但很少有人敢于对李维这样的古典权威者产生怀疑。他们抛弃了中世纪编年史学罗列的奇迹，却在自己的著作中重复古代作家的幻想和虚构。瓦拉敢把批判的矛头指向古代权威，这在当时是需要相当的胆略和学识的。

## 三、文艺复兴晚期的西欧史学理论

文艺复兴晚期（16至17世纪）西欧社会所发生的变化比前期更大，时代的变迁和世界的变化推动了西欧史学的发展。

### （一）社会变革、科学革命和史学发展

从15世纪末开始"地理大发现"，到16世纪初已取得了辉煌的成就，对世界历史的进程产生了重大的影响。美洲的被发现，到达印度航路的开通，以及环球航行的成功，已改变了整个世界的面貌，它把原来未知的世界联系在一起，"历史也就在愈来愈大的程度上成为全世界的历史"[1]。地理大发现和资本主义经济的发展，在西欧各国内部引起了剧烈而深刻的社会变革，加速了封建制度的没落。新兴资产

---

[1]《马克思恩格斯选集》，第1卷，第51页。

阶级把殖民地掠夺的财宝转化为资本，经济势力迅速壮大起来。处于原始资本积累时期的资产阶级，作为一支生气勃勃的社会力量，充满了改造世界的热情和开拓精神。它要求对世界的变化做出不同于传统理论的解释，希望从历史中找到解释现实变化的理论根据，以便为现实服务。对历史的重新认识和解释意味着历史思维的变化。

新的自然科学迅速兴起和发展，爆发了以哥白尼"太阳中心论"为起点、以牛顿学说为终点的科学革命。科学革命带来了天文学、物理学、医学、化学等学科的巨大进步，也极大地影响了哲学和其他各种学科。自然科学所主张的理性思维，对客观世界的新的认识态度和不囿于成见的创新精神，改变了神学盲目信仰的保守传统和早期人文主义抱定古代权威不放的习尚。自然科学以探求客观世界本源为目的，增强了人们认识自然和社会的激情，拓宽了人们认识自然和社会的视野。

近代自然科学的迅速发展极大地提高了自己的威望，它很快登上了知识界皇后的宝座。自然科学的迅速发展与旧的知识分类体系很不相称，它要求按自己的形象、自己的标准重新进行知识分类，重新排列知识殿堂。16至17世纪西欧涌现的知识分类理论，主要有经验主义和理性主义两大派。经验主义的代表、英国思想家弗兰西斯·培根（1561—1626）认为认识有三种方法：权威、判断和经验，但权威不用理智来确证肯定的东西，就不能给人以知识；判断如不用实验证实，从自身方面不能区别于诡辩论；只有实验才是认识的真正道路。科学的知识，只有通过观察和实验得到感性材料，然后经过归纳、分析和比较、综合才能获得。培根认为经验方法不仅可用于认识自然，也可以用于认识社会。法国哲学家笛卡尔（1596—1650）提倡理性主义，认为人的理性才是认识的源泉。真理判断的依据在于思想、概念的明确和确定性。他主张用理性来评判一切，扫除一切传统偏见，由理性直接认识事物，通过演绎法的推理和数学方法得到可靠的知识。笛卡尔仍站在亚里士多德知识论的立场上，认为科学所要研究的是普遍的和永恒的东西。他提出了历史怀疑论，认为当时历史研究的东西既不是普遍的、永恒的，又不具备确定性、真实性，因此，他否定历史学的科学地位。

自然科学的巨大发展和新的知识分类，极大地震动了知识界。知识界各个学科都在做出反应，努力以新的知识分类为标准，仿照自然科学的形象来把自己建成科学。历史学亦不例外。一些思想家试图把历史学变成像自然科学（数学、物理学）那样的科学，按照逻辑学或数学、物理学的方式来建立历史学的理论体系。这就是"社会物理学"，其特点是按照力学的观点来理解人类社会，从一定的原理出发，通过演绎法创建数学那样完整的社会学说。另一些思想家则从法理学、政治学等人类社会学领域探索人类社会发展的规律。他们对于国家起源、人和自然的关系、人类的"自然形态"、个人和国家社会的关系、国家政体等一系列与史学密切相关的重大问题的研究，直接推动了史学理论的创新和发展。

在文艺复兴早期，也曾有过讨论历史阅读和写作的著作，但很少有人明确地提出把史学作为一门有其特殊内涵和体系的独立学科。自16世纪后期始，史学在自然科学和新哲学的影响下，已经把注意力从记述事实转移到史实本身，从研究孤立的历史事件发展到研究史实的一般联系，从探求个别的事件上升到一般的历史理论研究，由此而涉及对历史学本身的认识。1561年，法国史学家弗朗格斯·博杜安（1520—1573）出版了《世界史的结构》一书。他认为史学和文学是不同的学科，史学应当注意的是历史事件而不是语言和文学；史学也不同于自然哲学，历史所关注的是人事而不是自然现象。博杜安指出，历史不仅要说明历史事件，而且要解释历史事件的原因，说明其后果和影响，因而它有实用价值；这种价值不是属于个人的，而是属于社会的；不是伦理的，而是政治的和法律的。他强调历史的真实性原则，史学家的责任就是要真实地重建过去。

法国著名的政治学家和历史学家让·博丹（1530—1596）对历史

学的认识有更深入的发展。他先后出版了《历史研究妙诀》（1566年）和《论政体六书》（1576年）两本巨著。博丹把历史划分为三类：人类史、自然史和宗教史。三类历史各有自己的研究对象。在三类历史中，人类史居于首位，研究的程序应当是从人类亲身经历的社会政治经验上升到复杂的自然现象，最后探索自然的奥秘。人类史的内容不仅应包括政治和军事，也包括人们的社会政治生活。他尤其重视各民族的民族性，不同时期的制度、法律和风俗习惯。他认为历史是现实的镜鉴，研究历史可以从前人的经验中获得教益，预测未来，历史学家的任务是再现历史的真相，而不是抑扬褒贬。换言之，历史著作应消除价值判断。

英国哲学家、史学家弗兰西斯·培根（1561—1626）的观点影响至为深远。他认为历史属于科学领域，因此历史学应科学化。"历史"一词是一个含糊的概念，既指一切过去，又指有关过去的记载。培根认为历史按其对象可分为自然史和市民史。市民史、教会史和学术技艺史是人类历史的主要内容。培根从经验主义哲学观出发，认为历史等于经验，历史研究是受时间和地点、条件制约的个人活动。政治历史必须从经验材料入手，通过分析和归纳各种零碎的史料重建过去。他认为历史研究有助于了解人类社会中的人，指导人们的行动。他指出，"读史使人明智"，为了促进学术发展、社会进步，史学家应创立一种新型史学。

文艺复兴晚期史学也提出了更新历史研究方法的问题。这一时期的某些史学家认识到，史学的真实是历史研究最重要的法则，因此必须保证史料的准确。博杜安提出，"原始资料"和"间接资料"是有区别的，鉴定资料有一系列的原则。他认为，史料的范围不应限于正规的记载，应该包括重要任务的书简、法庭的证词、绘画、钱币、铭文、法规、歌谣和教会年历等。博丹认为，史学研究必须详细考订史料，保证史料的准确和真实。为此他提出了一系列鉴别史料和史实的方法，并从史学家心理方面分析了史料失实的原因。17世纪后半期德国哲学家、数学家和历史学家莱布尼茨（1646—1716）则主张把自然科学的方法运用于历史研究，用哲学思辨来探讨历史的意义。他认为，为了保证历史的真实性，应区别作为见证的历史记录和历史记载，并研究记录者的心理状态和历史记载的来源。他还认为，历史学家必须进行基本史料的考辨工作，对于不可靠的史料，如神话、传说、奇迹中的史料成分，必须详加考订，沙里淘金，从中挖掘出零星的真实事实。莱布尼茨还认为，历史研究不应该仅限于政治、谱系、传记等，而且应重视文字、科学和宗教的发展。

　　文艺复兴前期，人文主义史学为了叙述的引人入胜，很少引证史料，有时掩盖史料而加入自己的猜想，因此常常有不确切之处。文艺复兴后期，历史学的一些辅助学科——年代学、古文字学、古文书学、题铭学、辞书编纂学和语言学等都获得了重大发展，使历史学的准确性大大提高。在笛卡尔历史怀疑主义思想影响下，形成了笛卡尔派历史编纂学，批判精神和新式考订原则得到弘扬。

（二）进步的历史观念的产生

　　在文艺复兴前期，广为流行的历史观是历史循环论，乃至历史倒退论。人文主义者以崇拜的心情看古代，认为在文化知识领域，古代的权威是不可企及的典范。但16至17世纪，在西欧思想界掀起了一股怀疑主义的浪潮，非但中世纪基督教神学和经院哲学遭到了无情的批判，就连古代的权威也受到了严重怀疑和挑战。这种思想文化气氛推动了进步历史观的产生。近代自然科学的巨大进步，推进了西欧各国经济的迅速发展和社会的深刻变革，使当时的思想家们切身感受到了知识的巨大力量和历史的进步，为进步历史观的确立奠定了基础。因此，从16世纪起，西欧一些思想家开始提出历史进步的理论。

　　16世纪的博丹开始提出历史进步的理论。他明确把自己生活的时代置于古代之上，认为新时代无论在科学技术还是文学艺术方面都超过了以往的任何一个时代。他坚决否认在历史的开端有过"黄金时代"

或"白银时代"的观点，认为那是"野蛮时代"。他在《历史研究妙诀》中说："黄金和白银时代就是这样一种时代——人们像野兽一样分散在原野和丛林里，他们所有的只是那些靠强力和残暴行为才捉得到的东西，这就是他们渐渐地从这一野蛮状态进入我们今天所见到的那种以法律为基础的人类生活方式以前的时期。"[1]培根从"知识就是力量"这一认识出发，认为从他所处的时代起，其发展水平远非古代所能比拟，通过知识和技术的积累所取得的进步已远远超过了古代的水平，因此他认为"我们从希腊人那里得来的智慧只不过是知识的童年，具有儿童的特性"。培根认为，知识的目的是实用，科学的归宿是造福于人类。知识的增长意味着人对自然控制能力的增强，意味着增长人类的舒适和幸福。这样，知识进步和社会进步的观念开始联系起来。

  法国思想家笛卡尔的理论，对于知识进步思想的发展起了很大的作用。笛卡尔提出两大基本原则，即理性至上和自然法则万古不变。理性至上的原则，扫荡了对古典权威的崇拜；自然法则永恒存在，则肯定了人的自然禀赋古今并无差异。这是知识进步理论的重要理论基石。在笛卡尔主义影响下，法国不少思想家都开始努力阐述知识进步的理论。1654年巴斯噶撰文指出，在若干世纪的延续中，人类就像一个不停地存在和学习的个人，在任何一个阶段，他的知识都因承继前一阶段的知识而增长。随着变老，他的知识也愈益丰富完整，超过之前任何一个阶段的水平。

  17世纪末兴起于法国文艺界、思想界的今古优劣之争，使进步的历史观念得到更大的发展和更广泛的传播。这次争论的主要问题是，现代人能否与古典权威相媲美？现代人在智力上是低于还是高于古人？进步论的主将之一夏尔·佩罗（1628—1703）指出，古往今来，人性和气候大体相近，古今人类应无分高下，所不同者，在于知识。知识随时间与经验而增长，后代拥有前人的经验，又增添了新知，故

---

[1] 叶·阿·科斯敏斯基：《中世纪史学史》（上），东北师范大学历史系译，1985年铅印，第185页；又见《中世纪史学史》，商务印书馆，2012年，第183页。

能超越古人。他认为,近二三十年来,自然科学的发明已超越了全部古典时代,达到登峰造极之境。但同时他又承认,人类社会一旦遇到和平富裕时代,知识和发明仍将继续增长。进步论的另一主将丰特奈尔(1657—1737)也指出,古今自然并无大的变化,自然的运动没有改变,自然所赐予人的自然天赋(如脑容量、智力等)亦无不同。不同的因素是时间、政治制度和国家局势。今人从古人的成就和错误中可以得到启发,因此近代胜于古代。束缚心灵、妨碍进步的阻力无过于极端崇拜古人,长期以来,人们拜倒在亚里士多德足下,而不向大自然寻求真理,所以社会难于进步。随着现代科学方法的改进,经验的积累,后人亦能超过今人。人类的智慧和知识的进步是永无止境的。这场论战经长期持续,最后进步论者取得胜利。1701年,崇古派的主帅布瓦洛致书佩罗,承认路易十四时代超过了历史上的任何伟大时代。这场论战有力地打击了长期支配史学领域的神定论和循环论,确立了进步的历史观。[1]

在同一时期的英国也发生过相似的论战。在德国,莱布尼茨提倡社会进步学说。在16至17世纪,进步的历史观主要还是知识进步论,到了18世纪,在启蒙思想家的手中,知识进步同社会进步更紧密地结合起来,将进步论的历史理论发展到一个新的水平上。

(三)新的历史视野

16、17世纪,伴随自然科学的巨大发展和历史学的迅速进步,一些进步思想家和史学家开始运用自然科学提供的研究方法和理性思维,把自然界与人类社会结合起来加以考察,像探索自然界那样探索人类社会历史发展的规律,为历史学增添了新的视野。

博丹的《历史研究妙诀》一书便做了这一尝试。他赋予历史以科学的性质。他认为,不管是世界上的一切还是历史上的一切,都是

---

[1] 参见谭英华:《16至17世纪西方历史思想的更新》,《历史研究》,1987年,第4期。

服从一定规律的。博丹把古代作家已提出的关于自然对历史发生影响的观点加以系统化，试图从对各民族的比较研究和综合研究中发现人类历史的共同规律。博丹认为，各民族的心理特点决定于这个民族赖以发展的自然条件的总和。任何一种国家制度只有在它符合本民族的心理状态，即各民族所生活的自然条件时才能巩固。各民族和国家的制度、民族性格、风俗、文化等迥然不同，乃是由于自然条件所造成的，它包括气温、干湿度、日照、风力、山脉、平原、河川、沼泽、距海的远近，以至土壤和物产等。他把赤道至北极之间的广袤地域（不包括南半球）根据纬度分为北、中、南三个部分、三种居民。他认为地理条件的不同导致各地区民族特性及历史发展道路的差异：南方之民族体质较弱而智力发达，敏于思考而笃信宗教，以哲学、神学和数学见长；北方之民族体魄健伟而骁勇好战，狂热好动而智慧不足，他们惯于南下侵袭，是历史上有名的入侵者；中部（地中海区域）之居民兼具南北之长，故能创建伟大的帝国。博丹认为，地理位置、地形、土壤等对民族性格也产生同样的影响，如滨海及通都大邑之民机智狡诈；沃壤之民致力农耕，生活优裕，秉性怯懦；瘠壤之民勤劳持重，擅长工艺和贸易等。生活环境和民族性格又影响到政治制度的差异：南方盛行神权政治，北方恃武力维护统治，中部奉行平等主义的原则、流行共和制度。三个地区各有长短、相互影响，构成整个世界。

  但是，博丹并不认为某一民族赖以发展的自然环境的影响是不可抗拒的。他指出，法规及人类的意志和教育，在一定程度上都对自然条件起反作用。博丹的气候理论中包含着人种地理学、人种志学的萌芽。这种思想被后来的孟德斯鸠等人加以发展。

  博丹的历史观表明了一种揭示历史发展规律，并使之同世界所服从的共同规律联系起来的企图，但其中也附会了极大的推测，乃至神秘成分。[1]而且，由于当时对于世界上的一些地区，如非洲和澳洲内陆、太平洋西北部缺乏了解，所以这一时期的历史观仍然是不科学的。

## 四、宗教改革运动中的西欧史学

16世纪，当阿尔卑斯山以南以意大利为代表的人文主义运动趋于停滞和衰落时，阿尔卑斯山以北兴起了另一场规模宏大的思想文化运动——宗教改革。

文艺复兴和宗教改革都是新兴资产阶级反封建的思想文化运动。两者有区别，也有联系。意大利和西欧的文艺复兴运动建立了古代作家的权威和对古代作家及其典籍的崇拜，整理古代典籍成为一件风靡各国的事情。他们用历史批判的方法整理古代典籍，不仅整理世俗的作品，也包括宗教典籍。前者是世俗的人文主义者，后者是基督教人文主义者。基督教人文主义者在整理、批判古代基督教典籍时，发现古代基督教不同于自己时代的基督教。古代教会是相对纯洁、平等、廉价的。这种精神与当时的资产阶级精神相一致。基督教人文主义者以古代基督教反对当时的基督教，从而促发了宗教改革。

当时的德意志因其尖锐复杂的社会矛盾、特殊的宗教文化传统而成为宗教改革运动的发源地。但宗教改革虽发轫于西欧，它却席卷了阿尔卑斯山以北的欧洲各国。宗教改革运动对历史思想的发展也产生了深刻的影响。

（一）宗教改革史学观念的一般特征

从历史理论发展的角度看，宗教改革时期的史学思想与文艺复兴时期相比是一大倒退。新教徒的历史观同中世纪教会历史观并无本质

---

[1] 例如，博丹把数字神秘化。他认为，有几组数字在世界的命运中起决定作用，即628、496、和8128，其中，496在各国历史上起着不祥的作用。叶·阿·科斯敏斯基：《中世纪史学史》，商务印书馆，2012年，第181页。

的区别。最初的新教徒对于世界的观念，与旧教徒并无二致，也同样赞成教父们的整套见解。他们对于历史的看法，对于人类的起源，《圣经》和《圣经》中的预言和神迹、天堂、地狱、天使、魔鬼等观点也是相同的。新教徒同旧教徒一样，都认为人们若想得救，就一定要相信三位一体的神。无论是新教徒还是旧教徒，都把上帝看作历史的主宰，把历史看作是上帝的创造和上帝旨意的展现，整个人类的历史活动、历史进程都是上帝的安排；同继承了上帝创造历史、决定历史的史观一样，新教徒也继承了中世纪基督教史学的历史分期法，继续按照已为人文主义史学家抛弃的四大君主国的分期来撰写世界的历史。

新教对于天主教会进行了攻击与批判，但这主要是限于它对"历史"上基督教会的背叛，要求恢复原始基督教，恢复"耶稣时"的教会。新教断言，罗马教会已经不是福音时代那样一种单纯的宗教组织，随着时间的流逝，已经变成了一个腐朽、堕落、误入歧途的机构，它在伪造的历史和传说中树立起自己的权威，维持存在却没有一点真理的东西。新教历史以宗教历史观来看待人类历史，把《圣经》变成了历史事实的依据，使"历史"成为攻击天主教会的投枪。这样，宗教改革时期的历史观完全抛弃了人文主义历史观的巨大成就——历史观的世俗化，用自然的原理来解释历史的进程，排斥上帝对历史的干预。

宗教改革崇尚对神学"事实"的信仰，抛弃了人文主义史学理论中强调的对历史事实的批判精神。新教和旧教虽也利用并发展了文艺复兴时期的史料批判方法，都致力于搜集史料，考辨事实，但这主要限于批驳对方，仅对对方利用的史料进行严格的考辨。但对自己有用的史料，即使是荒诞不经的迷信、传说，也被当作真实的史事加以接受，毫不批判。

新教和旧教一样，都反对当时产生的理性思维，都扼杀理性批判精神。路德曾再三尖锐地攻击理性，因为他承认在理性面前，有许多教理显得荒诞无稽。他依据《圣经》，对哥白尼的科学理论肆意进行攻击，嘲笑哥白尼"处心积虑要证明天空或苍穹、太阳和月亮不转，而是地球转"。"这蠢材想要把天文这门科学全部弄颠倒；但是《圣经》告诉我们，约书亚命令太阳静止下来，没有命令大地。"加尔文根据《圣经》中的话"世界就坚定，不得动摇"，把哥白尼一口骂倒，大喊大叫："有谁胆敢将哥白尼的威望高驾在圣灵的威信之上。"[1] 对理性和科学的敌视以及对信仰的极端崇拜，决定了新教史学在历史认识论上的唯《圣经》主义。《圣经》成了历史事实的权威裁判者，《圣经》被当作历史著作来引用。历史重新成为宗教神学的侍婢。

较之文艺复兴时期的历史理论，宗教改革时期的历史理论有明显的落后性，但它比中世纪教会历史理论却有所进步。天主教世界分崩离析局面的形成，新、旧教激烈的论争，在客观上给史学家一定程度上的自由思考。新、旧教为了证明对方教义仪节纯属虚伪，搜集历史资料的热忱愈益增加。宗教改革时期双方的史学家搜集了大量的历史资料，研究了许多新的历史问题，也发展了史料批判的辅助学科和方法。这都是中世纪基督教史学所不及的。

### (二) 宗教改革时期各教派的历史理论

德国是西欧宗教改革的发祥地，新教史学在这里得到了最为充分的发展。德国宗教改革的发起人马丁·路德（1483—1546），本人并不是历史学家，但他对历史颇为重视，认为历史是宗教宣传、批判教皇的强大武器。路德的挚友菲力普·梅兰希顿（1497—1560）是最著名的新教史学家之一。他的主要著作是《世界史》。梅兰希顿认为，修史是合乎神意的事业，因为上帝希望人们了解人类的开始是怎样的，教会是怎样形成的、怎样传播普及的。上帝希望人们了解真正的教会和各教派之间的区别，了解各个时期教会的状况，撰写历史是执行上帝的意志。像路德一样，他认为历史应该是宗教改革活动家政策的工具，把历史当作新教神学的侍婢。梅兰西顿承继中世纪基督教史学传

---

[1] 罗素：《西方哲学史》，下卷，商务印书馆，1982年，第47页。

统，仍把历史看作上帝的安排和上帝旨意的展现，仍因袭了传统的历史分期法。他把世界的历史划分为三个周期、四大君主国的历史。第一周期从创世纪到亚伯拉罕，第二周期从亚伯拉罕到耶稣降生，第三周期是福音时代，其间穿插中世纪编年史家四大君主国的分期。这些与中世纪基督教史学都没有大的区别，所不同的是梅兰希顿在这部著作中，严厉抨击天主教会，揭露教皇、天主教机构及修道生活的谬误，并分析了这些谬误产生的原因。

卢梭说："一般说来，新教徒比天主教徒学问高，而且必然如此：前者的教义要求论证，后者的教义则要求服从。天主教徒必须接受别人的判断，新教徒则必须学会自己判断。"[1]新教史家把历史看作恢复古代基督教的真面目，批判天主教会及其历史的有力武器。为此，路德教派组织了由马提亚·弗拉秀斯（1520—1575）为首的十多位新教历史学家，在马格德堡集体编写了《马格德堡按世纪顺序论述的教会史》（简称《马格德堡世纪史》）。这套书从1559年开始出版，直到1574年才出齐，只写到13世纪。在这部著作中，新教史家极力论证罗马教皇和天主教会是反基督的，是背离原始基督教会的。这部著作搜集了丰富的历史资料，对史料也作了一定的批判，但这种批判只限于批判地加以接受。

这套史书的问世对新教和天主教都产生了强烈的震动。天主教阵营不得不做出回答，意大利高级教士恺撒·巴罗尼奥（1538—1607）在罗马教皇的授意下撰写了《教会年代纪》，以反击《马格德堡世纪史》。《教会年代纪》采用编年体，每个世纪写一卷，一共12卷，教会历史写到1198年。这套史书利用了比《马格德堡世纪史》更为丰富的史料，对史料也有一定批判，但对史料的批判原则同《马格德堡世纪史》的作者同样偏颇，只批判于己不利的史料，于己有利的史料则根本不加批判。巴罗尼奥曾对他编著此书的目的和内容做过这样

---

[1] 卢梭：《忏悔录》，黎星译，第1部，人民文学出版社，1989年，第79页。

的表白:"我的任务是证明,在许多世纪内由基督建立的天主教会明显的领导作用被承认和被保持到何种程度。这一领导作用是由基督、圣·彼得所建立的,被保持的牢不可破,无论何时也不曾被其合法继承者——罗马主教所破坏。"修史目的与新教徒如出一辙。

德国宗教改革是一次广泛的社会运动。在运动中,以闵采尔为代表的农民、城市平民等社会下层民众也登上了历史舞台,提出了自己的要求,倡导适应自己的宗教改革。赛巴斯提安·弗兰克(1499—1543)的历史理论,在某种程度上反映了他们的思想。弗兰克幼承良好的人文主义教育,懂拉丁文、希腊文和古希伯来文,但一生多遭封建势力迫害。他先是天主教徒,后改宗路德派,最后又离去。他的主要著作有《从创世纪到1531年的编年史、年代纪和历史典籍》《世界志》《德国史》等。弗兰克的历史理论,有不少闪光的内容。他提出了本质与形式对立统一的思想,认为"理性"、"自由"等属于本质,处在经常的发展变动中,从而不断地摧毁束缚其发展的旧的形式。弗兰克将历史的进步放在理性和自由的基础上,认为理性是历史进步的动力。他指出,自然界和人类社会按照一定的合理的规律在不断变化着。他抛弃了超自然力量干预和决定历史的思想,认为历史的本质在于社会能经常接近真正的理性,人类社会的历史是理性前进的过程。他把人类社会的历史分为三个阶段。在第一个阶段,人类还不知道暴政和一切压迫形式,这是纯理性的时代;这时人们和睦相处,共同居住,互相亲近,既不知堡垒和武装,也不知政府和私有财产,还没有国家。第二个阶段的特征是产生了私有财产、国家、等级制度和农奴制度。第三个阶段是由古代哲人和基督教所宣告的,但尚未实现的自由阶段。他认为,要实现这一阶段,必须通过理性原则对暴政和封建压迫进行不懈的斗争,方能取得。

弗兰克认为,世界上理性的真正体现者,历史的最高目的,不是社会上层,而是最穷的阶层。全部历史都充满了穷人和富人之间不断的斗争。他同情和赞扬中世纪西欧的宗教异端和16世纪德国农民战争等下层民众的反抗斗争。照弗兰克的观点，历史的编写要用来揭露诸侯、教士和贵族，以及姑息他们的历史学家。弗兰克高度评价了古代历史学家，但他认为中世纪的编年史不公正、不足信，大多数姑息了统治者，或者是由外行人和糊涂的教士编写而成。这里，他已经认识到在阶级社会中历史著作，乃至历史资料都往往带有作者的阶级偏见，应当消除。这已触及到了历史资料的实质批判问题。在叙述遥远的古代时，他往往根据理性进行批判和假设，但叙述晚近历史时则完全采用现实主义态度。但是，弗兰克的历史批判很不彻底，对中世纪流传的一些诸如有些民族长着狗头、半人半妖之类的荒唐传说也深信不疑。他还接受了中世纪基督教史学四大君主国的编写方法。在弗兰克的历史思想中，基督教神学传统和理性主义思想常常复杂地交织在一起。

16世纪宗教改革的风云使宗教神学史观在西欧得到继续乃至复活。这种状况一直持续到17世纪。这时，法国天主教高级教士博绪埃（1627—1704）为抵挡理性主义的进攻，撰写了《论世界史》一书，继续用奥古斯丁以来的基督教神学史观阐述历史。该书在当时虽影响不小，但毕竟是神学史观的回光返照。法国天主教教士马比雍（1632—1707）、蒙福孔（1665—1741）、杜孔日（1610—1683）等人虽信守基督教神学史观，但其主要精力却在搜集、整理和考订史料方面。史学界有些人称博绪埃是最后一位完全按基督教神学史观解释历史的历史学家。的确，在18世纪西欧启蒙运动大潮的汹涌冲击下，基督教神学史观统治史坛的局面终于一去不复返了。

（完稿于1988年，未刊）

# 法国年鉴学派产生的历史条件及其评价[1]

## 一

1929年1月,法国青年历史学家吕西安·费弗尔和马克·布洛赫等人在斯特拉斯堡大学创立了《经济社会史年鉴》。《年鉴》杂志的创刊标志着年鉴学派的产生。实际上,年鉴学派的理论早在《年鉴》杂志创立前即已形成,因为在此之前,两位杰出的历史学家已经发表了相当一部分作品。费弗尔出版了三篇名著:《腓力二世与弗郎士-孔德省:政治、宗教、社会史》(1911年)、《大地与人类的演进:地理历史导论》(1922年)、《马丁·路德:一种命运》(1928年);布洛赫已出版的著作有:《法兰西岛》(1913年)、《国王与农奴》(1920年)、《国王神迹》(1924年)和《致力于欧洲社会的比较历史研究》(1928年)。这些著作的思想为年鉴学派奠定了理论基础。

在《年鉴》创刊号卷首的《致读者》一文中,费弗尔和布洛赫写道:"目前,历史学家们通过文献资料来研究历史,方法已经陈旧不堪。同时,从事社会学、现代经济研究的人日益增多,但是两个领域的学者互不理解,不相交流,而且历史学家和其他领域的学者之间,存在着老死不相往来的状况。虽然人们都在专心致志于自己的事业,耕耘于自己的庭院之中,但终为高墙所阻。如果关心一下自己的邻里,岂不美哉!我们为之疾呼,目的在于防止这种分割的危险。"[2]因此,年

---

[1] 本文与李铁合作完成。
[2] 费弗尔、布洛赫:《经济社会史年鉴》,法文版,1929年第1期,第1页。

鉴学派的创立者们倡导改变传统历史研究以文献资料为主要研究对象的方法，主张开阔历史学家的视野，打破社会科学各学科之间互相对立的局面，提倡历史学的综合研究方法和学科间的协作。这种主张是年鉴学派以后几十年一贯坚持的方向。

年鉴学派的产生不是偶然的。20世纪初历史的发展，社会的变迁，科学的进步，观念的变革，都为年鉴学派的产生创造了条件。

20世纪初是一个动荡不安的时代。西方国家之间愈演愈烈的矛盾冲突，最终导致了第一次世界大战的爆发。第一次世界大战的炮火彻底摧毁了人们固有的传统观念。对于人生价值的怀疑，人生信念的丧失，导致了对人生哲学的改变和对世界的重新认识。法国历史学家西蒙哀叹，1914年的炮声，使人们对现时所抱的信念和对历史威力的信仰完全毁灭了。在此形势下，历史学家开始注意战争根源的研究，不限于研究各国政府的政策或外交协商过程，而且研究各种力量，如经济条件，工业家、银行家的干预，各界舆论、教会、工会、学会以及报刊的作用。[1]

资本主义工业在20世纪初的迅速发展，伴随着战争、动荡所导致的经济不稳定，以及资本主义社会在20年代末、30年代初所出现的全面经济危机，给整个西方社会造成了一种恐惧心理。社会科学家们开始注意经济方面的研究。时人声称"经济历史，我们时代的统一的人文科学，产生于1929年和1930年初，即世界范围痛苦的危机之中"[2]。

在法国，自19世纪末叶以来，由于普法战争中法国的失败而产生的普遍失望情绪，巴黎公社起义所标志的下层人民的觉醒，第三共和国的动荡不安，尤其是马克思主义的影响深入下层阶级，这一切汇合成一股强有力的社会力量，引起了社会各方面的重视。在第一次世

---

[1] 玛丽安·巴斯蒂：《法国历史研究和当代主要思潮》，《世界史研究动态》，1979年第2期。
[2] 皮埃尔·肖努：《经济史：过去的成功和未来的展望》，载勒高夫、诺拉主编《创造历史》，剑桥大学，1985年英文版，第29页。

界大战中，法国作为一个主要参战国，虽然取得了战争的胜利，但它带来的巨大创伤和经济衰退，以及战争所造成的恐怖心理，对法国社会产生了深远的影响。

与此同时，欧洲自然科学的发展，唯科学主义思潮和非理性主义思潮的泛滥在冲击着法国社会。生物医学家巴斯德发明了狂犬病疫苗，贝克雷尔发现了铀及铀的特性，皮埃尔·居里和夫人玛丽·居里发现了镭，法国自然科学研究进入了世界的前列。19 世纪末 20 世纪初兴起的唯科学主义思潮，继承了康德、休谟的基本精神，经历了孔德的实证主义、马赫的经验批判主义，一直到波普的证伪主义，以及库恩的科学革命的模式，在现代科学技术发展的背景下，与另一大哲学思潮——非理性的人本主义思潮，进行着相互撞击和渗透。第一次世界大战之后，艺术上的新浪潮叠起，绘画上的印象主义、文学上的象征主义均以法国为中心。所有这一切不能不对法国当时的各种人文主义思潮打下鲜明的时代烙印。

19 世纪是所谓科学历史学占主导地位的时代。它由德国实证主义历史学家冯·兰克创立。兰克实证主义史学首先强调，客观地叙述历史事件是历史学家的根本任务，即"仅仅希望说明过去发生过的事情"。兰克在他的《拉丁与条顿民族史》的序言中说："人们认为历史的任务是对过去做出判断，以便前事不忘成为后事之师。可是，我这里只打算做一件事——这就是完全如实地说明事情的真相。"因此，兰克认为哲学理论对历史学家来说是毫无必要的。其次，兰克史学认为，过去的历史学家本身就是一定时期和一定观点的产物。历史学家的心理天赋和个性对于撰写历史往往起着相当重要的作用。历史学的所谓科学性就在于对史料的证伪和批判，在这个基础上建立起来的历史学才是真正的科学。第三，兰克史学确定历史研究的对象应该具有强烈的客观性，同时又把历史研究的主要方面放在政治史、外交史和历史事件上，认为只有外交信件才是最真实可信的，因此，它在强调历史客观性的基础上，注重叙述事件，而忽视了历史的其他内容和社会历史发展的总过程。第四，兰克实证主义史学把历史学孤立于其他人文科学，强调历史学是基于文献资料基础之上的科学。历史学家的天地局限于图书馆、档案馆和博物馆，历史学趋于狭隘化、微观化。

兰克史学夸大和歪曲考证方法引起了两个重要后果：第一，只承认简单的因果关系，把年代的先后和因果关系等同起来，把历史解释简单地归结为确定事实发生的先后顺序；第二，由于强调政治史和外交史，所以这种史学仅仅是一种记事史。兰克的史学研究模式狭隘地集中于政治史，脱离广泛的社会环境，只关注于欧洲政府间的外交事务，严重地依赖于政府的文献，忽视其他的资料来源。它不仅代表了德国启蒙运动时期所追求的大世界主义的历史方法，而且也反映出19世纪初普鲁士大一统的政治、社会和理性观念。

当西方世界在19世纪末、20世纪初发生巨大变化时，高度技术化社会所产生的新的政治目的和新的社会理性观念，以及在政治上被埋没的阶级和大众走向历史舞台，使19世纪的史学研究方法已经满足不了现实的要求。因此，历史学家从不同角度展开了对传统实证主义史学方法的批判。德国的新康德主义史学家李凯尔特把自然科学和历史科学对立起来，否认历史的客观性和科学性，强调自然科学是为了发现规律，而历史科学不过是对历史事实做出评价和价值判断。意大利史学家克罗齐则把历史与当代联系起来，否认历史只是为了说明过去。他认为，如果当代的历史直接来自生活，那么非当代历史也是如此。[1]因此，只有对现实生活产生兴趣，才能进而促使人们去研究以往的事实，所以他认为"一切历史都是当代史"。但克罗齐并没有摆脱文献是研究历史唯一源泉的实证主义考证方式。美国相对主义史学流派的代表人物比尔德和贝克尔认为，历史仅仅是相对的，往往具有相对的价值。贝克尔认为，史学家不可能展现事件的全过程，而且展现出来的事实也不能说明任何问题，所以历史研究对人类的进步没

---

[1] 玛丽安·巴斯蒂:《法国历史研究和当代主要思潮》，载《世界史研究动态》，1979年第3期。

有多大的意义。在某种程度上，他否定了历史科学的价值。

19世纪后半叶，在兰克史学的影响下，实证主义史学在法国也发展起来。1876年，法国历史学家摩诺德和费涅兹创办了《法国史学评论杂志》。他们在主编该杂志的36年间，只刊登历史考证文章，绝不涉及历史哲学或其他历史理论问题。19世纪后半期，法国历史学家朗格洛瓦和瑟诺博斯于1898年合著《史学方法研究引论》，专门研究史学方法问题，阐述历史学家进行研究时必须遵循的原则和方法，对法国史学界影响极大。从19世纪末开始，法国思想界出现了强烈的反实证主义运动，人们开始怀疑学术的构成要以自然科学为模式的观念，开始把人类科学领域中的学术结构、认识等问题提到日程上来，重新解释理性科学、真理的定义，力图把哲学和各种人文科学统一起来。反映在历史学领域中，法国史学家拉孔布站在历史学和社会学的交点上，严厉地批判传统的历史学。他认为，科学的意义不是来自社会，而是来自人的心理，要用心理学的概念来解释社会现象。但是，他仍主张历史事实的编年顺序，没有摆脱实证主义史学的影响。史学家芒托坚持要在传统史学的范围内确立新史学的性质。最后，法国"历史综合"学派的创始人亨利·贝尔认为应该建立一种新的史学。所谓新史学就是历史的综合。贝尔批判了传统史学的经验历史和事件历史，主张研究历史的性质和作用的理论，应以解释历史为课题，并要求历史学综合各学科的方法，探讨人类进化的问题。

在新的大变动时代，传统史学陷入了严重的危机；传统史学的危机，孕育着新的史学的兴起。

二

20世纪初，西方史学被一种理论上无所适从的悲观气氛所笼罩，但是，年鉴学派却异军突起。年鉴学派的创始人费弗尔和布洛赫等人综合各家学说，为自己提出了新的历史研究的任务：以往的历史学依赖于对史料的评论，注重于个别事实和现实的描述；现今史学的任务是揭示事实和现象之间的实质和本质的联系。1929年《年鉴》的创立，标志着年鉴学派在西方史坛上独树一帜的开始。

年鉴学派的发展基本上可分为三个阶段。第一阶段是费弗尔和布洛赫阶段（1929—1946年），其主要特征是从"文献历史"和"事件历史"向"问题历史"转变，提倡多学科综合研究方法，把社会科学各领域纳入历史科学的范畴，倡导"总体历史"思想原则，并运用比较研究手段，对经济、社会和大众心理状态进行分析。第二阶段是布罗代尔阶段（1946—1969年），其特点是布罗代尔在理论上阐述了"总体历史"原则。他把人类历史划分为长时段（地理历史）、局势（社会经济史）和短时段（历史事件）。他认为地理历史在人类社会发展过程中起主导作用，局势说明人类社会活动的不同层次，事件仅是人类历史的表层旋涡。第三阶段是新史学阶段（1969年至今），年鉴史学向局部历史、微观历史转变，注重数量分析方法，开辟了以精神状态史为主的深层历史学。

费弗尔说过："历史学像诗一样，是时代的产物，也是人的产物。"年鉴学派的产生和发展具有鲜明的时代特征。20世纪自然科学和社会科学的发展对于时代观念的更新，具体体现在年鉴学派的历史理论和历史研究方法与手段中。各代年鉴学派史学家根据自然科学和社会科学的发展变化，在思想、方法、手段上都适时地进行自我调整、更新，使年鉴学派始终保持着旺盛的生命力。

半个多世纪以来，年鉴学派在国际上产生了重大的影响。西方许多史学史和史学研究著作都对其做过专门的介绍，如伊格尔斯的《欧洲史学新方向》、海格斯特的《论历史学家》、巴勒克拉夫的《当代史学主要趋势》、托波尔斯基的《历史研究方法》、斯图亚诺维奇的《法国历史方法》、穆克列南的《马克思主义与历史方法论》等，都以专篇对年鉴学派进行介绍和评论。英、美、苏、日、波兰以及我国的许多杂志，都有大量专文评价和介绍年鉴学派及其代表人物与著作。

年鉴学派第一代、第二代与第三代各自具有不同的特点。在综合方法上，费弗尔、布洛赫注重经济学、社会学方法；布罗代尔阶段则注重地理学、人口学、数量经济学；第三代则在更广泛的领域内开辟了历史研究的新途径，综合了结构人类学、符号学、心理学、精神状态学等等。虽然三代史学家表现出各自的特点，体现出从20世纪初到80年代的不同风貌，但他们始终贯彻着费弗尔、布洛赫所提出的原则——总体史观，不限于历史文献资料，研究对象更加广泛，研究方法综合了社会科学其他学科的研究方法。这种连续一贯的思想原则是年鉴学派几代史学家倡导的学风，也是年鉴学派生气勃勃的原因所在。

年鉴学派的良好学风还体现在尊重历史，注重对历史文献、历史遗物、历史习俗和现存的所有历史残迹的研究和考察，这使法国史学不同于缺少大量历史证据的思辨的历史哲学。从布洛赫尊重农业实践，布罗代尔对于地中海沿岸的资料搜集，一直到第三代史学家发掘教堂遗嘱、法庭档案、市政厅文献等并对其进行统计分析，无不表现出年鉴学派史学家十分尊重第一手资料。因此，他们的著作不失于空论，具有强烈的说服力。他们蔑视汤因比的历史观是"建立在第三手资料的糊涂账上"。

年鉴学派的研究开拓了历史研究的新领域，把历史研究从政治、军事、外交史扩展到经济学、地理学、社会学、人类学等无所不包的广泛的研究范围中去。历史研究不再是限于朝代的更替、帝王的变迁、战争和政治制度的沿革等狭小圈子。物价、工资、人口、婚姻、家庭、死亡、宗教、爱情、巫术、神话、权力等，都成为年鉴史学研究的主要对象。他们开辟深层历史学的研究，从人类学、社会学、心理学等方面再现历史，使历史不单是表现自然、社会，而且表现人的内心活动，使人的内在的精神状态和社会现实融为一体。年鉴学派史学家强调历史经验的差异性，坚持从众多的角度去研究历史，推动了法国当代文化史的发展，并开始受到西方史学界的重视。

但是，年鉴学派的思想和方法论也不无欠缺之处。尽管近年来年鉴学派史学家通过数量方法，使历史研究取得了重大进展，如数量经济学、人口统计学，对精神状态诸要素进行结构统计分析、计算机处理等等，但历史学是否像某些年鉴学派史学家所夸大的那样仅仅是数量史，仍然是个疑问。注重数量方法，排斥非数量方法，可以引起两种后果：第一，统计方法趋于强调结构的重复性和非变化过程，历史的变化容易被忽视或很难通过定性的描述来说明。第二，在逻辑分析过程中，历史学家成为统计数据的收集者，而数量方面仍面临着几个难以逾越的障碍。首先，数量方法以充分的历史资料为基础，没有历史材料就无法进行统计分析。在人类历史中，真正能满足历史学家所需求的充足历史资料的时代，不过是近代或当代，古典文明和中世纪时期资料贫乏，限制了数量方法的使用范围。其次，数学符号不能代替语言描述和解释，历史学不能仅是一堆数字和公式的组合，对于历史规律的描述必须用定性方式，所以，数量方法仅仅是历史研究的手段之一。再次，数量方法适用于结构分析，但结构分析本身仍存在着许多局限性。结构内部的动态平衡、结构转换用数量方法是很难表示的。最后，人类科学的发展是否能把社会科学研究过程全部转化为自然科学研究过程，这关系到对于人的意识过程能否完全用计算机手段进行模拟，也关系到是否能揭示人的意识过程、精神现象、心理过程的内在关系。年鉴学派史学家认为"数量历史能够在将来计量现在无法计量的事物，可以打开了解人类行为基础的大门，并揭示人类行为的动机"[1]。这种看法显然过分乐观。仅从现在看，数量方法是不能完全取代社会科学、历史科学方法的。另一年鉴学派史学家勒高夫就已经承认，"文献爆炸部分地反映出历史学关心所有的人的愿望，但新史学不应勉强要计算机去计算无法计算的东西或忽视不可计量的素材，不应单靠计算机去编制历史或重温实证主义史学家的旧梦，让文献客观地制造历史，自己却袖手旁观"[2]。

---

[1] 科林·卢卡斯：《创造历史序言》，剑桥大学出版社，1985年英文版，第9页。
[2] 雅克·勒高夫：《新史学》，《史学理论》，1987年第1期，第56页。

数量分析的局限使年鉴学派史学家只是对中世纪晚期和近代的研究有所突破，对古代、中世纪早期的历史和当代史的研究进展甚微，原因在于古代、中世纪早期所遗留的历史资料太少，新方法难以渗透其研究中，所以不得不采用传统史学的方法；当代史资料过于庞杂，且受现在的社会观念、政治观点的影响，历史学家本身不能不受干扰，所以年鉴学派史学家认为，"当代史的问题应由后代人来解决"。年鉴学派史学家的目的是对过去做出解释。

年鉴学派的历史理论重结构、轻规律。布罗代尔的三层次历史观具有典型意义。他的历史观强调历史的长时段、地理环境的决定作用。虽然布罗代尔否认自己的地理历史论与孟德斯鸠在《论法的精神》中的地理环境决定论具有共同的特征，但在他的地理历史论中，地理环境对于人的日常生活、社会活动的直接作用是明显的。在《地中海和腓力二世时代的地中海世界》第一章中，他所论述的地理历史仅仅涉及人口迁移、农业生产类型等，这种地理历史的意义显然有些过于狭隘。人类在空间上的分布、运动变化以及地理历史对社会产生的影响远不止于这些，如匈奴西迁、阿拉伯人对地中海的封锁、新航路的开辟，都有巨大的相应后果。布罗代尔既忽视自然历史之间相互运动、变化的关系，也同样忽视人类的社会历史与历史事件之间的错综复杂的关系，即如何解释历史事件对社会发展变革的决定性作用。政治事件往往在历史的转折关头使历史发生根本性的变化，最后改变了历史本身。布罗代尔虽然确定了长时段、中时段和短时段三层次历史的构架，并依次说明其重要性，但并未从历史规律的角度去探索、认识这三种历时性要素在地中海整体的共时性结构中的相互变化的关系。

对政治事件的作用，第三代年鉴学派史学家有恢复其声誉的迹象。勒高夫声称："排斥政治史不再是一项信条，因为政治的概念发生了变化，新史学不能对政治置之不理。同样，建立在崭新基础上的历史事件也恢复了名誉。"[1]第三代史学家开始对政治事件进行探讨、研究，但对年鉴学派史学家来说，政治史和历史事件在人类社会发展过程中、人类文明史中的重要地位和作用，仍是一个有待解决的重要问题。

从黑格尔、马克思、韦伯到汤因比，都试图去发现和揭示历史的内在规律。黑格尔认为历史是绝对观念复归的异化过程；韦伯从历时性和共时性两方面，从多元化的因果规律上去揭示西方文明历史的本质，说明历史发展的规律就是文明社会的兴衰过程；汤因比的文化形态史观，通过文明之间挑战与应战的发展过程，来说明历史发展的规律就是文明社会的兴衰过程；马克思的历史唯物主义则从生产力和生产关系的矛盾运动入手，证明了人类历史发展的根本规律。但是，在理论上摇摆于历史哲学和实证主义批判考证方法之间的年鉴学派史学派，一再表示不感兴趣于历史决定论即所谓历史的内在规律。如果说"总体史观"代表着年鉴学派的史学理论，那么"总体史观"本身在共时性结构方面的局限性则显示出理论上的不足。

首先，由于注重结构，轻视历时性过程，忽视历时性和共时性的转换关系，因此它不可能从人类社会自野蛮时代进入文明时代以来，一直到当代的整个发展过程中，去发现人类社会发展的内在规律。

其次，过分地偏重于研究手段、方法，放弃了理性思辨。这是法国历史学家和德国历史学家的区别。尽管兰克史学强调实证方法，但德国人重视思辨的传统是人所共知的。理论是否能上升到哲学的高度，反映了能否把握住规律并对其进行解释的理论能力。年鉴学派的理论与其说是理论，不如说是一种手段、方法。

第三，历史研究的一个重要课题，就是在对历史进行研究的过程中去发现规律，并预测人类的未来，这就是"历史为当代服务"的一个重要意义。黑格尔从绝对精神的异化过程中试图证明普鲁士王国的兴起；汤因比在否定了世界不同地区、不同历史阶段的25个文明之后，

---

[1] 雅克·勒高夫：《新史学》，《史学理论》1987年第1期，第58页。

预示基督教文明的最后胜利；韦伯从古代资本主义制度的兴衰来论证当代资本主义的合理性；马克思的历史唯物主义通过人类社会不同社会阶段的更替，证明阶级社会必将消亡，社会主义、共产主义必然最终实现。但年鉴学派史学家却很少做出这样的解释和预见。他们回避理论体系，不喜欢历史决定论的研究方式，避免在史料不充分的情况下寻求理性的思辨过程。勒高夫说："我们所希望的是历史科学今后能够更好地避开历史哲学的诱惑，抛弃以天命自居的吸引，更好地向人类亲身经历的历史看齐。"因此，年鉴学派史学家不由自主地偏近于实证主义的研究方法。不同的是年鉴学派在史料的范围上，对于历史问题的分析上，其着眼点区别于实证主义。年鉴学派的史学理论最后仍徘徊在再现历史和问题历史之间。

年鉴学派历史研究的发展方向将如何呢？勒高夫认为："历史学或许会进一步包围其他人文科学，加以吸收，发展成无所不包和贯古通今的人文科学或广义历史学。"[1]这是自费弗尔、布洛赫以来的综合社会科学方法的总体历史的基本设想，但勒高夫本人更倾向于历史学向其他社会科学靠近，在第三代史学家看来，历史学或许应该被称为"社会学史"或"历史人类学"。从历史学把其他社会科学纳入自身的范畴，演变到历史学合并于其他的社会科学之中，这是年鉴学派发展过程中的一个重要变化，也许这是对于年鉴学派创始人思想的重大偏离。历史学和其他社会科学的结合，能否像自然科学家所预见的物理学和化学的最终结合，这是有待后代史学家证实的问题。

（原载于《东北师范大学学报》，1995年第1期）

---

[1] 雅克·勒高夫:《新史学》，《史学理论》，1987年第1期，第59页。

# 年鉴学派的史学理论[1]

## 一、年鉴学派的形成

1929年1月，法国青年史学家吕西安·费弗尔（1878—1956）和马克·布洛赫（1886—1944）等人在斯特拉斯堡大学创立了《经济社会史年鉴》杂志。《年鉴》杂志的创刊，标志着一个不同于以往传统学派的新学派——年鉴学派的诞生。半个多世纪以来，年鉴学派以其鲜明的时代特征、先进的研究手段，在当代西方和国际史坛上卓然自立，雄视当代世界史学各流派，其影响已扩大到世界各国的历史学界。年鉴学派成为法国人的光荣和骄傲，使法国的史学研究自18世纪以来第一次站到了欧洲史学研究的前列。

正如有学者指出，年鉴学派史学家以新方法与新思路的开放性著称，其研究活动呈现出实践领先理论反思的特点，他们似乎无意总结出一套历史理论或历史哲学，但无可否认的是，其研究活动具有很强的理论预设。[2]这种倾向似乎始终贯穿于年鉴派的发展过程中。因此，它不仅向国际史坛贡献了众多优秀的历史学家与史学著作，也让人们看到了它所体现的具有广泛影响的史学理论。

年鉴学派的产生不是偶然的。20世纪初西方社会的变迁，科学的进步观念的变迁，以及传统史学的危机，都为年鉴学派的产生创造了条件。

---

[1] 本文与李铁合作完成。
[2] 伊格尔斯：《二十世纪的历史学》，何兆武译，辽宁教育出版社，2003年，第57—58页。

在法国，从 19 世纪末开始思想界出现了强烈的反实证主义运动。人们开始怀疑学术的构成要以自然科学为模式的观念，开始把人类科学领域中的学术结构、认识论等问题提到日程上来，重新解释和理解科学、真理的定义，力图把哲学和各种人文科学统一起来。在哲学界以非理性主义的唯灵论者柏格森为代表，以彻底抛弃科学思想的理论程式来批判实证主义；社会学界涂尔干从集体心理主义立场出发，强调直接观察和科学的真正依据；历史学家拉孔布则站在历史学和社会学的交点上，严厉地批判传统的史学，他认为，科学的意义不是来自社会，而是来自人的心理，要用心理概念来解释社会现象；"历史综合"学派的创立者亨利·贝尔批判了传统历史学的经验历史和实际历史，主张历史学应综合各学科的方法去探讨人类进化问题。

年鉴学派的诞生，"在很大程度上……是对 19 世纪实证主义史学的反抗"[1]。年鉴学派史学家勒华·拉杜里后来说，年鉴学派最初受到四个方面的影响，即：涂尔干的社会学；亨利·贝尔及其《历史综合杂志》所推崇的跨学科研究；弗朗索瓦·西米安所制定的价格、工资和环境的经济学史；法国的地理学派。[2] 此外，还有马克思主义的影响。费弗尔曾说："今天只要稍有思考能力的史学家，都有一点马克思主义的成分；只要受过教育，就会沾上马克思主义思考问题的方法。"布洛赫也表示"对马克思的社会分析能力的钦佩"。但是对年鉴学派有直接关系的是亨利·贝尔的《历史综合杂志》及其"综合理论"。

亨利·贝尔（1872—1954）并不是职业史学家，但他对史学怀有浓厚兴趣。1900 年他建立了"国际综合中心"，创办了《历史综合杂志》。该杂志成为年鉴学派两位主要创始人批判 19 世纪实证主义的最初阵地。1903—1906 年费弗尔同贝尔建立联系，成为《历史综合杂志》的主要撰稿人之一。布洛赫也在其后同贝尔及《历史综合杂志》建立了联系。1913 年贝尔发起编辑多学科大型学术丛书《人类的演进》，费

---

[1] 雅克·勒高夫：《新史学》，《史学理论》，1987 年第 1 期，第 45 页。

[2] 埃·勒华·拉杜里：《新史学的斗士们》，《世界历史译丛》，1980 年第 4 期，第 39 页。

弗尔和布洛赫是积极参加者。通过这种密切联系，费弗尔和布洛赫直接接受了贝尔思想的影响。

在纪念亨利·贝尔八十诞辰时，费弗尔说："《历史综合杂志》孕育了年鉴学派。"费弗尔和布洛赫创立年鉴学派新史学的出发点，正是从贝尔及《历史综合杂志》那里找到的。贝尔的基本历史观原理体现在《人类的演进》丛书中。但是，年鉴学派的创始人并不满足于贝尔的目的论原则。1920年，费弗尔和布洛赫聚集到了斯特拉斯堡大学，共同的观点和志趣使两位卓越的人物携手合作，开始了反对传统史学的斗争。1929年，他们共同发起创办了《经济社会史年鉴》，以此刊物为中心，集合了一批具有共同信念的学者。年鉴学派走上了独立的发展道路，展开了持续半个多世纪的新史学运动。

## 二、年鉴学派的史学理论

年鉴学派的发展基本上可以分为三个阶段，第一阶段大致是从20世纪20年代末到第二次世界大战结束（1929—1946年），称之为费弗尔和布洛赫阶段；第二阶段是从第二次世界大战结束至60年代末（1946—1969年），因主要领导人是费尔南·布罗代尔（1902—1985），故称之为布罗代尔阶段；第三阶段从70年代开始至今天（1969—    ），即所谓"新史学阶段"。这一时期的《年鉴》杂志主编由雅克·勒高夫、勒华·拉杜里、马克·费罗等担任。

年鉴学派的史学理论在三个不同阶段上表现出大方向的某种一致性，但由于受不同时代条件的限制，每一阶段的理论又表现出不同的特征。

（一）费弗尔和布洛赫阶段的史学理论。

费弗尔和布洛赫对年鉴学派的创立有开山之功。费弗尔于1878年生于法国南锡市一个大学教授之家，他从父亲那里受过良好的人文主义教育；1899年考入法国著名学府巴黎高等师范学院（École Normale Supérieure），三年后获文学和历史学学士学位。从1903年起，他与亨利·贝尔及其创立的学术团体"国际综合中心"建立密切联系，并成为该团体机关刊物《历史综合杂志》的主要撰稿人。大学毕业后，他在巴黎大学著名中世纪史家摩洛指导下攻读博士学位，于1911年完成博士论文《腓力二世和弗郎士－孔德省：政治、宗教、社会史》，一举成名。随后他发表一系列有影响的论著：《弗郎士－孔德省史》（1912年）、《大地和人类的演进：地理历史导论》（1922年）、《马丁·路德：一种命运》（1928年）、《莱茵河历史与经济问题》（1935年与他人合著）、《16世纪的不信神问题：拉伯雷的宗教》（1942年）、《为历史而战斗》（1953年）等。这些著作所提出的许多见解成为年鉴学派发展的基本纲领。

布洛赫比费弗尔略小，于1886年生于法国里昂，其父是一位出色的历史学家。良好的家庭环境使他得到较好的早期教育。1904—1908年他入巴黎高等师范学院学习，广泛结交著名学者，博学多识，为后来的研究打下了基础。他早期的著作有：《法兰西岛》（1913年）和《国王与农奴》（1920年），后者是他的博士论文。其后的研究使布洛赫步入著名学者之列，其主要著作有《国王神迹》（1924年），《致力于欧洲社会的比较历史研究》（1928年），《法国农村史》（1931年）和《封建社会》（1934—1940年）以及未完成的《历史学家的技艺》等。布洛赫不仅是一位卓越的史学家，而且也是一位杰出的爱国者。法西斯德国攻陷巴黎后，他投入抵抗运动，1944年被盖世太保逮捕，不久被杀害。

费弗尔和布洛赫自创办《年鉴》杂志之日起，就树立起一种有别于传统史学的新史观，即总体史观。"年鉴学派纲领的核心所在，是坚持要求扩展历史学的研究领域，扩大历史学家的视野。"[1]这一史观

---

[1] 杰弗里·巴勒克拉夫：《当代史学主要趋势》，上海译文出版社，1987年版，第54页。

基本上贯彻于年鉴学派发展的各个阶段。费弗尔和布洛赫在《年鉴》创刊号《告读者》中，开宗明义地向史学界呼吁：我们都是历史学家，都有共同的体验并得出了相同的结论，我们都为长期的、从传统分裂状态中产生的弊病而苦恼。目前的状况是，一方面，历史学家在研究过去的文献史料时，使用着陈旧的方法；另一方面，从事社会、近代经济研究的人，正在日渐增加。这两个方面的研究者，互不理解，互不通气。现在，在历史学家之间，在从事其他研究的专家之间，存在一种不相往来的闭塞状况。当然，各行的研究家，都致力于自己的专业，在自己的庭院中辛勤劳动，如果他们能够再关心一下邻居的工作，就太好了，可是却被高墙阻隔了。我们之所以站出来大声疾呼，就是针对这种可怕的分裂。[1]这篇发刊词是年鉴学派两位创始人提出的新的史学发展的基本设想，所针对的是历史研究中个别领域的专门化倾向和各个领域的孤立化倾向。这一设想也由该刊的标题明确地表现出来。费弗尔说过，这个标题有两个修饰词，特别是"社会"一词，是布洛赫和他考虑到历史的无所不包而特意选定的。他说："我们完全知道，在眼下，'社会'作为一个形容词，由于含义太多而最后变得几乎毫无意义……我们一致认为，正因为该词的'模糊'，它才根据历史的旨意被创造出来，用以为一个自命不受任何框框约束的刊物作为标题……所谓经济和社会史其实并不存在，只存在作为整体的历史。就其定义而言，整个历史就是社会的历史。"[2]

年鉴学派创始人无情地批判传统的实证主义史学。实证主义史学以事件为中心，把人变成了单纯的政治人，而且更为重要的是，它忽视了历史中占绝大多数的普通人。因此，费弗尔强调，历史是一门关于人的学问、人类整体的学问，历史研究不是研究个别的人物，而是研究人类社会、组织起来的人类群体。他认为新史学研究的是"全体部分构成的历史"，并且明确规定，它的目标是人类的全部活动，即

---

[1] 费弗尔、布洛赫：《经济社会史年鉴》，1929年第1期，第1页。
[2] 雅克·勒高夫：《新史学》，见《史学理论》，1987年第1期，第45页。

"属于人类，取决于人类，服务于人类的一切，是表达人类，说明人类的存在、活动、爱好和方式的一切"[1]。费弗尔认为传统史学把历史研究局限在狭隘的政治史范围内，孤立地研究和描述历史事件，乃是"事件构成的历史"；其特点是只见树木，不见森林。布洛赫在强调总体史观、批评事件历史时说："文明如同一个人一样，丝毫不像机械地摆好的牌阵；一个片段一个片段地单独进行研究获得的片段知识，永远不能导致对整体的认识，甚至也无从认识这些片段本身。"[2]因此，历史研究必须运用一切可以利用的资料进行。费弗尔和布洛赫提倡的总体史观，为年鉴学派以后几十年的发展奠定了基础，指出了方向。

在总体史观指导下，年鉴学派的两位创始人提出了新颖的历史认识论。首先，他们主张"不是径情直遂地认识历史，而是要带着问题去研究历史"。费弗尔说，"不是过去产生历史，而是历史学家产生过去"。他认为，历史实在不是现成地提供给历史学家的。史实本身只是历史学家的一个要素，其中并没有原始素材，原始素材需要历史学家去创造，"历史学家在假设和推断的帮助下，通过细致和令人振奋的劳动，发现和制造素材"[3]。布洛赫认为，历史学家的工作最重要的是提出问题，他说："一件文学史料就是一个见证人，而且像大多数见证人一样，只有人们开始向它提出问题，它才会开口说话。"因此，历史学家想顺利展开工作，第一个前提就是提出问题。历史学家工作的好坏，同提出问题的质量高低有直接关系。[4]概而言之，年鉴学派创始人认为，历史学家应该像物理学家一样工作，先提出假说，然后利用文献资料等人类的一切创造物为证据，找到答案的各个要素，然后证实或撤销所提出的假说。只有严密、谨慎又有想象力地提出问题，

---

[1] 费弗尔：《走向另一种历史学》，《为历史学而战斗》，1953年法文版，第419—438页。

[2] 布洛赫：《历史学家的技艺》，转自阿法纳西耶夫：《年鉴学派基本理论的演变》，《国外社会科学》，1982年第5期，第9页。

[3] 勒高夫：《新史学》，《史学理论》，1987年第1期，第47页。

[4] 布洛赫：《历史学家的技艺》，见巴勒克拉夫：《当代史学主要趋势》，第56页。

才可能使史料有灵魂，能说话。

年鉴学派的这一观点引起了众多争论，因为通过假说的作用，历史学家往往把主观性引入科学研究。所以，有人批评说，强调假说不免会把史学家主观的观念和兴趣塞进研究中，从而歪曲历史；假说会取消历史的客观性。

其次，注意现在和过去的关系，不但"以古论今"，而且"以今论古"。费弗尔说："根据现在来安排过去的历史，这就是我所说的历史学的社会作用。"[1]他否定仅仅以文献资料为主要研究对象的实证主义史学的所谓"客观性"，强调"通过今天生活在现实中的人们并且为了他们而重现过去人类的社会和状态"[2]。在《法国农村史》的导言中，布洛赫强调，"为了了解过去，人们必须首先注意现在"，其原因在于，不同时代休戚相关，密切联系，"对现实的误解不可避免地会造成对过去的忽视；同样，一个人若无视现实，他在试图理解过去时就会毫无结果、徒费精力"[3]。对周围现实事物的感识，可以帮助历史学家了解过去的存在；一个历史学家如果对发生在他周围的人和事不感兴趣，那么他只能算作一个古董鉴赏家。

布洛赫反对历史研究以历史事实的先后顺序首先探讨起源的方法，认为这是"奉起源为偶像"。他认为，"那种认为历史学家在从事研究时所遵循的顺序必须与历史事件本身的顺序相符合的做法，是一个可悲的错误"。对于研究者来说，合理的顺序是从最清楚明白或最少错误的事实出发，去理解最模糊的东西。当我们研究历史时就会发现，史料所能揭示的历史真相，并不一定随着历史的演进而显得越来越清楚，机械地从初始追溯到晚近，常常会有一无所获的危险。因此，"为了发现真相，历史学家应从现实出发去正确地探讨他的问题"[4]。

---

[1] 费弗尔：《为历史而战斗》，1953年法文版，第15页。
[2] 巴勒克拉：《当代史学主要趋势》，第57页。
[3] 布洛赫：《历史学家的技艺》，1953年英文版，第4页。
[4] 同上，第45—46页。

年鉴学派创始人确立了"审慎的追溯方法"在历史研究中的地位。

在总体史观和新的认识论的指导下，年鉴学派的第一代历史学家的史学研究表现出如下特点：

第一，打破传统的实证主义研究方法，抛弃狭隘的政治史、外交史和叙述事件的历史，把一切社会现象和自然现象纳入历史学的研究领域。费弗尔在《腓力二世和弗郎士-孔德省：政治、宗教和社会史》一书中，对16世纪下半期弗郎士-孔德省的历史、地理、社会、经济、政治和宗教等进行了广泛的研究。他把地理学和历史学结合起来，用以分析该省地理环境及其与16世纪下半期经济发展的相互关系。费弗尔重视研究社会经济和政治宗教斗争的关系，指出腓力二世在弗郎士-孔德省强行推行专制制度和天主教改革所引起的政治宗教纷争，实际上是贵族与资产阶级争夺政权、扩大各自影响的斗争。他详尽论述了腓力二世统治时期该地区的贵族、资产阶级和农民的处境，并根据大量文献资料描述了这个经济繁荣的地区被腓力二世的残暴统治弄得一贫如洗的情况。费弗尔以丰富的文献为依据，从地理、经济、政治和宗教等方面，勾画了弗郎士-孔德地区的全面生动的历史画面。

布洛赫的《法国农村史》一书摆脱了以法制制度史、政治制度史、文献资料来探讨农村土地制度史的研究方法，主张在人类历史的整体背景下，综合经济学、地理学和社会学等方法，通过当代所残存的农业习俗，去全面揭示农村史的真正本质。他在该书第七章的开始指出："重要的是注意到最近的过去对以往的再现，甚至是当代对于历史的再现，这是一种发展过程的再现，是本书的主题。"他不仅追溯了土地制度的起源，而且从农村的轮耕制和土地类型的不同特点出发，利用历史遗物，除大量古文献外，包括古地图、地名、古代工具、民间传统等，由近及远地再现中世纪以来的农业发展的农村生活史。《法国农村史》被视为一部权威的农业史著作，成为后来欧洲农业史研究的典范。

第二，注重从社会经济结构、思想文化结构和精神状态的分析去研究历史。

布洛赫在《封建社会》一书中，着重强调了结构分析的方法。不同于以往的历史学家把封建制度作为一种军事义务制度，也不同于马克思把封建主义作为一种社会生产方式，布洛赫把封建制度看作是一种社会结构。他认为封建主义是在"总体的社会环境"下，建立在行为和思维方式之间、统治者和依附者之间、穷人和富人之间的关系之上，反映出时代特征的社会趋势和精神结构。

费弗尔更注重对中世纪后期的文化与社会、政治与精神结构、大众文化史和精神状态的研究。在《马丁·路德：一种命运》一书中，费弗尔对路德的心理发展和16世纪的德国社会环境、群体心理进行了综合研究。他试图以此书来解决个人与社会、个人主动性和社会必然性相互关系这一历史的主题。费弗尔指出，路德早年陷入神秘主义，遁入修道院，潜心探求得救的途径，并没有想到革新天主教。但是16世纪的社会压力，使他的宗教观念发生变化，在极端痛苦中产生了新的信念：一个人不能够依靠善功[1]得救，而只有通过信仰，完全通过上帝的怜悯才能得救和再生。路德以启示录形式将这种信仰表达出来，但他没有想到以"唯信称义"为中心的学说会产生巨大的社会后果。费弗尔认为，路德焚烧赎罪券的行动之所以引起巨大的社会爆炸，是因为当时的社会、经济、政治矛盾极其尖锐，德国已成为一个火药桶，一触即发，路德于是成为登高一呼的英雄人物。在《16世纪的不信神问题：拉伯雷的宗教》中，费弗尔强调对理性趋势、精神状态的分析。他将拉伯雷置于16世纪的精神环境中进行考察，分析了16世纪的意识结构，即构成那个世纪的意识的各种因素：文字、感情、观念等，还分析了宗教信仰和当时人的公私生活的关系，从多方面的分析中得出结论：拉伯雷不可能是一位无神论斗士。

布洛赫的《国王神迹》探及集体精神状态结构问题。他从社会学

---

[1] 即所谓善事，包括朗读《圣经》、祈祷、斋戒、施舍、望弥撒、买赎罪券、到罗马朝圣等。

和心理学的角度，去剖析当时人们如何及为何相信卡佩王朝的国王们具有超自然的医疗能力，中世纪的基督教信条、异教的习俗、迷信的传统如何使大众把信仰归结于中世纪的国王身上。[1]

年鉴学派的第一代史学家对经济结构史和社会心理史、精神状态史的研究，对于第二代，尤其是第三代史学家产生了强烈的影响，充分显示了创始人总体史观的指导作用。

第三，综合社会科学、自然科学的方法，开创了跨学科历史研究的治史方法。费弗尔的《大地与人类的演进》融地理学方法于历史研究中，《拉伯雷的宗教》运用了语言学方法，《腓力二世与弗郎士-孔德省：政治、宗教和社会史》注意到经济学方法的使用。布洛赫的《国王神迹》采用了社会心理学和社会学方法，等等。跨学科的历史综合研究是年鉴学派创始人所倡导的重要原则。作为这一原则的倡导者，费弗尔和布洛赫主要借鉴和综合了经济学、地理学、社会学、语言学和心理学等学科。

第四，创立比较史学方法，开拓历史研究的视野，探索新的历史研究途径。

在国际史学界，布洛赫被誉为"比较史学之父"。在总体史观的基础上，他开创了比较史学研究。在1928年国际历史学家第6届代表大会上，他发表了《致力于欧洲社会的比较历史研究》一文，系统地阐述了他的比较史学思想。布洛赫认为，若想从总体历史的角度去对某一地区的社会结构做出解释，就不应局限于某一地区内，而应该把视野放宽到更大的范围内进行研究。在总体范围内对更广阔的空间内各地区相互比较，才能确定各个地区之间的特点和差异。他把比较方法分为两种类型：首先，历史学家应该选择在时间和空间上相分割的社会，在这两个社会之间，所观察到的任何相似点，这样或那样的

---

[1] 当时的人们相信，国王在兰斯城举行加冕礼时，能治好瘰疬病，所以，人们从各个地方集合到兰斯城，让国王触摸他们。这个迷信一直延续到18世纪路易十六加冕时。见《国王神迹》，张绪山译，商务印书馆，2018年。

现象，不可能明显解释为出自相互的影响或共同的起源；其次，对于相邻的或同时代的社会进行平行研究。这两个社会曾不断地相互影响。布洛赫倾向于后一种比较方法，因为这一种比较方法可以更好地进行严格的分类和论证，精确度较高，可信度较强。

布洛赫在著作中广泛地应用过比较史学方法。在《封建社会》一书的《比较史学的一个典例》一节中，他对中国、日本和欧洲的封建社会进行了比较，并得出封建社会并不是"在世界上只发生一次的事件"的结论。[1]在《国王神迹》一书中，布洛赫对中世纪时期英国和法国两国的王权进行了比较。在《法国农村史》中也实践了比较史学方法。不过，布洛赫本人承认，比较史学存在着局限性，因为它并不能解决所有的问题。它可以揭示人类社会之间的潜在的社会关系，但如果希望利用它去发现古代的、尚未知道的遗址，则注定是毫无希望的。

布洛赫的比较史学方法引起了极大的争议，因为他在使用比较单位时，存在着相当模糊之处，但他的比较史学思想产生了巨大的国际影响。1978年12月，在旧金山召开的美国历史学第93届年会，把比较史学作为大会主题进行讨论。不过，在年鉴学派后来的发展中，比较史学思想却没有受到更多的重视。

应该指出的是，年鉴学派创始人不仅创立了新的史学理论，而且也树立了注意社会实践的良好学风，这主要体现在组织协作、集体研究上。从《年鉴》杂志创办之日起，费弗尔和布洛赫就坚持和其他学科的专家进行合作研究，注意吸收各方面的研究成果。年鉴学派创始人也注重实地历史考察，使历史不仅仅是作为一种书斋式学问，局限于历史资料。布洛赫坚持经常性的实践活动，熟悉农村状况，从实地习俗了解历史遗留的传统，并亲自深入农民的日常生活，掌握农民的心理特征，学习农业经营技术，辨认土地类型。这种理论和实践相结合的作风，为后来历史学家树立了典范。

---

[1] 布洛赫：《封建社会》，伦敦，1962年版，第447页；又见《封建社会》，下册，李增洪、侯树栋、张绪山译，商务印书馆，2005年，第704—706页。

（二）布罗代尔阶段的史学理论

如果说费弗尔、布洛赫阶段是年鉴学派的创业时期，那么布罗代尔（1902—1985）阶段则是它的发展时期。从那时起，年鉴学派成为法国当代史学的主流学派，并开始确立它在国际上的重要地位。

第二次世界大战以后，年鉴学派总部由斯特拉斯堡迁入巴黎。1946年，刊名由原来的《经济社会史年鉴》改为《经济社会文明年鉴》。1947年，巴黎高等实验研究院第六部的成立，标志着年鉴学派的大本营成为人文科学的综合研究中心。第六部不仅包括历史学家，还有其他人文学科的专家，如结构主义人文学家、语言学家、经济学家、地理学家和社会学家为其成员。第二次世界大战以前，巴黎索邦大学作为实证主义史学的基地是法国史学研究的中心，在战后年鉴学派取代了索邦大学的传统地位。

年鉴学派第二代史学家在总体史观的指导下，在第一代史学家研究成就的基础上，在更深的层次上和更广的范围内展开了更富有创造性的研究。《年鉴》杂志的新名称表明，主编者试图将历史和社会科学融为一体，使历史学成为研究历史存在的动态结构的科学。高等研究院第六部在1947年由费弗尔担任领导，1956年费弗尔逝世后，布罗代尔接任了《年鉴》杂志主编和第六部的领导职务。在第二代历史学家中，布罗代尔的理论贡献最大，因此这一阶段以他的名字命名。

布罗代尔于1902年生于法国东北部的一个小镇。他早年醉心于诗歌，直到进入巴黎大学才开始接受正规的历史学训练。1924—1932年，布罗代尔在阿尔及利亚的中学教书，对地中海的历史发生兴趣，并开始以地中海研究为主要内容的博士论文的准备工作。1935—1937年他在巴西圣保罗大学任文明史教授，回国后在法国高等实验研究院第四部工作。第二次世界大战爆发后，他应征入伍，在战争中被俘，在战俘营里度过了五年囚徒生涯。1945年二战结束后他回到祖国；1947年完成了博士论文答辩，这就是使他名声大噪的《地中海和腓力二世时期的地中海世界》，这部著作为他赢得了世界性声誉。同年，他成为《年鉴》杂志的主编；1956年接替费弗尔担任第六部主任，直至1985年11月逝世。以布罗代尔为代表的第二代年鉴学派史学家在史学理论上表现出新的特色。

首先，以总体史观为指导，建立按时间层次划分的长、中、短三时段的结构历史的理论，主要体现在布罗代尔的两部巨著《地中海和腓力二世时期的地中海世界》和《十五至十八世纪的物质文明、经济、资本主义》中：前者系统地阐述总体史观的三时段理论，后者在世界文明体系中运用三层次的结构历史观。

《地中海和腓力二世时期的地中海世界》（1949年出版，1966年修订）一书分为三个部分：第一部分分析地中海的地理背景，周围的山川、平原、海岸、岛屿、气候、交通和城市等；第二部分则研究地中海地区16世纪的经济状况，包括人口密度、劳动力、贵金属流通、物价、商业、财政、运输、海盗、宗教等，以及腓力二世时期地中海范围内的帝国（土耳其、西班牙）、社会、战争方式等；第三部分是政治史，叙述西班牙帝国与土耳其帝国在地中海的争霸过程。布罗代尔力求把人类社会的过去还原为一个整体，从历史发展上按时间划分的各层次及其相互依赖关系，再现处于动态的历史现实。他的总体史观主要揭示三个相互关联的方面：一是历史现实的纵深性、层次性和阶梯性；二是作为历史现实存在的统一形式和社会时间的不同层次；三是把历史和社会现象还原到其所表现的历史空间。

布罗代尔在对地中海社会的研究中，首先区分了三种时间范畴：近乎静止的地质时间（地理历史范畴），长期慢慢发展的社会时间（社会经济范围）和迅速发展、快速变化的时间（政治事件）。这三种时间即为长时段（结构）、中时段（局势）和短时段（事件）。他把第一种时间作为"历史过程的基础和中心"。虽然布罗代尔并未赋予地理以决定论的意义，但他仍然把它作为制约着整个人类活动的潮流中的深层部分。他说："我已经在一个地理研究的构架中发现了那些地区性的、持续的、稳定的地中海的永恒特征，这是历史中最重要的内容，并给予人类生活最强烈的影响——在今日的地中海生活中它仍未发生变化。"[1] 布罗代尔认为，在人类历史中，正是这种长时段的几乎静止的地理力量起着长期的永恒的作用。因此，他把《地理历史》作为著作的第一部分，说明它在人类历史上的重要性。但是，布罗代尔并不否认，人类的文明是与自然环境进行无休止斗争的文明，只有在人类与自然环境斗争的过程中，人类的活动空间才得以扩张。

布罗代尔把社会经济历史作为三层次历史时间中的中时段——局势——来讨论。在他的结构历史的设想中，这一部分似乎是地中海人类的"集体命运"，所以他称之为"群体和组成群体的历史"，即"社会历史"。它依次涉及经济制度、政府、社会、文明等。考察这些因素如何全面地影响地中海的生活，是布罗代尔著作第二部分的主题。布罗代尔不同意马克斯·韦伯、斯宾格勒、汤因比等关于衰落的观点。他通过长时段的分析，认为这不过是一种正常的兴衰更替的周期性过程。如果仅在短暂的时段中分析，可能会导致错误的结论。因此，他试图用结构分析方法，在长时段的过程分析中得出历史发展的所谓"局势"。

布罗代尔把短时段——事件——放在著作的最后一部分，用以降低事件的重要性。他认为："事件不过是发生于历史的瞬间，像萤火虫一样瞬间闪过历史舞台，在它们消失于黑暗之前，只是留下了一道光的划痕。"[2] 但他并没有绝对轻视历史事件的作用。事件毕竟是三层次结构历史中一个重要的有机组成部分。"每个事件尽管短暂，对于历史却做出了不可磨灭的贡献，它们照亮了历史的某些阴暗角落，甚至开阔了历史的视野，不仅是政治历史常常受到事件的光顾，所有的历史场景——政治的、经济的、社会的，甚至地理的——都曾受惠于周期性事件的启光。"

布罗代尔虽没有具体说明历史事件、社会历史、地理历史之间的

---

[1] 布罗代尔：《地中海和腓力二世时期的地中海世界》，纽约，1976年，第1239页。

[2] 同上，第901、902页。

相互关系，但终归是把历史事件作为一个整体历史的三个重要组成部分之一来看待。如果说在《地中海和腓力二世时期的地中海世界》中，布罗代尔在三次历史性结构中描述了地中海的整体，那么在《十五至十八世纪物质文明、经济、资本主义》一书中，他把三层次理论运用到扩展的世界空间，在世界范围内的历时性过程中，勾画出经济中心空间位置上的变化。布罗代尔认为，所谓物质文明不仅仅是地理时间、社会局势和历史事件，而且是人类的日常生活。平凡的人类生活构成了历史的基础，从而影响到另外两个社会层次——经济活动和资本主义。资本主义只是以市场经济为基础的资本主义上层建筑，即资本主义制度。布罗代尔分别介绍了15至18世纪的经济中心，如中世纪的威尼斯、17世纪的热那亚、阿姆斯特丹，以及以后的伦敦、纽约等。经济中心周围围绕着一个松散的经济世界，每一个中心都代表着不同的历史时间。随着时间的推移，经济地理、政治地位的风云变化，经济世界的中心出现了不断转移。与此同时，布罗代尔着重从空间角度强调经济中心与周围原料供应的边缘地区的对立。与《地中海》一书明显不同的是，布罗代尔在《物质文明》中对历时性的研究从历史性的三层次划分向统一的空间结构变化。遗憾的是，如同《地中海》一样，《物质文明》并没有说明历时性的三层次之间的相互关系。这反映出布罗代尔总体史观的局限性，说明他不能从动态的角度去分析、揭示运动中的时间和空间各层次之间的相互关系和因果规律。

其次，继承和发展第一代年鉴史学家的综合方法，突出表现在数量分析方法和人口统计方法的运用。虽然年鉴学派并非历史研究中数量分析方法的首创者，但正是第二代年鉴史学家在经济史和人口史方面重视了数量方法、统计方法的运用，使历史的定性研究通过数字化、图表化的定量手段得到补充。布罗代尔在为《剑桥欧洲经济史》第四卷所撰写的《欧洲1450—1750年的价格波动》一章中，充分利用图表和数量方法来说明价格、人口增长、工资变化、利息以及生产品的增减过程。在分析经济变化的长期趋势时，他同样指出数量变化的重要性。他认为，我们既可以取1天、1周的数字（平均数或平均值）来估算1天或1周价格的变化，同样也可以取1月、1年、5年、10年、20年、50年一组的平均值来说明较长时期的价格运动。[1]

在经济数量史研究中，有两位重要代表人物：厄内斯特·拉布鲁斯和皮埃尔·肖努。拉布鲁斯在40年代的数量史研究中卓有贡献。他以《十八世纪法国价格与收入的变动》和《旧制度末年与大革命初期的法国经济危机》使经济数量史在历史中站稳了脚跟。拉布鲁斯"使法国整整一代历史学家学会了计算；他清除了大学研究中的学究气氛，创造了有利条件，并刷新了整个历史研究"[2]。肖努于1959年发表《塞维利亚与大西洋1504—1650》，利用塞维利亚的档案材料，运用系列史和数量史方法，对塞维利亚和西印度群岛贸易做了分析，以说明16、17世纪西班牙的经济循环状况。

高等研究院第六部的数量历史研究方式，在布罗代尔、拉布鲁斯和肖努等人的影响下开始发展起来。第六部的史学家们集体研究物价、工资以及中世纪重要城市生产和贸易的数量史，编写了一套丛书，如《港口、道路、贸易》《货币、价格、局势》《商业和商人》《人类和土地》《社会和文明》等，到1972年共出版164部。

年鉴学派的历史人口研究始于50年代初，因为注重对中世纪家族谱系的研究，开始对教堂的登记簿进行检查。此后历史人口学的分析方法迅速发展起来。历史人口学家L.亨利运用统计分析的技术处理这些新的资料类型，重新组合家族关系，把历史人口学建立在一个坚实的科学基础上。50年代的研究集中在乡村史上，试图借助于典型人口抽样统计调查，相对地评价一个地区、一个国家范围的人口状况。历史人口学后来影响到经济史和社会史。

新的历史人口学的研究，不仅对于经济理论的发展起了直接的推动作用，而且也为大众的日常生活提供了一幅清晰的图画。皮埃尔·古

---

[1]《剑桥欧洲经济史》，剑桥，1980年，第391页。
[2] 勒华·拉杜里：《新史学的斗士们》，《世界历史译丛》，1980年第4期，第41页。

贝尔的《从1600年到1730年的博韦和博韦人》和勒华·拉杜里的《朗格多克的农民》都力图在一确定时期内对某地区的总体历史进行分析。古贝尔把马尔萨斯人口论的模式称为"人口结构"。他们认为在"人口结构"内生物因素起决定作用，生产能力受到人口的限制，经济受到人口的制约，价格运动和人口增长导致贫穷化和阶级冲突的加剧。但是从长期的系列分析中可以看出，精神和社会因素有限制生物因素的决定作用，并有助于形成经济过程。古贝尔人口统计研究表明，妇女的生育能力并不根据纯粹的生物周期而变化。博韦地区所表现的区域性差异，反映出严格的天主教伦理道德的影响。拉杜里研究了法国南部地区的历史以及人口和食品危机的关系，认为阶级斗争正是由于人口和食品危机所造成的。

古贝尔和拉杜里认为他们的方法着重于人，并不适用于普遍的历史研究，这种方法的研究对象只是针对特定时间、特定地区的某种社会结构，如法国工业化尚未产生、市场经济未得到充分发展的社会结构。他们认为旧的社会结构在18世纪被新的社会结构所取代，并开始限制生物因素的决定作用。

第三，与年鉴学派创始人注重于上层阶级的文化史不同，第二代史学家开始注重大众文化，对大众文化进行研究。

布罗代尔和其他历史学家刻意描述人类的日常生活，批判以往的史学家"只是研究几个王公贵族和夫人的活动"。在他的著作中，从山区牧民迁徙、海洋渔民的生活，到平原农民的耕作，都加以研究。他试图从人类最普遍、最平凡的生活中，去揭示一种隐藏在历史深处的宏大的运动。拉杜里和古贝尔等从历史人口学的角度去研究大众生活的精神状况。拉杜里的《朗格多克的农民》既描述了1517年法国南部城市狂欢节中流血的阶级冲突和宗教冲突，又再现了17世纪末18世纪初的施虐淫和吃人肉现象，大众经济穷困和受压抑的状况，以及寄希望于"千年幸福天国"到来的心理状态，揭示出宗教信仰之深刻的社会原因。1952年，古贝尔在《年鉴》杂志上撰文，对旧制度下的人口危机进行了总结，论述了大饥荒发生后大众阶级减衣缩食、出生率下降、营养不良等贫困状况。

20世纪60年代，一批青年史学家的研究范围更加广泛，他们以数量统计分析的方法研究家庭结构和大众文化；考察知识分子、银行家、商人、乞丐和异教徒在中世纪的作用，以及家庭社会史、大众心理状态、集体精神状态等；同时，他们对17、18世纪的藏书进行计量分析，统计出反映大众文化的书目，并和其他史学家一同研究书籍的流通、价格等。对大众文化的重视，成为第二代年鉴学派史学家的重要特征之一。

布罗代尔阶段的年鉴学派史学家继承了费弗尔和布洛赫阶段形成的集体研究、注重实践的学术作风，在综合研究上前进了一大步。

（三）"新史学"阶段的史学研究

1968年，布罗代尔辞去了《年鉴》杂志主编的职务，把它交给了三位年轻的历史学家：雅克·勒高夫、勒华·拉杜里和马克·费罗。据布罗代尔自己承认，他之所以把杂志交给这三位年轻人，是因为他"发现自己同他们的意见直接对立"。第三代年鉴学派史学家很少称自己为"第三代"，而乐于将他们所代表的史学潮流称为"新史学"。因此，我们可以把这一阶段的史学理论称为"新史学"阶段的史学理论。

"新史学"阶段的史学家对年鉴学派的贡献，不在历史观和认识论方面的创新，而在史学研究方法上的发展。

首先，"新史学"阶段的史学家在继承深层精神状态史研究传统的基础上，把精神状态史研究提到了一个更高的层次。

费弗尔被誉为"法国大革命精神状态史的开创者"，同时也十分擅长中世纪大众精神状态史的研究。在《巴洛克虔诚与非基督教化》一书中，费弗尔通过对近2万份遗嘱的分析，研究17世纪末至18世纪前普罗旺斯各阶层居民对基督教态度的变化。他使用计算机将遗嘱分类，运用阶级分析结合宗教与文化心理学来解释大量遗嘱，得出结论：17 世纪末法国南部居民具有非基督教化的集体心理倾向。费弗尔认为："精神状态史是对客观现实的生活状态和人们对其描述与感觉方式之间的中介和研究。"[1]

杜比在《三种等级或封建主义的想象》一书中，试图对法国社会三等级理论的出现做出解释，因为这种思想后来成为法国大革命的支柱。他认为，"对价值体系或思想体系的研究极为困难，但极其实用。因为研究它可以使我们用全新的方法去研究宗教史。基督教会在中世纪代表着统治权力，而精神状态史可以彻底更新宗教史"。杜比在对封建主义做定义时说，研究封建主义，必须从经济史深入到精神状态史，并分析封建义务的观念，封建主义必须被认为是一种中世纪的精神状态。[2]他还认为："精神现象在人类社会的演变过程中与经济现象和人的因素具有同样决定性的影响。"[3]因此，他力主把精神现象的研究并入长时段和短时段的历史结构中，在历史研究中开辟一个新领域。

在"新史学"阶段，精神状态史的研究扩展到各个不同的领域。费弗尔、肖努注意到中世纪人们对于死亡的态度；弗朗德兰在弗洛伊德精神分析心理学的影响下，从中世纪人们对于性的观念、态度来分析人类的文化深层心理结构的变化；阿里叶斯研究了家庭观念在 16 至 19 世纪的转变；勒高夫、杜比则从宗教观念的变迁观察社会风尚的变化；杜比还研究了中世纪骑士的家庭、婚姻和爱情，以及其中包含的社会各阶层之间的种种复杂的心理冲突和伦理观念，等等。

20 世纪 70 年代以后，精神状态史研究成为年鉴学派史学研究的一个主要方向，涉及集体心理、死亡、性、巫术、恐惧、爱情、婚姻、宗教等方面。作为一种深层的精神历史学，"新史学"阶段的研究，比第一、二代开拓者更富有探索性。

其次，20 世纪 70、80、90 年代，由于结构主义人类学的发展及

---

[1] 费弗尔：《意识形态与精神状态》，巴黎，1982 年，第 17—18 页。
[2] 杜比：《法国史学界对中世纪的研究近况》，《世界史研究动态》，1982 年第 9 期，第 12 页。
[3] 杜比：《封建主义：一种中世纪精神状态》，《经济社会文明年鉴》，1974 年，765—771 页。

其影响,"新史学"阶段的史学研究更重视数量方法和统计方法的使用,并将数量方法从第二代的数量经济史和人口统计史推广到更广泛的领域。

年鉴学派史学家数量研究方面产生的前提,是对系统知识的要求和长时段的关注。同时,结构主义语言学、符号学的影响,必然导致对定量材料的研究。如果不运用数量方法去说明规律的反复出现,规律就无从得到证明。在历史研究中,正是数量方法提供了重要事件、偶然事件或微不足道的事件之间的最明显的区别。70年代前后,受数量方法和结构主义方法影响的要素综合或系统研究,逐渐为第三代年鉴史学家所采用。

安德烈·比尔居叶在《人口学》中,运用统计方法说明在法国大部分地区(西部除外),乡村人口死亡率低于城市人口死亡率,其出生率同死亡率保持平衡;城市则相反,死亡率高于出生率,但城市人口不断增加,从而证明人口从乡村向城市流动、集聚的过程。罗泽·萨切和达尼叶·罗什在《书籍历史的新研究》中,则利用数量分析方法和计算机统计出书籍的两种类型:用于交易和利润为目的的书籍和用于传播文化为目的的书籍。勒华·拉杜里在《一千年以来的气候史》中,也利用了计算机进行数字统计和规律分析。

数量研究方法的深入,揭示了社会历史深层结构各要素之间的相互关系,同时也促进了精神状态史研究的深化,它开辟了历史研究中许多新领域,使沉睡在教堂、公证所、法庭等数世纪之久的大部分原始资料得到充分利用。数量研究方法的充分运用与深层精神状态史、大众文化史研究的相互促进,成为"新史学"阶段史学研究的重要特征。

再次,在结构主义和后结构主义思潮的影响下,"新史学"阶段的史学家综合70年代以来的人文科学方法,深化历史研究的主题,扩展了历史研究的对象。

阿尔萨斯·狄普龙在《宗教和宗教人类学》中,论述了宗教人类学的基本对象，认为"宗教人类学通过人的力量在宗教生活中的神秘性和他们的宗教行为及需求的相互作用，来解释所有相关的想象"[1]。在他所展示的人类学的研究对象中，正是通过日常宗教生活现实，来揭示某种共时性结构内部各要素之间的相互关系。狄普龙认为，这种共时性结构必须体现在长时段中，因为宗教本身属于长时段范畴。后结构主义年鉴学派史学家福柯，从符号学的研究去追求事物的异质性。他在《监视与惩罚》《权力与知识》和《性欲史》等书中，从非经济过程的分析中探讨权力产生的本质。他认为，对权力的分析不应把注意力集中在特殊的集团、阶级或个人在进行统治时的动机或兴趣上，而应指向臣民以及据以构成权力的结果的那些过程。杜比认为，为了进一步进行区域性研究，并对某些意识形态问题做出更明确的界说，"我们需要对不同的语言（语句的、画面的）进行详细分析，并对比它们所运用的基本要素和符号，以便确定在这个时期某一问题的意义"[2]。另外，杜比的《骑士、女人和教士》、弗朗德兰的《十六世纪的农民爱情》、索雷的《爱在近代西方》，对于爱情观念的研究，对于人口、家庭结构、政权、财政制度、神话传奇、恐惧、憎恨的探讨，都使历史学家把视野从一种对规律的探寻转到对一种过程结构的观察和分析上。年鉴学派的"新史学"把历史研究的领域扩展到社会物质领域和精神领域的各个不同的范围。这是现代西方史学研究主流的一种微观化倾向。

  史学研究的局部化、微观化、非人化、数量化、系列历史、历史的共时性等，都是"新史学"所强调的原则。这些原则和第三代史学家对社会各领域的分散研究，显示了"新史学"同前两代的差异。这种现象引起了当代法国史学家，包括年鉴学派史学家对"新史学"评论的意见分歧。马克思主义学者 P. 维拉尔认为，"新史学"已经抛弃了布洛赫、布罗代尔以来的总体史观，"年鉴学派已经死亡"。年鉴学

---

[1] 阿尔萨斯·狄普龙:《宗教和宗教人类学》,《创造历史》,剑桥,1985年英译本,第125页。
[2] 杜比:《社会历史中的意识形态》,《创造历史》,第164页。

派史学家福柯则认为:"总体历史已经不复存在了,它是人类学思想方法和传统历史堡垒的最后避难所。"[1] 勒高夫则认为,"新史学"的具体研究方法虽不同于前两代史学家,但并没有抛弃总体史观。这是因为,种类众多的历史在史学的共同舞台上各有自己的位置,因而这个舞台的范围仍然是总体性的。但是这种总体性已不是依靠包罗万象的综合来保证,而是通过寻找总体性的研究对象,也就是说,通过在人口学、生态学、医学、语言学和人种学等的"交接点"上实现真正的跨学科性来保证。从"新史学"阶段的著作的特点看,与其说它们是年鉴学派前两代历史学家所探讨的那种"总体历史",不如说它们是许多局部的历史,但倾向于全面。

年鉴学派是否抛弃了总体史观,可以暂时不论,但有一点应该指出,"局部"历史的发展,乃是总体历史研究发展深入的必然结果。它开辟了历史研究的新领域,深化了史学的认识,强化了历史学的主题,因此,较之总体史观仍然有其进步意义。总体史观对扩大史学范围和局部历史研究有指导作用;同样,局部历史研究基础上产生的新的总体史观,对于旧的总体史观将是一个新的飞跃和升华。

年鉴学派经过三代人的努力,到现在已成为西方史学界的主流学派之一。年鉴学派各代史学界对人文科学各学科的研究方法、手段、思维方式的综合,兼收并蓄,以及对自身研究内容和方式的及时调整和更新,保持了年鉴学派本身及其理论、方法的强大生命力和长盛不衰的影响。

## 三、对年鉴学派史学理论的评价

年鉴学派产生半个多世纪以来,以其新颖的理论和独特的研究方法在国际上产生了广泛的影响。巴勒克拉夫说,整个欧洲史学都受年

---

[1] 福柯:《人文科学与考古学》,《知识考古学》,伦敦,1977年,第450页。

鉴学派的影响。在意大利,它引起历史学家"逐渐摆脱克罗齐的立场";在德国,它虽然经过了一番别具特色的改造,但影响到席德尔、康策和博斯尔的历史观念,对1945年以后成立起来的一代年轻史学家影响更大;在英国,随便提到几个历史学家,他们的著作中都有年鉴学派影响的痕迹。[1]二战后欧美不少国家的历史学是以法国年鉴学派为榜样,进行改造和发展的。年鉴学派代表了20世纪西方新史学发展的基本趋势。

年鉴学派最突出的特点,"就在于它的目标不是为了推行某种新教条或新哲学,而是要求一种新态度和新方法。它不是把历史学家限制在某种严格的理论框框中,而是开拓新的视野"[2]。在综合原则指导下,费弗尔和布洛赫注重经济学、社会学方法,布罗代尔则重视地理学、人口学、数量经济学等学科的方法,"新史学"则在更广泛的领域内开辟了历史研究的新途径,综合了结构人类学、符号学、心理学等学科的方法。虽然各个阶段的研究具有不同特点,体现着从20世纪初到80、90年代的不同风貌,但始终贯彻着一个基本原则,即总体史观。历史研究在史料上不限于文献资料,范围更加广泛,在方法上综合社会科学和其他科学的研究方法。这是年鉴学派一贯坚持的治史学风,也是年鉴学派生气勃勃的原因所在。

年鉴学派的史学研究开拓了许多新的领域,把历史学从政治、军事史扩大到经济学、地理学、社会学、人类学等无所不包的研究范围中去。历史学研究的对象和范围不再仅仅是朝代的更替、帝王的变换、战争及制度的沿革等,而涉及更广泛的内容,如物价、工资、人口、婚姻、家庭、死亡、宗教、爱情、巫术、神学、权力等都囊括其中。年鉴学派开辟深层历史学的研究,从人类学、社会学、心理学各方面再现历史,使历史不单是表现自然、社会,而且也表现人的内心活动,使人的内在精神状态和社会现实融为一体。年鉴学派坚持从众多的角

[1] 巴勒克拉夫:《当代史学主要趋势》,第62页。
[2] 同上,第63页。

度、以多变的方法去研究历史,使人们通过历史学的透镜,看到大千世界的斑斓色彩的同时,也大大推动了法国当代文化史的发展,引起了西方乃至世界史坛的重视。

但是,年鉴学派的方法和理论并非完美无缺。近些年来,年鉴史学家通过数量方法使历史研究取得了重大进展,诸如数量经济学、人口统计学、对精神状态各要素进行结构统计分析、计算机处理等,但是历史学是否像某些年鉴学派史学家所夸大的那样仅仅是数量史,这仍然是个疑问。[1]

有年鉴学派史学家认为:"数量历史能够在将来计量现在无法计量的事物,可以打开了解人类行为基础的大门,并揭示人类行为的动机。"[2]这种看法未免过于乐观。从现在看,数量方法是不能完全取代社会科学、历史科学方法的。年鉴学派"新史学"阶段的重要代表人物勒高夫就指出:"新史学不应勉强计算机去计算不能计算的东西,或忽视不可计算的素材,不应单靠计算机去编制历史或重温实证主义史学家的旧梦:让文献去客观地制造历史,自己则袖手旁观。"[3]这是很中肯的见解。

数量分析方法的局限性,使年鉴学派的史学研究限制在中世纪晚期和近现代史方面,对古代、中世纪早期历史和当代史则很少新的突破。这是由于古代、中世纪早期所遗留的历史资料太少,新方法难以渗透到研究中去,只是在对古代希腊语的研究上运用了语言学和计算机方法。当代史资料过于庞杂,且受当代社会观念、政治观点的影响,不能不涉及历史学家本身。所以,年鉴学派史学家认为,"当代史的问题应由后代人来解决"。

年鉴学派的历史理论重结构、轻规律,显示了哲学意义上的理论不足。布罗代尔的三层次历史观具有典型意义。他的历史观强调历史

---

[1] 注重数量方法,排斥非数量方法,可能引起的后果,见前文的分析。
[2] 转自勒高夫、诺拉主编:《创造历史》,英译本序言,第9页。
[3] 勒高夫:《新史学》,见《史学理论》,1987年第1期,第56页。

的长时段、地理环境的决定作用。虽然他否认自己是地理环境决定论者，但是在他的地理历史论中，地理环境对于人的日常生活、社会活动的直接作用是明显的。《地中海和腓力二世时期的地中海世界》第一章所述的地理历史仅仅涉及人口迁移、农业生产类型等，这种地理历史的意义显然过于狭隘。人类在空间上的分布、运动变化以及地理历史对社会产生的影响远不止于这些。例如，公元2世纪的匈奴西迁对欧洲政治地理环境产生的影响；罗马中央集权帝国对地中海的垄断之于商业地理中流通方向的改变；皮朗[1]所说的阿拉伯人入侵对地中海经济的封锁。而地理大发现、新航路的开辟在空间上扩大了消费市场，刺激了欧洲局部地区的生产增长，最终打破了建立在狭隘消费市场上的中世纪行会经济的垄断，最终导致了工业革命。

布罗代尔既然忽视自然与历史之间的相互运动、变化的关系，也同样忽视人类的社会历史与历史事件之间的错综复杂的关系，即如何解释历史事件对社会发展、变革的决定性作用。政治事件往往在历史的转折关头使历史发展方向发生根本性变化，最后改变了历史本身。轻视历史事件的作用，是布罗代尔总体史观的明显的缺陷。长时段（地理历史）、中时段（社会经济史）和短时段（历史事件）三者之间的内在联系并未得到充分说明。虽然布罗代尔确定了三层次的历史结构，并依次说明其重要性，但他并未从历史规律的角度去探讨、认识这三种历时性要素在地中海整体的共时性结构中的相互变化的关系。

"新史学"阶段的年鉴学派史学有改变布罗代尔轻视政治事件作用的迹象。勒高夫声称："排斥政治史不再是一项信条，因为政治的概念已发生了变化，新史学不能对政治问题置之不理。同样，建立在崭新基础上的历史事件也恢复了名誉。"[2]布罗代尔的观点在晚年也有所改变，他在1977年承认："我现在对社会的看法同40年前不同了。任何社会都有等级：有经济等级——贫与富；有文化等级——无知识

---

[1] 亨利·皮朗（1862—1935），比利时著名历史学家。
[2] 勒高夫：《新史学》，《史学理论》，1987年第1期，第58页。

与有知识；有政治等级——统治者与被统治者。而一切等级都有维持能力。"[1] 政治文化又获得了同经济文化同等的重要性。但是，确切地说明政治史和历史事件在人类社会发展过程、人类文化中的重要地位和作用，对年鉴学派的史学家仍是一个有待解决的重要问题。

年鉴学派提倡总体史观，研究"长时段"，不是停留在历史时间的表层，而是深入到深层结构中去说明历史的运动。与传统史学相比，这在历史认识水平上显然大大前进了一步。年鉴学派史学提出了不少深刻的思想。然而，年鉴学派史学家毕竟还没有真正科学地阐明人类社会历史发展的规律。以总体史观为主要内容的年鉴学派历史理论，仍显示出理论上的一些不足：首先，由于注重结构，轻视历时性过程，忽视历时性和共时性的转换关系，因此，不可能从人类社会自野蛮时代进入文明时代以来，一直到当代的整个发展过程中，去发现人类社会发展的内在规律。

其次，过分地偏重于研究手段和方法，而放弃在哲学层次上建立历史理论。理论能否上升到哲学的高度，标志着能否把握住规律并对其进行解释的理论能力。巴勒克拉夫认为，费弗尔和布洛赫可能都没有首尾一贯的历史哲学，因此，"他们的主要贡献不在于他们提出了总的历史观念，而在于他们不仅成功地说明了新历史学在实践中有可能实现，而且说明了如何才能实现。简言之，他们带来的变化是在方法论上"[2]。

第三，年鉴学派史学很少做出规律性的解释和预见。历史研究的一个重要问题，就是在对历史进行研究的过程中去发现规律，并预测人类的未来，这就是"历史为当代服务"的一个重要意义。但年鉴学派史学家很少或没有这样做。他们回避理论体系，讳谈历史发展规律。勒高夫说："我们所希望的是，历史科学今后能更好地避开历史哲学的诱惑，抛弃以天命自居的吸引，而更好地向人类亲身经历的历史看

---

[1] 张芝联：《法国年鉴学派简介》，《法国研究》，1983年第3期。
[2] 巴勒克拉夫：《当代史学主要趋势》，第58页。

齐。"[1]因此,年鉴学派的史学不由自主地偏近于实证主义的研究方法。不同的是,年鉴学派在史料的范围上,在对于历史问题的分析上,着眼点都区别于实证主义。年鉴学派的史学理论最后仍徘徊在再现历史和问题历史之间。

年鉴学派史学的发展方向将是如何呢?当代年鉴学派史学家勒高夫说有三种可能:一是历史学进一步包围其他人文科学,加以吸收,发展成无所不包和贯古通今的人文科学或广义历史学;二是历史学、人类学和社会学三门最接近的社会科学实行合并,形成"历史人类学";三是历史学不再毫无边际地与其他人文科学"调情",而坚守一个新的阵地,从而进行一次新的"认识论断裂"。[2]至于年鉴学派将沿着哪个方向发展,恐怕难以预料,这只有留待将来年鉴史学的发展来证实了。

(完稿于 1990 年,未刊)

---

[1] 勒高夫:《新史学》,《史学理论》,1987 年第 1 期,第 60 页。
[2] 同上,第 59—60 页。

# 马克·布洛赫与《国王神迹》

随着马克·布洛赫各著作译本的陆续问世[1]，这位大史学家的名字已为我国读者所熟悉，其学术声望也越来越高。除了他作为年鉴学派创始人之一的历史地位，布洛赫在二战期间以53岁的年龄毅然加入抵抗运动的浩然气节，以及被德国盖世太保杀害的悲剧结局，更使其杰出史学家的声誉增添了一份异乎寻常的悲壮，提高了他在人们心目中的地位与精神感召力。布洛赫是一位性情、经历与著作都独具特色、极富魅力的史学巨擘。近年来，无论是在国际学术界还是在国内学术界，他的早期著作《国王神迹》受到广泛关注，赞誉之多、评价之高，甚至有超越晚期名作《封建社会》之势。这里围绕《国王神迹》稍微介绍一下他的人生经历与事业成就。

## 一、布洛赫的事业与才情

马克·布洛赫（Marc Léopold Benjamin Bloch，1886—1944），1886年7月6日生于法国里昂的一个犹太知识分子家庭。其父古斯塔夫·布

---

[1] 马克·布洛赫著作译为中文的有：《为历史学辩护》（张和声、程郁译，上海社会科学院出版社，中国人民大学出版社，1991年、2006年）、《历史学家的技艺》，黄艳红译，中国人民大学出版社，2011年）、《法国农村史》（余中先、张朋浩、车耳译，商务印书馆，1991年）、《封建社会》上、下卷（张绪山、李增洪、侯树栋译，商务印书馆，2004年；《封建社会》，谈谷铮、何百华、谢依群译，中国台湾桂冠图书股份有限公司，1995年）；《奇怪的战败》（陆元昶译，中国台湾五南出版社，2009年；汪少卿译，中国人民大学出版社，2014年）。

洛赫（Gustave Bloch）是一位从事古希腊罗马史研究的大学教授，祖父是一位中学校长，曾祖父是一位参加过法国大革命的战士。布洛赫早年的良好史学思维训练主要来自他的史学家父亲。

马克·布洛赫于路易大王中学（Lycée Louis-le-Grand）毕业后，于1904年考入巴黎高等师范学院（École Normale Supérieure），1908年毕业，获得历史教师资格。在高师学习期间他结识了后来的合作者、同为年鉴学派创始人的吕西安·费弗尔（Lucien Febvre，1878—1956）。1908—1909年，他到德国留学，在莱比锡大学和柏林大学学习，熟悉了德国的学术环境、研究氛围与研究方法。因此，较之同辈的法国学者，他对德国史学家的研究方法与开辟的学术领域显然有更多的了解，也更为重视。他对德国学术研究的活力表示敬佩，一生为德国学者的作品写下了500篇评论。1912年之后，他在蒙彼利埃（1912—1913）和亚眠（1913—1914）的中学任教。

1914年第一次世界大战爆发，布洛赫投笔从戎，参加了索姆河战役和马恩河战役。战争给他提供了就近观察人性的难得机会。他以历史学家的敏锐眼光，观察与思考着他正在经历的一切。堑壕里的士兵所面临的恶劣处境，战时新闻检查制度造成的错误信息的传播，让他体会到了一个准中世纪社会的环境，尤其是对集体心理获得了真切的认识，为他从事《国王神迹》的研究与写作提供了灵感。[1]战争期间，布洛赫作战勇敢，四次立功受奖，最终以上尉军衔退役。

1919年，布洛赫任教于刚从德国人手中收复的斯特拉斯堡大学。自此至1936年，这17年是他一生中生活与学业都相对稳定且富有成果的时期。斯特拉斯堡位于法国东北部的阿尔萨斯省，德国占领时期，对校园与图书馆投入颇多，大战前藏书已达50万册，当时居世界第一。战后收复后，法国政府想把斯特拉斯堡大学建成对德国展示研究能力的窗口，也在经费上不惜投入。许多有才华的年轻学者聚集于此，形

---

[1] Préface de Jacques Le Goff, *Les rois thaumaturges*, Gallimark 1983, p. vii；弗朗索瓦·多斯：《碎片化的历史学：从〈年鉴〉到"新史学"》，马胜利译，北京大学出版社，2008年，第85—86页。

成人才济济的局面。布洛赫在这里娶妻生子,过着相对安宁的书生生活,养育了六个子女,购置两栋房子。1920年12月他以《国王与农奴》获得博士学位,随后又完成了几项影响深远的工作。首先,布洛赫在这里结识了众多奋发有为、学有专长的不同学科的学者。在多学科交汇的环境中,他有条件借鉴与融合社会学、经济学、语言学、民族学、人类学、心理学等学科的跨学科手段,进行他所热衷的中世纪欧洲史研究。[1]《国王神迹》就是在这样的环境与氛围中于1924年问世。其次,他与费弗尔发起了一项影响巨大的事业,1929年两人合作创办了《经济社会史年鉴》(*Annales d'histoire economique et sociale*)。从此,一个与传统史学不同的新流派在他与费弗尔的指导下逐渐形成,势力不断壮大,发展成为影响20世纪世界史学潮流的重要学派。第三,1931年,布洛赫完成了《法国农村史》。此书乃由1929年8月布洛赫以法国农业体系的相关研究,在奥斯陆"文化比较研究院"(Institut pour l' Etude Comparative des Civilisations)所做的系列演说结集而成。它研究自中世纪到法国革命这一时期的法国农村土地类型与农业文明形式,综合运用农业学、制图学、经济学、地理学、语文学、心理学、社会学与民俗学等多学科研究手段,开创了农村史研究的新境域。这一著作使用了"倒溯历史法"(lire l' histoire à rebours),体现了布洛赫从已知推未知的治史理念,被认为是最具开创性的学术贡献之一。不过,这一时期的后段,布洛赫的生活也遭遇了诸多不如意。布洛赫两次申请法国最高学府法兰西学院的教职,均告失利;1933年,他身体也出现了问题,慢性风湿发作,手关节麻木;大学预算缩减,家庭负担日重;法国的反犹太的思想潮流开始显现,等等。

1936年,布洛赫接受巴黎索邦大学经济学教授职位,全家迁往巴黎。在巴黎期间,他完成了研究西欧中世纪社会历史的代表作《封建社会》两卷(1939—1940)。这部以年鉴学派总体史观为指导写成的

---

[1] Préface de Jacques Le Goff, *Les rois thaumaturges*, p. viii;弗朗索瓦·多斯:《碎片化的历史学:从〈年鉴〉到"新史学"》,第35页。

学术巨著，将中世纪欧洲封建社会史的研究推向了空前的水准，出版半个多世纪以来，一直受到学术界高度赞誉，被认为是"为数不多的完美学术著作之一"，"论述封建主义的国际水准的著作"[1]，"比绝大多数教科书更出色的'教科书'"，"历史著作中的经典之作"[2]。此时已是世界大战前夕。

1939年3月布洛赫前往布鲁塞尔、剑桥讲学。第二次世界大战爆发，德法开战，布洛赫旋即接到后备军人集结令，迅速回国。8月他离开巴黎，再次投笔从戎，以53岁的年龄入伍。法德开战一个月，法军溃败，德国占领巴黎与法国大部分领土。布洛赫带家人前往中南部的自由区与流亡的斯特拉斯堡大学汇合，重新投入教学工作。但战时的教学已难如从前，加之老母病弱，拖家带口，健康欠佳，生活困窘。在维希政权压力之下，《年鉴》杂志不能再签署犹太人马克·布洛赫的名字。尽管处境恶化，但他拒绝离开法国。他认为留下来为法国而战，乃是他为道德命令承担的个人义务。他后来写道："我出生在法兰西。我饮着她的文化泉水长大。她的往昔与我已融为一体。我只能在她的大气里自由呼吸，我与他人一起，为保卫她的利益，已尽了全力。"1940年他因伤病退伍。

正如勒高夫所说，布洛赫具备"将自己的经历转化为历史思考的独特才能"，这一年他利用"充满危险的闲暇"对个人战时经历进行思考，写成了《奇怪的战败：1940年写下的证词》（*L'Étrange Défaite：témoignage écrit en 1940*）。他在缺乏历史学家常规工作条件——远离图书馆，缺乏必备的档案资料——的情况下，完成了对1940年法国大溃败之原因与特点的省察。在这份可能是迄今为止对大溃败事件所做的"最富有洞察力的研究"中，人们看到的是一部真正

---

[1] 波斯坦：《封建社会》1961年英文版前言，马克·布洛赫：《封建社会》上册，张绪山等译，商务印书馆，2005年，第19页。

[2] 布朗：《封建社会》1989年英文版前言，马克·布洛赫：《封建社会》上册，第18页。

的史学作品，而不是纠缠于事件的记者式的战事报道。[1]布洛赫是职业历史学家，但绝不是皓首穷经、不谙世事的书斋式历史学家。

尽管时局艰险，布洛赫的学术活动仍在继续。他为人们留下的最后一部实实在在的作品，是展现他喷薄才华的未完成的《为历史学辩护》（又作《历史学家的技艺》）。这部未竟稿大约写于1941年下半年和1942年上半年。[2]由于担心不测局面，他将书稿抄写一份送给了费弗尔。该书的主旨在于探讨历史学的合法性，并"讲述历史学家如何及为何从事自己的职业"，用布洛赫自己的话说，是"一本工匠的便览"，"一本伙计用的手册"。这部历史研究法著作，以其高度的简洁质朴与处处闪耀的真知灼见，见证了这位大史学家对自己热爱的历史学及历史学研究活动之本质特性的思考，被后世誉为年鉴学派的宣言书。

1942年下半年，布洛赫加入抵抗组织，成为里昂地区地下组织的代表。1943年德军占领整个法国后，布洛赫成为一名游击队员。1944年春，纳粹逮捕了里昂地区抵抗运动委员会的大部分成员；3月8日上午9时许，盖世太保的一辆车子开到他所在的房子附近，向面包店老板打听一位名叫布朗夏尔（Blanchard，布洛赫的化名）的中年人，面包店老板指了指前方拿行李箱的布洛赫，布洛赫遭逮捕，被投入蒙吕克（Montluc）监狱。盖世太保对他进行审问并施以鞭打、泼冷水、烧灼、拔指甲等酷刑。由于受伤且患上肺炎，布洛赫在医院住了四个星期。出院后他在监狱里教狱友一些法国历史知识，以打发时间。盟军攻入法国的第十天，1944年6月16日晚8点，德国纳粹分子为了销毁犯罪证据，用一辆卡车将包括布洛赫在内的28名抵抗运动成员运往里昂郊外一个小村庄（Saint-Didier-de-Formans）的一片田

---

[1] 勒高夫：《序言》，见马克·布洛赫：《历史学家的技艺》，黄艳红译，中国人民大学出版社，2011年，第3—4页。

[2] 吕西安·费弗尔：《有关本书手稿的一点说明》，见马克·布洛赫：《为历史学辩护》，张和声、程郁译，中国人民大学出版社，2006年，第20页。

地里，9时许机枪声响起，抵抗战士四人一组一组组倒下。其中两人侥幸未死，将布洛赫就义前的情形告诉了后人：布洛赫身旁的一位16岁少年，惊恐地对这位大学者说："这会很疼啊！"布洛赫爱抚地拉着他的胳膊，平静地回答说："不要怕，孩子，不疼的。"他带头高呼："法兰西万岁！"机枪声响起，一代卓越历史学家的生命戛然而止。[1]他与好友吕西安·费弗尔再度合作的愿望化为泡影[2]，他可能写出的另一部史学名著《欧洲思想精神史的特征》也随着他生命的结束而永无可能。[3]

1998年，为纪念马克·布洛赫的卓越贡献，斯特拉斯堡的社会科学大学（第二大学）改名为马克·布洛赫大学（Université Marc Bloch）。2009年1月1日，马克·布洛赫大学成为斯特拉斯堡大学的一部分。马克·布洛赫被公认为20世纪最杰出的史学家之一。

## 二、《国王神迹》与年鉴学派

1929年1月《经济社会史年鉴》杂志创刊，标志着年鉴学派的诞

---

[1] 弗朗索瓦·多斯：《碎片化的历史学：从〈年鉴〉到"新史学"》，第51页。

[2] 马克·布洛赫：《历史学家的技艺》，黄艳红译，第29页。

[3] 波斯坦在为1961年的英文版《封建社会》所写的前言中说道："如果布洛赫在战争中大难不死，他也许已经写成一部中世纪思想史的巨著，即《欧洲思想精神史的特征》(*les caractères originaux d'histoire morale et intellectuelle européenne*)，完成了他对中世纪史的论述。"《封建社会》上卷，商务印书馆，2004年，第26页。布洛赫早年的《国王神迹》研究中世纪欧洲的心态与心理，1931年的《法国农村史》研究中世纪法国土地使用模式，1939—1940年的《封建社会》全面研究封建制度。鉴于他晚年更加坚持"社会状态在本质上是心理状态"的信念，人们有充分的理由认为，他会重拾早年兴趣，写成一本《欧洲思想精神史》，以完成他对中世纪欧洲之物质、制度与精神的全方位研究。实际上，他一直未曾放弃对《国王神迹》的关注。参见勒高夫：《〈国王神迹〉序言》。历史上，杰出史学家格于意外境遇而未完成自己理想著作的实例，可谓不乏其例。中国现代杰出史学家陈寅恪一生都怀有撰著《中国通史》与《中国历史的教训》的计划，并为此进行了长期准备，但晚年遭逢文化浩劫，纵有万丈雄心，终成无奈，不得不在悲愤绝望中哀叹："一生负气成今日，四海无人对夕阳。"中外历史学家的悲剧何其相似乃尔！

生。但在此前吕西安·费弗尔和马克·布洛赫已有不少研究成果问世。[1]年鉴学派史学家以新方法与新思路的开放性著称，其研究活动呈现出实践领先理论反思的特点，他们似乎无意总结出一套历史理论或历史哲学，但无可否认的是，其研究活动具有很强的理论预设。[2]1924年问世的《国王神迹》是年鉴学派理论预设与新方法在实践中的一次成功运用。

年鉴学派的诞生，在很大程度上是对19世纪占主导地位的传统实证主义史学的反抗。传统实证主义史学在历史研究上表现出的重大特点是：以政治—军事史为中心；重视事件构成的历史，强调对事件的描述而不是分析；以档案材料为中心，认为从档案材料可以还原历史真相。这种历史研究传统在19世纪末、20世纪初已经面临强烈的挑战，陷入危机。与传统实证主义史学局限于狭隘的研究范围不同，年鉴学派从一开始就强调并坚持扩大历史学研究的领域，扩大历史学家的视野，从整体上研究人类的活动；主张历史研究的对象是人类的全部活动："整体史"（histoire globale ou totale）成为年鉴学派的核心理念之一。在研究方法上，年鉴学派主张推倒各学科之间的壁垒，综合运用跨学科研究手段与方法来推进历史研究。《国王神迹》是布洛赫运用整体史理念和跨学科手段进行历史研究的尝试。

《国王神迹》全书的研究对象，是中世纪11世纪到18世纪期间，广泛流行于法、英两国的一种现象，即国王以手触摸为瘰疬病（écrouelles，scrofula）患者治病，以及人们相信国王的触摸能够治愈这种疾病的普遍心态。瘰疬病是近代以前世界各国常见的一种疾病，即淋巴结结核、慢性淋巴结炎等炎症。中国古代民间俗称"老鼠疮"或"疬子颈"，以颈部为最常见，多发于颈部、耳后，有的缠绕颈项，

---

[1] 1929年之前，费弗尔出版了三篇名著：《腓力二世与弗郎士–孔德：政治、宗教、社会史》（1911年）、《大地与人类的演进：地理历史导论》（1922年）、《马丁·路德：一种命运》（1928年）。布洛赫的著作有：《法兰西岛》（1913年）、《国王与农奴》（1920年）、《国王神迹》（1924年）、《致力于欧洲社会的比较历史研究》（1928年）。

[2] 伊格尔斯：《二十世纪的历史学》，何兆武译，辽宁教育出版社，2003年，第57—58页。

延及锁骨上窝、胸部和腋下。瘰疬病发病缓慢，先是有肿块如黄豆，皮色没有变化，无疼痛感，然后肿块逐渐增大，数目增多，并伴有化脓，此时皮色转为暗红，溃烂后出现清稀脓水，夹有败絮状物，长期不愈。这种疾病如其他任何病一样都不是国王可以治愈的，但在11至18世纪的英法两国，却形成了国王以手触摸治疗这种疾病的习俗，而且人们对此深信不疑，成为普遍的信仰。国王为人治病这种习俗，与人们相信国王能为人治病这种心态，犹如一对连体婴儿，是这一时期英法两国盛行的历史现象。长期以来，学术界尤其是史学研究从未将它纳入视野，更未纳入研究范围，而多以迷信视之。布洛赫认为，这种现象长期存在，是真实历史的组成部分，应该置于欧洲中世纪社会的整体背景中加以研究。年鉴学派的总体史观在这里得到体现。

正如布洛赫所说，王权的历史主导了欧洲历史的发展过程，各国的政治发展在很长时期内都是各大王朝的变迁史。因此，布洛赫写作《国王神迹》的目的，是通过一个长期存在而不被人重视的现象，研究广义的欧洲政治史。[1]但布洛赫没有像传统史学那样去研究王权制度下行政、司法与经济体系的运作，而是研究长期存在的国王为人治病习俗，普通民众怀有的"国王具有神奇医治力量"的信仰，以及二者之间的互动过程；通过研究一种存在长达八个世纪之久的"神圣化"的王权治病仪式，以及与这种仪式密切关联的一种集体心态或信仰体系，展现前现代王权对民众思想与精神实施控制的运作机制。布洛赫认为这一动态过程的演变，反映了自古以来人们相信王权神秘力量的"集体意识"，一种意识趋向。布洛赫的这一研究取向将宏观史与微观史勾连为连续性很强的统一体，因为权力系统总是依赖社会规则及其集体幻觉，而"社会规则又能借助仪式行为嵌入身体，社会权力关系也随着这些嵌入过程被内化"[2]。布洛赫所描述的这种治病仪式包含了这一基本预设。很显然，从这个视角进行的历史政治学研究，是以往

---

[1] Marc Bloch, *Les rois thaumaturges*, p. 21.
[2] 克里斯托弗·乌尔夫：《社会的形成》，许小红译，广东省出版集团，2012年，第28页。

的传统史学研究不曾有过的。

英国著名史学家彼特·伯克（Peter Burke, 1937— ）指出，该著作的卓越之处有三：一是它不限于像中世纪那样的传统历史阶段，而是选择了与问题相适应的时段，他将八个世纪国王触摸的兴衰作为考察对象，意味着"长时段"（La longue durée）研究方法的运用。二是对"宗教心理学"的贡献。《国王神迹》关注的是"一种奇迹的历史"，布洛赫从"集体幻觉"现象解释人们对国王奇迹的信仰，认为对奇迹的信仰产生于对奇迹的期盼。这样的解释跨越了心理学、社会学与人类学之间的学科界限。三是它对英法王权触摸行为的比较研究，为"比较史"研究做出了贡献。[1]

从年鉴学派的发展历程看，"长时段"研究的实践是由布罗代尔发扬光大并完成充分理论阐释的，但不可否认的是，其最初的范例是由布洛赫所开创；宗教心理学及心态史为年鉴学派其他史学家继承与发扬，20世纪60年代以来，乔治·杜比、罗伯特·芒德鲁、雅克·勒高夫及其他许多人所做的心态史研究，大大得益于费弗尔与布洛赫提供的典范[2]；"比较史研究"在世界范围内日益赢得学者关注而获得很大发展，但作为比较研究方法的先驱，布洛赫的大力提倡具有开创意义，而他的成功实践则具有示范作用。

严格说来，《国王神迹》对史学研究的贡献远不止以上三点。

首先，它开创了新政治史的先河，树立了新政治史学研究的实践榜样。正如布洛赫在"导言"中所说，他的研究意在为真正的欧洲政治史研究贡献力量，但他没有蹈袭旧的研究套路，而是独辟蹊径，别开生面，从一个从未有人尝试的角度进入政治史研究的核心领域，以

---

[1] 彼特·伯克：《法国史学革命：年鉴学派，1929—1989》，刘永华译，北京大学出版社，2006年，第25页。

[2] 同上，第25页；Andre Burguière, 'Marc Bloch, historien des mentalities', in Pierre Deyon, Jean-Claude Richez, and Leon Strauss (ed.), *Marc Bloch, l'historien et la cité* (Strasbourg: Presses Universitaires de Strasbourg, 1997), pp. 43-55.

实际研究开辟了政治史研究的新维度。《国王神迹》的一大贡献，是向人们证明了在历史研究中，"迄今为止仅被视为趣闻的东西可以转变为历史"。[1] 正是从这个意义上，雅克·勒高夫认为《国王神迹》革新了政治史研究的内容与方法，创造了历史政治人类学研究的范例。美国历史学家H. S. 休斯认为，布洛赫的历史观具有的重要意义在于，它把我们从那种缩小了目标的历史学研究的束缚中解脱出来。"在他的启发下，我们认识到，只要我们稍微转动一下常规的历史观的透镜，就会立即看见整个可能的世界。"[2] 休斯的评价针对布洛赫的全部著述，但《国王神迹》尤其符合这一评价。

权力合法性来源是政治史研究不可回避的核心问题之一。权力合法性的来源有三：一是对意识形态合法性的认同，形成对权力当局有效的、道义上的信任；二是对表现意识形态的权力结构的信仰，形成对当政者的信仰；三是对当政者个人品质的赞同，使人们对当政者产生有效的独立的信心。[3]《国王神迹》所研究的触摸仪式涉及权力合法性的这三种来源。布洛赫明确论述了仪式、王权与合法性之间的关联性：在日耳曼入侵过程中兴起的国家，由于将王权引入合法的基督教仪式，王权的合法性和合法的基督教仪式紧密联系起来。对基督教意识形态、既定的教会组织结构以及神圣性国王的信仰，构成普通民众的共同情感。这种情感把神异世界与现实世界、个体追求与社会需要、历史记忆与公共秩序等连接起来，构成了政治系统的一部分，触摸仪式正是情感外显的一部分，它使得国王获得了道义的信任、信仰上的支持与个体品质形象的提升。《国王神迹》不仅系统论述了三种基本类型的合法性，而且深刻论述了这些情感背后的实际利益与公共秩序的关联和互动。因此，从《国王神迹》对权力合法性来源研究的独特

---

[1] Marc Bloch, *Les rois thaumaturges*, p.18.

[2] H. S. Hughes, *History as Art and as Science*, New York, 1964, 转自杰弗里·巴勒克拉夫：《当代史学主要趋势》，杨豫译，上海译文出版社，1987年，第68页。

[3] 戴维·伊斯顿：《政治生活的系统分析》，王浦劬译，华夏出版社，1999年，第347页。

贡献来看，则会进一步体会到它在政治史研究上的独特地位与开创性贡献。

其次，开辟了民众史研究的新境域。通常说来，宗教包含两个基本范畴，一为信仰，一为仪式。就信仰而言，往往涉及人们对世界认识的两个基本领域，一为神圣事物，一为凡俗事物。就仪式而言，其首要作用是凝聚个体，加深个体之间的关系，使个体之间彼此更加亲密，因此，仪式反映一定的集体生活，一定的集体状态，乃是一种集体表象（représentations collectives）。这种集体表象包括了民众的心理与行为。《国王神迹》虽然研究王权政治神学，但同样重视研究民众信仰，尤其是民众的信仰接受心理，民众如何将神圣事物和凡俗事物联系起来，王权如何利用这种联系性来维系政治合法性。因此，所谓"神迹"实际上是国王与民众互动的集体表象。这样的研究与传统史学以帝王将相为中心的"政治史"是迥然不同的。年鉴学派最初强调的"从阁楼到地窖"的研究原则，在这里得到充分体现并被恰如其分地付诸研究实践。

长期以来，破除传统史学以帝王将相为中心的历史观与编纂模式，进行民众生活史的研究，已成为现代史学研究者的共识，但问题是，普通民众属于"沉默"群体，记载这个群体的文献少之又少，如何展开研究？《国王神迹》的研究主要对象之一，正是英法"沉默"群体所怀信仰的心理研究。在布洛赫的民众心理史研究中，人们看到了他对"了解之同情"原则的娴熟运用。"了解之同情"另一种表述就是"感同身受"。[1]卡洛·金兹堡在谈到自己从《国王神迹》所获得的教益时

---

[1] "了解之同情"，作为一种历史研究观念，在我国学术界多被认为乃现代史学大家陈寅恪所发明。然近有学者研究，陈氏此语乃化自德国近代思想家赫尔德（J. G. von Herder, 1744—1803）。自赫尔德以下，这一观念在欧洲代有传承，不乏其人。兰克（1795—1886）、德罗伊森（1808—1884）、克罗齐（1866—1952）、柯林武德（1889—1943）等，都坚持并发挥过这种观念。陈氏或自西洋书籍，或经其友吴宓，或他在哈佛的师友白璧德（1865—1933）熟悉此一观念，吸收消化而后重新表出。见陈怀宇：《陈寅恪与赫尔德——以了解之同情为中心》，《清华大学学报》，2006年第4期，第20—32页。

说:"揭露性的成分只是其中的一个方面。另一方面则是同情的成分,这是就'一同受苦'的词源学意义来说的:这是一种试图理解人们为何具有他们所怀有的那些信仰的移情行为(empathy)。这是我阅读布洛赫《国王神迹》时学会了要进行的区分。一方面,布洛赫很乐意揭露阴谋,并表明在英国和法国国王治疗瘰疬病的背后隐藏着的是有意识的政治策略。但是,另一方面,布洛赫也力图理解为什么那些穷人、乞丐和妇女要经历那么漫长的朝圣历程以求治愈自己的病症。"[1]布洛赫将"了解之同情"治史观念应用于对中世纪英法两国民众情感与信仰的研究,让人们看到了一种与以往机械的经济政治决定论生硬模式大不相同的解释模式,展示了新的历史解释方法的魅力。

再次,扩展了历史学研究资料的范围。布洛赫明确提出:"历史证据几乎具有无限的多样性。人的一切言论和著作、一切制作、一切接触过的事物,都可以也能够揭示他的情况。有趣的是,很多不了解我们工作的人对史料多样性的范围的判断十分狭隘。这是因为他们仍然固守关于历史学的陈旧观念,这个观念属于几乎只知道阅读有意识留下的史料的时代。"[2]这是后来写下的文字,但它无疑代表了布洛赫从早年就坚持的思想。《国王神迹》打破了兰克实证主义传统对历史档案的过分依赖,大大地扩展了史料的利用范围。如波斯坦所说,布洛赫所具有的卓越本领之一,是用他的"强大粉碎机"将形形色色的历史事实融为一体。[3]在《国王神迹》中,肖像材料(包括绘画作品)的利用占有相当大的分量。以肖像揭示社会无意识行为是著作中最令人振奋的内容之一。布洛赫树立了以肖像学材料进行历史研究的榜样。另外,宫廷账簿、公文资料、叙事文学、政治学理论著作、小册子、教堂人口登记簿、医学与神学论文、《圣经》、宗教祈祷文、诗文、法

---

[1] 玛丽亚·露西娅·帕拉蕾丝-伯克编《新史学:自白与对话》,彭刚译,北京大学出版社,2006年,第238—239页。
[2] 马克·布洛赫:《历史学家的技艺》,黄艳红译,第75页。
[3] 波斯坦:《封建社会》1961年英文版前言,《封建社会》,上卷,第21页。

律诉讼文件、信件、钱币、遗嘱等，甚至连游戏纸牌、酒肆小店中村夫野老的对话，都成为历史研究的材料。[1]将历史研究利用的资料扩展到如此广泛的范围，这在传统史学研究是做不到的，也是不可能想象的。

最后，历史人类学的创立。对民俗学的重视，是布洛赫研究的一大特色，他说："在多种意义上，民俗会比任何理论学说告诉我们更多知识。"[2]民俗学走向历史人类学有一个长期过程。很长时期内，民俗学只被视为与历史学不搭界的寻奇探胜的边缘学科。在《国王神迹》中，布洛赫清楚而有力地证明：王权的超自然性是与一系列仪式相联系的，其中最重要的有涂油礼、圣餐礼、戒指圣化礼等，这些仪式本身具有神秘感与神圣性；与这些仪式之间的固定联系，赋予国王触摸治疗活动以神圣性与神秘感。正是在与这些合法的神圣仪式的联系中，王权的神圣性建立起来，王权的正当性与合法性也随之建立起来。其情形正如同巫师的权威通过神秘仪式而确立。王权的正当性与合法性是政治制度史与法律史的重要内容。民俗学、人类学与法律学领域的学者对《国王神迹》表现出浓厚的兴趣，原因在此。

不过，正如有学者指出，马克·布洛赫受弗雷泽与列维-布留尔人类学研究成果的影响，将中世纪民众对"国王神迹"的信仰视为一种"原始心理体系"，将所谓高等、符合逻辑的西方精神与被视为幼稚的原始心态和神话对立起来，反映了当时他所依赖的心态工具是一种不成熟与固守欧洲中心论的人类学。这个偏颇为后来的人类学研究所纠正。[3]

---

[1] 如，讨论国王与生俱来的百合花胎迹时，他引用了1457年6月18日（或19日）乡村客栈里几位村民的闲聊对话，见 Marc Bloch, *Les rois thaumaturges*, p. 250。

[2] Marc Bloch, *Les rois thaumaturges*, p. 19.

[3] 弗朗索瓦·多斯：《碎片化的历史学：从〈年鉴〉到"新史学"》，第79-80页。勒高夫在序言中认为，布洛赫拒绝从列维-布留尔那里得到的中世纪之人与"野蛮人"同化的理念，见 Préface de Jacques Le Goff, *Les rois thaumaturges*, p. xxxv。似乎并不准确。

年鉴学派史学研究独具特色的贡献是：问题导向、比较史、历史心理学、地理学、长时段、系列史、历史人类学。这些独特贡献的雏形大多可以在《国王神迹》中找到。当今历史学正在经历重大变革，研究理念与手段正在发生重大变化。与历史上许多风靡一时的史学著作最终归于寂寞形成对照的是，《国王神迹》在经历漫长岁月的冲击与洗刷后，越发焕发出光彩与魅力，受到各领域学者越来越多的重视。1999 年，彼特·伯克被人问及"在你看来，哪些书是你要向未来的历史学家推荐的必读书目"时，他说："我不喜欢必读书这样的说法，因为它会妨碍人们的创造力。……我是一个史学多元论者。然而，我确实有些东西很想推荐给别人。比方说，布洛赫的《国王神迹》。布罗代尔的《地中海》，尽管篇幅浩大。还有……布克哈特、赫伊津加。史景迁（Jonathan Spence）的中国研究。纳米尔关于 18 世纪英国的充满洞见的论文。所有这些东西都需要好好消化，尽管并不必定要当作是自己工作的验方（换个比喻来说）。"[1] 各代学者对《国王神迹》的高度评价是连续性的。[2] 还有什么比这更能证明这部著作内在的魅力与学术价值呢？

《国王神迹》所采取的历史研究观念及设定的纲领与方法，对后世的年鉴派学者产生了极大的影响，被公认为年鉴学派最出色的著作之一。尤其是，近年来社会人类学研究的发展，《国王神迹》的学术

---

[1] 玛丽亚·露西娅、帕拉蕾丝-伯克编《新史学：自白与对话》，第 183 页。

[2] 1925 年有学者评价说："在对国王治疗的研究中，布洛赫似乎走的是僻异小径；但是，想到他所分析的各信仰与迷信所引起的重大问题，我们认为，较之弗里茨·科恩（Fritz Kern）博士 1914 年出版《神恩与抵抗权》(*Gottesgnadentum und Widerstandsrecht*) 以来的任何著作，他对中世纪神圣权力起源的研究贡献更大。" E. F. Jacob, 'Review of Marc Bloch's *Les rois thaumaturges*', *The English Historical Review*, xl (1925), p. 267。1998 年卡洛·金兹堡回忆 1958 年阅读《国王神迹》时的情形："我开始读《年鉴》这个杂志时，被马克·布洛赫吸引住了，并且读了 1924 年第一版的《国王神迹》——那在几年后才有了重印本。那让我真是大吃一惊，因为在那之前，我以为历史著作大概总是枯燥乏味的，而这一本却很不一样。这本书给我留下了深刻的印象……"见玛丽亚·露西娅、帕拉蕾丝-伯克编《新史学：自白与对话》，第 233 页。Préface de Jacques Le Goff, *Les rois thaumaturges*, pp. xxix-xxxi.

价值更显突出。可以说，未来的历史学家、民俗学家、人类学家、心态史家、政治学家、社会学家，可能对《国王神迹》的某些结论有所修正。[1]但作为一本在许多方面都具有开创性的学术著作，它将不断地给人以灵感和启示。《国王神迹》是当代为数不多的常读常新的历史著作之一。

## 三、英法"国王神迹"与中国"皇帝神迹"

王权的神圣性与神秘性是人类从远古时代传承下来的生命力最顽强的心智遗产。[2]就欧洲历史而言，罗马帝国覆亡于蛮族入侵的冲击以后，帝国宗教观念及仪式不可能复兴，但无论是罗马人还是日耳曼人，王权的神圣观念仍然存在。在兴起于各次入侵活动下的各个国家中，并没有一种固定的惯制来体现王权神圣观念与情感。由于基督教精神支配权的确立，王权的神秘性与神圣性被纳入基督教精神形态，由基督教仪式加以体现。

在帝国西部，特别是盛行高卢仪式的国家，即西班牙、高卢、大不列颠和意大利北部，作为一个人或物由俗入圣的步骤，国王涂油礼于7世纪首先被引入西班牙的西哥特王国。751年，法兰克宫相矮子丕平废黜墨洛温末代国王而攫取王位，为粉饰其篡权行为，将自己装扮成"神命之主"，采用新的涂油礼。其行动为后继者所仿效。8世纪末叶传入英格兰，不久传遍整个西欧，同时加冕礼也被引入。800年12月25日，在圣彼得大教堂，教皇利奥三世为查理曼加冕。从816

---

[1] 如勒高夫已经研究证明，法、英国王的治病仪式可能只是在13世纪中叶才变成一种习惯性做法，见Préface de Jacques Le Goff, *Les rois thaumaturges*, p.xvi.
[2] 古往今来，获得权力的人似乎总有一种制造"权力神圣观念"的欲望。即使在科学昌明的当今世界，仍有当权者为自己制造"奇迹"。据报道，2007年初，冈比亚共和国总统叶海亚·贾梅曾宣称自己拥有"神秘的力量"，可以治疗哮喘和艾滋病。冈比亚国家电视台甚至播放了相关新闻。见中新网2007年2月3日。

年其子虔诚者路易在兰斯同时接受加冕礼与涂油礼之后，两种礼仪密不可分地联系起来。广义上的圣化礼（consécration）包括这两部分内容，而狭义上的圣化礼（或称圣礼）则指涂油礼。经由圣化礼，王权的神圣性与超自然性得以确立，并将以创造奇迹的形式表现出来。987年卡佩家族夺取加洛林家族的王位，为了赋予改朝换代的夺权行动以正当性，确立其新家族政权的合法性，虔诚者罗贝尔及其幕僚采取了以为人治病、创造奇迹的手段，来表现新上位的国王及其家族的神圣性。一个世纪以后，征服英国的诺曼王朝的亨利一世在1100年采取了法国国王的这一做法，以彰显其为"神命之主"，同时将这种为人触摸治病的异能赋予了被诺曼征服、摧毁的英国盎格鲁－撒克逊王朝的忏悔者爱德华，以制造自己是英国本土王朝继承人的印象，争取英国人的认同。通过创造奇迹，尤其是与奇迹相关的仪式的联系，英法王权确立了政权的合法性与正当性。

对于欧洲大陆其他各国如德国、西班牙、意大利等国为何没有像英法一样发展出一套仪式，布洛赫从普遍性与偶然性两方面加以解释。普遍性原因是"对王权超自然特性的信仰；这偶然性原因，就法国论，似乎在于卡佩王朝早期的政策，就英国论，则在于亨利一世的雄心和能力。这个信仰本身通行于整个西欧。法国和英国之外其他国家所缺乏的东西只是特殊环境。……在德国，人们可以设想，萨克森王朝和士瓦本王朝从帝国皇冠上享受着太多的荣光，想不到去扮演医生的角色。在其他国家，其君主无疑缺乏必要的机敏去做这样一种设计，或者缺乏必要的胆量、毅力或个人威望去推行之。一种偶然因素，或者说，个人的天才，一定发挥了作用，促使法国或英国治病仪式的产生；而在其他地方，同样意义上的偶然性，似乎可以解释类似现象何以没有出现"[1]。对英法王权神迹演变过程的比较，以及英法王权观念与其他国家王权观念的比较，让人们看到了历史发展普遍性与特殊性之间

---

[1] Marc Bloch, *Les rois thaumaturges*, p.156.

的关系。

布洛赫认为,所谓"国王神迹",实际上是一个"假消息",然而,民众何以相信国王能为人治病?他的回答是,"除非人们早就期待从国王手上寻求奇迹,那么就不会如此轻易地宣称奇迹的存在",正是神圣王权观念下国王身上"一定有奇迹产生的信念,促成了人们对奇迹的信仰"。[1]换言之,民众对"国王神迹"的信仰,正是源于对神圣王权超自然性的信仰,即王权诱导下民众产生的"错误集体意识",或者说"集体错误"(erreur collective)。

至于它的衰落,布洛赫认为,首先是17、18世纪分别发生于法、英两国的政治革命,动摇了人们对王权超自然性的信仰。但更重要的是,这一时期知识精英们进行的精神活动所产生的影响。知识精英们试图将超自然的任性而为的事物从世界秩序中清除出去,普遍拒绝对国王神迹做任何超自然的解释,同时又试图创造出一种纯理性的政治制度观念,使舆论习惯于将君主仅仅视为世袭的国家代表,打消人们从国王那里发现神奇事物的念头。于是,国王触摸仪式逐渐退出了法英两国的政治舞台。

布洛赫对英法王权神迹的比较研究,很自然让人联想到中国两千多年来的"皇帝神迹"。实际上,在布洛赫的研究中,中国的"皇帝神迹"确曾是他的参照物之一。他说:"真正具有神圣性的国王被人们认为拥有某种超自然的力量。按照其他许多民族中存在的观念,特别是盛行于中国社会的观念,国王被认为对万物的秩序负有责任。"[2]布洛赫认为,基督教精神统治在欧洲的确立,使英法国王以基督教认可的"创造奇迹"的形式表现其神圣性;国王不再像古代社会一样被认为对万物秩序负责——如帝王德行影响物产丰歉的观念被摒弃,而是像基督教的圣徒那样为人治病。"国王神迹"所表现的是国王的教士特性:创造奇迹在本质上是圣徒的修为。英法国王治病神迹是基督教精神氛

---

[1] Marc Bloch, *Les rois thaumaturges*, pp. 428-429.

[2] Marc Bloch, *Les rois thaumaturges*, p. 57.

围中王权神圣观的表现。

中国"皇帝神迹"的演化进程与法英"国王神迹"大不相同。

在初民社会，人们无法将自身与自然区分开来，故"天人合一"观念普遍见于人类各族群。国家首领的前身是巫师，即承担与神秘大自然沟通的神秘人物[1]；进入阶级社会以后，帝王取代了巫师的地位，成为俗人与上天沟通的媒介，得到国家意识形态的肯定。中国初民社会所盛行的这种原始思维与心态，在皇权时代几乎被一以贯之地延续下来。它没有经历欧洲社会在中世纪之初基督教确立之后所经历的改造与变化。

在传统中国社会，没有欧洲基督教意义上的"上帝"观念，与基督教"上帝"所对应的是"天"。"天"作为一种难为人类驾驭的变化莫测的神秘力量，对人类的赐福与惩罚是人类感受最为真切的。正是与这种神秘且恐怖的力量的联系，使得君权的神秘性与神圣性确立起来。"王者天之所予"，"天"之权也就是王之权。董仲舒《春秋繁露》说得明白："唯天子受命于天，天下受命于天子，一国则受命于君。君命顺，则民有顺命；君命逆，则民有逆命；故曰：一人有庆，兆民赖之，此之谓也。"帝王以"天"的名义行使"天"之权，成为不言而喻的"天理"。"天无二日，地无二主"，"普天之下，莫非王土；率土之滨，莫非王臣"的权力独享；"天下之事无小大皆决于上"的乾纲独断；"君要臣死，臣不敢不死"的生杀予夺权；"非刘氏而王者，天下共击之"的权力家族垄断，在"天"与"天理"的名义下成为帝王的神圣之权。

然而，与"神圣君权"相伴生的问题是，帝王独享的"神圣权力"何以落在某个人身上，而非他人身上？这是必须回答的问题。这个问

---

[1] 生活于原始状态的爱斯基摩人说："我们相信我们的巫医、我们的魔法师。我们相信他们，是因为我们希望自己能活得长久些，是因为我们不愿受到饥荒和饿死的威胁。我们相信他们，是为了使自己的生活安全、食物有保障。如果我们不相信魔法师，我们要狩猎的动物就会全无踪影。如果我们不听从他们的劝告，我们就会生病、死亡。"见斯塔夫里阿诺斯：《全球通史：1500年以前的世界》，吴象婴、梁赤民译，上海社会科学出版社，1988年，第72页。

题之所以重要，是因为它涉及君权的合法性与正当性，尤其是在改朝换代之际，它涉及削平群雄的开国皇帝的君位合法性问题；一旦这个问题解决了，皇帝的神圣性、皇室家族的神圣性问题都迎刃而解。于是问题便转换为，谁是"奉天承运"之人？在群雄逐鹿中以武力问鼎大位，固然可以被解释为蒙受"上天眷顾""天降大任"，但仅靠这一点似乎还不够服人心。因为，仅凭武力成功作为唯一标准，则人人都想以武力证明自己受上苍垂青，从而产生不间断的"犯上作乱"。这实际上是将自己置于危险境地。很显然，夺取大位的帝王必须有遏制他人萌生觊觎之心的独门货才行。在此情势下，"天赋异象"的超自然表征，即帝王独有的"皇权神迹"，作为"承天命"的帝王标志应运而生。对于君权的神圣性与正当性，"皇权神迹"成为不可或缺的根本元素。

作为君权神授的标志，帝王的"天赋异象"最初表现为帝王的出生神迹。黄帝是因其母见雷电绕北斗身感有孕而生；夏朝的创立者禹是因为母亲吞食了神珠薏苡而生；商的先祖是其母吃了玄鸟的卵而生；周的先祖是其母踏巨人足迹而生。诸如此类的君王神迹，恐怕不能单从所谓"母系社会"的"不知其父"来解释。从古代"权力神圣观"而言，更应该理解为这些传说都是借"君王"之母的肚子，建立君王的超自然身份，其手法与基督教所谓处女玛利亚因神降孕而诞生基督耶稣，属于同样的范畴；没有这个超自然的"神迹"，君权的神圣性就失去了"奉天承运"这个根基。

在帝制之前的这些传说中，尤以周祖先的传说具有典型性。《史记·周本纪》："周后稷，名弃。其母有邰氏女，曰姜原。姜原为帝喾元妃。姜原出野，见巨人迹，心忻然说，欲践之，践之而身动如孕者。居期而生子，以为不祥，弃之隘巷，马牛过者皆辟不践；徙置之林中，适会山林多人；迁之而弃渠中冰上，飞鸟以其翼覆荐之。姜原以为神，遂收养长之。初欲弃之，因名曰弃。"司马迁《史记》所记周祖传说，属于经历演化后的定型，此前传说形式可能有所不同。但无论如何，其中的两个原始因素是固有的：一是"天源"（或天缘）。姜原践巨人迹而孕，"巨人"不过是"天"之媒介，而本源在"天"。这是后来"皇帝神迹"传说中开国皇帝之母与神灵交感而孕的原型。二是"神迹"。姜原之子被弃于"隘巷"，来往的牛马避而不践踏之，弃之冰上，"飞鸟以其翼覆荐之"的"神异"之象，是帝王神迹的恒久元素。在皇权时代，表现皇帝"异象"的这两个原始因素，在形式上随时代推移而日益多样化，但不管如何变化，都是不可或缺的。

秦始皇并吞六国，一统天下，被称作"千古一帝"，本应有相应的"天赋异象"的传说，但秦政崇尚法家，不相信儒家教化的软实力，焚书坑儒，施政暴虐，皇祚短暂，二世而亡。秦政制为后世儒士所非议，故秦始皇的神迹不多。《史记·秦始皇本纪》未记其出生神话，只有一段有关嬴政异相的记载："秦王为人，蜂准，长目，挚鸟膺，豺声，少恩而虎狼心。"

但刘邦建立汉朝，情况就大不同了。刘邦以泗水亭长的卑微身份夺得皇位，在当时世卿世禄的社会中，自然谈不上"名正言顺"。为了赋予暴力夺权行为以合法性与正当性，不得不在其身份的神秘性与神圣性上大做文章。其结果是，刘邦这位被其父称作"无赖"的痞子皇帝的所谓"神迹"，呈现出前所未有的典型性与完整性。

首先是出生神话："其先刘媪尝息大泽之陂，梦与神遇。是时雷电晦冥，太公往视，则见蛟龙于其上。已而有身，遂产高祖。"这是人神交合而孕的典型，"蛟龙"取代周弃神话中的"巨人"，成为"天"之媒介。此后，"龙"及其形象逐渐具有垄断性，成为皇帝与皇权的独家标识物。刘邦以牺牲其母贞操的方式，确立了自己的"天源"身份，开启了为达目的不择手段之厚颜无耻的先河。其次是容貌异相："隆准而龙颜，美须髯，左股有七十二黑子。"从此"帝王异相"成为"帝王神迹"的内容之一，与君权神圣性联系起来；反之，则不免遭受"望之不似人君"的讥讽。再次是奇禀异行：每醉卧，人常见"其上常有龙"；所居之处"常有云气"；更令人称奇的是"赤帝子斩杀白帝子"的传说：

刘邦"夜径泽中，令一人行前。行前者还报曰：'前有大蛇当径，原还。'高祖醉，曰：'壮士行，何畏！'乃前，拔剑击斩蛇。蛇遂分为两，径开。行数里，醉，因卧。后人来至蛇所，有一老妪夜哭。人问何哭，妪曰：'人杀吾子，故哭之。'人曰：'妪子何为见杀？'妪曰：'吾子，白帝子也，化为蛇，当道，今为赤帝子斩之，故哭。'人乃以妪为不诚，欲告之，妪因忽不见"。通过神人交合而孕，体貌异相，奇禀异行等"天赋异象"，刘邦本人的超自然的"神圣性"身份得以确立。

刘邦版的"皇帝神迹"成为后世模板。《南史·梁本纪》记梁武帝萧衍："初，皇妣张氏尝梦抱日，已而有娠，遂产帝。帝生而有异光，状貌殊特，日角龙颜，重岳虎顾，舌文八字，项有浮光，身映日无影，两髀骈骨，项上隆起，有文在右手曰'武'。帝为儿时，能蹈空而行。及长，博学多通，好筹略，有文武才干。所居室中，常若云气，人或遇者，体辄肃然。"梁武帝之母张氏的所谓"尝梦抱日，已而有娠"，与刘邦之母刘媪的"梦与神遇"、蛟龙覆身云云，可谓如出一辙，其核心都是天人交合而孕；而体貌异相即所谓"日角龙颜，重岳虎顾，舌文八字，项有浮光，身映日无影，两髀骈骨，项上隆起，有文在右手曰'武'"，以及"蹈空而行"、"博学多通"、"所居室中，常若云气"等奇禀异行，与刘邦故事也一般无二。

《隋书·帝纪》记隋文帝杨坚："皇妣吕氏，以大统七年六月癸丑夜生高祖于冯翊般若寺，紫气充庭。有尼来自河东，谓皇妣曰：'此儿所从来甚异，不可于俗间处之。'尼将高祖舍于别馆，躬自抚养。皇妣尝抱高祖，忽见头上角出，遍体鳞起。皇妣大骇，坠高祖于地。尼自外入见曰：'已惊我儿，致令晚得天下。'为人龙颔，额上有五柱入顶，目光外射，有文在手曰'王'。长上短下，沈深严重。"所谓出生时"紫气充庭"，"头上角出，遍体鳞起"、"龙颔，额上有五柱入顶，目光外射，有文在手曰'王'"云云，无一不是"天赋异象"的"帝王神迹"。

《宋史·本纪》记宋太祖赵匡胤："后唐天成二年，生于洛阳夹马营，赤光绕室，异香经宿不散。体有金色，三日不变。既长，容貌雄伟，器度豁如，识者知其非常人。学骑射，辄出人上。尝试恶马，不施衔勒，马逸上城斜道，额触门楣坠地，人以为首必碎，太祖徐起，更追马腾上，一无所伤。又尝与韩令坤博土室中，雀斗户外，因竞起掩雀，而室随坏。"显然都是大同小异的套路。

《明史·太祖本纪》记明太祖朱元璋："陈氏，方娠，梦神授药一丸，置掌中有光，吞之，寤，口余香气。及产，红光满室。自是夜数有光起，邻里望见，惊以为火，辄奔救，至则无有。比长，姿貌雄杰，奇骨贯顶。志意廓然，人莫能测。"也许是因为时移世易，"神人交感而孕"难以再惑人耳目，故老套的"梦与神遇"或"尝梦抱日"变成了"梦神授药一丸"，形式虽异，本质则一，都是赋予其母腹中所怀的胎儿以超自然性；至于所谓"及产，红光满室"，以致被邻居误认为失火，以及所谓"姿貌雄杰，奇骨贯顶"云云，都是"神命之主"的俗套。

萧衍、杨坚、赵匡胤、朱元璋式的"皇帝神迹"其实不过是刘邦式"皇帝神迹"的翻版。中国两千余年的皇权时代，"天人感应"观念之下，每位皇帝尤其是开国皇帝几乎都有诸如此类的"神迹"，通过这种"神迹"而展示其神圣性，其夺取"天下"的合理性与正当性。不过，在塑造这种"神圣性"的套路中，核心"神迹"会有所不同，有些只是突出其中一二点。如《太平御览》转《唐书》记唐高祖李渊："高祖生长安，紫气冲庭，神光照室，体有三乳，左腋下有紫志如龙。"《旧唐书·本纪》记唐太宗李世民："隋开皇十八年十二月戊午生于武功之别馆，时有二龙戏于馆门之外，三日而去。……龙凤之姿，天日之表。"一是出生神话与超自然现象相联系，二是体貌特征异乎寻常。

这种旧套路一直延续到清代，如《清史稿·世祖本纪》记清世祖福临："母孝庄文皇后方娠，红光绕身，盘旋如龙形，诞之前夕，梦神人抱子纳后怀曰：此统一天下之主也。……翌日上生，红光烛宫中，香气经日不散。上生有异禀，顶发耸起，龙章凤姿，神智天授。"塞外马背上的蛮族首领入主中原后，也迅速学会了"汉家天子"维护神圣权力的老把戏，最终以中原传统模式来确立其"神迹"。这种情况一方面说明人类的心理反应机制大同小异，维护神圣权力的把戏具有共同性；另一方面也说明，神圣君权已经深入人心，成为根深蒂固的心态模式，实行起来确实是行之有效。

有意思的是，在帝制退出历史舞台之后，这套老把戏还远未消失。袁世凯夺取民国大总统权位后，处心积虑当皇帝。为制造舆论，袁世凯以"真龙"自居，到处搜求"龙瑞""龙迹"。1915年10月，湖北宜昌神龛洞中发现恐龙化石，被当成"龙瑞"电奏北京。袁闻之大喜，册封恐龙化石为"瑞龙大王"，改宜昌为"龙瑞县"，并令从省库中拨款万元修祠堂供奉。九龙白玉杯是袁从清废帝溥仪那里弄来的心爱之物。袁午休时，书童不小心将杯子打碎，惊恐中想到了一个避免遭受责罚的妙计，于是谎称看见一条白龙飞入袁卧室内，因受惊吓而致使杯子脱手坠地。袁世凯听后喜不自抑。还有，袁称帝前，洗澡时将大鱼鳞夹带进浴室，偷偷丢在浴池内，以便侍者清理浴池时发现鳞片，散布他是顺应天命的"真龙天子"的神话。[1]

"专制主义是一种宗教。"[2]传统"皇权神圣观"之下的"皇帝神迹"是一种政治伦理的思维定式，这种思维定式经过官方的强力灌输，形成社会氛围，演化为民众心态，就自然固化为一种统摄民众心灵的永久性力量。这种统摄力弥漫开来，较之有形的经济与政治措施，渗透力更强，可谓无远弗届，无孔不入，使民众"无所逃避于天地之间"，不得不接受其影响，最终演化为传统政治思维的逻辑起点，"理故宜然"的"天理"，其作用就如同古希腊逻辑学中作为前提而存在的"不言自明的"（self-evident）"公理"。这种心态是维护皇权合法性与正当性的最强大的力量之一。

不过，不同于有些国家（如日本）王权"万世一系"观念，中国传统政治思维中，与"皇帝神迹"并存的是"天道无常，惟有德者居之""天命无常，惟眷有德"的观念。这种观念一方面使任何人（哪

---

[1] 见香港《大公报》载陆茂清：《袁世凯造作"真龙天子"》，中新网2011年6月10日。
[2] Marc Bloch, *Les rois thaumaturges*, p. 345.

怕是刘邦式的无赖之徒）夺得大位后都可以为自己贴上"有德"的标签，另一方面也使觊觎皇权、夺取皇位成为证明自己"有道""有德"的手段。于是，在执掌大位的统治者极力宣扬自己的"皇帝神迹"之时，反抗者也往往"创造神迹"以证明自己"奉天承运""受命于天"。陈胜、吴广高喊"王侯将相宁有种乎"的同时，也不忘制造"神迹"——鱼腹置书"陈胜王"，令人狐鸣夜呼"大楚兴、陈胜王"——以鼓动人心。皇权时代走马灯似的王朝更迭中所呈现的历史事实是，越是崛起于草莽之间的下层造反者如刘邦、朱元璋，越是用心于制造"神迹"，以便用来证明自己的神圣性，以及夺取权力的"天命所归"，用今天的话说就是"必然性"，故他们的"皇帝神迹"往往编造得格外圆满、生动。这与英法王权每当陷于危机时，国王为人触摸治病规模就呈现增长之势，是同样的道理。

　　在前现代世界各国各民族，政权的合法性与正当性毫无例外地基于两点：一是"君权神授"观念，二是血统世袭原则。虽然历代统治者都自诩自己的统治是"顺天应人"，但权力的合法性与正当性并非基于民意，而是"奉天承运"——没有这一点，世袭制度下的权力垄断就没有法理基础；而一旦政权稳定，世袭原则本身就成为权力合法性与正当性的表现。西汉末年农民起义者，硬是强行"拥戴"刘氏后裔15岁的放牛娃刘盆子为帝，以便发号施令。个中原因是，开国皇帝的"神圣性"通过血缘关系带来家族神圣性，以家族神圣性为前提的血统世袭原则和权力垄断，意味着权力的合法性和正当性。

　　布洛赫多次强调，社会状态"在深层性质上是心态"。"皇帝神迹"是中国史册中司空见惯、俯拾即是的重要内容；对"皇帝神迹"的信仰，是中国前现代社会的重大历史现象，是民族政治心态的重要（甚至是核心）组成部分。近代以来，虽然已有"从来就没有什么救世主，也不靠神仙皇帝"的"显意识"，但作为中国文化传统中根深蒂固的"潜意识"，"皇帝神迹"塑造的政治心态，尤其是集体心理状态，至今仍有所表现。

令人遗憾的是,从"皇帝神迹"角度书写的中国政治史著作迄今尚未出现,从这个角度进行的民族心态史的研究还没有展开。20世纪初新文化运动以来的国民性研究与批判,虽与民族心态研究有一定关联,但毕竟不是遵循同样的路径。因此,我甚是希望,中国学者不要再以惯常的老套路,将这些"皇帝神迹"简单地以"迷信"视之而置之不理,而是从心态史、社会心理学的角度,写出一部令人耳目一新的"皇帝神迹史"。一部内容充实的"皇帝神迹史"会让人们明白,历史上乃至时下流行的形形色色的"政治神话"之所以大行其道,是因为它符合两千余年来"皇帝神迹"塑造的民族心态,符合这种根深蒂固的心态环境所滋育的文化接受习惯。只有完成对民族心态的剖析之后,思想启蒙方能更为有的放矢。

(2013年11月)

古代中国与希腊罗马世界

# 近百余年黎轩、大秦问题研究述略

黎轩、大秦问题是早期中西关系史研究中的重要问题。近百余年来，中外学者对这一问题的研究投入了巨大精力，提出了不少见解，但就整体而言，黎轩、大秦问题仍是聚讼纷纭，莫衷一是。原因大略有二：一是中国古籍中记载黎轩、大秦的原始材料太少，而且不乏晦暗不明乃至相互抵牾之处；相关辅证材料也不多，难以取得补证。二是中外学者的研究方法存在差异：中国学者多固守原材料"小心求证"，谨慎有余，突破不足；西方学者敢于"大胆假设"，敢于立说，但难免穿凿附会，臆断误解。大致说来，近百余年来对于黎轩、大秦问题的研究，日本和西方学者的成绩实超过我国，个中原因，不言而喻。本文就个人阅读范围所及，对此间国际学术界的研究成果做一粗略综述，或可对进一步的研究有所助益。

## 一、黎轩问题

黎轩是汉代史籍中记载的西域"大国"，《史记》和《汉书》所保留的对它的最初的记载，反映了汉代中原王朝大规模经营西域时中国人域外知识的极限。

秦亡汉兴以后，面对中国北部匈奴的威胁和骚扰，汉高祖刘邦在建汉不久即试图通过武力加以解决。公元前200年平城一战，汉军被围，险遭全军覆没。此后汉廷对匈奴采取守势，不敢发动大规模进攻。经过几十年休养生息，一代雄主汉武帝（前140—前87）践祚之时，汉朝兵马日强,已有足够力量对匈奴展开反击。为了联合很久以来遭受匈奴压迫的大月氏共击匈奴,切断匈奴与西域各部落的联系,"断其右臂",汉武帝派张骞出使西域,展开外交活动。

大月氏原居"敦煌、祁连间",遭匈奴两次打击后,迁移到伊犁河下游地区;遭到乌孙打击后再次西迁,越过药杀水,"都妫水(即阿姆河)北为王庭"。公元前139年,张骞一行百人动身出使大月氏,途径匈奴统治的河西走廊时被匈奴羁留达十年之久。张骞持汉节不失,逃出匈奴后于公元前128—前127年到达大宛、大夏、康居和大月氏,从这些国家闻知"其旁大国五六",即乌孙、奄蔡、安息、条支、黎轩和身毒,知道安息"西则条枝,北有奄蔡、黎轩。条枝在安息西数千里,临西海"。这是司马迁《史记·大宛列传》根据张骞的报告首次记载提到黎轩这个国家。

由于张骞本人所得有关黎轩的知识不多,司马迁只是简单地提及黎轩的大致方位。此后,司马迁又两次提到黎轩这个国家:一是张骞西域凿空后西汉政府对河西走廊的经营及对西域的交通:"汉始筑令以西,初置于酒泉郡以通西北诸国。因益发使抵安息、奄蔡、黎轩、条枝、身毒国……诸使外国辈大者数百,少者百余人。"汉廷派出的使节显然并没有到达黎轩国,否则不会没有下文。一是西汉朝廷与波斯安息王朝的交往:"初,汉使至安息,安息王令将二万骑迎于东界。……汉使还,而后发使随汉使来,观汉广大,以大鸟卵及黎轩善眩人献于汉。"这就是《史记》对黎轩国的全部记载。

班固《汉书·西域传》对于黎轩国同样着墨不多,只是提到:"乌弋山离国……东与罽宾,北与扑挑,西与犁靬、条支接。"《汉书》与《史记》的不同,一是写法不同,作犁靬;二是方位不同,在安息之西。乌弋山离在今阿富汗锡斯坦[1],罽宾在帕米尔之西,扑挑即巴克特里亚,条支位于两河流域的波斯湾头。这几处考证已经大致不成问题,

---

[1] 有关乌弋山离的各种考证,见 D. D. Leslie and K. H. J. Gardiner: Chinese Knowledge of Western Asia during the Han, *T'oung Pao*, LXVIII(1982)4-5, p. 289.

唯有黎轩的考订，至今学者们仍难有一致见解。

《史记》《汉书》之后，黎轩一名多次见诸其他史籍，只是写法稍异，《后汉书》《晋书》作犁鞬；《魏书》《北史》与《史记》同作黎轩；《魏略》与《汉书》同，作犁轩。公元 2 世纪以后，中国史籍称，黎轩与大秦为同一国家，大秦亦名黎轩，黎轩为大秦之旧称。

黎轩问题的研究，主要分为两个方面：一是对音之检核，二是地望之考证，这两个方面互为关联，密不可分。百余年来的有关黎轩问题的研究大致围绕这两个方面展开。

关于黎轩一名的对音，早期的众多说法多从语音的相似性立论，如 Regnum 说，Hellenikon 说，legiones 说，Βασιλικήν（希腊文"皇城"之意）说，Lycia（指叙利亚地方的塞琉古帝国）说，以及 Hyrkania（位于里海南岸的地区）说[1]，等等。以上各说，论据单薄，说服力不强，影响不大。

在黎轩问题的研究上，真正自成一说而对后来研究产生较大影响的，首推德国学者夏德（F. Hirth）。夏德于 1885 年发表其名作《中国及罗马东边地》（F. Hirth, *China and the Roman Orient*: *Researches into Their Ancient and Medieval Relations as Represented in Old Chinese Records*, Leipsic & Münich, Shanghai-Hongkong, 1885；朱杰勤译作《大秦国全录》），广泛搜罗中国典籍中有关大秦国的材料并详加考证，对西方汉学家争议未决的问题提出答辩，一时大获赞誉，声名鹊起。其中于黎轩问题也有新解，夏德认为，《史记》《汉书》所记黎轩可能为塞琉西亚帝国，其对音为 Rekem 或 Rekam。Rekem 为那巴提

---

[1] 以上诸说散见于 Pauthier, *De l'Authenticité de l'Inscription Nestorienne de Si-ngan-fu, etc.*, Paris 1857, pp. 34, 55 seq.；E. H. Parker, Chinese knowledge of early Persian, *Imperial and Asiatic Quarterly Review*, 3rd series, 15（1903）, p. 148; A. Herrmann, *Die westländer in der chinsischen kartograpgic*, 1922, 216, 444; B. Watson, *Records of the Grand Historian of China*, N. Y. 1961, p. 268 等。参见 D. D. Leslie and K. H. J. Gardiner：Chinese Knowledge of Western Asia during the Han, p. 296；夏德：《大秦国全录》，商务印书馆，1964 年，第 62 页。

国（Nabathaen kingdom）都城庇特拉（Petra）之旧名，在公元最初的两个世纪内庇特拉是一个贸易中心区，中国和印度的贸易物云集此地，世界商人经商多汇集于此。中国旅行家如张骞或甘英等通过安息人提供的消息，知道它是中国丝绢的市场。当汉使在安息国幼发拉底河河畔商埠于罗（Hira）等地问及丝货运往何处时，当地人可能回答将运往 Rekem。Rekem 即中国史籍中黎轩的对音。

但是《史记》作黎轩，《汉书》作犁靬，《史记正义》称"轩"音巨言反，又巨连反，当读作 gian，与《汉书》"靬"同。关于 Rekem 之"m"音能否转为"n"，夏德解释说，"Rekem 的第一个音节，在汉语中只能释为犁，至于字末的 m 中国人译成 n 音，或因最初写下这个名字的中国人并不是直接从该地听来，而可能是通过一个供给消息的人得来，后者所操的阿拉密语（Aramaean）和庇特拉地方所操的阿拉密语，方言上有所不同。"[1]但未提出更有力的佐证。更为重要的是，张骞闻知黎轩一名在公元前 2 世纪末，此时庇特拉是否已异常繁荣，以致声名远震为张骞闻知？据认为，庇特拉作为贸易城市，其重要性在公元前 1 世纪才显露出来。[2]另外，夏德为了使《史记》中有关黎轩的文字符合自己的观点，改变了原文的标点，将原文"其（安息）西则条枝，北有奄蔡、黎轩。条枝在安息西数千里，临西海"，改断为："其（安息）西则条枝，北有奄蔡。黎轩条枝在安息西数千里，临西海"，这种做法是否合适也是问题。后来夏德本人也感到己说不妥，于 1917 年放弃成说。[3]

夏德重新标点原文，将黎轩条支视为一体的做法，在客观上排除了《史记》和《汉书》在地望上的矛盾。其他学者也有同样的做法。法兰克（Otto Franke）从历史和语言两个方面进行考证，认定黎轩即 Seleucia，条支即 Antiochia（Orente 河畔的 Antioch 和底格里斯河口

---

[1] 夏德:《大秦国全录》, 第 61—62 页。

[2] D. D. Leslie and K. H. J. Gardiner : Chinese Knowledge of Western Asia during the Han, p. 296.

[3] F. Hirth, The Story of Chang K'ien, *Journal of the American Oriental Society*, 37（1917）, p. 144.

的 Antioch-Charax），并且他认为，黎轩不仅仅指 Seleucia 城，而且也指波斯帝国的 Babylonia，条支指底格里斯河下游地区或整个 Seleucia 帝国，并不仅仅指 Antiochia。在对音上，法兰克认为黎轩－条支（古音读为 liôr-g'ian t'iôg-tsie）来自 Seleucia/Antiochia，可能指塞琉西亚和安条克两个城，也可能指"塞琉古－安条克"国家，或者指塞琉西亚的 Antioch，或者指底格里斯河上的 Seleucia-Antioch 城。另一位学者哈隆（Haloun）认为黎轩之古音应读作 slieh-g'ian，即 Seleucid Empire（塞琉西亚帝国）。这种见解未能被其他学者接受。戴闻达（J. Duyvendak）认为，法兰克和哈隆创造的这个等式，即大秦和黎轩＝底格里斯河对岸的塞琉西亚，解决方法尽管很吸引人也很巧妙，但不能使人满意。[1]

近些年来，这种见解又为有些学者所发展。D. D. Leslie 和 K. H. J. Gardiner 于 1982 年发表题为《汉代中国人的西亚知识》的文章，对黎轩即塞琉西亚的说法又有所发挥。首先，作者肯定了夏德的标点法，认为中国、日本和西方的学者受到顾颉刚错误标点的影响而误入歧途，正确的标点法应为，"其（安息）西则条枝，北有奄蔡。黎轩条枝在安息西数千里，临西海"，认为"《史记》和《汉书》中的黎轩条支（我们也接受'黎轩和条支'的说法）是一个单独的实体，一个国家，肯定就是塞琉西亚帝国，或者是塞琉西亚帝国的两个继承国。中国作家可能根据安息人提供的消息，把它们联系起来当成了一个双胞实体，就像我们称'匈奥帝国'或'米底亚－波斯人'一样"。到了东汉时期，波斯和罗马瓜分了塞琉西亚帝国的大部分领土，《后汉书》才不提及黎轩—条支，从前的"黎轩"从"条支"分离开来，等同于这个地区的一个新兴强国大秦，即罗马帝国的东部，此时的"条支"指塞琉西亚帝国在两河流域的残余国而隶属于波斯。至于黎轩条支的对音，作者认为应是 Seleuciantioch，黎軒（Li-kan）中的"an"音系

---

[1] 戴闻达:《中国人对非洲的发现》，商务印书馆，1983 年，第 5—6 页。

借自Antioch一名中失落的"an"音，Antioch丢失"an"后即读作条支。这一观点遭到另一位学者E. G. Pulleyblank的严厉批评，后者认为这二人不熟悉古代中国文字的读音而牵强附会，所以其"见解虽有新意，但几无说服力，因为（黎轩条支）这四个字虽在《史记》和《汉书》的一二处碰巧并列出现，但也经常在各处以单个的双音名称出现"[1]。

夏德著作出版20年后，日本学者白鸟库吉于1904年提出黎轩为埃及亚历山大城的观点[2]，并在以后的研究中一再肯定和发挥其见解。法国学者伯希和于1915年也提出类似的观点，认为黎轩并非来自Rekem，张骞所得有关黎轩的知识来自大夏的中亚人，难以设想大夏的中亚人以一城市名称，统称地中海东全部。他认为黎轩一名可能是埃及的亚历山大。公元前2世纪，对于希腊化的大夏国，只有这个寓言般的城市亚历山大可以代表整个罗马东部领土。从语言上，以k表示x或许可以跟ks的换位相比。他举例说，巴利文《那先比丘经》（Milindapanda）中有"我本生大秦国，国名阿荔散"，其中之阿荔散即埃及亚历山大之译音。《史记》《汉书》记载，公元前140—前86年间安息王以黎轩眩人献于汉，当时亚历山大城的魔术师颇为著名。《后汉书》也曾记载眩人由印度赴东方。至公元1世纪末中国人与叙利亚接触后（指甘英西使），始以大秦之名称其地。[3]但伯希和对于"（安息）北有奄蔡、黎轩"一句未做任何解释；而且，自亚历山大东征以来，以亚历山大为名之地不计其数，即使黎轩确系转自亚历山大，也未必一定来自埃及亚历山大；埃及固有善眩人，但其他地方也有善眩人。《汉书》称条支国"善眩"，所以多善眩人这一事实也未必可作为

---

[1] E. G. Pulleyblank, The Roman Empire as Known to Han China, *Journal of the American Oriental Society* 119.1（1999），p. 73.

[2] 白鸟库吉：《大秦国与拂菻国考》，《史学杂志》第15编（1904年），中译见《塞外史地论文译丛》第1辑，王古鲁译，商务印书馆，1939年，第17—18页。

[3] P. Pelliot, Likan, autre nom de Ta-ts' in, *T'oung Pao*, 1915, pp. 690—691，中译见冯承钧译：《黎轩为埃及亚历山大城说》，《西域南海史地考证译丛》第7编，商务印书馆，1995年，第34—35页。

有力之证据。不过,由于白鸟库吉和伯希和在国际汉学界的巨大影响,并且此说确实较夏德的观点更为有力,所以多有相从者。[1]

另一位日本学者藤田丰八认为,黎轩系指米底亚的 Regha 或 Rhaga,此地位于伊朗北部的德黑兰(Tehrān),"善眩人"指古代波斯僧或魔术师。[2]藤田的说法解释了善眩人问题,其方位也与《史记》所载相合,但与《汉书》相悖。而且,如有的学者所指出,汉代的 Rhaga 一地应在安息境内,在安息领域之内求一个与安息有别的黎轩国,就不合道理了。[3]

我国学者张星烺认为,黎轩乃罗马一词的译音,他说:"黎轩原音,吾意即有罗马而来,今人译作罗马。前汉之张骞,后汉之甘英,或皆自波斯人得闻黎轩之名也。……闽南及粤东两地人今所用之话,多真正古代汉语。轩字粤人读作 gam(辫姆)或 ham(哈姆);黎轩两字,就粤人之音而速读之,则与 Rome 或波斯人所用之 Rum 相近矣。"[4]齐思和对此表示赞同。[5]岑仲勉对张星烺的观点表示反对。岑氏认为,"轩"字并非通俗易读之字,粤人只能根据字书用粤语反读,其收音为"n"而非"m",所以 Rome 急读则近于粤语"林";同时他还认为,黎轩也并非如某些人所说来自代表罗马人发祥地的 Latium,Latium 中的 tium 声母、韵母均与"轩"(gam)不相符。岑氏认为,

---

[1] 如 H. H. Dubs, *A Roman City in Ancient China*, The China Society, London 1957, p. 1; 戴闻达:《中国人对非洲的发现》; 冯承钧:《黎轩考》,《景教碑考》, 商务印书馆, 1935年, 第98—100页; 孙毓棠:《汉代的中国和埃及》,《中国史研究》, 1979年第2期, 又见《孙毓棠学术论文集》, 中华书局, 1995年, 第415—435页; 陈连庆:《公元7世纪以前中国史上的大秦与拂菻》,《社会科学战线》, 1982年第1期, 等等。

[2] Tayochacho Fujita, Li-hsüan et Ta-chin, *Memoirs of the Faculty of Literature and Politics Taihoko Imperial University*, Vol. I 1 (1929); 中译见藤田丰八等:《西北古地研究》, 杨炼译, 中国台湾商务印书馆, 1974年, 第134—160页。

[3] 白鸟库吉:《见于大秦传中的中国思想》,《桑原博士还历纪念东洋史论丛》(1931年), 见《塞外史地论文译丛》第1辑, 王古鲁译, 商务印书馆, 1939年, 第105页。

[4] 张星烺:《中西交通史料汇编》, 辅仁大学丛书, 1930年, 第1册, 第89页。

[5] 齐思和:《中国与拜占庭帝国的关系》, 上海人民出版社, 1956年, 第4页。

黎轩之名在中国史书上早于大秦约 200 年，其传入中国自当于新疆以西。梵文谓左（申言之为西）为 daksina，内法传翻为特崎拿，印度俗语作 dakkhina，略去 a 音即甚近于 dakhan，中亚语 d 音往往转化为 l 音，假若古代中亚语泛指罗马为西方，则读时可变为 Lakhan，而与黎轩相似。[1]但从历史角度，公元前 2 世纪末罗马之声势，未必达于远东。岑氏之说侧重于从语言学上立论，史据显得单薄。

  杨宪益认为黎轩一名来自"希腊"一词，他说："我们知道黑海至地中海一带古代为希腊文化所控制的地方。张骞去西方时，西亚的大国尚为希腊而非罗马，因此黎轩一名必与希腊有关。黎轩一名初见《史记》，而《史记》匈奴呼天曰'撑犁'即突厥语 Tengri 的对音，由此可知当时人用'犁'字代表 Gri 音。轩字既通轩，又通鞬，则其字必代表 Kien 或 Kia 音，即希腊。"[2]以音韵论，"犁"之对音当为 Tengri 中的"ri"而非"gri"；以时代论，希腊固然很早即以 Graecia 一名见称于拉丁世界，但大夏地方居民为希腊人后裔，他们绝不会以拉丁化的名称来称呼希腊，即使张骞在西域有获闻"希腊"一名的可能，也只能以希腊人的本称Ἕλλας（英文为 Hellas）相称，所以黎轩一名不可能来自"希腊"（Graecia）一名。

  以上诸说的一个共同特点是，认为中国史籍中的黎轩一名虽写法稍有变化，但均为一名移译，或者依据《史记》断其在安息北，或者以《汉书》将其置于安息之西；或者认定《史记》所记方位有误，而以《汉书》记载为依据而加以推演，换言之，即认为中国人对于黎轩的认识具有一贯性。这种研究思路受到质疑。沈福伟在《中国与非洲》一书中认为，《史记》和《汉书》的黎轩（黎軒）在相同的名称下代表了不同的地区。《史记》中的黎轩所代表的是公元前 2 世纪张骞出使大夏时伊朗高原捷詹河流域的特莱西那（Traxiane）；公元前 1 世纪

---

[1] 岑仲勉：《黎轩、大秦与拂懔之语义及范围》，《西突厥史料补缺及考证》，中华书局，1958 年，第 223—224 页。

[2] 杨宪益：《大秦异名考》，《译余偶拾》，生活・读书・新知三联书店，1983 年，第 173—174 页。

末，随着乌弋山离道（即伊朗南部至波斯湾）的开辟，《汉书》所记载的黎轩则是波斯湾北岸的希腊贸易站亚历山大里亚；罗马兴起后，黎轩成了大秦的别名，所以《魏略》《后汉书》中的黎轩代表了以埃及亚历山大为中心的罗马商业都会。[1]沈福伟的观点解决了《史记》与《汉书》在黎轩方位上的矛盾，但也不无罅隙：黎轩乃张骞出使大夏时所闻知的"大国五六"之一，没有证据证明特莱西那在当时有如此的显赫声势，可以位列其中之一"大国"；其次，认为"善眩人"来自特莱西那也缺乏有力的证据。不过，从历史认识演变过程看，这种思路有很大的合理性，是值得重视的。[2]

一个多世纪以来学者们在黎轩问题的研究上用力不能说不勤，但由于原始资料的缺乏或抵牾，加之补正资料的不足，任何一种观点都似乎言之有据，但又难以做到令人绝对信服。除非有新材料发现，这一难题恐怕在短时间内难以有大的突破。

## 二、大秦问题

中国史籍中的这个大秦国很早就被中外学者认定为罗马帝国，这一结论直到今天基本上为学术界所接受。大约从公元1世纪末，中国史籍中一再提到大秦国，并称大秦国即先前之黎轩国。汉以后之史家混黎轩（或犁靬）与大秦（罗马）为一，方豪认为，个中原因是"希腊大帝国，自亚历山大卒后，即分为：非洲之埃及王国、亚洲之条枝（应为塞琉古——引者）王国及跨欧亚二洲之马其顿王国，或称希腊王国。公元前167年，马其顿亡于罗马，于是在小亚细亚之领土亦为罗马所有，包括条枝即叙利亚在内，其时尚早于张骞西征数十年。罗马既继承希腊在欧亚之主权，中国史家乃认二者为一，言黎轩有时即

---

[1] 沈福伟:《中国与非洲》，中华书局，1990年，第30—37页。
[2] 陈志强:《中文古籍中有关大秦地理资料的分析》，*Istoricogeographica*, vol. 4 (1994), pp. 129-147.

指大秦,言大秦有时亦指黎轩"[1]。他又说:"'大秦'有广义狭义,狭义之大秦,或远或近,所指不一,当按每一文献,为之考证;广义之大秦,则为'西方'即'海西'之通称,犹今日所言'西洋',所指极广。"[2]这种见解大致不错。

大秦问题,也如同黎轩问题一样,主要集中在两个方面:一是其地望;一是名称的来源。

由于中国典籍对大秦的记载存在许多晦暗不明乃至矛盾之处,很难或根本无法将大秦考证为某一个地方,故大秦地望的考证,可谓众说纷纭。如亚美尼亚说,罗马帝国本土说,马其顿说,阿拉伯福地说,叙利亚为中心的罗马东部说,埃及说,等等。在这些说法中,以罗马帝国本土说、罗马东部说和埃及说三种见解影响较大。

在大秦地望的研究上,著名汉学家夏德自成一家之言。夏德对中国原始资料研究后说:"我对这些记载的解释,使我断定大秦古国,中古时代称为拂菻的国家,并非以罗马为首都的罗马帝国,而仅是它的东部,即叙利亚、埃及及小亚细亚,而且首先是指叙利亚。如果将大秦定为罗马东部,则中国典籍所载的事实大部分可以追寻,而且可以做出合理的解释,无须诉诸事未必然的臆说。如指为全帝国,或意大利,或古罗马的任何其他部分,那么中国书上说法就与实际不符。"[3]由于夏德的《中国及罗马东边地》一书在众多问题上的出色贡献,此书出版后,有的学者认为有关大秦诸问题的考证已成定论。但也有学者不以为然,夏德著作发表后的第二年即1886年,阿伦撰文提出批评和商榷,认为夏德的罗马东部说虽大致可以接受,但大秦并非叙利亚,而是亚美尼亚。夏德撰文回应,坚持成说。两人相互辩难二次,

---

[1] 方豪:《中西交通史》(上),岳麓书社,1987年,第148页。
[2] 同上,第158页。
[3] Hirth, *China and the Roman Orient*, p. vi.

互不相让，各持己见。[1]但实际上夏德见解的权威地位并未动摇。

夏德之后，在大秦问题研究上产生重要影响的两位汉学家是伯希和与白鸟库吉。伯希和对于大秦地望的考证基本上是基于他对黎轩地望的比定，由于他将黎轩比定为埃及的亚历山大城，中国史书又明确说"大秦亦称黎轩"，所以他很自然将大秦比定为埃及与其政治经济中心亚历山大城。由于伯希和在西洋学术界的权威地位，虽然他对大秦问题的著述文字不多，影响却不小。

在大秦问题研究上用力最勤的当推日本学者白鸟库吉，他在此一问题上的著述规模和深入程度为他人所不及。早在1904年，他就发表了《大秦国及拂菻国》的长篇论文，1931年又发表《见于〈大秦传〉中的中国思想》和《见于〈大秦传〉中的西域地理》两篇论文，详述其研究心得。白鸟氏的观点虽与伯希和近似，但论证之详则远过于后者。在近三十年的研究中，白鸟对大秦的考定虽在表述上稍有变化，但观点基本保持连贯一致，即认为汉魏时代中国人所称的大秦国，就是西人所说的罗马帝国东部，其中心为埃及的亚历山大城。[2]由于白鸟氏的著述向为我国学界所关注并被及时移译为中文，所以白鸟氏的观点在我国影响甚大。

罗马帝国本土说也有不小的影响。较早提出此说的学者是德国地理学家李希霍芬等，但论证并不充分。[3]我国学者中，王国维较早涉及这一问题，但他未撰文参与讨论，而是以诗代文，表达自己的学术见解。《读史二十首》其一曰："西域纵横尽万城，张陈远略逊甘英。千秋壮观君知否，黑海东头望大秦。"[4]实际上是将大秦比定为黑海以

---

[1] H. J. 阿伦:《大秦是什么地方》；夏德:《对阿伦先生的论文〈大秦是什么地方〉的答辩》；阿伦:《大秦及其属国》；夏德:《对阿伦先生〈大秦及其属国〉的答辩》。两人辩论文章均发表于 *Journal of the China Branch of the Royal Asiatic Society*, 1886, 译文见夏德:《大秦国全录》，第141—155页。

[2] 白鸟库吉上述三文的中译文见《塞外史地论文译丛》第1辑，王古鲁译，商务印书馆，1939年。

[3] F. Richthofen, *China*, I, Berlin 1877, pp. 469-473.

[4]《王国维文学美学论著集》，北岳文艺出版社，1987年，第311页。

西的罗马帝国领土。1939年日本学者宫崎市定对这种见解做了较充分的申说，认为中国史籍中的"西海"是地中海，条支是叙利亚，大秦是罗马本土。他对以前的研究成果评论说："自希尔特（即夏德——引者）在《中国与大秦》（即《大秦国全录》——引者）中把条支比定为迦勒底、把西海比定为波斯湾以来，东西方的学者大致皆信奉其说，藤田（丰八）博士仅稍东移之，结果仍未跳出希尔特的旧套。其结果是不得不在叙利亚或埃及地区寻找与条支相接的大秦，不仅使当时连接东西方的交通大干线徒然埋没在埃及的沙漠中，而且使一个错误又产生另一个错误，以至于不得不以阿拉伯沙漠为海，而以大秦国为无可有之乡。"[1] 岑仲勉也以大秦即罗马帝国本土。[2]

值得注意的是，近年来罗马帝国本土说获得新的支持者。在国内以余太山[3]的研究为代表；在欧美学术界以 D. D. Leslie 和 K. H. J. Gardiner 的论证最为详博，此二人先是于1982年发表《汉代中国人的西亚知识》，后在1995年又发表《条条道路通罗马——中国对罗马帝国的知识》；最后在1996年出版四百多页的专著《汉文史料中的罗马帝国》，基本上囊括了迄今为止有关大秦问题研究的主要成果，对大秦地理的结论是：大秦并非夏德、沙畹、伯希和与白鸟库吉等人所称的罗马帝国东部，而是整个罗马帝国。[4]

关于大秦一名的来源，较早研究大秦问题的汉学家艾约瑟（J. Edkins）认为，中国人也许是因为罗马人与秦朝一样迅速获得军事成功，征服其周围的国家，而将他们与秦朝相比，但也有可能是因为到中国传教的佛教徒以大秦指称罗马，所以这个名称大概可以从班超时

---

[1] 宫崎市定:《条支和大秦和西海》,《史林》,第24卷第1号,见刘俊文主编《日本学者研究中国史论著选译》,中华书局,1993年,第9卷,第385—413页。

[2] 岑仲勉:《黎轩、大秦与拂懔之语义及范围》,《西突厥史料补缺及考证》,第225—226页。

[3] 余太山:《条枝、黎轩和大秦》,《塞种史研究》,中国社会科学出版社,1992年,第183—209页。

[4] D. D. Leslie and K. H. J. Gardiner : Chinese Knowledge of Western Asia during the Han, *T'oung Pao*, 68（1982）; "All Roads Lead to Rome": Chinese Knowledge of the Roman Empire, *Journal of Asian History*, 29（1995）; *The Roman Empire in Chinese Sources*, Roma 1996.

代中亚（阿富汗）和印度流行的某种语言中找到。[1]后来他将这个名称直接归于梵文对中亚希腊人的称呼 Javan。[2]类似的观点也见于其他学者的著述中。[3]

藤田丰八认为，古代安息人称罗马及其东方领土为 Dasina，意为"左"，左即西，Dasina 去掉尾部的"a"即为 Dasin，大秦即为 Dasin 之音转。《后汉书·西域传》，"以在海西，亦云海西国";《魏略》："在安息之西，大海之西，……其国在海西，故俗谓之海西。"可以为证。安息人称罗马及其领土为 Dasin，类似今人称欧洲为"远西"、"泰西"。[4]

岑仲勉认为："考大秦、切韵 d'âi dz'ĕn，今北京 ta ts'in，又古时波斯称我国为 mačin 或 masin。Čin 或 sin 为'秦'字之音写，已成定论。由此推理，dašina, dašin → da dšin → da dzin（z 与 d 为类化），'大秦'为'西方'之音写，已无可疑。中亚人称中亚以西曰'西方'，犹诸我国称玉门关以西曰'西域'耳。……张骞出使，两被匈奴拘执，留大月氏岁余，还则并南山从羌中归，所接触者多是印度俗语流行区域，故依印度俗语称西方为黎轩也。班勇承其父班超之后，任西域长史，居柳中。当时此一带地方多属伊兰族占有，故勇又依伊兰语称西方为大秦地也；《后汉书》仍特称'一名犁鞬'以明其地相同。可见后汉立大秦之名，无非因时制宜，求与当地土语相合，便于传达，初无故为立异之意。"[5]参岑氏之说似本藤田之说而衍化之。

白鸟库吉极力否定藤田之说，认为无历史证据证明安息人或阿拉

---

[1] J. Edkins, What did the Ancient Chinese Know of the Greeks and Romans, *Journal of North-China Branch of Royal Asiatic Studies*, 18(1883), p. 2.

[2] *The China Review*, vol. XIX(1891), p. 57.

[3] M. Kordosis, China and the Greek-Roman World, *Historicogeographica*, vol. 2, Thessalonica 1992, pp. 194-205.

[4] Toyochacho Fujita: Li-hsüan et Ta-chin, *Memoirs of the Faculty of Literature and Politics Taihoku Imperial University*, vol. I, 1(1929), pp. 43—75; 中译见藤田丰八等著:《西北古地研究》，杨炼译，中国台湾商务印书馆，1974年，第134—160页。

[5] 岑仲勉:《黎轩、大秦与拂懔之语义及范围》，《西突厥史料补缺及考证》，第226页。

伯人称罗马帝国为 Dasin。他认为汉代中国人绝不以为世间其他国家优于中国，后闻知西极有一强国与中国不相上下，乃视之为中国之流裔。因当时中国人自称"汉"、"中国"与"秦"，故命名此国为"秦国"，此国人为"秦人"。且当时中国人深信世界极东有仙境蓬莱与扶桑，极西有西王母，此中人颇为巨大。当闻知大秦国接近于西王母，所以推定此国人必长大平正，此国人既属秦人苗裔，容貌又似神仙，且长大过于常人，所以名之为"大秦"。故描述大秦国文物制度，极力以本国文物制度相比拟，极尽美化。"大秦"之"大"乃指该国人的身材高大。[1] 白鸟库吉是具有强烈帝国主义思想倾向的日本学者，对中国人的成见导致他对中国古籍的成见，所以他否定中国典籍《大秦传》的价值。对遥远地区做夸张乃至失真的记载，是东西方史书的共有特征，如夏德说："在我们所称的古代中国学者的'经典'中，比起我们希腊罗马的经典编辑中的错误要少得多。"其他学者也以具体研究证明《大秦传》有关记载并非是白鸟库吉所形容的乌托邦。[2]

实际上，与秦有关的名称存在于中国文献中，并非自后汉时代起。《山海经》卷14《大荒东经》有："从昆仑以东得大秦人，长十丈，皆衣帛，从是以东万里，得中秦人，长一丈。"此显系荒诞不经之臆传。汉代初期在使用"秦"时意义有所不同。《史记·高祖本纪》载，因有人告楚王信谋反，汉高祖刘邦计捕韩信，大赦天下，群臣庆贺。有大臣在贺词中提醒刘邦注意齐国的形势："夫齐东有琅邪、即墨之饶，南有泰山之固，西有浊河之限，北有渤海之利。地方二千里，持戟百万，县隔千里之外，齐得十二焉，故此东西秦也。"这里的"东西秦"已有新义。盖早初秦国发自陇西，地域偏远，文化落后，中原他国视之为蛮夷之邦，但它终于强大，并吞六国。故"秦"之名自汉代起即有"强悍之邦"的意思。"大秦"之"大"字，并非身材高大之意。《诗经·小雅·大东》篇有"大东小东"意为近东远东，所以大秦也可解作"远方之强

---

[1] 白鸟库吉:《见于大秦传中的中国思想》。
[2] M. Kordosis, China and the Greek-Roman World, *Historicogeographica*, vol. 2, pp. 161-176.

悍国家"。若以汉代中国史籍对"大秦"的记载比观，此义至为明显。两汉时代中国与罗马几乎同时崛起于欧亚大陆两端，其国力地位，文教制度遥相辉映，堪为东西两大强国。中国人以"大秦"即远方强国称之，可谓寓意巧妙。

"大秦"一名是否只是意译而无西方语言背景呢？从中国古代移译习惯看，似为不可能之事。古代中国人称述外国，通例是采用音译之法，即使以中国古已有之的名称移作外国名称时也遵循同样原则。试举一例。大夏一名纯为中国名称，见于中国古籍甚早。《山海经》以及周、秦古籍均有记载；《吕氏春秋·古乐》篇："昔日帝令伶伦作律。伶伦自大夏之西，乃至阮隃之阴，取竹与嶰溪之谷，以生空窍原钧者，断两节间，其长三寸九分，而吹之以黄钟之宫。"（卷五）此类记载又见于秦汉其他文献，可证此类传说在战国、秦汉必当流行。据学者考证，诸古籍中的大夏在今甘肃河州、兰州一带。[1]但司马迁在《史记》中又记载了另一个位于"大宛西南二千里，妫水南"的大夏国。司马迁所记的大夏乃张骞亲到之国，在今阿姆河之南，为亚历山大东征所建的巴克特里亚故地。据斯特拉波《地理书》第11卷第2节，公元前160年左右，有Asioi, Pasianoi, Tokhara和Sakaraule四族人自药杀河背后的塞种地域南侵，进入Bactria，张骞所到的大夏国即Tokhara人定居的阿姆河上游巴克特里亚，大夏即Tokhara之译音，已为学界所公认。以此例彼，大秦之名也当如此。

中国史籍以"大秦"称罗马帝国，可溯源至《后汉书·西域传》。《后汉书》虽为5世纪范晔所作，但《西域传》中建武以后与先前不同的内容，"皆安帝末班勇所记"。安帝卒于公元125年，《西域传》撰成当在此时之前。班勇所记西域诸国知识主要来自其父班超。班超自明帝十六年（73年）入西域，至和帝永元十四年（102年）返回洛阳，留居西域30年；在这期间，他以其卓越的政治家才干，逐走匈奴势力，

---

[1] 黄文弼：《中国古代大夏位置考》、《重论古代大夏之位置与移徙》，见《黄文弼历史考古论集》，文物出版社，1989年。

赢得西域五十余国内附，保证了东西交通的畅通。公元97年，班超派手下的将领甘英出使大秦，抵安息西界，临西海而返。《后汉书·西域传》对此有明确的记载："和帝永元九年，都护班超遣甘英使大秦。抵条支。临大海欲度，而安息西界船人谓英曰：'海水广大，往来者逢善风，三月乃得度。若遇迟风，亦有二岁者，故入海者皆赍三岁粮。海中善使人思土恋慕，数有死亡者。'英闻之乃止。"甘英阻于安息西界的船人而止步，其于大秦之了解包括大秦之名也当出于安息之人。所以藤田之说，持之有故。但藤田认为大秦完全系由Dasin转化而来，似忽略了"大秦"一名在后汉以前在中国古籍中的存在。Dasin译为大秦，也如同Tokhara译为大夏一样，很有可能是中国固有之名与新译音的结合。

（原载于《中国史研究动态》，2005年第3期）

# 3世纪以前希腊罗马世界与中国在欧亚草原之路上的交流

从遥远的古代，欧亚大陆的大草原上就横亘着一条贯通东西方的交通线。这条"草原之路"从中国华北的河套地区，跨越戈壁沙漠，西北转蒙古草原，向西经过阿尔泰山区，穿过准噶尔山口到达巴尔喀什湖以北，然后从这里通过西伯利亚草原，沿咸海、里海北部到达黑海北部沿岸。[1]古代活跃在大草原上的众多游牧民族，是这条交通线上的主要媒介。

公元前8至前6世纪，希腊人对地中海西部和黑海沿岸的大殖民，不仅使地中海变成了希腊人的"内海"，也使黑海变成了希腊人的"内湖"，克里米亚的潘提卡佩、亚速海北部与顿河河口交界处的塔奈斯、高加索两侧的许多城镇，成了希腊人向东方拓展活动范围的前哨站。根据希腊著名历史家希罗多德的记载，公元前7世纪一位出生在马尔马拉海的普洛康奈斯岛（Proconnesus）的名叫阿里斯铁（Aristeas）的希腊人，为了寻找阿波罗喜爱的"希坡博里安人"（意为"北风以外的人"）旅行到了一个遥远的寒冷的高峻不可逾越的山区，归后写成《独目人》长诗。希罗多德在游历黑海沿岸的希腊殖民地，访问了那里的希腊人和斯基泰人以后，利用阿里斯铁长诗的记载，记下了这位希腊人的大致行程。据现代学者的研究，其行程就是欧亚草原之路的西段，即：从亚速海出发，沿伏尔加河东北行，翻越乌拉尔山，沿哈

---

[1] 参见马雍、王炳华：《公元前7至2世纪的中国新疆地区》，《中亚学刊》，1990年第3期，第11页；弗兰克、布朗斯顿：《丝绸之路史》（I. M. Frank and D. M. Brownstone, *The Silk Road: A History*, NewYork 1986），第31页。

萨克高原的北缘，抵达阿尔泰山的西部。[1]据希罗多德记载，当时的希腊人对阿尔泰山西部地区各族的情况颇为熟悉，"因为斯基泰人当中，有一些人曾到过他们那里，从这些人那里是不难打听到一些消息的，从波律斯铁涅司（Borysthenes，指第聂伯河——引者）商埠和黑海其他商埠的希腊人那里也可以打听到一些消息。到他们那里去的斯基泰人和当地人是借着七名通译，通过七种语言来打交道的"[2]。可见，从公元前7至前5世纪，欧亚草原之路上斯基泰人的贸易是非常繁荣的。阿里斯铁的阿尔泰之行被说成是受阿波罗的灵召寻找"希坡博里安人"，似乎是出于宗教目的，但实质则是商业性的，即"做黄金、毛皮也许还有大黄的生意"，因为阿尔泰地区盛产黄金和毛皮。[3]

阿里斯铁所要寻找的"希坡博里安人"可能即黄河流域的中国人，其根据是：第一，希罗多德误以为阿里斯铁的东行为北行，将阿尔泰地区的寒冷天气当作北风发源处，所以，"北风以外"的地方可能是指阿尔泰山以远地区；其次，希罗多德又说"希坡博里安人"的活动范围"达于海边"，与此条件相适的民族只有黄河流域的中国人，而且此时有声望传播于西方而被西方所闻的也只有文明较早发达的中国人；第三，"希坡博里安人"为素食民族，这一特点尤为重要。黄河流域以灌溉农业为主的中国人是定居民族，生活品仰给于农业，相对于以狩猎为生的游牧民族，自然是素食者。如果这一推论不错的话，那么，阿里斯铁可谓目前所知的最早了解到中国人的希腊人。

中国人向中亚阿尔泰地区的探索也有相当长的历史。涉及中亚地区历史传说的中国古籍为数不少，其中最著名的无疑当推《穆天子

---

[1] 敏斯：《斯基泰人和希腊人》（E. M. Minns, *Scythians and Greeks*, Cambridge 1913），第113页；赫德逊：《欧洲与中国》（E. F. Hudson, *Europe and China*, London 1931），第27—52页；弗兰克·布朗斯顿：《丝绸之路史》，第67—69页；李约瑟：《中国科技史》（J. Needham, *Science and Civilization in China*, Cambridge 1988），第1卷，第170—171页。

[2] 希罗多德：《历史》，王嘉隽译，商务印书馆，1962年，第441页。

[3] 保罗·佩迪什：《古希腊人的地理学》，商务印书馆，1983年，第22页；弗兰克·布朗斯顿：《丝绸之路史》，第69页。

传》。这部古籍大约在公元前 3 世纪埋葬于墓中。由于书中记载的神话成分，其史料价值被长期否定，但随着一个世纪以来考古发现的增多，它的史料价值又被重新肯定。[1] 这部书记载的是生活在公元前 10 世纪的周穆王广游中亚一带的事迹，但可能是公元前 7 世纪根据当时的地理记载写成的。周穆王即西周王朝第五代君主姬满，据说这位穆天子"不恤国事，不乐臣妾，肆意远游"。书中记载的穆天子的行程大致为：从京都洛阳开始，向北到达山西西部、河套地区，然后西转，到达阿尔泰山区、斋桑湖附近的西王母国，在那里会见了西王母并举行了庆祝大会。据记载："吉日佳子，天子宾于西王母，乃执白圭玄璧以见西王母，好献锦组百纯，□组三百纯。"

我们虽然无法肯定穆天子时代（公元前 10 世纪）即有丝绸西运，但结合考古学上的发现，至少可以断言，在《穆天子传》创作的年代或稍后一个时期，中原地区生产的丝绸很有可能西传。几十年前苏联考古学家在中亚阿尔泰边区巴泽雷克发现了公元前 5 世纪中国产的精致的丝制品和绣着凤凰图案的锦绸、漆器和青铜镜。[2] 1987 年，中国考古学家在新疆天山腹地的乌鲁木齐市南的古墓中，发掘出一件保存精良的凤鸟纹绿色丝绒制刺绣绢，经鉴定为中原地区春秋时代的产品，具体年代为公元前 642 ± 165。此外，在同一墓地其他墓葬、巴音郭楞蒙古自治州和静县先秦墓葬中，还发现了中原丝制物遗迹、中原风格的各种漆器和铜镜等。[3] 丝绸西传的痕迹斑斑可见，所以，丝绸之路开辟的年代已被大大推前。有人认为公元前 5 世纪中国丝绸已成为希腊上流社会重要人物的服装，不是完全没有道理的异想天开的推测。[4]

---

[1] 马雍、王炳华:《公元前 7 至 2 世纪的中国新疆地区》，第 19 页；弗兰克·布朗斯顿:《丝绸之路史》，第 37 页。

[2] S. Y. 鲁登科:《论中国与阿尔泰部落的古代关系》,《考古学报》, 1957 年, 第 2 期, 第 37—48 页。

[3] 见《光明日报》1987 年 2 月 8 日的报道:《中西文化交流史迹考古新材料证实，丝绸之路的开辟可追溯到春秋以前》。

[4] 里奇特尔:《希腊的丝绸》,《美国考古学报》(G. M. A. Richter, Silk in Greece, *American Journal of Archaeology*), 1927 年, 第 27—33 页。

希罗多德以后，希腊世界关于这条交通线的记载减少，但直到亚历山大时代，这条欧亚草原交通线的功能并未衰竭。斯特拉波（前58—公元21）记载，亚历山大时代一些印度商人曾走过这条道路。[1] 公元前329—前328年，亚历山大东征在巴克特里亚（大夏）过冬时，花拉子密国王法拉斯马尼（Pharasmane）访问亚历山大，建议陪同他从北面一直打到黑海北岸去。这一建议的根据是在咸海以北存在着一条商路。[2] 考古学家在准噶尔山口发现了公元前300年博斯普鲁斯王国的16枚钱币，也证明黑海沿岸以北的希腊城市同中亚保持着商业来往。[3] 希腊人在大夏建立的殖民地在其存在的一百多年时间里，一方面通过安息、埃克巴特那和安条克同希腊世界保持联系，另一方面则沿阿姆河而下保持同希腊世界的联系。[4]

公元前128年，张骞在大月氏和大夏了解到大夏以西的各国地理形势是："其（安息）西则条枝，北有奄蔡、黎轩，条枝在安息西数千里，临西海。"（《史记·大宛列传》）对于黎轩一名的对音和位置的考证，现在仍然聚讼纷纭。[5] 伯希和、白鸟库吉等人主张中国古文献中的黎轩即埃及托勒密王朝的首都Alexandria（亚历山大里亚）。[6] 但我认为更有可能是Seleukia（指塞琉古王朝）的译音。[7] 张骞报告奄蔡、黎轩在安息之北，似说明张骞从大月氏人和大夏人那里听到的是有关

---

[1] 瓦明顿：《罗马帝国和印度间的贸易》（E. Warmington, *The Commerce between the Roman Empire and India*, London 1974），第26页。

[2] 保罗·佩迪什：《古希腊人的地理学》，第73页。

[3] E. 陆柏-列斯尼科夫科：《伟大的丝绸之路》，《西北史地》，1987年，第2期。

[4] 加富罗夫：《塔吉克斯坦史》，中国社会科学出版社，1985年，第69页。

[5] 参见张绪山：《黎轩、大秦研究评论》，《历史地理》（Zhang Xu-shan, Review on Studies of Li-kan and Ta-chin, *Historico-geographica*, IV）1994年第4期，第107—122页。

[6] 伯希和：《大秦之名》，《通报》（P. Pelliot, Autre nom de Ta-chin, *T'oung Pao*），1915年，第690-691页；白鸟库吉：《西域地理》，《东洋文库》（K. Shiratori, The Geography of the Western Region, *Memoirs of the Research Department of the Toyo Bunko*, Tokyo 1950），第73—155页。

[7] Seleukia（Σελεύκια）读音中的后两节在希腊语中确与中文"黎轩"的读音极为相似，且外来词开头的音节被省略是常有的现象，如Antioch被读作"条支"。

黑海北岸希腊殖民地的情况，由于二者同属一个种族，他将本属于塞琉古王朝的"黎轩"一名用到了希腊殖民地上。《后汉书·西域传》根据新得到的知识，对黎轩位置做了改正。[1]

公元前2世纪中叶，汉朝军队对匈奴的大规模用兵，将匈奴赶出塔里木盆地，置西域于汉帝国控制之下。公元前101年，汉朝军队攻破大宛，以此为前哨站向西北诸国遣使通好。[2]《史记·大宛列传》称汉朝使者远达奄蔡、黎轩。奄蔡即西方文献中的Aorsi，位于里海西北岸到顿河下游的广大地区，与西界的博斯普鲁斯王国为邻。博斯普鲁斯王国为希腊殖民者建立，公元1世纪为罗马人征服。

汉朝与西北诸国通好，实际上是一种贸易行为，随汉使而来的是中国物品的西传，如中国大黄（rhubarb）被罗马人称为rha ponticum，意为"黑海之rha"。我们知道"rha"即伏尔加河的名称，而非货物名称，罗马人以此称大黄，说明它是从伏尔加河附近的奄蔡人那里得到中国大黄。公元4世纪时马赛利奴斯（Ammianus Marcellinus，330—？ XXII，viii，28）还解释说，大黄这种植物生长在rha河（即伏尔加河）两岸，故名为rha。直到6世纪中叶rha ponticum才改称rha barbarum，意即来自印度巴巴里贡（Barbaricon）的大黄[3]，说明此前中国的大黄一直由欧亚草原之路流向罗马帝国。另一方面，欧亚大陆的产品，尤其是毛货大量进入中国。《史记·货殖列传》载，汉代的通都大邑有许多大的毛皮店，一年可以买卖"狐貂裘千皮"。

汉帝国对西域的成功经营，使中国腹地与西方的交流经塔里木盆地形成南北两道：南道沿塔里木盆地南缘越葱岭后出大月氏和安息，到达地中海东岸；北道经塔里木盆地北缘、天山南侧经疏勒越葱岭后，

---

[1]《后汉书·西域传》：乌弋山离"东与罽宾，西与犁轩、条支接"。按：犁轩即黎轩；乌弋山离在今阿富汗西部。

[2]《史记·大宛列传》：汉军既破大宛，"益发使抵安息、奄蔡、黎轩、条枝、身毒国。……汉率一岁中使多者十余，少者五六辈，远者八九岁，近者数岁而反。……"

[3] 赫德逊：《欧洲与中国》，第96页。

或者经大月氏和安息到达地中海东岸，或者经大宛（费尔干纳）、康居和奄蔡到达黑海沿岸地区。

经塔里木盆地两缘越大月氏和安息的道路，即传统上所说的"丝绸之路"。波斯人对这条交通线的牢固控制，成为罗马帝国发展东方贸易尤其是丝绸贸易的不可逾越的障碍。为了打破波斯人对丝绸贸易的垄断，罗马帝国一方面极力争取开通到达中国和印度的海上交通线[1]，同时也不放弃从北方交通线上获取中国和印度的商品。这条经大宛、康居到达里海、黑海北岸的交通线，实际上就是中国从里海、咸海北部地区获得毛皮，同时输出丝绸的贸易之路。这种贸易线的存在，是罗马帝国和安息争夺亚美尼亚地区控制权，并与黑海和里海北岸的部落发展关系的原因。[2]

公元 1、2 世纪贵霜和康居帝国的崛起，有利于欧亚大陆的交流。贵霜是西迁的大月氏人在阿姆河上游建立的国家。公元前 128 年张骞到达大夏时，迁徙到这里的大月氏人分为五个侯国。公元 1 世纪初贵霜王库德祖拉·卡拉菲斯统一其他四侯国，势力逐渐强大，向印度扩张，至公元 1 世纪末 2 世纪初伽尼色迦（78—123）统治时，贵霜帝国的版图已囊括了中亚和南亚，从中亚锡尔河和阿姆河直到波罗奈以西的北印度均在贵霜帝国统辖范围内。庞大的贵霜帝国的建立，不仅开通了中国商货到达"西海"的道路，同时也使印度和中亚间的贸易活跃起来。印度的货物经由大夏沿阿姆河运往里海沿岸。卡马河一带发现的贵霜帝国的钱币，证明贵霜同伏尔加河流域有过商业往来。[3]贵霜帝国统治下的粟特人在河中地区、新疆和中国内地拥有侨民区，同时又与中亚诸城保持密切联系，因而成为欧亚大陆商业的主要经营者。班固《与弟班超书》中提到"窦侍中令杂彩七百匹，白素三百匹，欲

---

[1] 见张绪山：《罗马帝国沿海路向东方的探索》，《史学月刊》，2001 年第 1 期。
[2] 瓦明顿：《罗马帝国和印度间的贸易》，第 33 页。
[3] 加富罗夫：《中亚塔吉克史》，第 83 页；布尔诺瓦：《丝绸之路》（L. Boulnois, *The Silk Road*, London 1966），第 70 页。

以市月氏马、苏合香"(《全后汉文》卷25），苏合香一向被认为是大秦物产，《后汉书·西域传》称大秦国"合会诸香，煎其汁以为苏合。凡外国诸珍异皆出焉"。《梁书》卷54《列传》记中天竺国："其西与大秦、安息交市海中，多大秦珍物：珊瑚、琥珀、金碧珠玑、琅玕、郁金、苏合。苏合是合诸香汁煎之，非自然一物也。又云大秦人采苏合，先笮其汁以为香膏，乃卖其滓与诸国贾人，是以展转来达中国，不大香也。"来自希腊罗马世界的香料经贵霜王朝（大月氏）输入中国。

康居也是中亚古国，公元前128年张骞曾到达过这里，康居当时还是"行国"，"国小，南羁事月氏，东羁事匈奴"，但在公元1、2世纪已成为强国，疆域包括了东界乌孙（伊犁河流域）、西达奄蔡（里海北岸）、南接贵霜、东南临大宛（费尔干纳）的广大地区。它的势力范围包括了里海以北的奄蔡和奄蔡以北、卡马河畔的严国。[1]康居作为大宛到奄蔡的中间环节，在北路交流的作用是显而易见的。贵霜和康居两国的姻亲关系使二者更易于保持商业合作。[2]可以设想，贵霜帝国治下所进行的印度与里海沿岸及其以远地区的贸易，必定有康居商人参加，而康居人所进行的中国新疆地区和里海、黑海沿岸的商业活动也必定有贵霜人的参与。高加索出土的汉代剑玉具，里海西岸发现的汉代铜镜，以及1842年在克里米亚半岛的刻赤遗址发现的公元1世纪的汉代丝织品，都证明欧亚大陆交流活动的频繁。[3]

公元1世纪中叶，有明确记载的输入罗马帝国的中国物产，除丝织物外，还有铁器。普林尼（23—79）在《自然志》(xxxiv, 14)中说："在所有各种铁中，以赛里斯铁为最好。赛里斯人把铁连同各种丝织品和皮货输送给我们。"铸铁是中国最古老的工艺之一，早在公元

---

[1]《后汉书·西域传》："严国，在奄蔡北，属康居，以鼠皮为输之。"
[2]《后汉书·班超传》：公元81年班超治下的疏勒发生叛乱，康居王出兵援疏勒，班超利用贵霜与康居的特殊关系"使使多赍锦帛遗月氏王，令晓示康居王，康居王乃罢兵"。
[3] 姚鉴：《汉代文物的西渐》，《中央亚细亚》，1943年，第2卷第1期。

前7世纪已见诸记载[1]。普林尼所说的赛里斯铁即是中国的铸铁，殆无疑义[2]。但还存在两个问题：第一，这种铸铁来自中国的哪个地区？第二，中国的铸铁经何途径输送到罗马帝国？

对于第一个问题，有学者认为来自华北，因华北地区是中国铸铁产地之一，[3]但华北出产的铸铁能否西传则大成问题。普林尼生活的东汉时代尚未恢复对西域的统治，匈奴势力十分猖獗。铸铁之重要，于外关乎民族利益，于内关乎国计民生，汉政府对铸铁一直采取垄断政策，华北出产的铸铁能否向外输出，尚可疑问；况且，即使随丝绸一同输出，经西域匈奴控制之地，也必为匈奴截获，故华北铸铁西传几不可能。

我认为西传的中国铸铁可能来自中国西南部的四川地区，据《史记·货殖列传》记载，汉时四川地区冶铁业很发达，这里的铁器经常由私商偷运出境外，输入位于现在云南南部的"滇越国"。公元前111年汉武帝征服西南夷，设立郡县。为开发西南夷地区，汉武帝允许铁器和一般生活用品不受关税限制，可以自由购买[4]。四川出产的铁器经云南—缅甸到达印度后，可进一步向西传送。

依当时的交通状况，到达印度的中国铸铁有几种途径输送到罗马：一是传送到印度西部海岸的婆卢羯车（Barygaza），或直接从恒河口岸被罗马船队运走，但据普林尼同时代成书的《厄立特里亚海航行记》记载，罗马从印度海岸运走的是棉花和丝织品，并未提及赛里斯铁。作为一种特殊商品，如果确系从这里运走，《航海记》不会疏于记载。二是由恒河上溯经塔克西拉（Taxila）到达大夏。此段路程在贵霜帝国控制之下，其行程不会有障碍。那么，到达大夏的中国铸铁是否经

---

[1] 如《国语·齐语》管仲对桓公说："美金以铸剑戟，试诸狗马；恶金以铸锄、夷、斤、斸，试诸壤土。"《管子·小匡篇》："恶金以铸斤、斧、锄、夷、锯也。"

[2] 裕尔：《东域纪程录丛》（H.Yule, *Cathay and the Way Thither*, London 1915），第1卷，第17页。

[3] 赫德逊：《欧洲与中国》，第93页。

[4] 范文澜：《中国通史简编》，第2册，人民出版社，1965年，第90页。

波斯境内沿传统的丝绸之路西传？有的学者的确认为如此。[1]但我认为这种可能性极小：第一，公元前2世纪波斯从中国人学得了铸造铁器的技术，自然懂得铁器在古代战争武器中具有的特殊意义；在罗马、安息两国处于战争敌对状态中，安息不可能让铁器这样的重要货物通过其境流入敌手。第二，普林尼提到"其次等质量的要推安息铁"，所谓"次等质量"乃是与中国铸铁相比较而言，如果中国铸铁经安息人之手而传至罗马，罗马人又怎能分清中国铸铁和安息铁？第三，普林尼把中国铸铁和皮货相提并论，似可说明这两种商品西传路线的一致性。由此似可推断，中国铸铁是经贵霜由欧亚草原路传入罗马的。

普林尼时代，罗马、安息、贵霜和中国东汉王朝，是当时的四大帝国。在这四大帝国中，中国是唯一的丝绸生产国，贵霜兴起后在经营中国丝绸贸易上成为安息帝国的强大对手，贵霜为争取罗马这个当时最大的丝绸消费市场，同罗马帝国保持着密切的联系。贵霜、康居和罗马三者的友好关系使欧亚大陆得以畅通。[2]因此，经印度而来的中国铸铁再由贵霜境内沿欧亚大陆交通线西传，就当时的国际形势论，是极有可能的。

公元3世纪初，由于中亚形势的变化，特别是匈奴的西迁，除了已开辟的塔里木盆地南北两道外，又开通了一条由天山北麓经乌孙（伊犁河）、康居（楚河），沿咸海、里海北岸到达黑海沿岸和罗马帝国的道路，史称"北新道"。《魏略·西戎传》载："北新道西行至东且弥国、西且弥国、单恒国、毕陆国、蒲陆国、乌贪国，皆并属车师后部王。……转西北，则乌孙、康居本国，无增损也，北乌伊别国，在康居北。又有柳国，又有岩国，又有奄蔡国，一名阿兰，皆与康居同俗。西与大秦（即罗马帝国——笔者）、东南与康居接。其国多名貂，畜牧逐水草，临大泽。故羁属康居，今不属也。"

统属于车师后部王的东、西且弥等六国，分布在现今乌鲁木齐以

---

[1] 戴裔煊：《中国铸铁技术的发明和西传》，《中山大学学报》，1979年第2期。

[2] 布尔诺瓦：《丝绸之路》，第69—70页。

北的东、西地区，乌孙位于伊犁河地区，康居统治区已如上述。公元3世纪初开辟的"北新道"和汉代的北路在康居境内相合，自康居以西至里海、黑海沿岸一段并无差异。安息对中部丝绸之路和海路的控制，使罗马帝国始终无法获得充足的东方奢侈品，而中国境内也存在对中亚商品的需求，这便是欧亚大陆交通线一直未丧失其基本功能的原因。

由上述分析可以得出结论：从希罗多德时代到公元3世纪，中国和希腊罗马世界在欧亚大陆交通线上的交流一直在断断续续存在着。有时因大帝国的扩张而变得畅通，有时因交通状况的恶化而变得困难。考察这条交通线上希腊罗马世界与中国的交流，必须充分利用东西两方面的材料，否则会得出片面性的结论。如，希罗多德已知道里海是一个封闭的内海，但亚里士多德之后、托勒密之前的希腊—罗马人却认为里海与北部的海洋相通，并一再强调里海和高加索地区的恶劣气候和环境。[1]这使一些学者得出公元初几世纪北方交通线已不复存在的结论。[2]那么，为什么希腊罗马世界长期对这条交通线持有错误认识，而中国方面却对这条道路做出了准确而丰富的报道？

如前所述，公元前8至7世纪希腊人曾由黑海向东探索，获得了有关中国的最初消息，但此后再未积极进行过类似的活动。公元前4世纪末亚历山大发动东征以前，希腊人的活动始终限于地中海沿岸。亚历山大的东征基本上是以波斯帝国为舞台，没有涉及黑海、里海以北地区。亚历山大死后，他建立的庞大帝国被瓜分为三，塞琉古王朝占据发达的两河流域，托勒密王朝以繁荣的亚历山大里亚为统治中心，这种变化使希腊世界的中心由地中海—黑海沿岸向南转移。塞琉古王朝时期，一位名叫帕特罗克利斯（Patrocles）的希腊官员于公元前285年奉命考察里海沿岸，可能是调查里海以北与东方的商贸道路情

---

[1] 瓦明顿：《罗马帝国和印度间的贸易》，第27页。

[2] 里思：《波斯和拜占庭》，第44页；见《拜占庭艺术及其影响》（D.T. Rice, Persia and Byzantium, p. 44, *Byzantine Art and Its Influence*, London 1973, XVI）；赫德逊：《欧洲与中国》，第95页。

况，给后人留下了两个重大错误，一是认为里海为北方大洋的一个海湾，二是认为阿姆河和锡尔河均注入里海。[1]这一时期希腊商人更多地探索了红海、阿拉伯半岛、波斯湾及其通向印度的道路。当东方商品由欧亚大陆交通线到达希腊世界时，希腊人基本上是被动的接受者，因而根本谈不上对这条道路进行积极、深入的探索。

罗马帝国的兴起取代了希腊人在亚洲和非洲北部的统治。罗马人对地中海东岸和埃及的经营，不仅使中部丝绸之路大获兴旺，也使罗马帝国有条件开通由海上通往东方的道路，但在这两条道路上，罗马人均不能摆脱波斯的控制，所以，罗马帝国不能完全放弃对北方交通线的依赖。克劳迪（前10—公元54）和哈德良（117—138）都曾为经营欧亚大陆交通线做过努力[2]。但可能是由于这条道路上的困难，抑或是为了避免过分冒犯安息帝国，罗马未曾有大规模举动，而是任由中间民族和部落去经营这条道路上的生意。总之，罗马人也如他们的前辈希腊人一样，未能成为欧亚大陆交通线上的积极开拓者。这是罗马文献同样未能提供较为丰富材料的主要原因。

中国自西汉以来，已发展成为一个具有强烈开拓精神的民族。公元前2世纪末张骞凿空西域以来，中国向西域的扩展以及与西方国家的交往进入了一个空前繁荣的阶段。汉帝国的文化优越感和中亚丰富的宝货，使汉帝国不断地向西开拓疆域，扩大其政治影响。自司马迁《史记》专设《大宛列传》记载西域事物以来，历代官方史书如《汉书》《后汉书》《魏略》等对西域各国的记载越来越详细，这一方面反映了中国人扩大与西方交往的兴趣，另一方面也说明了中国人商贸活动范围的拓展。所以，研究这些世纪里中国和希腊罗马世界的交流，中文史料具有无可争议的价值。

（原载于《清华大学学报》，2000年第5期）

---

[1]保罗·佩迪什：《古希腊人的地理学》，第77页，第108—109页。
[2]瓦明顿：《罗马帝国和印度间的贸易》，第42—43页，第101页。

# 罗马帝国沿海路向东方的探索

一

罗马帝国自海路向东方的探索，最初以印度为目标。它的出发点有两个：一是由红海出曼德海峡和亚丁湾，然后入阿拉伯海和印度洋；一是经两河流域入波斯湾，出霍尔木兹海峡，然后入阿拉伯海和印度洋。

红海和波斯湾地区与印度的交通有着悠久的历史。考古发现证实，埃及通过红海与印度的交往可以追溯到公元前2500年，波斯湾地区与印度的交往可追溯到公元前2000多年以前。[1] 公元前10世纪，埃及法老希兰（Hiram）派自己熟练的水手同以色列—犹太王国国王所罗门（约前960—前930）的水手前往印度，从那里带回金、银、珠宝、象牙、猿猴和孔雀等。[2] 波斯阿契明尼德帝国时期，大流士（前521—前485）于公元前509年派遣一个舰队从印度河口出发，绕过阿拉伯半岛到达埃及。公元前4世纪末，马其顿亚历山大东征虽主要途经亚洲大陆，但他建立的埃及亚历山大城及其对红海两岸的控制，为希腊人在红海的航行及其与印度的交往创造了有利的条件。作为一代雄主的亚历山大，自印度西返时，为加强印度与幼发拉底河之间的海上联

---

[1] 潘得莱：《古印度的外国商路和港口》，《比哈尔研究会会刊》（M. S. Pandley, Foreign Trade Routes and Ports in Ancient India, *Journal of the Bihar Research Society*），第59期（1973），第23页。

[2] 戈岱司：《希腊拉丁作家远东古文献辑录》，中华书局，1987年，第13页；侯拉尼：《阿拉伯航海》（G. F. Hourani, *Arab Seafaring*, Princeton 1951），第7—9页。

系，派部将尼亚库斯（Nearchus）考察了印度到波斯湾的海岸线，后来又雇佣腓尼基人在波斯湾进行航海活动，在岸边建立殖民地，以图向东发展，但亚历山大英年早逝，使他向东方航海探索的宏伟蓝图未能实现。亚历山大死后，占据地中海东岸和两河流域的塞琉古王朝和占据红海地区的托勒密王朝，在航海活动上虽然作为不大，但二者都与印度的孔雀王朝（前324—前187）保持使节往来。[1]这些交往是罗马帝国继承的重要的航海遗产，对它向东方的探索具有重大意义。

公元前140—前130年前，波斯占领两河流域的巴比伦（Babylonia）的塞琉西亚（Seleucia），希腊人已难以通过两河流域—波斯湾保持与印度的交往。此后波斯湾绕阿拉伯半岛与红海的交通，红海出曼德海峡，波斯湾出霍尔木兹海峡与印度的交往，多半控制在波斯和一些阿拉伯中间城市如纳巴提人（Nabateans）和希米亚提人（Himyarites）手中。罗马帝国兴起后，与波斯帝国的安息王朝极力争夺两河流域和波斯湾头的控制权，其目的是为了打通与东方联系的海上通道，从而得到罗马帝国需求日益增长的东方奢侈品如丝绸、香料等，以避免因波斯垄断中部丝绸之路遭受巨大经济损失。由于波斯帝国的顽强抗击，罗马帝国对两河流域和波斯湾的控制只有在国力鼎盛时期才能实现。所以，罗马帝国由海路向东方的探索，在大多数情况下是从红海地区展开的。

二

公元前1世纪发生的两大重要历史事件大大推动了希腊罗马世界与东方的交往：一是季风规律的正确利用[2]，二是罗马对地中海东部和

---

[1] 瓦明顿：《罗马帝国与印度的商贸》（E. Warmington, *The Commerce between the Roman Empire and India*, London 1971），第23页。

[2] 季风规律的发现和利用是两个不同问题。希腊水手希帕罗斯在公元前1世纪中叶所发现的是正确利用季风从外海到达印度。参见侯拉尼：《阿拉伯航海》，第25—27页；瓦明顿：《罗马帝国与印度的商贸》，第44—47页。

埃及托勒密王朝（前323—前30年）的征服。季风规律的发现和利用，使罗马帝国向印度的探索摆脱沿海近距离航行的束缚，发展成为出红海直达印度的外海航行，航行时间大为缩短。罗马帝国初期的繁荣为航行东方提供了足够的物质基础；罗马帝国各阶层，尤其是上层社会对东方奢侈品的追求，成为东方航行的巨大驱动力。罗马帝国向印度的航行在公元初大规模展开。

据斯特拉波（Strabo，前58—公元21），在托勒密王朝末，"每年不到20艘船只敢于穿越阿拉伯海（红海）到（曼德）海峡以远海域"，但在奥古斯都（前31—公元14）建立起罗马世界的和平后，每年至少有120艘船从米乌斯·赫尔穆斯（Myus Hormus）出曼德海峡到达印度。罗马帝国与印度商贸的发展，促使这一时期红海北部重要城市科普图斯、米乌斯·赫尔穆斯与贝雷尼斯呈现繁荣。科普图斯是靠近尼罗河的内陆城市，但与红海岸边城市米乌斯·赫尔穆斯与贝雷尼斯密切相连。公元前27—前26年间，地理家斯特拉波沿尼罗河上行时看到的红海商贸活动的繁盛："从那儿（科普图斯）可见一片一直延伸到红海海滨城市贝雷尼斯的地峡，虽然该城市尚无港口设施，但由于地峡本身具有的良好的地势地貌结构，它为该城提供了一些天然泊位。据说费拉德夫（Phildelphe，即托勒密二世，公元前285—前247年在位）第一个动用军队开凿了这条旱路，并修建了一些中继站（类似于沙漠商道驿站）。经验表明，他的这些工程用途巨大，故今日来自印度、阿拉伯的所有商品，以及取道阿拉伯湾而来的埃塞俄比亚商品都能由此而抵达科普图斯，而科普图斯恰恰是这类商品的一个交易市场。距贝雷尼斯不远即有米乌斯·赫尔穆斯港，那里有供航海家们登陆的船籍港……今天，科普图斯与米乌斯·赫尔穆斯港颇负盛名且商贾云集。……"[1]红海地区与印度的热络状态，还有一例证。据普林尼记载，克劳狄乌斯（Claudius，公元41—54年在位）执政时，一位名叫安尼

---

[1] 博伦：《经由埃及东部沙漠和红海而建立起来的罗马帝国与东方诸国的商贸联系》，《考古发掘与历史复原》，中华书局，2006年，第230—232页。

乌斯·普洛卡穆斯（Annius Plocamus）的获释奴隶作为帝国包税人被派往红海地区征收海关税；他在航绕阿拉伯半岛后，被风暴吹到了锡兰，受到锡兰国王的盛情款待。他在锡兰逗留六个月，最后锡兰国王派出四名使节前往罗马。[1]

在传世文献以外，考古材料也提供了充分的佐证。公元前1世纪的佩蒂齐（Peticii）家族是意大利半岛上的商业家族，以经营东西方的小麦、葡萄酒闻名遐迩。这个家族的一名成员曾在公元前48年的法萨卢战役后用船帮助庞培逃跑。几十年之后，可能出身该家族的盖尤斯·佩蒂丘斯（Caius Peticius）掌管着与印度的贸易，将葡萄酒出口到印度，从印度带回利润丰厚的胡椒与珍珠。他在通往米乌斯·赫尔穆斯的商路上的一个岩洞神殿里刻下铭文，为1994—2000年法国考古队发现。同时被发现的还有科普图斯与贝雷尼斯之间的商队途中留下的80条粗糙的雕刻文字。在这些雕刻中，其一为经营香料买卖的卡普亚（Capua）人所为，说他于公元前2年自印度返回。而在这雕刻旁，安尼乌斯·普洛卡穆斯的奴隶利萨斯（Lisas）于公元6年7月2日以拉丁、希腊文雕刻下他的名字。他的主人与普林尼记载的30年之后帝国派往红海的保税人同名，很可能出于同一家族。公元1世纪下半叶位于红海更南部的贝雷尼斯的重要性超过了米乌斯·赫尔穆斯，其原因在于驶向印度的商船的增多。[2]

公元1世纪中叶，罗马帝国保护下的希腊船只可以在40天内从红海口岸径直穿越印度洋到达印度西海岸。公元1、2世纪的一部泰米尔作品写道："雅瓦纳（Yavavas，印度人对希腊人的称呼——引者）的大船带着黄金而来，满载辣椒而去。"希腊船只大量集中在印度西部海岸、印度河的巴巴里贡（Barbaricon）、坎贝湾的婆卢羯车

---

[1] 裕尔：《东域纪程录丛》（H. Yule, *Cathay and the Way Thither*, London 1915），第1卷，第199—200页。

[2] 博伦：《经由埃及东部沙漠和红海而建立起来的罗马帝国与东方诸国的商贸联系》，第236—239页。

（Barygaza）和马拉巴海岸的穆泽里斯（Muziris）。[1]

公元1世纪有一部佚名作者的《厄里特里亚航海记》[2]，为我们提供了研究罗马帝国与印度及以远地区交往的重要资料。这位佚名作者是一位出生在埃及、航行过红海、波斯湾和印度洋的希腊人。《航海记》明确说明借助初夏的季风到达印度，借助初冬季风返回；他所提供的资料表明罗马帝国的商人十分重视印度半岛东岸及其以远地区，他说：

> 在那些利穆里（Limurice）或北方人登陆的当地市场和港口中，最重要的是吉蔑（Kamara）、波杜克（Podoulce）、索巴特马（Sopatma）等著名市场，这几个地方互为毗邻……那些驶往金洲（Chryse）或恒河河口的帆船，十分庞大，人称为"科兰迪亚"（Kolamdia）。[3]

又说：

> 经过印度东海岸之后，如果直向东驶，那么右边就是大洋。若再沿着以下地区前进，并让这些地区始终在自己左方，那就可以到达恒河及位于其附近的一片地区——金洲，这是沿途所经各地中最东部的地方。恒河是印度所有江河中最大的一条，其潮汐涨落的情况与尼罗河相同。恒河之滨也有一个同样称为"恒伽"的市场。香叶、恒河甘松茅、固着丝以及号称为恒河麻布的优良麻织品等，都在那里转口。……河口附近有一个海岛，这是东部

---

[1] 侯拉尼：《阿拉伯航海》，第28—29页；科尔道西：《前拜占庭时期希腊人在印度洋的活动》，《历史地理》，(M. Kordosis, Hoi elliniki parousia stin Indico kata tin proto-byzantini epoxy, Istoriko-geographica)，第3卷（1989—1990），第255—256页（希腊文）。

[2] *The Periplus of the Erythraean Sea : Travel and Trade in the Indian Ocean by a Merchant of the First Century*, tr. & ed. By W. H. Schoff, London, Bombay & Calcutta, 1912.

[3] 戈岱司：《希腊拉丁作家远东古文献辑录》，第17页。

一带有人居住地区的边际,正当旭日升起的地方,名叫金洲。在厄里特里亚海的所有地区中,这里是出产最优质玳瑁的地方。

利穆里位于印度西海岸[1],吉蔑、波杜克、索巴特马等市场可能在东岸,与恒河口一起形成一条贸易线上的据点。《汉书·地理志》记载,汉武帝时代中国人从日南、徐闻、合浦出发,绕过印支半岛,"齐黄金杂缯而往"黄支国,"市明珠、璧流离、奇石异物";同书《平帝纪》又载:"元始二年(2年)黄支国献犀牛。"据考证,黄支国即印度东南岸的古城Kanchi,唐玄奘《大唐西域记》中的建志补罗(Kanchipura),今之康捷瓦拉姆(Conjevaram)。[2]"金洲"的确切位置虽难以判定,但在缅甸、马来半岛或印度尼西亚之内殆无疑问。[3]可见,印度东岸的繁荣与印度的东方贸易包括与中国的贸易有着密切的关系。

《航海记》的资料表明,罗马商人确已注意到了中国与印度的贸易往来:

> 在此国(金洲)的后面,大海延伸过去至秦(Thin)的某处而止,在秦国的内陆北部某处,有一称为秦奈的大城,生丝、生线和其他丝织品由彼处陆运,过巴克特里亚抵婆卢羯车,另一方

---

[1] 科尔道西:《阿萨姆——出入中国的门户》,《希腊-阿拉伯学》(M. Kordosis, Assam : hoi pyli apo kai pros Kina, *Graeco-Arabica*),第5卷(1993),第103页(希腊文)。

[2] 藤田丰八:《中国南海古代交通考》,何健民译,上海商务印书馆,1936年,第83—117页;戴闻达:《中国对非洲的发现》,商务印书馆,1983年,第11页。有的学者虽有不同见解,但也把黄支国考定在印度东岸,如穆觉月认为指恒河口(P. C. Bagchi, *A Comprehensive History of India*, ed. Nilakanta Sastri, Bombay 1957, II, p. 772);沃尔特斯:《印度尼西亚的早期商业》(O. W. Wolters, *Early Indonesian Commerce*, NewYork 1967),第268页,注15。

[3] 戈岱司:《希腊拉丁作家远东古文献辑录》,第17页;裕尔:《东域纪程录丛》,第1卷,第183页;惠特莱:《金岛》(P. Wheatley, *The Golden Khersonese*, Kuala Lumpur 1961),第10—11页;沃尔特斯:《印度尼西亚的早期商业》,第33页。瓦明顿《罗马帝国与印度的商贸》,第258页认为即指马来半岛、伊洛瓦底江三角洲和缅甸。

面又从恒河水道运至利穆里。但去秦国是不容易的,从那里来的人也很少。

秦指中国,这个称号与印度对中国的称呼 Cina、Cini、Cinastan 是一致的,相当于中国西南部(云南)和缅甸北部的交界地区。[1]这是希腊罗马作家第一次从海上方向给予中国的称号。《航海记》作者所掌握的印度以远的资料得自印度的航海者,这一时期印度到爪哇和印度尼西亚的航海权由他们所控制。

《航海记》的记载显示出中国与印度半岛的商贸从水陆两条道路上展开:陆路从汉代南路(塔里木盆地南缘)经喀什,过帕米尔高原,抵巴克特里亚后不再向西前进,而转经兴都库什山口,到达塔克西拉(Taxila),沿印度河到巴巴里贡或坝贝湾上的婆卢羯车。这条道路的形成主要是得益于贵霜帝国的兴起。贵霜帝国完成统一后领土逐渐扩大,形成拥有西北印度的广大版图。由于在商业上与安息争夺对丝绸之路的控制权,贵霜与安息处于对立地位而与罗马帝国接近。罗马帝国为打破安息对丝绸贸易的垄断,通过海上与贵霜大力发展关系。在3世纪贵霜帝国衰落之前,这条道路上进行的包括丝绸在内的贸易是非常繁荣的。

经恒河到利穆里的水路,其前半程即中印交往的"缅甸路"。"缅甸路"包括两个主要分支:一是自四川经中国云南、阿萨姆地区,沿布拉马普特拉河(R. Brahmaptra)到达恒河和帕特纳(Patna)。这条交通线起源于何时,不得而知,但必定很早。张骞在公元前128年出使西域在大夏见到中国四川地区的物产,即是沿这条交通线运往印度后转输大夏的。二是由云南沿伊洛瓦底江到达商埠塔科拉(在仰光附近)和萨尔温江口的毛淡棉,然后转运恒河口市场。公元69年(东汉明帝永平十二年),哀牢部落内附,东汉政府设永昌郡,"缅甸路"

---

[1] 戈岱司:《希腊拉丁作家远东古文献辑录》,第17—18页。

更为畅通。公元 84 年柬埔寨向东汉政府献生犀。公元 2 世纪初,罗马人由海上进一步向东扩展,到达孟加拉湾东岸,由"缅甸路"进入中国境内。《后汉书·西南夷传》载,永宁元年(120 年),掸国(即缅甸)国王雍由调向汉廷遣使贡献掸国乐器和幻人。这些幻人"自言我海西人,海西即大秦也"。汉廷由此知道"掸国西南通大秦"。大秦幻人与使者一起到达汉廷,说明罗马人的活动范围已扩展到孟加拉湾东岸地区。

## 三

公元 2 世纪前半叶,一名叫亚历山大的罗马人,从孟加拉湾绕过马来半岛到达了一个叫卡蒂加拉(Kattigara)的地方。他将旅行经历写成报告带回罗马帝国。像亚历山大这样东游的罗马人在当时可能为数不少。2 世纪中叶希腊地理学家马林努斯根据包括亚历山大在内的旅行商人和航海家的报告,记载了印度、金洲和卡蒂加拉的情况。但马林努斯的著作未能保存下来,另一位希腊地理学家托勒密(Claudius Ptolemaeus,约 90—168)在研究马林努斯的著作时,保存了其中一些片段。

> 马林努斯没有报道过从金洲到卡蒂加拉之间的节数,但他说亚历山大曾经记载,从金洲国开始,整个陆地都面向南方;沿着此地航行,在 20 天内即到达扎拜城(Zabai);然后再从扎拜城向南稍偏左航行"若干天",即可到达卡蒂加拉。[1]

又说:

---

[1] 戈岱司:《希腊拉丁作家远东古文献辑录》,第 27 页。

我们从航海家们那里也搜集到了关于印度及其所属各省以及该地内部直至金洲，再由金洲直至卡蒂加拉的其他详细情况。据他们介绍说，为了前往该，必须向东航行；从该处返航，须向西驶。另外，人们还认识到全航程的时间是经常变化的，无规律的。[1]

据现代学者考证，托勒密记述中的卡蒂加拉即汉文史料中的交趾，位于红河入海口处附近，今河内城郊。[2] 扎拜则为占婆（Champa）之音转，位于柬埔寨西岸的贡布（Kampot）附近。[3] 至此，印支半岛已全部处于罗马人活动范围之内。亚历山大所做的航海旅行以卡蒂加拉为终点，并未深入中国沿海或内地。

由于这一时期还有马其顿大商人梅斯（Maès）代理人沿中部丝绸之路到达西域[4]，希腊罗马地理学家同时得到了来自两个方向上有关中国的知识。但是他们并未领会到两个方向上的消息均指向同一个民族，所以，在托勒密的记载中，以秦奈（Thinae，与《航海记》中的Thin 同）指称中国南部，赛里斯（Seres）指称中国北方：

> 他们（航海家们）声称赛里斯国及其首都位于秦奈以北，其东方是一片未知之地……他们还说，不只有一条路从那里途经石塔前往大夏，而且还有一条从该地取道华氏城而通往印度的路。这些人进一步补充说，从秦奈首都到卡蒂加拉港口的路向西南方向的。[5]

托勒密的记述再次说明，此时的罗马人了解中国北部即赛里斯国

---

[1] 戈岱司：《希腊拉丁作家远东古文献辑录》，第 29 页。
[2] 裕尔：《东域纪程录丛》，第 193 页；戈岱司：《希腊拉丁作家远东古文献辑录》，第 23 页。
[3] 裕尔：《东域纪程录丛》，第 193 页。
[4] 张绪山：《关于公元 100 年罗马商团到达中国问题的一点思考》，《世界历史》，2004 年第 2 期。
[5] 戈岱司：《希腊拉丁作家远东古文献辑录》，第 29—30 页。

通达印度的两条道路，即途经大夏沿印度河而下到达印度西海岸的道路，以及经云南、缅甸、印度阿萨姆及华氏城到达印度的道路——这也是张骞在中亚所见中国商品到达中亚的道路。

在整个罗马帝国时期，即使在最为强盛的公元初的三个世纪里，两河流域和波斯湾在大部分时间里都控制在波斯和中间城市手中。波斯湾诸港口如哈拉克斯（Charax）和阿坡洛古斯（Apologus）都与印度保持着固定联系，这里的产品一方面向也门输出，另一方面也向印度的婆卢羯车港输出，同时从印度带回铜、黑檀木和造船用的木材。罗马帝国多次谋求以武力占领两河流域和波斯湾头，以便开通前往东方的较近捷之路，但在大多数情况下均告失败。所以罗马帝国不得不在波斯湾地区从波斯人和印度人手中间接购得东方包括中国丝绸在内的物产。《后汉书·西域传》载："（大秦）与安息、天竺交市于海中，利有十倍。"《魏略·西戎传》载，"（大秦）又利得中国丝，解以为胡绫，故数与安息诸国交市海中"；而中天竺"其西与大秦交市海中，多大秦珍物，珊瑚、琥珀、金碧、珠玑、琅玕、郁金、苏合"，并将其中一些物产转销中国（《南史》卷78）。罗马帝国统治下的地中海东岸商人从波斯湾地区的安息、天竺商人手中购得中国丝后，运到地中海东岸的纺织中心如提尔（Tyre）、西顿（Sidon）、贝鲁特（Birut）等进行重织和染色，然后运往罗马帝国其他地区销售，获得丰厚的利润。

公元162—168年罗马皇帝马可·奥勒略·安东尼（Marcus Aurelius Antoninus，161—180）发动对萨珊波斯的战争，攻占泰西丰（Ktesiphon）和塞琉西亚，占领两河流域和波斯湾头，打通了海上通往东方的道路；另一方面，对波斯的战争也断绝了罗马帝国来自丝绸之路上的大宗丝物，地中海东岸的商人为此蒙受商业上的巨大损失。为了挽回损失，他们从海上取道安南到达中国。《后汉书·西域传》对此有简短的记载：

桓帝延熹九年（166年），大秦王安敦遣使自日南徼外献象牙、犀角、玳瑁，始乃一通焉。其所表贡，并无珍异，疑传者过焉。

不过，被中国史书认为大秦与中国直接交通关系之始的这一次所谓遣使，其实并非罗马皇帝的使节，而是地中海东岸的商人。他们在安南卖掉带来的罗马物产，然后在当地购买一些特产，作为觐见中国皇帝的贡品。由于这些特产已为中国朝廷熟悉，以致这些所谓"使者"的身份引起中国朝廷官员的怀疑。不管如何，罗马人从海陆两道到达中国，对于罗马帝国和中国间的相互了解是大有助益的。《魏略·西戎传》的作者由此知道："大秦道既从海北陆通，又循海西南，与交趾七郡外夷通。又有水道通益州永昌，故永昌出异物。"

《梁书·诸夷传》总结罗马帝国与印支半岛商业交流的情况："其（大秦）国人行贾，往往至扶南、日南、交趾。其南徼诸国人，少有到大秦者。"同时又记载罗马帝国商人与东吴的一次交往："孙权黄武五年（226年），有大秦贾人字秦论来到交趾。太守吴邈遣送诣权。权问论方土风俗。论具以事对。时诸葛恪讨丹阳，获黝歙短人。论见之曰：'大秦希见此人。'权以男女各十人，差吏会稽刘咸送论。咸于道物故，乃径还本国也。"三国时期吴国占有向海外扩展的天时地利，同时又因陆路上与西域的交通被魏国阻断，无法取得外国的特产，故于发展海外交通最为积极，成就也最大。孙权如此重视大秦贾人的到来，亲问其国风土人情，并委派官员相送，显示出对大秦国的浓厚兴趣。秦论来时途经交趾，说明他是经绕印支半岛而来；而他归途"径还本国"，似乎意味着由交广陆路经"缅甸路"返回罗马帝国。[1]

3世纪40—50年代吴国人康泰、朱应出使扶南（柬埔寨），在扶南听到当地人有如下说法："外国人称天下为三众：中国为人众，大秦为宝众，月氏为马众也。"康泰、朱应所说的"外国"主要是指印支

---

[1] 科尔道西：《阿萨姆——出入中国的门户》，第110页。

半岛及印度。[1]它实际上是源自印度的"四天子说"。东晋译经师迦留陀迦（Kalodaka）译《佛说十二游》云："阎浮提中有十六大国，八万四千城，有八国王，四天子。东有晋天子，人民炽盛。南有天竺国天子，土地多名象。西有大秦国天子，土地饶金银璧玉。西北有月氏天子，土地多好马。"二者乃同一渊源。前者是康泰、朱应从"以为在天地之中"的印度人那里所得，如果加上多象的天竺，正是"四天子"，即欧亚大陆的四大强国：中国、罗马（大秦）、天竺与贵霜（大月氏）。罗马帝国的"宝众"在汉籍中也是有明确记载的，如《后汉书》称大秦"其土多海西珍奇异物焉"；"土多金银奇宝，有夜光璧、明月珠、骇鸡犀、珊瑚、琥珀、琉璃、琅玕、朱丹、青碧"。

罗马人向东方的探索留下许多遗迹，成为考古发掘和研究的重要目标。1944 年法国学者路易斯·马勒莱（Louis Malleret）在越南南部金瓯角的古海港奥克·艾奥（Oc-èo）遗址进行的发掘，证明此地为东西海上交通的中继站。在这个海港遗址发掘出的物件中，有许多印度和中国的产品，中国物产中包括西汉的规矩镜、东汉三国时期的八凤镜等。罗马特产包括 152 年和 161—180 年发行的罗马金币，这些金币以及罗马或仿罗马式金银装饰品、雕像具有较为一致的罗马风格，表明 2 世纪中后期是罗马帝国与东方交往的高潮时期。研究者认为，"公元初的 2、3 世纪中奥克·艾奥地区的工匠按纯罗马风格制造凹型雕刻，并能够重现先进的罗马工艺"[2]。另外，遗址中还出土了罗马玻璃器残片，类似的玻璃器皿在汉、晋文化遗存中也均有发现。[3]考古学上的这些发现证实了文献记载中关于罗马与东方密切联系的可靠性和真实性。

---

[1]《梁书·中天竺国传》："吴时扶南王范旃遣亲人苏物使其国，从扶南发投拘利口，循海大湾中正西北入，历湾边数国，可一年余，到天竺江口，逆水行七千里乃至焉。天竺王惊曰：'海滨极远，犹有此人。'即呼令观视国内，仍差陈、宋等二人以月氏马四匹报旃，遣物还，积四年方至。其时吴遣中郎康泰使扶南，及见陈、宋等，具问天竺土俗，云：佛道所兴国也。"

[2] 布尔诺瓦：《丝绸之路》，第 71 页。

[3] 韩国磐：《魏晋南北朝史纲》，人民出版社，1983 年，第 210 页。

此一时期罗马人对中国北部（赛里斯国）知识的增多，说明罗马帝国对东方的探索是全方位的，由丝绸之路（穿越伊朗高原）和海路全面展开。大约与罗马皇帝安敦（即安东尼）同时的希腊作家包撒尼亚斯（Pausanias），虽然对中国的地理完全不清楚，但对中国丝蚕的知识却大大超越了前代，6世纪中叶东罗马（拜占庭）帝国获得育蚕技术前亦无出其右者。他已知道中国人用以制造衣服的丝线，并非取自树皮或毛绒，而是来自一种被希腊人称为"赛儿"（ser）的小动物；他对这种小动物的大小形状和饲养方法都有逼真而接近真实的描述：

> 这种微小的动物比最大的金甲虫还要大两倍。在其他特点方面，则与树上织网的蜘蛛相似，完全如同蜘蛛一样也有八只足。赛里斯人制造了于冬夏咸宜的小笼来饲养这些动物。这些动物做出一种缠绕在它们的足上的细丝。……[1]

罗马世界自公元前后即有蚕丝为采自树上的羊毛的说法，如维吉尔（前70—公元19）、斯特拉波（前58—公元21）和普林尼（23—79）均持同一信念，而公元4世纪安米阿努斯·马赛利努斯（Ammianus Marcellinus）仍然坚持这种说法不放。[2] 如果将包撒尼亚斯与他们相比较，那么可以看到这一时期希腊罗马世界对包括丝绸在内的有关中国的知识已有巨大的发展。包撒尼亚斯可能在罗马与波斯战争时与中国商人有过实际接触。[3]

公元2世纪末3世纪初，生活在叙利亚一带的巴德萨纳（Bardesane，2世纪末至3世纪初）记载："在赛里斯人中，法律严禁杀生、卖淫、盗窃和崇拜偶像。在这幅员辽阔的国度内，人们既看不

---

[1] 戈岱司：《希腊拉丁作家远东古文献辑录》，第54页；裕尔：《东裕纪程录丛》，第202页。

[2] 戈岱司：《希腊拉丁作家远东古文献辑录》，第72页。

[3] 裕尔：《东域纪程录丛》，第21页；李约瑟：《中国科学技术史》第1卷，科学出版社，1975年，第529页。

到寺庙，也看不到妓女和通奸的妇女，看不到逍遥法外的盗贼，更看不到杀人犯和凶杀受害者。……赛里斯人每天甚至每时每刻都在生育。"[1]这里有三个方面基本符合当时中国的社会实际：第一，从疆域领土上，中国自秦、汉在西、南两个方向拓展疆域，其规模是空前的，"幅员辽阔"是最基本的事实。第二，汉代以后，废除秦代苛法峻刑，禁止随便杀人，规定"杀人者死，伤人及盗抵罪"；思想上"罢黜百家，独尊儒术"，确立孔子学说的正统地位，废除了其他偶像崇拜。这一时期，发源印度的佛教尚未传入中国盛行开来，寺院尚不存在。同时儒家思想对卖淫和通奸行为持强烈的蔑视和谴责态度。第三，中国人口众多，重家族繁衍。两汉时期政府迫于战争造成的人口减少，对人口增殖采取鼓励政策。人口的迅速增长必定给外国来访者留下极为深刻印象。罗马帝国既与印度、印支半岛乃至更远的中国南部保持商业往来，而且巴德萨纳与经过波斯湾和爱德萨（Edessa）去罗马的印度使节有过交往，那么，获得有关中国的知识，自是不难的事情。[2]

## 四

3世纪危机期间，罗马帝国无力保护从波斯湾经两河流域到地中海东岸的商队。叙利亚的著名城市帕尔米拉（Palmyra）因此崛起，在中介贸易中获得发展的机会。随着经济力量的增长，帕尔米拉对罗马的离心倾向在3世纪末日益明显，最终发展为同罗马公开对抗。公元271年，罗马皇帝奥勒良（Aurelian）在取得对蛮族入侵者的胜利后，对帕尔米拉采取军事行动，在爱得萨击败帕尔米拉军队，穿过沙漠占

---

[1] 戈岱司:《希腊拉丁作家远东古文献辑录》，第57页；李约瑟:《中国科学技术史》(J. Needham, *Science and Civilization in China*, Cambridge 1988)，第1卷，第158页。

[2] 布尔诺瓦:《丝绸之路》(L. Boulnois, *The Silk Road*, tr. Chamberlin, London 1966)，第102—104页；劳费尔:《火浣布与火怪》，《通报》(B. Laufer, Asbestoes and Salamander, *T'oung Pao*)，第16期（1915），第349—350页。

领帕尔米拉，随后占领叙利亚，再次将势力扩展到两河流域。282—283 年，罗马皇帝卡鲁斯进攻波斯，攻陷泰西丰，控制了波斯湾头，于是地中海东岸的罗马商人再次获得海上东行的机会。

对罗马人的再次东来，《晋书·四夷传》有简短的记载："武帝太康中，其（大秦）王遣使贡献。"具体年月、贡献物品均不详。所幸晋朝一位官员对此有较为详细的记载："惟太康二年（281 年），安南将军广州牧滕侯作阵南方，余时承乏，忝备下僚。俄而大秦国献琛，来经于州，众宝既丽，火布尤奇。"（《艺文类聚》卷 85《布部》）火布即火浣布（asbestoes），因不惧火烧在当时被视为宝物。但以此记载，年月仍不清楚。可注意的是，晋代稽含《南方草木状》中的一段记载："蜜香纸，以蜜香树皮叶作之，微褐色，有纹如鱼子，极香而坚韧，水渍之而不溃烂。太康五年（284 年）大秦献三万幅。帝以万幅赐阵南大将军当阳侯杜预，令所撰《春秋释例》及《经传集解》以进。"实际上，这些纸可能是与火浣布一起由同一个大秦使团带来。他们从叙利亚经海路（锡兰）至安南，在安南将携带的本国商品售出，然后在当地购得一些蜜香纸和火浣布以进献中国朝廷。其目的和做法与 166 年的所谓大秦使团如出一辙。[1]

公元 284 年大秦商团到达中国是罗马帝国试图与中国保持贸易往来的最后一次努力，此后中国史籍中再不见罗马遣使的记载。这说明，3 世纪末罗马帝国对叙利亚和两河流域的短暂占领，只不过是它走向衰亡的回光返照而已。在这个世纪里，罗马帝国在内部社会危机和外部蛮族入侵的双重打击下，国力已大为衰落，与外部交流所依赖的强大物质基础已经动摇、崩溃。新兴的波斯萨珊王朝，在中部丝绸之路和波斯湾地区成为罗马帝国向东方扩展的不可逾越的障碍。在红海地区，希米雅提人合并萨巴安人（Sabaeans）国家和其他小国，形成一个统一国家，埃塞俄比亚人的阿克苏姆王国（Axumite Kingdom）发

---

[1] 夏德：《大秦国全录》，第 119—120 页。

展成为一个强国，它对红海的控制阻断了罗马帝国与曼德海峡以远的东方地区的联系。罗马帝国只能小规模地参与阿克苏姆王国对印度的贸易。随着商贸交流的减少，罗马帝国对印度的知识已大为减少，更不用说印度以远地区。3世纪下半叶，"印度"一名已失去其本来的意义，转指阿克苏姆王国和希米雅提王国。[1]

公元330年，罗马皇帝君士坦丁将罗马帝国的首都从罗马迁往博斯普鲁斯海峡东岸的希腊旧城拜占庭，使罗马失去了作为帝国政治经济中心的地位，也降低了红海水道作为罗马帝国向远东海上探索基地的重要作用。5世纪末，罗马帝国西部亡于蛮族的入侵；而由东部帝国领土发展而来的拜占庭帝国，在阿拉伯伊斯兰教势力兴起以前，国力曾横绝一时，形成掩有欧、亚、非三洲领土的庞大版图，但即使在它的鼎盛时期，它在红海地区的势力存在也仅限于红海北部水域的有限范围。因此，对东方奢侈品如丝绸、香料的贸易，只能任由埃塞俄比亚和波斯垄断。6世纪初，查士丁尼皇帝试图劝说埃塞俄比亚人从锡兰市场上购得帝国所需要的丝绸，亦未能如愿。[2] 7世纪中叶阿拉伯势力兴起后，先是夺取拜占庭帝国的地中海东部领土，其次围逼小亚，然后占领北非和西班牙比利牛斯山以南的领土，封锁了地中海水域，欧洲人从海路向东方的探索之路被完全阻断。这种状况在15世纪末叶葡萄牙人开通绕过好望角到达印度的道路之前一直没有改变。

（原载于《史学月刊》，2001年第1期）

---

[1] 侯拉尼:《阿拉伯航海》，第39页；布尔诺瓦:《丝绸之路》，第124页。

[2] 普罗可比:《战争史》(Procopius, *History of the Wars*)，I, xx, 11-12；瓦西里耶夫:《查士丁一世与阿比西尼亚》,《拜占庭杂志》(A. Vasiliev, Justin I and the Abyssinia, *Byzantinische Zeitschrift*) 第33期（1933），第67—77页。

# "中国境内罗马战俘城"问题检评

近年来,我国媒体不时出现"中国境内发现罗马战俘城"的报道,有的甚至说我国境内仍有罗马战俘后裔繁衍生息。这一问题对于中国与欧洲交流史关涉甚大,确有认真探讨之必要。兹略陈管见如下,就正于方家。

## 一、"罗马战俘城"说在我国的出现与流布

"中国境内发现罗马战俘城"之说在我国见于80年代末。[1] 1989年9月30日《参考消息》报道,澳大利亚人戴维·哈里斯于1981年参加学术研讨会时听到有一支古罗马帝国军队东征失败,对其命运产生兴趣。1989年3月他到中国考察,从中国学者那里听说曾存在一座叫作"利坚"(应为"骊靬"或"犁鞬"——引者)的城市,利用一张公元前9世纪绘制的地图,认定这座城池很可能在中国西部甘肃省的永昌地区。他在兰州市的学者和政府官员的陪同下,利用这张地图确定了古罗马城市"利坚"的废址所在地。需要指出,报道中所谓"公元前9世纪的地图"云云,显然有误:不可能存在如此古老的地图;骊靬城的建立也不可能推前到公元前9世纪。

这则报道在我国造成不小的轰动,一时间各媒体竞相刊载这一消

---

[1] 就本人目力所及,先后报道这一消息的有:香港《明报》(1989年1月10日)、《南华早报》(1989年2月10日);台湾《民生报》(1989年9月29日)、《联合报》(1989年12月8日);大陆的《参考消息》(1989年9月30日)、《人民日报》(1989年12月15日)等。

息。1989年12月15日《人民日报》在显著位置以《永昌有座西汉安置罗马战俘城》为题报道，中国、澳大利亚和苏联三国史学家联合研究发现，西汉元帝时代设置的骊靬城是用作安置罗马战俘的，这座城市在甘肃永昌县境内。(按：副题"公元前35年一支罗马溃军失踪之谜解开"中存在年代上的错误：公元前35年应为公元前53年。)

此后新闻媒体穷追不舍，作了后续报道。[1] 值得注意的是，这时的报道中已出现"一支古罗马军队在中国境内消失"的说法，较之前期报道中"罗马战俘在中国"的说法更进一步；有报道甚至称，"考古专家揭开尘封2000年的谜底——永昌：驻扎过罗马军团"。"从罗马战俘进入中国"演化为"罗马军团驻扎到中国"，提法上的变化之大，令人吃惊。

近几年"中国境内发现罗马战俘城"的说法似乎又有新发展。有报道声称，两千多年前一支古罗马军队在中国西部甘肃永昌县境内消失之谜，又获新发现：在中外学者认定的古罗马军队残部居住的骊靬古城和古城所在地焦家庄乡的一些村落，相继发现了部分珍贵文物和数十名世代在此地居住而具有"外国人"特征的居民。这些人普遍具有高鼻梁、深眼窝、头发自然卷曲、身材魁梧、胡须、汗毛、头发为金黄色等外貌特征；可能是古罗马人与当地民族通婚遗传的后裔。1998年11月10日《羊城晚报》报道，永昌地区现在仍然居住着保持罗马人体质特征的居民。"他们就住在祁连山北麓一带，语言、生活习惯与当地人无异，长相却很像欧洲人。"据亲临其境采访的记者说，在永昌县焦家庄乡采访过的几位居民，他们的体貌无不具有欧洲人的特征：身材高大、眼珠发蓝、鼻子高直、满头金发；而且如此相貌的居民为数不少，很多村庄都有。据称，当地的研究人员也访问过三四十人。北京电视台的新闻节目对此也作过报道。所谓"中国境内发现

---

[1] 如1993年7月12日《人民日报》(海外版)；1993年7月26日《安徽日报》等。

罗马战俘城"之说,至今仍此起彼伏,连绵不断。[1]

"永昌为罗马战俘城"的说法,已对学术界造成重要影响。如1989年出版的《甘肃省志》第二卷"建昭三年(公元前36年)":

> 汉以北地郁郅(今庆阳一带)人甘延寿为西域都护骑都尉。时匈奴郅支单于困辱汉使,并欲降服乌孙、大宛、康居等国。甘延寿与副校尉陈汤以为郅支不除,终为西域大患,遂矫诏发戍己校尉屯田吏士和西域十五国合四万余人远征郅支,杀单于及于氏(应为阏氏——引者)、太子、名王以下一五一八人,俘获千余人。其中有部分罗马残军。西汉政府在现永昌境内设置骊靬城,安置了这批罗马战俘。(着重号为笔者所加,下同。)[2]

又:据1998年11月10日的《羊城晚报》报道,永昌县城西南20公里的者撒寨骊靬古城遗址上已经立碑,碑文曰:

> 公元前三十六年汉朝西域都护陈汤、甘延寿将军率军越葱岭征匈奴,克郅支单于。汉帝下诏将罗马降人安置于番禾县南照面山下,置县骊靬。(笔者按:陈汤并非"汉西域都护",而是"西域副校尉",是"西域都护骑都尉"甘延寿的副手。碑文内容显然不准确。)

可见,"永昌为罗马战俘城"之说已被一些人视为当然的历史事实。其他人也倾向于接受其历史真实性。[3]这真是一个确凿无疑的历史事

---

[1] 如陈正义:《骊靬绝唱:最后的古罗马人之谜》,江苏古籍出版社,2002年;《参考消息》2003年4月6日载,法国《历史》月刊3月号报道,"罗马人早于马可·波罗发现中国";国内的某些电视节目也有专题报道。

[2]《甘肃省志》,甘肃人民出版社,1989年,第16页。

[3] 如艾周昌、沐涛:《中非关系史》,华东师范大学出版社,1996年,第8—11页。

实吗？骊靬县置县是为了安置罗马战俘吗？现在永昌地区具有外国人体貌特征的居民是否真的是这些罗马战俘的后裔？

## 二、所谓"罗马战俘城"说既非新创之说，亦非确凿之论

1989年12月15日《人民日报》报道了这个"千古之谜"揭开的经过：

> 今年年初，西北民族学院中亚史专家关意权、兰州大学苏联史学者陈正义和在兰州大学任教的澳大利亚专家哈瑞斯（即哈里斯——引者）、苏联专家弗·维·瓦谢尼金四人协同攻关，结合中西史料对比研究，解决这一历史难题。他们从班固所著《汉书·陈汤传》中取得了重要突破。据陈汤传载，公元前36年汉西域都护甘延寿、副校尉陈汤，带领4万名将士讨伐郅支单于，战于郅支（今苏联江布尔城）。陈汤等人在这里看到一些奇特的军队，"步兵百余人，夹门鱼鳞阵，讲习用兵"，"土城外有重木城"。这种用圆形盾牌连成鱼鳞形状防御的阵式和修"重木城"的方法，只有古罗马军队采用。学者们根据这一史料，认为这些人就是失踪17年的罗马残军。这次战争汉朝军队大胜，"生虏百四十五人，降虏千余人"，战俘中有不少骊靬人。为了安置他们，西汉政府便在甘肃永昌境内设置骊靬城，安置了这些罗马战俘。（着重号为笔者所加）

据《参考消息》和《人民日报》的报道，罗马战俘的东来与公元前53年罗马与安息（波斯）的战役有关。据称，公元前53年，罗马军事首领克拉苏率领4万多军队入侵安息，在卡雷战败，其中克拉苏长子率领的六千余人突围，几经周折，逃到西域，归服匈奴郅支单于占领的康居国，成为匈奴附庸。从此这支军队从西方史料中销声匿迹。他们到底下落何处，便成了千古之谜。

需要指出，所谓克拉苏之子小克拉苏率六千余人军队突围逃到西

域，归属匈奴，不知所终，乃是千古之谜云云，提法并不准确。根据普鲁塔克的《克拉苏传》，公元前53年的卡雷战役，并未有所谓小克拉苏率军团突围之事。据记载，小克拉苏率领的5800人先头部队首先在卡雷遭到歼灭。被安息人围困在卡雷城的克拉苏被迫与安息谈判，结果被杀。混乱中的罗马军队有的投降，有的趁夜色逃回叙利亚。卡雷战役罗马军队被歼2万人、被俘1万人。这些罗马战俘被送往安息东界木鹿城为安息人戍边，不知所终。[1] 罗马军队是否归附匈奴本身就是需加以论证的问题，并非已知事实。在所谓罗马人东来问题的研究中，这是一个至关重要的环节。

事实上，早在几十年前，牛津大学的德效骞（H. H. Dubs）曾研究过这个问题。1940年他在《通报》第36期发表《公元前36年中国人与罗马人的一次军事接触》，随后又加以补充，写成《古代中国境内的一座罗马城》，1957年先在伦敦的中国研究会上发表演讲，随后以单行本发表。[2] 德效骞的研究正是从公元前53年罗马和安息的卡雷战役的1万罗马战俘的下落开始。他认为，这些俘虏被转移到安息东境、中亚的马尔吉安纳（即今霍腊散）后，可能有一部分逃到了匈奴——康居在都赖水畔（药杀河与巴尔喀什湖之间）建立的郅支城。他的根据是《汉书·陈汤传》的记载，即公元前36年甘延寿与副手陈汤发兵围击郅支城时所发现的相关事物：（一）郅支城外用栅栏做成的"重木城"。（二）匈奴军队中有百余人"夹门鱼鳞阵，讲习用兵"，操练"鱼鳞阵"。所谓"鱼鳞阵"可能是罗马阵列——龟甲战阵。（三）甘延寿、陈汤向汉朝廷呈报战况时有描述军阵的图画。他认为这些事物均为罗马军队所特有，所以都赖水战役汉军生俘的145人，就是"夹门鱼鳞阵，讲习用兵"的罗马士兵。这些罗马士兵停止战斗后，可能自愿随中国人到达中国内地。他们被安置到永昌地区一个特设的边境

---

[1] 普鲁塔克：《希腊罗马名人传》，上册，黄宏煦译，商务印书馆，1990年，第606—616页。

[2] H. H. Dubs, A Military Contact between Chinese and Romans in 36 B.C., *T'oung Pao*, 36 (1940), pp. 64-81; H. H. Dubs, *A Roman City in Ancient China*, London 1957.

城市中，这个城市便根据中国对罗马帝国的称呼命名为"骊靬"。

德效骞的观点在国际学术界影响颇大。英国著名中国科技史专家李约瑟赞同他的观点[1]，法国著名汉学家安田朴倾向于接受[2]；我国学者也引证过他的结论。[3]但这一观点从最初就一直受到学者们的质疑。早在1957年德效骞的论文发表后不久，斯齐尼亚克（B. Szczesniak）即发表评论，认为骊靬置县并非一定缘于公元前36年的罗马战俘。他认为，公元前36年以后，特别是奥古斯都（前27—公元14）时期，罗马和安息仍在进行战争，而王莽篡位时的中国也在与匈奴争夺喀什噶尔，从安息引入罗马战俘，可能发生在这一时期。"德效骞教授将骊靬置县追溯到公元前36年和这个时期的罗马战俘，似乎太过于久远了。他强调罗马传统在骊靬县一直保留到公元7世纪。如果公元5年在中国边陲为罗马士兵建立的一个城市得不到另外大量士兵的补充，它能够持续那么长时间吗？"[4]这种见解没有否定罗马战俘东来的可能，只是强调不一定来自公元前36年的战俘。

我国学者杨希枚于1969年撰文力驳德效骞观点之非，认为其说"几无一是处"。[5]1991年莫任南发表文章，认为德效骞的考证"虽然详尽，然多穿凿附会"，以所谓操练"鱼鳞阵"法和城外筑木城之法为罗马人所独有而断言匈奴单于军队中有罗马士兵存在的观点，只不过是"猜测之辞"。[6]其说甚为坚实。

---

[1] 有意思的是，李约瑟在倾向于接受这一观点的同时，又表示了审慎的怀疑。他写道："虽然（永昌）这个地方并不重要，但当我在1943年11月经过时，还是不禁注意到它。我在旅行日记中写道：'永昌山区居民的脸颊特红。'这在中国居民中是很少见的。可是很难相信，经过了20个世纪的战争和蹂躏，任何一个地方的先民特征还会表现在面貌特征上。"李约瑟：《中国科学技术史》，科学出版社，第1卷，第2分册，1975年，第538—539页。

[2] 安田朴：《中国文化西传欧洲史》，耿昇译，商务印书馆，2000年，第43—44页。

[3] 沈福伟：《中西文化交流史》，上海人民出版社，1985年，第37页。

[4] 《美国东方学会会刊》(*Journal of American Oriental Society*)，第77期（1957），第286—287页。

[5] 杨希枚：《评德效骞古代中国境内一个罗马人的城市》，《书目季刊》第3卷，1969年，第4期。

[6] 莫任南：《汉代有罗马人迁来河西吗？》，《中外关系史论丛》，第3辑，世界知识出版社，1991年，第231—238页。

关于"鱼鳞阵",颜师古注说:"言其相接次,形若鱼鳞。"《汉书·陈汤传》所谓"夹门鱼鳞阵",应是防卫城门的士卒分列城门两旁,每边约五十余人,依次排列,远远望去,形若鱼鳞。匈奴能否完成此种阵法?德效骞认为不能。但从《汉书·匈奴传》,我们知道匈奴是有严密作战组织的:单于之下,"置左右贤王……凡二十四长,立号为万骑……诸二十四长,亦各自置千长、百长、什长、裨小王、相、都尉、当户、且渠之属"。遇强敌来攻,"善为诱兵以包敌","利则进,不利则退"。公元前201年白登山之役,"高帝(刘邦)自将兵往击之……于是冒顿佯败走,诱汉兵。汉悉兵,多步兵,三十二万北逐之。高帝先至平城,步兵未尽到,冒顿纵精兵四十万骑围高帝于白登,七日,汉兵中外不得相救饷。匈奴骑,其西方尽白马,东方尽青駹马,北方尽乌骊马,南方尽骍马"。匈奴军队如此机动灵活,难道不能完成所谓"鱼鳞阵"法?

关于"重木城"。《汉书·匈奴传》:"至孝武世……建徼塞,起亭障,筑外城……起塞以来,百有余年,非皆以土垣也,或因山岩石、木柴……中国四方皆有关梁障塞,非独以备塞外也,亦以防中国奸邪放纵,出为寇害。"又:"单于(壶衍鞮)年少初立,母阏氏不正,国内乖离,常恐汉兵袭之。于是卫律为单于谋:'穿井筑城,治楼以藏谷,与秦人守之。汉兵至,无奈我何。'即穿井数百,伐材数千。"与中原汉人保持频繁接触交往的匈奴人,完全有可能从汉人那里学会制造"重木城"。

关于图画。中国本土以图形物之法起源甚早。《史记·廉颇蔺相如列传》记载:赵惠文王时,赵国得到和氏璧。秦昭王闻知后,表示愿以十五城换取和氏璧。蔺相如出使秦国,献璧秦王后,秦王有一举动欺蔺相如,"召有司案图,指从此以往十五都予赵"。《汉书·李陵传》:武帝天汉二年(公元前99年)李陵率军出塞外击匈奴,"举图所过山川地形,使麾下骑陈步乐还以闻(天子)"。德效骞所谓以图描述军阵之法为罗马军队所特有之说,为无稽之臆断。

需要指出的是，以文献资料论，即使承认中亚匈奴阵营中有罗马士兵，也不能证明这些罗马战俘被带到了永昌郡。《汉书·陈汤传》记载都赖水战役的结局："凡斩阏氏太子名王以下千五百一十八级，生虏百四十五人，降虏千余人，赋予城郭诸国所发十五王。"汉军所获俘虏被分配给了西域各国，并未东来。罗马战俘东来之说，可谓于史籍无征。而且，新发现的汉简记载证明，中国境内的骊靬置县至少可追溯到公元前60年以前，远在公元前53年卡雷战役和公元前36年都赖水战役之前。[1] 骊靬为罗马战俘城之说，可谓与史实扞格不通。

《人民日报》的报道称，揭开罗马军队的最终命运问题的谜底，是中、澳、苏史学家"协同攻关，结合中西史料对比研究"而完成的。对此，我们应指出以下几个事实：

第一，报道说，考证出骊靬城位于甘肃永昌境内是中、澳、苏学者研究的成果（《参考消息》的报道说是哈里斯的结论），而事实是，早在1957年德效骞就在文章中明确地说："这个以中国人称罗马帝国的名字命名的城市（骊靬）位于现今永昌南部，永昌位于甘肃省西北指向的狭长地带。"1982年出版的谭其骧主编的《中国历史地图集》第二册第33-34页"凉州刺史部"更清楚地标明古代骊靬城在今日永昌西南部的位置。但这本《中国历史地图集》早在1974年就已出版使用。

第二，《参考消息》的报道说，澳大利亚的哈里斯是在1981年参加罗马诗人贺瑞斯（前85—公元8）的研讨会时引发探索兴趣的。据说，1989年哈里斯从澳大利亚来中国甘肃寻找骊靬城，是"受到卅年前英国牛津大学教授德效骞说法的吸引"。[2] 如此，则可断言，哈里斯所持见解的发明权应属于德效骞，尽管后者的观点并不正确。

第三，德效骞论文的中文摘译发表于1988年6月出版的《中外

---

[1] 张德芳：《汉简证明：汉代骊靬城与罗马战俘无关》，《光明日报》，2000年5月19日。
[2] 邢义田：《汉代中国与罗马帝国关系的再检讨》，《学术集林》卷12，上海远东出版社，1997年，第170页。

关系史译丛》第4辑[1]，比中、澳、苏史学家的发现至少要早一年多。《中外关系史译丛》是一本专业性较强的刊物，中外关系史研究者不会忽略它的存在。耐人寻味的是，澳、中、苏学者们所持匈奴军队中有罗马士兵的三条理由，即"奇怪的军队"——会操练"鱼鳞阵"的军队、城外的"重木城"、描述军阵的图画，以及对于这些罗马士兵进入中国境内的途径，与德效骞完全相同；而其思路、所使用的材料、论据、结论，乃至所使用的语言，竟然与德效骞论文译文全无二致。如此巧合的"研究成果"使人不能不怀疑其性质，是"新发现"，还是发现了别人的"新发现"？这些问题恐怕只能由当事者自己才能回答。

### 三、骊靬置县之原因与永昌地区外国形体特征居民之由来

骊靬县作为张掖郡所辖十县之一，最早见于《汉书·地理志》。骊靬，《汉书·张骞传》作犁靬，服虔曰，"犁靬，张掖县名也"；颜师古注："犁靬即大秦也，张掖、骊靬盖取此国为名耳。骊犁声相近，靬读与轩同。"显然，骊靬县以犁靬国而得名。那么，历史上的犁靬国又指哪个国家？

最早提到"犁靬"（又作"黎轩"）一名的人是张骞。公元前128—前127年张骞第一次出使大月氏时，获悉西域诸国中有黎轩。根据《史记·大宛列传》，黎轩在安息（即波斯安息王朝）之北，具体方位则晦暗不明。不过，公元前115年张骞第二次出使西域时，仍将黎轩列入遣使范围。张骞代表汉廷派出的使者大概未到达黎轩，但他派往安息的使者却与黎轩人有过直接的交往。《史记·大宛列传》："初，汉使至安息，安息王令将二万骑迎于东界。……汉使还，而后发使随汉使来观汉广大，以大鸟卵及黎轩善眩人献于汉。"

东汉时，中原王朝的西域知识已大为增加，《汉书·西域传》除记载更多的国家外，对于《史记·大宛列传》记载的国家也补充了许多

---

[1] 德效骞:《古代中国的一座罗马人城市》，丘进译，《中外关系史译丛》第4辑，上海译文出版社，1988年，第364—373页。

新知识，但对黎轩（也作犁轩）国，却未提供任何新知识，仅仅在对乌弋山离国的叙述中简略地提到它，称："乌弋山离国，……西与犁轩、条支接。"犁轩，颜师古注："犁读与骊同，軒音鉅连反，又鉅言反"；黎轩，《史记·正义》注，"上力奚反，下巨言反，又巨连反"，可知黎轩与犁轩古读音相同，乃一名异译。

比较《史记·大宛列传》和《汉书·西域传》的记载，有两点需加注意：第一，从公元前2世纪末到公元1世纪末，中国人对黎轩国的认识并没有随时间推移而增加，而是相反。这说明"黎轩"一名所代表的国家正在逐渐隐退到历史舞台的背后。《魏略·西戎传》说："大秦国一号犁轩，在安息、条支西，大海之西。"《后汉书·西域传》称："大秦国一号犁鞬，以在海西，亦云海西国。"可知犁轩国已为大秦所取代。大秦即罗马帝国，已属定论。如此，则"犁轩"必为罗马帝国所取代的国家。第二，以《史记》，犁轩与奄蔡位于安息之北；而以《汉书》，则犁轩、条支位于乌弋山离以西。按：乌弋山离的地望，虽众说不一，但大致在阿富汗西部地区，似无异议。又《汉书·西域传》称安息国："东与乌弋山离，西与条支接"。由此推及，犁轩应在西亚。这一点显然与《史记》中关于黎轩位于安息之北的记载不符。

迄今为止，黎轩一名的考证仍为学术界聚讼纷纭的问题。其中最有力者有两说：一种说法认为黎轩一名源自西亚的城市 Rekam 或 Rekem（即 Petra），表示叙利亚和罗马帝国的东部。[1]一种观点主张，黎轩指罗马帝国统治下的埃及的亚历山大里亚城。[2]但这两种说法都没有解决两汉史籍记载存在的方位上的矛盾；也没有说明这个事实，即：Rekem 和亚历山大里亚两城在罗马帝国建立后都还存在，何以湮

---

[1] 夏德：《大秦国全录》（F. Hirth, *China and the Roman Orient*, Leipsic-Hongkong 1885），第171页。

[2] 伯希和：《黎轩为大秦别名考》，《通报》（P. Pelliot, Li-kien, autre nom de Ta-ts' in, *T'oung Pao*），1915年，第690—691页；白鸟库吉：《西域地理》，《东洋文库》（K. Shiratori, The Geography of the Western Region, *Memoirs of the Research Department of the Toyo Bunko*, Tokyo, 1950），第73—155页。

没不彰而被代之以大秦；更没有说明中国何以对两城的了解随时间的推移而愈见减少。

我认为，中文记载的黎轩国只有塞琉西亚帝国可以当之。作为公元前4世纪下半叶亚历山大大帝建立的庞大帝国的一部分，分裂后的塞琉西亚帝国的版图包括西亚、伊朗、巴克特里亚—粟特地区直到印度河以西的广大地区。位于帝国东部边陲的巴克特里亚地区（即中国记载中的大夏）在公元前3世纪中叶脱离塞琉西亚帝国独立，但仍是希腊化世界的一部分。张骞西域探险到达大夏时，塞琉西亚帝国尚未被罗马帝国灭亡，张骞在大夏获知"塞琉西亚"一名，是很自然的事。"塞琉西亚"，希腊文作 Σελεύκεια，读音若"塞犁轩"，但以中亚地区的读法，则很有可能与汉文一样读作"黎轩"或"犁轩"，希腊词的开头音节在中亚语言中被略读是常有的现象，如 Samarkand（撒马耳罕）读作 Maracanda（马拉坎大）；Alexandria（亚历山大里亚）读作 Kandahar（坎大哈）；而且，中亚名称在中国文献中被略去开头音也不乏其例，如印度语 agada 作华佗、"阿罗汉"作"罗汉"[1]等等。司马迁《史记·大宛列传》称安息"北有奄蔡、黎轩"，可能是因为，张骞最初从大夏人那里听到有关黑海北岸希腊殖民地的情况，当时大夏通过咸海、里海北岸与黑海沿岸地区的希腊殖民地保持着商业往来。由于二者同属一个种族，他将本属于塞琉西亚帝国的"黎轩"一名用到了希腊殖民地上。《汉书·西域传》对黎轩位置做了改正，将它置于乌弋山离之西。《后汉书·西域传》和《魏略·西戎传》成书时，塞琉西亚帝国已为罗马帝国所吞并，所以又有"大秦国一号犁轩"之说。

据《汉书·武帝纪》，元狩二年（前121年）汉武帝令置武威、酒泉两郡，后十年即元鼎六年（前111年）分武威、酒泉置张掖、敦煌两郡。许慎《说文解字》"轩"下曰："武威有丽靬县。""丽靬"同"骊靬"，如此，则骊靬置县应比新发现的汉简所能证明的年代更早，当

---

[1] 陈寅恪：《〈三国志〉曹冲华佗传与佛教故事》，《清华学报》第6卷（1930年6月），第1期；又见《寒柳堂集》，生活·读书·新知三联书店，2001年，第179页。

在元狩二年（前121年）之后的十年中。元鼎六年（前111年）张掖郡建立时可能只是将原属于武威郡的骊靬县划归于其辖下。此一时期与"骊靬"一名有关的因素有两个：一是张骞通西域带回了有关黎轩（犁轩）国的知识，且黎轩善眩人随安息使者到达了中国，"天子大说，与俱巡猎"（《汉书·张骞传》）。马端临《文献通考》卷二十："前汉武帝遣使至安息。安息献黎轩幻人二。皆矉眉峭鼻，乱发拳鬈，长四尺五寸。"黎轩人确已到达中国。二是张掖处于河西走廊，扼东西交通之要冲，于对外信息交流最为便捷。汉朝廷在张掖郡置骊靬县，很有可能是以此炫耀于来往于商道的西方商人，传达与该国交往的愿望，以促使该国向中国遣使，造成汉廷"威德遍于四海"的印象，取得西域各国"重九译，致殊俗"的效果。清代学者钱坫、徐松《新斠注地理志集释》断称，"骊靬……本以骊靬降人置县"，不过玄测而已，不足凭信。

从历史上，中亚虽是种族混杂的地区，但欧罗巴人种一直存在。司马迁《史记·大宛列传》记载："自大宛以西至安息……其人皆深眼，多须髯。"《汉书·西域传》记大宛以西诸国与《史记》同。罗马博物学家普林尼（23—79）记载，锡兰（今斯里兰卡）派往罗马帝国的使节报告说，葱岭以西的丝绸贩运者（即所谓的"赛里斯人"）身材高大，超乎常人，"红头发、蓝眼睛"。[1]这里的"红头发"即金黄头发，其情形如同明、清之际我国东南沿海居民称荷兰人和英国人等欧洲人为"红毛番"。《北史》称高昌（吐鲁番）以西各国，皆深目高鼻，康居国深目高鼻，多须髯。颜师古《汉书注》称乌孙青眼赤须。《北史·恩幸传》："胡小儿，眼鼻深嶮，一无可用，非理爱好，排突朝贵，尤为人士所疾苦。"《大唐西域记》《旧唐书·西域传》均称疏勒、护密人碧瞳，与波斯、大秦相同。同书《回鹘传》记黠戛斯："人皆长大，赤发，皙面绿瞳。"李贺《龙夜吟》："卷发胡儿眼睛绿，高楼夜静吹横

---

[1] 戈岱司：《希腊拉丁作家远东古文献辑录》，耿昇译，中华书局，1987年，第12页。

竹。"李端《胡腾儿》诗云:"胡腾身是凉州儿,肌肤如玉鼻如锥。"李白《上云乐》:"金天之西,白日所没,康老、胡雏,生彼月窟;巉岩容仪,戍削风骨。碧玉炅炅双目瞳,黄金拳拳两鬓红;华盖垂下睫,嵩岳临上唇。不睹诡谲貌,岂知造化神?""康老""胡雏"都是中亚人,所谓"华盖"指眉骨的高隆,"嵩岳"是指鼻梁的高耸,"碧玉炅炅双目瞳"指炯炯有神的眼睛呈深蓝色,"黄金拳拳两鬓红"则是形容头发呈金黄色而且卷曲。宋代柳开诗:"鸣鹘直上一千尺,天静无风声更干。碧眼胡儿三百骑,尽提金勒向天看。"可知,西域人中不乏欧罗巴人种。

西域的欧罗巴人种居民能否来永昌地区居住?答案是肯定的。他们何时来此居住?限于资料,目前还很难做出确切的回答。我们知道,历代中原王朝都有与西域发展交通的愿望,欢迎西域各类人员如商贾等在此经商或定居,所以永昌地区具有外国容貌的居民不必来源于一次外部移民。《洛阳伽蓝志》记6世纪初洛阳盛况:"自葱岭以西,至于大秦,百国千城,莫不颖附。商胡贩客,日奔塞下。所谓尽天地之区已。乐中国风土而宅者,不可胜数。……"白居易《西凉伎》诗:"紫髯深目两胡儿,鼓舞跳梁前致辞:应似凉州未陷日,安西都护近来时!须臾云得新消息,安西路绝归不得。"这种西域人因故不能西归的情况,在扼守东西交通孔道的永昌地区,自汉、唐以至元、明各代都有可能发生。以中原和西域的频繁交往而论,没有理由固执地认为现在永昌地区具有欧罗巴人体质特征的居民一定溯源于两千年前的所谓罗马战俘。况且,以区区百余名罗马战俘而历两千余年的杂婚(以20年为1代,则为100余代),其后裔竟能明显地保持其先祖的体貌特征,不啻为天方夜谭。

如果就相关报道做出判断,永昌地区居民之来源则较为明晰。1993年7月12日《人民日报》(海外版)报道,在永昌西南部被认为是骊靬的地方,出土了元代的瓷水壶、铁匣、铁锅和铁鼎。又,1998年11月10日的《羊城晚报》报道,骊靬人定居的永昌者来寨不远的一个村落旁有 21 代骊靬故人的数百座坟茔,而距这个村落三十多里的另一村落旁还有更早的 10 代。以 20—25 岁为一代,这 31 代人也恰好追溯到 13—14 世纪的元代。

  元代蒙古人以疾风暴雨般的武力,将欧亚大陆混为一体,东西交通豁然贯通,欧洲王公贵族、教士东游而留名史书者斑斑可稽,而商贾游客来中国者更是不可胜计。13 世纪前半叶的一位欧洲商人说,从黑海沿岸经中亚大草原到中国的商路畅通无阻,"无论白天或黑夜都十分安全"。[1]蒙古人在东欧建立的金帐汗国和在西亚建立的伊儿汗国虽在实际上"自帝一方",但在名义上仍是元帝国的"宗藩之国",其商旅、游客至中国者亦必为数众多,与内地人通婚而定居中国者必大有人在。位于东西交通孔道的永昌地区聚集欧罗巴人种的居民,又何足为怪?

(原载于《中国史研究动态》,2002 年第 3 期)

---

[1] 裕尔:《东域纪程录丛》(H. Yule, *Cathay and the Way Thither*, London 1914),第 3 卷,第 139 页。

# 关于"公元100年罗马商团到达中国"问题的思考

公元前后两个世纪，欧亚大陆东西两端双峰并立的是强大的汉（西汉、东汉）帝国和罗马帝国。汉帝国（尤其是东汉帝国）对西域的经略和罗马帝国对地中海东部的扩张，造成两大帝国"鸡犬相闻"之势，推动了两大帝国间向对方的探索。《后汉书·西域传》概述汉代经营西域的成就："汉世张骞怀致远之略，班超奉封侯之志，终能立功西遐，羁服外域。自兵威之所肃服，财赂之所怀诱，莫不献方奇，纳爱质，露顶肘行，东向而朝天子。故设戊己之官，分任其事；建都护之帅，总领其权。先驯则赏籯金而赐龟绶，后服则系头颡而衅北阙。立屯田于膏腴之野，列邮置于要害之路。驰命走驿，不绝于时日；商胡贩客，日款于塞下。"

中国文献中的描述并非虚词，古希腊罗马的记载可为佐证。公元2世纪希腊地理学家托勒密在著作《地理志》中根据另一位地理学家推罗的马林努斯（Marinus）著作的一个片段提到，一位以经商为业的马其顿人梅斯·提提阿努斯（Maes Titianus）曾记载从幼发拉底河到位于中亚某地的石塔的路程；梅斯本人未到过赛里斯国（Seres），但他派自己手下一批人到过那里。[1]

早在20世纪上半叶，西方学者在研究上述两段文字时，已将班超对西域的经略和罗马商人的东来联系起来，推测，"在这些（日款于中国边塞的）外国人中，极有可能有梅斯·提提阿努斯的代理人。

---

[1] 裕尔：《东域纪程录丛》(H.Yule, *Cathay and the Way Thither*, London, 1915)，第1卷，第188页；戈岱司：《希腊拉丁作家远东古文献辑录》，耿昇译，中华书局，1987年，第21页。

他关于著名的丝绸之路的报道为地理学家托勒密所利用"[1]。不过，西方学者未就中国史料做更进一步的考察，其结论未形成一圆满学说。

在近年的中外关系史研究中，我国学者提出，马其顿人梅斯·提提阿努斯手下的代理人，即罗马商团到达过中国，此事发生在公元100年。就我所知，国内有两位学者对此进行过专门探讨：一是林梅村《公元100年罗马商团的中国之行》(《中国社会科学》1991年第4期)；一是杨共乐《谁是第一批来华经商的西方人？》(《世界历史》1993年第4期)及《"丝绸之路"研究中的几个问题》(《北京师范大学学报》1997年第1期)。前者首先提出公元100年罗马商团到达过中国的问题并加以论证，后者对前者论中的一些观点提出商榷。二人对东西两方面所记事件的勘比论证，有一定的说服力，但两个问题似仍需做进一步的探讨。

## 一、关于蒙奇、兜勒名称的考定

蒙奇、兜勒名称见于汉籍史料，主要有三处：

1.《后汉书·西域传》："和帝永元六年，班超复击破焉耆，于是五十余国悉纳质内属。其条支、安息诸国，至于西海，四万余里，皆重译贡献。(永元)九年班超遣掾甘英穷临西海而还，皆前世所不至，山经所未详……于是远国蒙奇、兜勒皆来归服，遣使贡献。"

2.《后汉书·和殇帝纪》："永元十二年，冬十一月，西域蒙奇、兜勒二国遣使内附，赐其王金印紫绶。"

3.《后汉纪·和帝纪》："永元十二年……西域蒙奇、兜勒二国遣使内属。"

早年张星烺注意到蒙奇、兜勒名称，将蒙奇比对为Macedonia、兜勒比对为Tukhara(吐火罗)[2]，但兜勒之比对Tukhara不符合文中

---

[1] 特加尔特：《罗马与中国》(F. J. Teggart, *Rome and China*, Berkeley, 1939)，第144页。

[2] 张星烺：《中西交通史料汇编》，中华书局，1977年，第24页。

"远国"的条件。日本学者长泽和俊则认为,兜勒可能是公元前300年塞琉古王朝建于幼发拉底河中游的城市 Dura-Europos 中 Dura 的译音[1],但未做进一步论证。林梅村将兜勒比对为地中海东岸城市推罗(Tyre),亦颇牵强。杨共乐将蒙奇、兜勒一并还原为希腊文 Μακεδόνες(拉丁文 Macedones),其说近是。不过,应该指出,在古希腊语中,Μακεδόνες 是 Μακεδών 的复数,意为"马其顿人"[2],并非杨文所认为的"马其顿地区"。该词的前两个音节汉译为蒙奇,殆无疑义;后两个音节转为兜勒,是将"n"转读为"l",这种通转不仅古代文献有之,现代语言中亦不乏其例证。[3] 汉籍中的蒙奇、兜勒,指的是马其顿商人的国籍。

不过,杨文对"蒙奇、兜勒两国"的解释,颇难令人苟同。杨文说:"'蒙奇、兜勒二国'中的国,很显然不是现代意义上的国家,而是相当于汉代的封国,也即'天子之政行于郡,而不行于国'中的国。它们从属于中央政权,但又有很大的独立性……在罗马,这种地方政权管辖区统称为自治区,它们分布于各地。……因此,'蒙奇、兜勒二国'实际上就是指'蒙奇、兜勒境内的两个自治区',其使用方法和古书上提到的吴楚七国等完全相同。"杨文又以汉籍对安息国境内城市的记载为例说,《后汉书·西域传》在讲述安息时所提到的'于罗国'、'斯

---

[1] 长泽和俊:《丝绸之路史研究》,钟美珠译,天津古籍出版社,1990 年,第 429 页。

[2] 关于这一点,我曾专门致函希腊学者 M. Kordosis 教授讨论。Μακεδών(马其顿人,单数主格)在其他格上如 Μακεδόνος(单数属格)、Μακεδόνι(单数与格)、Μακεδόνα(单数宾格)、Μακεδόνες(复数主格)、Μακεδόνων(复数属格)、Μακεδόνας(复数宾格)的末两个音节如转为汉音,有转为"兜勒"的可能性;作为国家 Μακεδονία(马其顿国)在格的变化上有:Μακεδονία(主格)、Μακεδονίας(属格)、Μακεδονία(宾格)等,这些词的最后两个音节也有转化为"兜勒"的可能性。

[3] 如晋代翻译的《那先比丘经》(Milindapañha)中的中亚印度-希腊人国王 Menander 在巴利文中作 Milinda,可证中亚语言中 n、l 的互转。E. G. Pulleyblank, The Roman Empire as Known to Han China, *Journal of the American Oriental Society* 119. 1(1999), p. 77. 又,现代汉语方言中常将"嫩"读作"len";现代学者译 Anatolia 为"安那多尼亚",杨宪益:《唐代东罗马遣使中国考》,《译余偶拾》,生活·读书·新知三联书店,1983 年,第 207 页。

宾国'、'阿蛮国'等就是这种意义上的国"。但我们注意到,《后汉书·西域传》将安息境内的城市如阿蛮国、斯宾国、于罗国等称为"国"时,是与安息国并称,并没有"安息境内两国"的说法,换言之,如果依照称述安息境内诸城的惯例,那么,就应写出两个自治区的名字,而不是笼统地称"蒙奇、兜勒之内的二国"。而且,马其顿境内是否存在这样的"两个自治区",史料并无明确记载。很显然,蒙奇、兜勒应为一完整的名称,即"马其顿人"的希腊文译音。那么,怎样理解"蒙奇、兜勒二国"的说法?

事实上,上述汉文史料本身的细微差异,已经向我们透露出其中的奥妙。东汉一代的西域知识主要来自班超父子,《后汉书·西域传》序的末尾说,"班超记诸国风土人俗,皆已详备前书。今撰建武以后其事异于先者,以为西域传,皆安帝末班勇所记",可知,《后汉书·西域传》所记乃班超父子第一手材料,其准确度和真实性远较其他材料为高。《西域传》叙述班超在西域的经略活动所造成的影响时称"于是远国蒙奇兜勒皆来归服",并未言其为"二国",这是值得我们加以注意的。中国古代语言不习惯于外来多音节名称,往往仅以两个音节表示多音节的外国地名和人名,如《汉书·西域传》有"乌弋山离"一名,同时又略作"乌弋",《后汉书·西域传》《魏略》所引《魏略·西戎传》均作"乌弋";又,《后汉书·西域传》记 Hecatompylos 作和椟,Acbatana 作阿蛮,Ktesiphon 作斯宾,等等。此类外国名称略读的例证很多。这种习惯很容易使古人以两个音节来还原外国地名、人名。《后汉书·和帝纪》将蒙奇兜勒断为两国,应属《后汉书》作者在不同情况下的误断。

## 二、马其顿商人是否到达洛阳

林、杨二人都认为罗马商团到达了东汉首都洛阳。林文称,罗马商团"于 100 年 11 月抵达洛阳。在洛阳宫廷受到汉和帝的接见,赐予'金印紫绶'。此事被东汉史官记录在册，后来又被范晔编入《后汉书·和帝纪》》。杨文断言，这"是陆路经西域到达赛里斯首都赛拉（洛阳）的首批西方人"，"在洛阳，他们受到了东汉政府的热情款待"。

外国学者中也有人持相似的见解，如日本学者长泽和俊认为："蒙奇、兜勒两国的入朝是在永元十二年冬十一月，历来新的远国的入朝，一般都有中国的使节伴随，那么大概在永元九年出发的甘英，于永元十二年春夏回到西域都护身边，而两国使节则继续东进，于同年十一月，到达了洛阳。"[1]那么，罗马商团是否真的到达了东汉首都洛阳呢？

我认为这一结论所赖以建立的基础极为薄弱。首先，托勒密保存的马林努斯的材料证明，马林努斯对帕米尔高原两侧和塔里木盆地地区有着丰富的知识，但对石塔到赛里斯国首都赛拉的路程，除了极简单地提到需要步行七个月的时间，别无更多的描述。很难设想，如果梅斯手下的商人到达过洛阳，在其返回后会对他们旅程中敦煌以东的地理人文景观不加以详细描述；同样，也很难设想马林努斯对此会不加以记载，托勒密会不加以评论。

其次，托勒密所记述的赛里斯人的四至为："西部是伊穆斯（Imaus）山外侧的斯基泰……北部是一片未知之地……东部也是一片未知之地……其余是外恒河以南印度的另一部分。"据冯承钧考订，伊穆斯山即穆斯塔格山（Muztagh-ata），在伊朗西北境、雷扎耶湖以西。[2]就各方面的记载看，公元初期2、3世纪，希腊罗马作家笔下的赛里斯国主要是指帕米尔高原两侧地区，其东端最远不超过塔里木盆地东部。普林尼（23—79）笔下的赛里斯人"身材超过了一般常人，长着红头发、蓝眼睛"[3]，断非黄河中下游地区的中国人。这里的"红

---

[1] 长泽和俊：《丝绸之路史研究》，第429—430页。
[2] 冯承钧：《西域地名》，陆峻岭增订，中华书局，1980年，第35，67—68页。
[3] 戈岱司：《希腊拉丁作家远东古文献辑录》，第12页。

头发"可能是金黄头发,其情形如同明、清之际我国东南沿海居民称荷兰人和英国人等欧洲人为"红毛番"。颜师古《汉书注》称乌孙青眼赤须。《大唐西域记》《旧唐书·西域传》均称疏勒、护密人碧瞳,与波斯、大秦相同。同书《回鹘传》记黠戛斯:"人皆长大,赤发,皙面绿瞳。"可见,罗马人记载中"赛里斯人"乃是汉籍记载中的"西域人"。根据托勒密的记载,马林努斯确实说过马其顿商人梅斯手下的人到过赛里斯国。如果这种说法可以相信,那么,充其量只能使我们得出马其顿商人到达西域的结论。

第三,梅斯商人的东行的目的是探寻丝绸源头,进行丝绸贸易,以便打破安息的垄断。正如马林努斯所说,"这些人全神贯注的只是做生意"。公元100年正是班超经略西域大获成功之时,帕米尔以东地区完全处于东汉王朝控制之下,丝绸之路畅通无阻,对西方商人来说,到达西域就意味着到达了丝绸的源头,没有必要再远赴洛阳做政治性访问。

第四,所谓罗马商团到达洛阳的说法,显然与学者们对汉籍中"赐其王金印紫绶"一语的理解有极大关系,即认为这种仪式只能"在洛阳官廷进行"。实际上,在两汉中原对外关系中,并非只有皇帝才向外族统治者颁授印和绶带,地点也并非仅限于官廷之中。以《汉书·西域传》所载试举二例:

一是对罽宾:

> 自武帝始通罽宾,自以绝远,汉兵不能至,其王乌头劳数剽杀汉使。乌头劳死,子代立,遣使贡献。汉使关都尉文忠送其使。王复欲害忠,忠觉之,乃与容屈王子阴末赴共合谋,攻罽宾,杀其王,立阴末赴为罽宾王,授印绶。

一为对乌孙:

初，楚王侍者冯嫽能史书，习事，尝持汉节为公主使，行赏赐于城郭诸国，敬信之，号为冯夫人。……宣帝征冯夫人，自问状。遣谒者竺次、期门甘延寿为副，送冯夫人。冯夫人锦车持节，诏乌就屠诣长罗侯赤谷城，立元贵靡为大昆弥，乌就屠为小昆弥，皆赐印绶。

又见冯夫人对乌孙：

元贵靡子星靡代为大昆弥，弱，冯夫人上书，愿使乌孙镇抚星靡。汉许之，卒百余人送焉。都护韩宣奏，乌孙大吏、大禄、大监皆可赐金印紫绶，以尊辅大昆弥。汉许之。

依此推断，代表中央政府在西域行使职权的西域都护，也可以向外国使者授以金印紫绶。长泽和俊与林梅村曾推测罗马商团的东来与甘英西使大秦有关，认为罗马商团可能在安息境内与甘英相遇，得知中国的情况，决定将东行计划付诸行动。如果这一推测正确的话，那么罗马商团的目标将是西域都护，换言之，很有可能是作为西域都护的班超代表汉朝廷接待以使团身份到来的罗马商人，"赐其王金印紫绶"，然后报知朝廷。这样做并不违制。《后汉书》作者将此事系于《和帝纪》下，无非是因为此事发生在和帝时期。只是在编撰《和帝纪》时，作者不解蒙奇兜勒为一国而强作解人，才有"蒙奇、兜勒"两国之说。

另外，在托勒密保留的马林努斯中亚地理记载中，虽然其中一些地名的考证还有进一步讨论的必要，但可以肯定的一些事实显示，梅斯商人对塔里木盆地周围地区有着丰富的地理人文知识。这不也是梅斯商人到达西域而未及中原腹地的一个佐证吗？

我们注意到，现下学术界有的学者已经将所谓"罗马商团到达洛阳"作为肯定的历史事实加以接受[1],似过于掉以轻心。我们认为,在这一问题上,如果说"大胆假设"是必要的,那么"小心求证"则是必需的;就目前的研究而论,"小心求证"所要求的"求证"工作还远远没有完成。

(原载于《世界历史》,2004年第2期)

---

[1] 朱龙华:《罗马文化与古典传统》,浙江人民出版社,1996年,第371—372页;杨晓霭:《瀚海驼铃:丝绸之路的人物往来和文化交流》,甘肃教育出版社,1999年,第10—11页,等等。

# 《后汉书·西域传》记载的一段希腊神话

东汉和帝永元九年（公元97年）班超经略西域大获成功之时派遣甘英出使大秦的外交活动，是古代中西关系史上的重大事件之一，对中国人域外知识的扩展有重要影响。《后汉书·西域传》对此有明确的记载：

> 和帝永元九年，都护班超遣甘英使大秦。抵条支。临大海欲度，而安息西界船人谓英曰："海水广大，往来者逢善风，三月乃得度。若遇迟风，亦有二岁者，故入海者皆赍三岁粮。海中善使人思土恋慕，数有死亡者。"英闻之乃止。

中国史籍中的大秦，即罗马帝国，有时指罗马帝国统治下的地中海东部。甘英到达的"大海"，也称为"西海"。《后汉书·西域传》关于同一事件的记载中，有"甘英穷临西海而还"的说法。关于这个"大海"（或"西海"）的位置，学术界曾有里海、黑海、地中海和波斯湾诸说。黑海和里海两说现在几乎无人再坚持，但地中海、波斯湾两说在学者中仍有较大争议。由于这一问题对本文主旨影响不大，我们不做讨论。

从记载看，甘英显然没有到达目的地罗马帝国。他到达安息（波斯）帝国的西部边界的"大海"后停止了行程。甘英放弃继续前行，与波斯船员有关。一般认为，波斯船员阻止甘英继续前行是出于商业目的，即设法阻断中国和罗马帝国之间的直接交往，以便垄断丝路贸易的丰厚利润。[1]深入探讨安息船员所作所为的背后动机，非本文主旨，也可略而不论。但有一点可以肯定，甘英是在听了安息船员所描述的艰难的海上历程之后才放弃使命的。由此产生的问题是，安息人到底讲述了什么可怕的内容，竟能产生如此效果？

从《后汉书·西域传》的这段记载判断，安息船员对于海上航行三个月到两年的描述，固然可能使甘英产生畏难情绪，但真正能动摇他继续前行决心的，是"海中善使人思土恋慕，数有死亡者"的可怕情景。这是我们应首先注意的。毫无疑问，当地船员对甘英讲述的这个故事，其内容肯定多于《后汉书·西域传》的记载，"海中善使人思土恋慕，数有死亡者"，只不过是其中最能给甘英留下深刻印象的部分。

那么，这寥寥数语的背后隐藏着什么样的恐怖内容？要对此有所领悟，须从考察最原始的材料开始。《后汉书·西域传》称："（永元）九年，班超遣掾甘英临西海而还，皆前世所不至，《山经》所未详，莫不备其风土，传其珍怪焉。"这"传其珍怪"一语，颇令人玩味："珍"指山珍海宝，《后汉书》同传中涉及大秦时称"其土多海西珍奇异物焉"，"土多金银奇宝，有夜光璧、明月珠、骇鸡犀、珊瑚、琥珀、琉璃、琅玕、朱丹、青碧"。可以为证。

"怪"则是指《后汉书》作者眼中的荒诞不经的事物，包括听到的故事。"莫不备其风土，传其珍怪"似说明，甘英带回的此类故事数量可能不少，波斯船员向甘英讲述的"海中善使人思土恋慕，数有死亡者"的恐怖情形，当属《后汉书·西域传》作者所说的"怪"异故事之一。

---

[1] G. F. Hudson, *Europrand China: A Survey of their Relations from the Earliest Times to 1800*, London 1931, p. 84.

这里的"思土恋慕"历来被解释为"思念故土"之意。[1]其实并非如此。对于甘英这样身处异国他乡的人来说，思念故土是随时随地都会有的情感，不会以此为可怕之事；另一方面，对于安息船员而言，以这样的人之常情来阻吓一位远方的来客，也是不合情理、不可思议的事情。因此，真正的含义似应是，海中有某种东西使人思慕着迷，以致死在那方土地上。这样的解释也可从另外的记载中得到佐证。《晋书·四夷传》的作者可能有另外的资料来源，对同一事件的记载稍有不同：

汉时都护班超遣掾甘英使其(大秦)国。入海,(安息)船人曰："海中有思慕之物，往者莫不悲怀。若汉使不恋父母妻子者可入。"英不能渡。

《晋书·四夷传》"海中有思慕之物"一语可谓关乎要害，较之《后汉书·西域传》"海中善使人思土恋慕"的说法更为明确；"往者莫不悲怀"一语则清楚地说明，《后汉书·西域传》中"数有死亡者"的原因正是海中令人"思慕"的事物。《晋书·四夷传》所谓"若汉使不恋父母妻子者可入"一语，与《后汉书》中"数有死亡者"的说法是同一个意思。因此两段记载可以使我们将波斯船员所讲的内容大致复原为：前往大秦要经过大海，会遇到令人思慕的事物，使人着迷，使人忧伤，以致死在那里。对于有着"不远游"传统的中原人来说，客死他乡才是极其可怕的事情。

---

[1] 如著名汉学家夏德将《后汉书》中的这句话译为："there is something in the sea which is apt to make man home-sick, and several have thus lost their lives." F. Hirth, *China and the Roman Orient: Research into Their Ancient and Medieval Relations*, Shanghai & Hongkong 1885, p. 39；1933 年日本学者关卫：《西方美术东渐史》，上海书店出版社，2002 年，第 8 页；较后期的研究如长泽和俊：《丝绸之路史研究》，钟美珠译，天津古籍出版社，1990 年，第 428 页；近年来的著作如，D. D. Leslie and K. K. J. Gardiner, *The Roman empire in Cninese Sources*, Roma !996, p. 46 以及申友良：《马可·波罗时代》，中国社会科学出版社，2001 年，第 26 页，都有同样的理解。

如果考虑到这个故事乃出自波斯船员之口这个事实，我们可以断言，这一恐怖故事一定是与当地早已流行的现成的海上故事有关。

从起源上讲，这个故事可以有两种可能：第一，由于讲述这个故事的人是波斯船员，它可能是来自波斯的传说。波斯是世界上的文明古国，其神话传说中可能有这类故事。但我们对于波斯古代传说所知甚少，不敢做任何结论。

第二，来自安息（波斯）西部的大秦即罗马帝国。罗马帝国的东部疆域属于拥有发达神话传统的希腊文化圈。古希腊神话传说之发达、优美，举世闻名，人所共知。历史上，波斯帝国对于希腊文化是相当熟悉的，地中海东岸是希腊—波斯的文化交汇处。希腊和波斯的交流很早即已开始。5世纪初叶开始的长达半个多世纪的希—波战争虽是两国的敌对行动，但在客观上却有助于两国文化包括民间文化的交流。尤其是公元前4世纪下半叶亚历山大大帝东侵以后，庞大的波斯帝国尽为希腊人所控制，亚历山大帝国的版图远及中亚和印度北部，优美的希腊神话和戏剧甚至流传到中亚，在巴克特里亚（大夏）保存下来。亚历山大帝国瓦解后出现的三帝国之一的塞琉古帝国，也统治了相当大的波斯版图。可以说，对于希腊文化中极为发达的神话传说，尤其是那些动人心弦、脍炙人口的流行故事，波斯民众，无论是两河流域的民众还是地中海东部的民众，都是不陌生的。

联系到希腊神话，我们更可以进一步断言，安息人讲述的这个"海中善使人思土恋慕，数有死亡者"的故事，很可能就是海上生活的人们所十分熟悉的海上女妖塞壬（即Sirens）的传说。希腊神话中的海上女妖是半人半鸟形的怪物，她们善于唱歌，以娇媚动听的歌声迷惑航海者，使他们如醉如痴，停舟不前，待在那里听下去，一直到死亡为止。

海妖故事早在公元前9至前8世纪的荷马史诗《奥德赛》中已有记载。据《奥德赛》中的叙述，海上女妖居住在位于喀耳刻海岛和斯库拉住地之间的海岛上，特洛伊战争的希腊英雄之一奥德修斯（一译奥德赛）在战争结束后与同伴回国途中经过海妖居住的岛屿，喀耳刻巫师曾告诫奥德修斯如何避开海上女妖塞壬的诱惑："现在请你听我嘱咐，神明会让你记住它们。你首先会见到塞壬们，她们迷惑所有来到她们那里的过往行人。要是有人冒昧地靠近她们，聆听塞壬们的优美歌声，他便永远不可能返回家园，欣悦妻子和年幼的孩子们；塞壬们会用嘹亮的歌声把他迷惑，她们坐在绿茵间，周围是腐烂的尸体的大堆骨骸，还有风干萎缩的人皮。你可以从那里航行，但需要把蜂蜡揉软，塞住同伴们的耳朵，不让他们任何人听见歌声；你自己如果想听歌唱，可叫同伴们让你站立，把手脚绑在快船桅杆的支架上，用绳索牢牢绑紧，这样你便可聆听欣赏塞壬们的歌声。如果你恳求、命令他们为你解绳索，他们要更牢固地用绳索把你绑紧。"奥德修斯听从喀耳刻巫师的建议，用蜡封住同伴们的耳朵，让同伴们将自己绑在桅杆上，抵御住了海妖们的歌声的诱惑，将船驶过海妖岛活了下来。[1]

另一希腊神话把海妖与俄耳甫斯和阿耳戈斯的英雄们联系起来。阿耳戈斯的英雄们在得到金羊毛返回途中路过海妖岛，英雄之一俄耳甫斯用自己的歌声吸引住同伴们，躲过了海妖们的歌声的诱惑。还有一希腊神话说，海妖姊妹本是貌美的海上姑娘，因为没有援救被哈得斯（冥神）劫走的得墨忒耳（丰产女神）的女儿珀耳塞福涅，而被发怒的得墨忒耳变成人身鸟脚的形象。也有地方说，她们自己请求变成鸟的形象，以便找回女友珀耳塞福涅。不管怎样，希腊神话中有关海妖的传说，总是以海妖的优美歌声对航海者的诱惑致使海员死亡为主要内容。这与甘英从安息西界船员那里听到的"海中善使人思土恋慕"（即《晋书》所谓"海中有思慕之物"），"数有死亡者"的故事框架完全相合。

半人半鸟的形象最早源自两河流域。[2] 这个形象经过有着罕见的神话创造传统的希腊人加工后，演变成更加成熟、充实，也更加脍炙

---

[1] 荷马：《奥德赛》，王焕生译，人民文学出版社，1997年，第248—249页，第253—257页。
[2] M. H. 鲍特文尼克等：《神话辞典》，商务印书馆，1985年，第132页。

人口的海妖故事。海妖形象和海妖故事在包括地中海东部沿岸在内的希腊世界广泛流传，经过罗马帝国的传播，流传到了整个欧洲，成为欧洲各国至今仍十分熟悉的文化内容。如6世纪上半叶的拜占庭史家普罗可比在他的《战争史》第五卷《哥特战记》中曾提到这个故事。中世纪法国著名的唯名论经院哲学家彼埃尔·阿伯拉尔（1079—1142）在表达基督教信仰对他的支持时说，就是对于海妖塞壬的歌声，他也无所畏惧。[1]有关海妖的说法在枝节上因地域不同稍有变化，但基本内容大致相同。这个传说在近代作家作品中也经常被提到，如克雷洛夫的《作家与强盗》中有，"作家……像海妖那样音色悦耳，也像海妖那样有害于人"。著名的德国诗人亨利希·海涅有关海妖的诗歌《罗雷莱》更具代表性：

> 不知是什么道理，
> 我是这样的忧愁。
> 一段古老的神话，
> 老萦系在我的心头。
> 莱茵河静静地流着，
> 暮色昏暗，微风清凉。
> 在傍晚的斜阳里，
> 山峰闪耀着霞光。
> 一位绝色的女郎，
> 神奇地坐在山顶上。
> 她梳着金黄的秀发，
> 金首饰发出金光，
> 她一面用金梳梳头，
> 一面送出了歌声，

---

[1] 蒙克利夫编：《圣殿下的私语：阿伯拉尔与爱洛依丝书信集》，岳丽娟译，广西师范大学出版社，2001年，第165页。

那调子非常奇妙,
而且非常感人。
坐在小船里的船夫,
勾引起无限忧伤,
他不看前面的暗礁,
他只向着高处仰望。
我想那小舟和舟子,
结局都在波中葬身,
这是罗雷莱女妖,
用她的歌声造成。[1]

海涅诗中明确地称这是"一段古老的神话",明显是指女妖故事的希腊起源。但由于德国并非希腊那样的海洋国家,所以在德国文学作品中,女妖演变成了山岩(或山林)之神。但女妖以美妙的歌声诱惑船人葬身海中这个主要情节——即甘英所谓"善使人思土恋慕,数有死亡者"——并没有改变。

季羡林先生谈到神话寓言传播特点时说:"一个民族创造出那样一个美的寓言或童话以后,这个寓言或童话绝不会只留在一个地方。它一定随了来往的人,尤其是当时的行商,到处传播,从一个人的嘴里到另外一个人的嘴里,从一村到一村,从一国到一国,终于传遍各处。因了传述者爱好不同,他可能增加一点,也可以减少一点;又因了各地民族的风俗不同,这个寓言或童话,传播既远,就不免有多少改变。但故事的主体却无论如何不会变更的。所以,尽管时间隔得久远,空间距离很大,倘若一个故事真是一个来源,我们一眼就可以发现的。"[2]季先生所言,是民间文化传说交流的一般规律。值得指出的

---

[1] 歌德等著:《德国诗选》,钱春绮译,上海译文出版社,1982年,第273—274页。
[2] 季羡林:《从比较文学的观点看寓言和童话》,《季羡林文集》,第8卷,江西教育出版社,1996年,第37—38页。

是,古往今来,通俗易懂、丰富多彩的寓言、神话与各国普通民众有着不解之缘,在他们的精神世界中占有相当重要的地位,所以其传播也多与民间交往联系在一起,其流传后世往往借助于民间记载(记忆),而较少受到所谓"正史"的青睐。像海妖故事这样的希腊神话,经甘英这样的使节之口而传诸中国正史的事例,似不多见。

甘英来自中国内陆,没有海上旅行的经验,对大海怀有恐惧感。《晋书》保存了甘英回国后的行程报告:"途经大海,海水咸苦不可食。"很显然,只有未有航海经历的人才会想象海水可以饮用。因此,"海水广大,往来者逢善风,三月乃得度。若遇迟风,亦有二岁者,故入海者皆赍三岁粮"这样艰难的海上航行,不能不使甘英视为畏途。由于甘英对大海的无知,波斯船员讲述的可怕的海妖故事,才会在其心灵中产生令人难以置信的震慑作用。所以,我们认为,甘英没有完成出使大秦的使命,主观上与他本人的素质有关,即作为陆上将领,甘英对海洋怀有本能的恐惧感。这种恐惧感是未曾经历海上航行生活的人所共有的。

近代以来中国闭关锁国政策造成国民不通海外、昧于世界大势的被动局面,有鉴于此,近代有人在观察甘英西使中途止步的行为时,除了惋惜,往往多有怨愤之情,如康有为在《欧洲十一国游记》中就怒责甘英怯懦,认为"甘英愚懦,辜负班超凿空之盛意。至今中西亘数千年不通文明,不得交易,则甘英之大罪也。其与哥伦布、墨领(麦哲伦)、岌顿曲之流,相反何其远哉!中国人而有此,至今国土不辟与大地,智识不增于全球,遂以一切让于欧人,皆英辈之罪也!"其实,即使甘英勇往直前到达了大秦之土,中国与西方世界的关系在此后近两千年中也不会有根本上的改观。在近代以前中国各王朝自以为"天朝上国",万物丰饶,不存在与外国交往的需求,根本没有与外族发展长期经济、政治交往的欲望和动机。略观明中叶郑和下西洋后的历史,这种情况即可明晓。

倒是当时人对甘英的探险之举不乏赞誉。《后汉书·西域传》称:

"西域风土之载,前古未闻也。汉世张骞怀致远之略,班超奋封侯之志,终能立功西遐,羁服外域。……其后甘英乃抵条支而历安息,临西海以望大秦,拒玉门、阳关者四万余里,靡不周尽焉。"近代学者王国维也有诗赞曰:"西域纵横尽万城,张陈远略逊甘英。"[1]甘英出使大秦,虽未达目的地而中途返回,但仍有超迈前辈之处:不仅他的行程范围为此前所未见,而且他所获得的域外知识和风土人情乃至奇闻异说,也是以往所未闻。希腊神话中的这段故事,经安息船员加以渲染后,阻挡了这位来自远方的缺乏海上经验的中国使者,但同时也经过这位使者的讲述,永远地留在了中国的史册上。这也是中国与希腊罗马世界文化交流史中饶有趣味的一段插曲。

（作者按：此文曾以《西使大秦获闻希腊神话传说考》为题发表于《史学月刊》,2003 年第 12 期；又见 Gan Ying's notice of a Greek myth in his mission to Ta-chin, *Proceedings of the 1$^{st}$ International Congress for Sino-Greek Studies*, 2-4 Oct. 2004, Ioannina 2008。现在改为目前的题目,似更合适。文字略有改动）

---

[1]《读史二十首》,《王国维文学美学论著集》,北岳文艺出版社,1987 年,第 311 页。

# 汉籍所载希腊渊源的"女人国"传说

## 一

在南北朝至隋唐时代的中国典籍中,"拂菻"是一个新出现的名称。百余年来的研究证实,它指的是由罗马帝国演化而来的拜占庭帝国,即东罗马帝国。

在这一时期的汉籍记载中,颇有有一些与"拂菻"相关的事物,"女人国"传说是其中之一。《法苑珠林》卷三十九云:

> 案《梁贡职图》云,(拂菻)去波斯北一万里,西南海岛有西女国,非印度摄,拂懔年别送男夫配焉。

《贡职图》亦作《职贡图》,乃南梁元帝萧绎所作。"拂懔"即"拂菻"。梁朝处于南方,此传说显然由海路传至中国。与此相应的是《大唐西域记》记载,玄奘西域求法途中在北印度也听到了类似的女人国传说:

> 波剌斯国西北接拂懔国……拂懔国西南海岛,有西女国,皆是女人,略无男子。多诸珍货,附拂懔国,故拂懔王岁遣丈夫配焉。其俗产男,皆不举也。

《大慈恩寺三藏法师传》卷四记载大略相同:

（波剌斯）国东境有鹤秣城，西北接拂懔国，西南海岛有西女国，皆是女人，无男子，多珍宝，附属拂懔，拂懔王岁遣丈夫配焉，其俗产男例皆不举。

《新唐书》卷二二一：

拂菻西，有西女国，种皆女子，附拂菻。拂菻君长岁遣男子配焉，俗产男不举。

《大慈恩寺三藏法师传》与《新唐书》所记女人国事，均取材于玄奘《大唐西域记》，故所记与《大唐西域记》完全一致。玄奘所记内容多取自梵文典籍或亲身见闻，他将拂懔国与女人国的记载附于"波剌斯国"条下，且明言"非印度之国，路次附见"，说明女国故事乃玄奘在中亚或印度所获闻。显然，在印度和中亚都流传着与"拂菻"相联系的"西女国"故事。

德国汉学家夏德（F. Hirth）在其名著《中国与罗马东边地》（China and the Roman Orient）中提到，玄奘关于女人国的记载多与古希腊史家斯特拉波（前58—前21）著作关于女人国（Amazons）的记载相合，似注意到二者之间的渊源关系，不过，他对此似乎有些犹豫不决，难以断定，原因是两种记载中女人国位置的不同："斯特拉波笔下的女人国据说位于麦奥提斯湖（Lake Maeotis，即亚速海）岸边，而不是在拂菻西南，她们也不是生活在岛上，派遣男子与她们相配的邻人不是叙利亚人而是居于高加索山下的加加尔人（Gargareans）。"不管夏德态度如何优柔寡断，他联想到玄奘所记故事与希腊世界的女人国传说的关系，确实显示了他思维的敏锐。

夏德研究的不足之处在于：首先，他对希腊罗马世界有关女人国传说的考察，仅上溯至斯特拉波，未能从根源上看到它的原型。实际上，希腊神话中的女人国故事，不仅远比斯特拉波更为古老，而且在传播范围上也比想象的更为广阔；其次，夏德不太了解民俗传说在不同地区传播的规则，所以要向人们指出两种记载显示的地点的差异。从民间传说显示的传播规则看，将故事发生地与讲述者母邦混为一谈，这一现象在世界各地的民间传说的传播中十分常见，是一种普遍现象。由于当时的拜占庭帝国（即"拂菻"）在欧亚大陆是有相当知名度而又充满神秘感的国家，将一种带有神秘色彩的传说附会于其上，是完全可以理解的。

二

在希腊世界，"女人国"的传说可能产生于希腊人向黑海地区殖民时期，所以，在地理范围上，古希腊神话传说将女人国置于黑海（亚速海）沿岸或小亚细亚地区。根据希腊神话，女人国的女人们崇尚武艺，骁勇异常。为繁衍后代，她们与邻近的部落男子婚配，然后将男子送走，生下女婴便留下由母亲抚养，训练其狩猎和战争本领，培养成勇猛的女将，男婴则交还其父，或将其杀掉。女人国的妇女自认为是战神阿瑞斯的后裔，热衷于战争，经常对他族发动战争。为便于使用弓箭，她们烧掉右侧乳房。女武士使用的武器有双面斧、弓、矛和半月形盾等。早期女人国传说有三个元素：一是女人国妇女尚武；二是女人国妇女与邻近群体的男子婚配以繁衍后代；三是所生后代只留养女婴而不留男婴。在这三个元素中，又以后两个元素为核心元素。

与早期女人国传说相关的神话人物有大力神赫拉克利斯等。在赫拉克利斯建立的十二功勋中，其中之一是他从女人国取得金腰带。在赫拉克利斯神话中，女人国位于黑海边本都地区的特尔莫冬河两岸，女王拥有战神阿瑞斯赠送的金腰带。赫拉克利斯到达女人国后，女王对大力神很有好感，打算献出金腰带，不料大力神的敌人天后赫拉从中挑起事端，致使赫拉克利斯与尚武好战的女人国发生战争。赫拉克利斯打败女人国的军队，女王被迫交出金腰带。赫拉克利斯以力大勇武著称，大力神传说突出了女人国妇女的强悍和好战。

女人国主题除了见于神话传说，也进入历史著作。希罗多德在其著作《历史》（Ⅳ，110-117）中记载，女人国的女子曾与黑海沿岸的希腊人作战，希腊人打败了她们，准备把大量俘虏运到雅典，船到海上航行时，女人国战士杀死了押运她们的希腊人。但她们不会操纵船只，船只漂流到黑海东北部的亚速海（麦奥提斯湖）岸边，由此与该地的斯基泰人发生战争。斯基泰人从战死的女人国战士尸体上发现她们是妇女，决定不再以战争手段对付她们。他们派出大约数量相等的年轻男子，在她们的驻地附近安营扎寨，并模仿女人国战士的一切动作。如果女战士们前来交战，斯基泰男人并不迎战，而是逃跑；待女战士停止追击，则仍回到女战士驻地附近安营。当女战士看到斯基泰人并无伤害自己的意图时，就不再主动发起攻击，双方的营地也逐渐接近起来。起初，单个的斯基泰男子与单个的女战士交往，随后带来各自身边的伙伴彼此交往，最后双方的营帐合并在一起，每个斯基泰男子娶最初交往的女战士为妻，彼此结合在一起。新形成的群体并没有回到斯基泰男子原来的群体，也没有定居于女战士占领的土地，而是迁移到一个新的地区开始生活，这个地区位于塔奈斯河以东三日路程，从麦奥提斯湖向北三日路程。

在希罗多德的记载中，我们确实可以看到斯基泰人"遣丈夫配焉"这个情节，但不是每岁都派遣，而是派遣的男子与女战士结合成一个新团体；而且，希罗多德也没有提到"产男不举"的风俗。实际上包含了女人国妇女尚武和他族派遣男子婚配这两个元素。这体现出历史著作的特点：神话传说母题在与历史事实结合时，只保留与历史实际相符合的细节，并加以突出和强调，而改变或略去一些具体细节，一些人们熟悉的细节。正如在中国的帝王神话中，与"龙"的关系及由此获得的神圣性是不可缺少的核心元素，但如何表现"龙"与帝王的关系则形式各异。

## 三

女人国故事，在欧亚大陆各地经久流传，地点随时代不同而有所变化。阿拉伯故事集《天方夜谭》中，女人国位于第聂伯河中的若干岛屿上。在《马可·波罗游记》中，女人国是印度辖下的一个岛屿，与男人岛相对，位于克思马克兰南海行500哩，两岛相距约30哩，每年第3个月，诸男子尽赴女岛，居住3个月，与女子欢处，然后返回。"彼等与诸妇所产之子女，女则属母，男则由母抚养至14岁，然后遣归父所。"

15世纪初叶出使帖木儿汗廷的西班牙人克拉维约（Klaviyo）则将女人国置于中亚以东地区："由撒马尔罕向契丹行15日里程，有女人国（Amazons），迄今仍保持不与男人相处之俗，只是一年一度与男人交往。她们从首领们那里获得准许，携女儿前往最近的地区与男人交会，每人得一悦己之男人，与之同居住、共饮食，随后返归本土。生女后则留下抚养，生男则送其生父养育。女人国现属帖木儿统治，但曾经归辖于契丹皇帝。信仰基督教，属希腊教会。她们是守防特洛伊城的女战士的后裔，希腊人攻取特洛伊城后，乃移居于此地。"克拉维约所述显然是久已流行的版本，但仍突出了希腊渊源。

西班牙人门多萨（Juan Gonzalez De Mendoza，1545—1618）根据此前相关人员的东方消息，于1585年出版《大中华帝国史》，其中也有女人国的记载，不过，他笔下的女人国是在东亚海中："距离日本不远，近顷发现有女人岛，岛中仅有女人，持弓矢，善射，为习射致烧其右乳房。每年一定月份，有若干日本船舶，载货至其岛交易。船至岛后，令二人登岸，以船中人数通知女王。女王指定舟人登岸之日，至日，舟人未登岸前，岛中女子至港，女数如舟中男数，女各携绳鞋一双，鞋上皆有暗记，乱置沙上而退。舟中男子然后登岸，各着绳鞋往就诸女，诸女各认鞋而延之归。其着女王之鞋者，虽丑陋而亦不拒。迨至限期已满，各人以其住址告女而与之别。告以住址者，如次年生子，男儿应送交其父也。"这位西班牙人明言"此事乃诸教士闻诸两年前曾至此岛某人者，但日本之耶稣会士，对于此事毫无记录，余尚疑而未信云。"很显然，这里的东方女人国，是欧西人将希腊渊源的女人国传说移植到了东方背景中，虽其细节有所变化，而其整体面目仍是希腊传统的。这是民间传说随时代、地域变动而发生时空转化的又一例证。

类似的例证还有一例。1697年法国某传教士在马尼拉（Manille）写的书信中说："此种外人（假拟在 Mariannes 群岛南方某岛中之外人），谓彼等岛中有一岛，仅有女子住在其中，自成一国，不许男子羼入。女子多不婚，惟在年中某季许男子来会，聚数日，携其无需乳哺之男孩而归，女孩则留母所。"其核心仍是与外部男子婚配、生男不举的内容。

自古希腊以降，女人国传说的一个特点是婚配繁衍。希腊传统的女人国传说中，几乎看不到无性繁殖的实例。罗马传说中出现过无性繁殖的传说，如公元1世纪的罗马作家梅拉（Pomponius Mela）曾记载一地"女子独居，全身有毛，浴海而孕，其俗蛮野，为人所捕者，用绳缚之，尚虞其逃走。"杜环《经行记》说："又闻（拂菻国）西有女国，感水而生。"依夏德的看法，杜环所说的意思可能是"生于水"，如塞浦路斯岛流行的维纳斯崇拜（Venus Anadyomene of Cyprus）。但这一传说传播不广，不占据主导地位。

## 四

在中国，"女人国"（或女儿国）传说也是历史悠久，连绵不绝。《山海经》记载女人国故事：女子国无男子；成年女子到黄池洗澡而致使怀孕，生育男婴，至多活三岁而死，唯女婴才能长大成人。就正史论，《后汉书·东夷列传》最早提到"女国"，其位置在东海："海中有女国，无男人，或传其国有神井，窥之辄生子云。"《梁书·东夷传》记"女国":"慧深又云:'扶桑东千里,有女国,容貌端正,色甚洁白,身体有毛,发长委地。至二三月,竞入水则妊娠,六七月产子。女人胸前无乳,项后生毛,根白,毛中有汁,以乳子,一百日能行,三四年则成人矣。见人惊避,偏畏丈夫。'"

宋代赵汝适《诸蕃志》多采其前辈周去非《岭外代答》材料,其于"沙华公国"之后记"女人国":"又东南有女人国,水常东流,数年水一泛涨……其国女人遇南风盛发,裸而感风,即生女也。""沙华公国"不可定考。有人认为在加里曼丹岛。南宋末年建州崇安(今属福建)人陈元靓撰《事林广记》记"女人国":"女人国,居东北海角,与奚部小如者部抵界。其国无男,每视井即生也。"宋代的两位作者的作品中都贯穿无性繁衍的主题。而作为明代文学作品的《西游记》,其中的女人国的故事,也突出女人喝过子母河的河水而怀孕的主题。无性繁殖是女人国传说中远东系统区别于西方系统的最重要、最明显的元素。

可见,玄奘《西域记》中的女人国传说属于希腊传说系统,是希腊渊源的女人国传说的翻版。玄奘《西域记》记载中"拂菻"与女人国的联系,暗示着拜占庭帝国在这个传说流播过程中的作用,同时也反映了此一时期拜占庭帝国在欧亚大陆文化交往中的重要地位。阿拉伯伊斯兰势力兴起以后,女人国传说演化为伊斯兰教文化的一个内容了。

(原载于《光明日报》,2011年4月7日)

# 6至7世纪拜占庭帝国与西突厥汗国的交往

## 一

公元1世纪,由罗马人建立的横跨欧亚非三大洲的庞大帝国,实际上可分为以希腊文化为主和以拉丁文化为主的东、西两大区域。在最初的两个世纪里,罗马帝国强有力的统治掩盖了它们的区别。3世纪的社会危机使罗马帝国由盛转衰。作为帝国统治中心的拉丁文化区,在内部社会矛盾和蛮族入侵的双重打击下,无可挽回地走上了穷途末路,但帝国东部的希腊文化区却以地理、经济和文化上的巨大优势顶住了危机所造成的冲击,保持着勃勃生机。330年,君士坦丁大帝将帝国首都迁到博斯普鲁斯海峡西岸的希腊旧城拜占庭,改名为君士坦丁堡,标志着帝国统治中心的东移和东部优势的确立。5世纪后半叶,帝国在西部的统治覆亡于蛮族入侵的洪流中,帝国正统中断。以拜占庭为中心的东部地区经过几代统治者的励精图治,到6世纪初查士丁(518—527)、查士丁尼舅甥共治,特别是外甥查士丁尼(527—565)时期,已经以新的面目出现于历史舞台。查士丁尼怀着恢复罗马帝国昔日光辉的梦想进行了一系列征服战争,基本上将整个地中海世界置于帝国控制之下。虽然在他统治的末期,帝国对意大利半岛和西班牙东南地区的统治已经丧失,但在7世纪中叶阿拉伯伊斯兰教势力兴起并夺取其在亚洲和北非的领土以前,拜占庭帝国的版图基本没有大的改变。

在这些世纪中,拜占庭帝国有效地统治着巴尔干半岛、小亚细亚、叙利亚、巴勒斯坦和埃及,即地中海东部地区的广大版图。由于国力的强大与东方的接近,拜占庭帝国上流社会也如鼎盛时期的罗马帝国一样,生活上染上越来越重的奢侈之风,追求东方情调和东方奢侈品,尤其是对中国丝绸的兴趣愈益浓厚。4世纪后期马赛利努斯(330—?)写道:"丝绸的使用曾经仅仅限于贵族阶级,现在却毫无差别地遍及所有阶级,甚至社会最下层。"这种带有抱怨色彩的描述自然有夸张的成分,社会最下层的民众不可能有购买丝绸的能力,但毫无疑问地说明,上流社会追求奢侈生活的流风所及,已感染到社会最下层的民众。313年以后,基督教会在罗马帝国内的合法地位确立,教会的政治地位不断提高,经济势力逐渐强大。为显示其强大的特权地位,教会盛行以丝绸装饰教堂,以丝绸制作教士法衣,以丝绸裹尸体下葬。教会成为丝绸等奢侈品的大消费者。蛮族涌入罗马帝国以后,也为罗马上流社会的豪奢之风所熏染。408年,阿拉里克率领西哥特军队围攻罗马,向帝国政府勒索大量财物,除去金、银,还有丝绸外衣4000件,皮革3000匹和胡椒3000磅。[1]拜占庭帝国为阻止蛮族入侵,把大量奢侈品送与蛮族首领,一方面满足他们的贪欲,另一方面也借此显示帝国的富裕,提高君士坦丁堡的威望。因此,4至6世纪的拜占庭帝国成为西方世界最大的包括丝绸在内的奢侈品消费者。6世纪中叶,西突厥统治下的粟特人对此已有明确认识,他们敦促西突厥首领与君士坦丁堡建立友好关系,将丝绸销往拜占庭帝国,原因是"罗马人对生丝的消费多于他国"。[2]拜占庭帝国社会内部存在着与东方交往的强大动力。

  拜占庭帝国在地理上与东部相邻国家尤其是西亚的主要强国波斯萨珊王朝的接近,必然促使两国间发生更多关系。公元3世纪上半叶崛起的波斯萨珊王朝和差不多同时振兴起来的拜占庭帝国,由于边界

---

[1] 赫德逊:《欧洲和中国》(G. F. Hudson, *Europe and China*:*A Survey of Their Relations from the Earliest Times to 1800*, London, 1931),第116—117页。

[2] 裕尔:《东域纪程录丛》(H. Yule, *Cathay and the Way Thither; Being a Collection of Medieval Notices of China*, I, London 1915),第1卷,第211页。

争端和彼此对对方领土的觊觎，关系十分紧张。数世纪的边界争夺使二者互相视为对手和敌人，频繁的战争成为这一时期两国关系的主要特点。波斯萨珊王朝扼守横贯其境的丝绸之路，控制拜占庭社会迫切需要的东方产品特别是中国的丝绸，迫使拜占庭帝国在两国关系中让步。另一方面，拜占庭帝国在地中海东部、红海北部和埃及统治的加强，增强了它由红海向东方发展的便利和可能性。但这一时期的拜占庭帝国已无力像鼎盛时期的罗马帝国一样独立地将其商业范围扩展到远东，[1] 它所需要的东方商品只能依赖于中介者。

6世纪上半叶，锡兰（今斯里兰卡）发展成为重要的丝绸市场。[2] 531年左右，查士丁尼要求拜占庭帝国在红海地区的盟友埃塞俄比亚人和希米亚提人前往购买丝绸，然后转卖给罗马人，劝导后者："这样做可以赚取很多钱，而罗马人也可以在一个方面受益，即不再把钱送给它的敌人波斯。"埃塞俄比亚人和希米亚提人接受了请求，但却未能实现诺言。拜占庭史学家普罗可比解释失败的原因："波斯人总是占据印度（锡兰）船开进的每一个港口（因为他们是邻国），通常收购了所有货物，埃塞俄比亚人不能进港购得丝绸；而希米亚提人则无法跨过如此广阔的沙漠，与如此好战的民族（波斯）对抗。"[3] 但真正的原因可能是，埃塞俄比亚人与波斯人已在东方贸易上达成默契，即埃塞俄比亚人垄断香料贸易，而波斯人垄断丝绸贸易，不愿为拜占

---

[1] 对于罗马帝国商人东来，中国史书有明确记载。《后汉书·西域传》："桓帝延熹九年（166年），大秦王安敦遣使自日南徼外献象牙、犀角、玳瑁始乃一通焉。"《梁书》卷54："孙权黄武五年（226年）有大秦贾人字秦伦来到交趾，交趾太守吴邈遣诣送权……"西方文献中，托勒密《地理志》载，某罗马人亚历山大曾由海上到达交趾（Kattigara），参见裕尔：《东域纪程录丛》，第1卷，第193页。又，1944年法国考古学家在印支半岛南端距泰国湾约20公里的Oc-Eo地方，出土大量罗马产品。布尔诺瓦：《丝绸之路》（L. Boulnois, The Silk Road, trans. by D. Chamberlin, London 1966），第71页。

[2] 科斯马斯：《基督教风土志》（Cosmas Indicopleustes, The Christian Topography of an Egyptian Monk, trans. by J.W. McCrindle, London 1897），第365—366页。

[3] 普罗可比：《战争史》（Procopius, History of the Wars, ed. by H. B. Dewing, London 1958），第1卷，第20章，第9—12节。

庭卷入两败俱伤的竞争[1]；抑或锡兰人不愿损坏已与波斯建立起来的商业关系[2]。不管出于何种原因，拜占庭帝国计划的受挫，说明波斯不仅垄断了中部丝绸之路，同时在很大程度上控制了海上贸易。拜占庭帝国从海路上与东方的交往也被阻断。

拜占庭帝国首都君士坦丁堡位于黑海和马尔马拉海交汇的博斯普鲁斯海峡西岸，这使帝国的黑海沿岸防线愈显重要。高加索、克里米亚半岛和多瑙河下游是拜占庭帝国在欧亚草原"走廊"西端的三个据点，是拜占庭帝国与沿欧亚草原之路而来的游牧民族发生频繁接触的前哨站，具有极为重要的战略意义。同时，由欧亚草原之路保持与乌拉尔地区和西伯利亚地区的联系也具有重大的经济意义。拜占庭帝国需要的毛皮、蜂蜜和食盐等均由这些地区获得。[3] 所以拜占庭帝国对这一地区给予高度重视，但由于欧亚草原上的游牧民族数量众多，互不统属，加之地理形势上的困难，由西部开通和维持这条交通线几乎是不可能的。因此，这一时期拜占庭和突厥在这个方向上的交往中，突厥人是主动的发起者。

## 二

突厥最初居于准噶尔盆地之北，叶尼塞河上游，后迁至高昌的北

---

[1] 赫德逊：《欧洲和中国》，第157页。

[2] 侯拉尼：《阿拉伯航海》（G. F. Hourani, *Arab Seafaring in the Indian Ocean in Ancient and Early Medieval Times*, Princeton 1951），第44页。

[3] 参见奥波林斯基：《拜占庭外交的原则和方法》，《第12届国际拜占庭研讨会论文》（D. Obolensky, The Principles and Methods of Byzantine Diplomacy, *Actes du XIIè Congrès International d'Etudes byzantines*），贝尔格莱德，1964年，I，第46—52页；奥波林斯基：《拜占庭帝国和它的北方邻国》，《剑桥中古史》，第4卷（D. Obolensky, The Empire and its Northern Neighbours, 565-1018, *Cambridge Medieval History*, IV, part I），剑桥大学，1966年，第474—476页；瓦西里耶夫：《查士丁一世》（A. A. Vasiliev, *Justin the First*），哈佛大学，1950年，第356页。

山(今博格达山)。5世纪中叶,柔然攻占高昌,突厥沦为柔然的奴隶,为其从事锻铁,柔然称之为"锻奴"。546年,突厥首领阿史那土门,率其部众为柔然击败进攻柔然的铁勒各部,降其众五万多人,突厥由此势力大振。土门恃其强盛,向柔然主阿那环求婚,遭柔然主侮辱性拒绝。[1]土门大怒,遂率部众反叛,于552年击灭柔然,自称伊利可汗,建立突厥汗国。

突厥汗国自建立之日起即分为两部:东部(或称北部)以额尔浑为中心,由土门统辖,拥"可汗"称号;西部以伊犁河即所谓乌孙故地为中心,由土门之弟室点密(562—576)统领,拥"叶护"称号,此为西突厥。560年前后,西突厥在室点密统领下,与波斯联盟,消灭了其西部的嚈哒(Ephthalites),将其领土瓜分,西突厥占有了阿姆河以北的嚈哒旧土,以阿姆河为界与波斯为邻[2]。在这一历史变动中,西突厥获得的实际利益远超过于波斯:西突厥不仅得到大片领土,更重要的是它获得了对于东西方传统交通要道——丝绸之路中亚段——的完全控制权。

丝绸之路东起洛阳、长安,经敦煌沿塔里木盆地南北两缘至喀什噶尔,过葱岭至大夏,经波斯北境跨幼发拉底河至地中海东岸,从这里丝织品输往罗马和帝国其他城市。3世纪危机以后,随着罗马地位的衰落和新的政治、经济中心东移君士坦丁堡,丝绸之路的西段也逐渐北移。298年罗马帝国和波斯萨珊王朝达成协议,以底格里斯河上游的尼西比(Nisibis)为两国丝绸贸易点,408—409年两国又增加幼发拉底河上游左岸的卡利尼古姆(Callinicum)和波斯—亚美尼亚地区的阿尔塔哈塔(Artaxata)两个贸易点。两国在这三个点上的贸易持续了两个世纪。[3]6世纪上半叶,波斯—亚美尼亚地区的第温(Dvin)

---

[1]《周书》卷50,《突厥传》。

[2] 参见余太山:《嚈哒史研究》,齐鲁书社,1986年,第103—113页。

[3] A. H. M. Jones, *The Later Roman Empire 284-602: A Social, Economic and Administrative Survey*, vol. II, Oxford 1964, p. 827.

成为两国的重要贸易地,波斯境内西北部的米底人(Medians)成为丝绸的重要经营者,所以这时的拜占庭人称丝绸为"米底布"[1]。丝绸之路西段的北移,对于已经控制了中亚丝路的西突厥不仅意味着与西方最大消费者的距离已大为缩短,而且意味着只要敲开波斯的丝绸市场,就有可能避开波斯的中介贸易,直接与拜占庭人进行交易,获得更为丰厚的利润。

早在独立之前,突厥就曾充分利用有利的交通条件积极发展同中原王朝的贸易,以增加实力。《周书·突厥传》记载:"其后曰土门,部落强盛,始至塞上市缯絮,愿通中国。"突厥从柔然压迫下独立以后,逐渐成为中亚强权,此时的中国正是南北朝的末期。处于敌对状态的北齐和北周王朝为了避免突厥的入侵,争先恐后地对突厥行使贿赂政策,赠予大量丝绢。《周书·突厥传》记载:"自俟斤以来,其(突厥)国渐强,有凌轹中夏志。朝廷既与之和亲,岁给缯锦彩十万段。……齐人惧其寇掠,亦倾其府库以给之。"[2] 581年隋文帝统一北方后转而谋求统一江南,无暇顾及北方的突厥,对突厥仍采取守势。突厥趁机以"贡献"为名威迫隋朝进行贸易。《隋书·突厥传》记载,隋高祖开皇八年(588年):"突厥部落大人,相率遣使贡马万匹,羊二万口,驼、牛五百头,寻遣使请缘边置市,与中国贸易。诏许之。"所谓"贡马万匹,羊二万口,驼、牛五百头",乃是旧史家的说法,实际上并非毫无所求的"贡献",而是以这些东西换取中原王朝的回赠,即进行传统的"朝贡贸易"。在这种贸易中,突厥获得的是它攫取的中原王朝的丝帛等。

在突厥的贸易活动中,粟特人具有决定性影响。作为河中地区的古老民族,粟特人有着悠久的经商传统,以善于经商而闻名遐迩。早

---

[1] 普罗可比:《战争史》,第1卷,第20章,第9—12节。
[2] 《资治通鉴》卷171:"周人与之和亲,岁给缯絮锦彩十万段。突厥在长安者,衣锦食肉者,常以千数。齐人亦畏其寇,争厚赂之。佗钵(572—581)益骄,谓其下曰:'但使我在南两儿常孝,何忧于贫!'"

在公元前 4 至 3 世纪，粟特人就已开始向中国内地迁入。[1]公元前 2 世纪末张骞西域探险、丝绸之路开通后，粟特人沿丝绸之路东进，建立许多侨居地和商业据点。至南北朝时期，粟特人在中国内地的活动范围已相当广阔。《高僧传》二集卷三十四记载："释道仙，原在本国（康国）以游贾为业，梁周之际往来吴蜀、江海上下，集积珠宝，故其所获赀材，乃满两船，直钱数十万贯。"所以《旧唐书·西域传》说，粟特人"善商贾，争分铢之利。男子年二十即远之傍国，来适中夏。利之所在，无所不到"。事实确实如此。6 世纪初，粟特人依靠在中亚和中国腹地间建立起来的广泛的商业网，从中国内地获得大量丝绸和财富。从哒转入突厥政权后，粟特人在新主子的庇护下其商人的作用更显昭彰。他们想借助于突厥的盛威，将经商范围扩展到西方。在粟特人的推动和策划下，西突厥开始行动起来，向西方拓展丝绸市场。第一个目标自然是波斯。

## 三

对于这一时期突厥人和粟特人与拜占庭帝国交往的整个过程，记载最详的是拜占庭史家弥南德。弥南德在毛里斯（Maurice，582—602）皇帝执政时完成他的历史著作，主要记述 558—582 年间拜占庭帝国的历史，尤其是外交史。他的著作已佚失，仅在 10 世纪拜占庭皇帝康斯坦丁七世（Constantine VII Porphyrogenitus，905—959）的《使节行录》（Excerpta de legationibus）中保留了一些片段。[2]其中有关这

---

[1] 亨宁：《粟特古函的年代》，《东方研究院学报》（W. B. Henning, The Date of the Sogdian Ancient Letters, *Bulletin of the School of Oriental Studies*），第 12 卷（1948 年），第 608 页。

[2] 鲍德温：《弥南德》，《敦巴顿橡胶园论文》（B. Baldwin, Menander Protector, *Dumbarton Oaks Papers*），第 42 卷，1988 年，第 106 页；Menander, *The History of Menander the Guardsman*, Introductory Essay, Text, Translation, and Historiographical Notes by R.C. Blockley, Liverpool 1985），p.4；惠特比：《毛利斯皇帝和他的历史家》（M. Whitby, *The Emperor Maurice and his Historian*, Oxford, 1988），第 243 页。

段历史的片段保存较为完整。

根据弥南德的记述，粟特人从哒统治下转归突厥人后，为推销大量丝绢，请求突厥可汗遣使至波斯，要求波斯王准许粟特人在其境内贩卖丝货。突厥可汗室点密答应其请求，派遣马尼亚赫（Maniakh）为首的粟特使团前往波斯。但波斯王不愿突厥人入其境，对此请求极为不快，收购突厥使团带来的全部丝货，当其面全部焚毁，显示波斯不需要来自突厥的生丝。突厥—粟特使者扫兴而归，毫无所获。室点密并不甘心，再次派遣使团。为阻止突厥人再次前来，波斯王令人于接待使者的食物中放毒，鸩杀使者，幸免者仅三四人。波斯王令人谣传突厥使者死于波斯干燥气候，但突厥可汗对其中真相已了然于胸。由此突厥波斯交怨益深。[1]

波斯人坚决阻止突厥人进入其境内，一方面是因为波斯人认为"整个斯基泰人（Scythians）都不可信，与突厥人友好违反波斯利益"。波斯的这种想法并非毫无根据。波斯与突厥联盟灭亡了宿敌哒，瓜分了它的领土，以阿姆河的铁门为界与突厥成为直接的邻国，不久突厥利用波斯萨珊王朝衰落之机将势力扩展到罽宾（Kapisa），将哒旧壤从波斯手中完全夺取。波斯发现自己正面临着一个更强劲且危险的敌人，意识到突厥不可能安于现状，迟早会觊觎波斯本土，必须尽一切努力阻止突厥对其领土的任何企图。[2]另一方面，如上所述，东西交流的主要通道丝绸之路贯穿波斯境内，历史上波斯从未放弃过垄断此路商业利润的努力，在阻止罗马帝国与中国直接交流的同时，也极力阻止东方民族包括中国与罗马帝国直接交往。[3] 6世纪初波斯坚

---

[1] Menander, *The History of Menander the Guardsman*, pp. 111-115.

[2] Yule, *Cathay and the Way Thithe*, vol. I, pp. 205-207; Boulnois, *Silk Road*, p. 147; Hudson, *Europe and China*, p. 123.

[3] 《后汉书·西域传》："其（大秦）王常欲通使于汉，而安息欲以汉缯彩与之交市，故遮阂不得自达。"又，同书载，汉和帝永元九年（公元前97年）甘英使答秦至波斯湾头，为波斯人所阻而不得渡。大约归于同样原因。

守锡兰的丝绸市场,将埃塞俄比亚人和希米亚提人排挤在外,正是为了在水陆两路把丰厚的商业利润牢固控制在手中。波斯人不能容许突厥—粟特人从自己应得的商业利益中分得一杯羹[1]。

通过波斯的商路既已被阻断,突厥—粟特人不得不另谋他图。粟特首领马尼亚赫乘机劝说室点密与罗马人建立友好关系,将生丝卖给消费生丝远多于他国的罗马人,并表示愿意率突厥使者通聘罗马,为建立两国友好关系效劳。室点密允准其议,遣马尼亚赫率随员数人携带珍贵的丝绸礼品和突厥可汗的书信前往拜占庭。突厥使者长途跋涉,翻越高加索山于568年末到达君士坦丁堡。查士丁二世(565—578)厚待使者,接受其国书,并详细询问突厥国政府和风土人情之事,突厥使者据实以答,敦请拜占庭皇帝促成罗马—突厥联盟。拜占庭皇帝认为这是开通新的丝源、打破波斯垄断的绝好机会。于是,双方达成协议,建立联盟。

为了回应突厥的遣使报聘,拜占庭皇帝派遣西里西亚人蔡马库斯于569年8月随马尼亚赫回访西突厥。西突厥可汗室点密在汗帐召见马尼亚赫,对他优礼有加,盛情款待。后室点密携带蔡马库斯及随从出征波斯,行至恒逻斯遇到波斯使者,慢礼以待之。室点密遣蔡马库斯自恒逻斯回国,并复遣突厥人塔格马及马尼亚赫之子(此时马尼亚赫已死)随蔡马库斯往访君士坦丁堡。蔡马库斯率使团跨过锡尔河,沿咸海边,过恩巴河、乌拉尔河、伏尔加河,经里海东北岸,避开4000名波斯人设下的埋伏,经高加索中部到达黑海岸边,再乘船到斐西斯(Phasis)河口,换船到达特拉比宗(Trapezus),然后乘帝国驿站的马匹于571年秋到达君士坦丁堡,结束其使命。[2] 此次出使西突厥前后历时两年。突厥使者前往拜占庭以及蔡马库斯本人前往西突厥的历程大约与此相同。

---

[1] 参见西诺尔:《突厥帝国的历史地位》,《世界历史学报》(D. Sinor, The Historical Role of the Turk Empire, *Journal of World History*, Paris),1953年第1卷第2期,第431页。

[2] Menander, *The History of Menander the Guardsman*, pp. 117-127.

随蔡马库斯来到君士坦丁堡的突厥使者塔格马拜见查士丁二世，极力鼓动拜占庭攻击波斯，因为此时突厥已发动对波斯的攻击。查士丁二世认为，在突厥与拜占庭联合夹击下，波斯将很快被征服摧毁。受此念头的鼓舞，拜占庭极力与突厥通好。蔡马库斯和塔格马之后，突厥与拜占庭之间又有几次通使，见诸记载的有：西突厥派遣阿南卡斯特出使拜占庭，而拜占庭向西突厥派遣了优提齐乌斯、瓦伦丁、赫罗第安和西里亚人保罗等人。[1] 在此期间，双方使者大多经过高加索地区前往目的地。从里海西北岸经高加索往君士坦丁堡的这段路程，是欧亚草原路西端通向巴尔干地区的一个重要的分支路线。但在576年瓦伦丁第二次，也是拜占庭最后一次率使团出使西突厥时，没有走途经高加索的路线。他从君士坦丁堡出发，乘"快船"到达黑海南岸的希诺普（Sinope），从这里再乘船到达克里米亚半岛西南岸的赫尔松，登陆后沿克里米亚半岛南岸亚速海东岸地区，经里海北岸到达西突厥汗帐。拜占庭使者从突厥返回时，每次都有不少突厥人随往君士坦丁堡。瓦伦丁此次出使西突厥，有106名突厥人随瓦伦丁使团返回突厥汗国。[2]

瓦伦丁此行的目的，一是向突厥宣布提比略已当政，二是请求续订查士丁二世经蔡马库斯与室点密所定之条约，敦促突厥迅速与波斯开战，与拜占庭共同夹击波斯。出乎意料的是，突厥可汗咄陆设（Turxanthus）[3]听后勃然大怒，责骂罗马人为骗子。原因是拜占庭皇帝背信弃义，与逃往西方的突厥人的奴隶阿瓦尔人签订条约。据弥南德的历史残卷，阿瓦尔人的向西迁徙，发生在室点密统领的西突厥击灭哒哒之前。[4] 查士丁尼统治末期，到达高加索北部。此后十余年扩张

---

[1] Menander, *The History of Menander the Guardsman*, pp. 171.

[2] 同上。

[3] 有关这一比定，见克里亚什托尔内：《古代突厥鲁尼文碑铭》，李佩娟译，黑龙江教育出版社，1991年，第76页。

[4] Menander, *The History of Menander the Guardsman*, pp. 45-47.

到多瑙河下游地区，成为中欧的强权。面对阿瓦尔人的压力，拜占庭帝国为了将兵力集中于东部边界，于574—575年冬与阿瓦尔人缔结条约，答应每年付给阿瓦尔人8万金币[1]。拜占庭—阿瓦尔签订条约，说明拜占庭帝国外交的重心已经从高加索—黑海沿岸和中亚地区转移到多瑙河下游地区。这种转移只是拜占庭帝国的战略需要，并不意味君士坦丁堡已抛弃与西突厥的联盟，相反，它试图最大程度地利用它。但在突厥人看来，拜占庭与阿瓦尔人签约，是突厥人难以忍受的敌对行动。从另一方面看，拜占庭帝国虽与西突厥建立联盟，但对突厥向西方的扩张大概始终怀有戒心，这也是引起突厥产生强烈不满的一点。随着突厥势力的向西扩展，突厥可汗对此已有察觉，所以，当拜占庭使者再次前来拜见并要求突厥参与联合进攻波斯的军事行动时，突厥可汗有一种被欺骗的感觉，恼怒之下对拜占庭使者吼叫："罗马人，你们为什么引导我的使者通过高加索到拜占庭，而声称没有其他路线可行？你们这样做是想阻挡我可能通过其他路线进攻罗马帝国。但是我清楚地知道第聂伯河（Danapris）流过哪里，也知道多瑙河（Istros）和艾布洛河（Ebros）在哪里，也知道我的奴隶瓦尔高尼泰（Uarkhonitai，即阿瓦尔人——引者）从哪里进入罗马领土。"[2] 咄陆设所说的"其他路线"，即由拜占庭苦心经营的多瑙河中下游防线和色雷斯到达君士坦丁堡的道路。对突厥人封锁有关这条道路的消息，显然出于对突厥西进的顾虑。

瓦伦丁出使突厥期间，适逢室点密可汗新亡，咄陆设强迫拜占庭使者按突厥习惯劈面致丧，极尽侮辱后始放还。与此同时，突厥可汗命令里海西部的突厥人进占拜占庭在克里米亚东部的重要据点博斯普鲁斯城。至此，西突厥和拜占庭帝国的友好关系在历时近十年后终告破裂。

---

[1] 伯里：《晚期罗马帝国史》（J. B. Bury, *A History of the Later Roman Empire*, Amsterdam 1966），第114—117页；奥波林斯基：《拜占庭帝国和它的北方邻国》，第477—478页。

[2] Menander, *The History of Menander the Guardsman*, pp. 173-175.

拜占庭帝国的最后一次遣使及其结局，对于双方都留下深刻的印象。732年突厥汗国所立的著名的《阙特勤碑铭》中提到这次遣使："当上方苍天黑地开辟之时，人类的子孙亦出生于其间矣。人类子孙之上，我祖宗土门可汗及室点密可汗实为之长。……但上述诸可汗皆依其命运一一逝世矣，其来祭奠吊与葬者，有……拂菻国……与祭人民之多如此，吾祖宗即如此著名之可汗也。"[1] 碑铭中所说的"拂菻国"即拜占庭帝国。"拂菻"这个名称可能起源于 Rum 即"罗马"，波斯语将 Rum 读成 Hrom，而中亚民族转作 From，再转为汉语即"拂菻"[2]。

拜占庭—突厥联盟破裂以后二者的交流情况，我们不知其详。但可以肯定，二者的关系并没有完全断绝，其根据是：第一，近几十年在中国发现的拜占庭金币中，有许多是576年以后铸造的，计有查士丁二世（565—578）1枚、毛里斯（582—602）1枚、福卡斯（602—610）1枚、希拉克略一世（610—641）2枚、君士坦丁五世（741—775）1枚。这些金币可能由欧亚草原之路经由突厥和粟特人而流入中国。[3] 第二，突厥与拜占庭联盟虽告破裂，但在夹击波斯方面双方仍有共同利益，达头可汗于598年再次向拜占庭皇帝毛里斯遣使递交国书，说明二者仍保持一定程度的合作。第三，西突厥势力在576年以后仍然在向西扩展，高加索以北及克里米亚均为西突厥势力范围，而拜占庭帝国与这一地区始终保持密切联系。626—628年希拉可略对波斯的战争曾得到西突厥统属的可萨部的援助。在阿拉伯人夺去了叙利亚和埃及之后，拜占庭帝国主要依靠可萨人提供来自乌拉尔山的黄金

---

[1] 耿世民：《古代突厥文碑铭研究》，中央民族大学出版社，2005年，第121页；马长寿：《突厥人与突厥汗国》，上海人民出版社，1957年，第21页；克里亚什托尔内：《古代突厥鲁尼文碑铭》，第76页。

[2] 伯希和：《"拂菻"名称考》，《亚洲学报》（P. Pelliot, Sur l' origine du nom de Fu-lin, *Journal Asiatique*），第13卷（1912年），第497—500页；白鸟库吉：《"拂菻"问题新论》，《东洋文库》（K. Shiratori, A New Attempt at Solution of the Fu-lin Problem, Memoirs of *Research Department of the Toyo Bunko*, Tokyo 1956），第15卷，第186—195页。

[3] 见张绪山：《我国境内发现的拜占庭金币及其相关问题》，《西学研究》第一辑，商务印书馆，2003年。

和中国的丝绸[1]。

## 四

6至7世纪的西突厥汗国是蒙古兴起之前统治欧亚草原最强大持久的游牧民族政权之一，它在近一个世纪的扩张中将欧亚大陆众多部落置于统辖之下，并在几十年的时间中维持和巩固了广阔范围的和平秩序，为欧亚大陆的交流确立了坚实的政治保障。有学者认为，在两国关系中拜占庭帝国只关注夹击波斯，而对丝绸贸易不感兴趣。[2]其实不然。突厥与拜占庭之交往既由商业因素引起，那么，商业交往必为突厥和拜占庭交往的重要内容。6世纪末另一位拜占庭作家塞奥凡尼斯（Theophanes）记载了两国交往中的一个插曲：当马尼亚赫率领的突厥—粟特使团到达拜占庭首都时，查士丁二世特意向他们展示了拜占庭已获知的育蚕法和新生产的丝绸，使突厥—粟特使者大为吃惊。他们未曾料到拜占庭已有如此巨大成就。[3]查士丁二世此举显然是由于双方对丝绸贸易的兴趣所引起，它展示出拜占庭皇帝娴熟的欲擒故纵的外交手腕：虽然他极欲从突厥得到丝绸，但在表面上又向突厥—粟特人显示，拜占庭可以不依靠突厥传送之丝绸，从而为拜占庭在双方关系中争取更有利的条件。[4]

还有一证。569年蔡马库斯从西突厥返回，行至高加索地区北部阿兰人居地，阿兰人告诉蔡马库斯一行，波斯人已在拜占庭使者返回的道路上设下埋伏，准备截击他们。蔡马库斯闻此，遣十名运输工携

---

[1] 奥波林斯基：《拜占庭帝国和它的北方邻国》，第487页。
[2] 克里亚什托尔内：《古代突厥鲁尼文碑铭》，第108页。
[3] 塞奥凡尼斯：《历史》，载穆勒：《希腊史残卷》（Theophanes of Byzantium, *Historiae*, in Muller, *Fragmenta Historicorum Graecorum*），巴黎1868年版，第4卷，第270页；Yule, *Cathay*, vol. I, pp. 204-205。
[4] 西诺尔：《突厥帝国的历史地位》，第431页。

丝绸按原路而行,以便迷惑波斯人,使其误以为丝绸运输队既在前行,则使者必在第二天到达。运输工离去后,蔡马库斯一行绕其他道路返回拜占庭。[1] 拜占庭与波斯连年攻战,其内在的原因在很大程度上仍然是经济的:拜占庭认为中部丝绸之路远优于欧亚草原之路,借突厥之力征服波斯并夺取已存在之商路比维持欧亚草原之路更为容易。[2] 从552—554年拜占庭获得育蚕法到西突厥和拜占庭结盟,其间虽有十数年时间,但基业初创的拜占庭丝绸业在数量和质量上仍不能满足社会各阶层的需求。即使在双方友好关系破裂后,乃至数世纪内,丝绸贸易仍然是拜占庭帝国与中亚交往的一个重要因素和内容。[3] 1967年,在北高加索山区库班河上游支流巴勒卡的莫谢瓦亚及其东部的墓葬区,出土了二百余件丝织品残片,据研究,属于8至9世纪的产品,其中60%产于中亚(布哈拉),中国和拜占庭的产品各占20%。[4] 这说明中国最优质的丝绸一直在向西传输,但随着拜占庭丝织业的发展,在输入中国优质丝的同时,也开始输出自己的生丝。拜占庭输入中国优质丝直到元代仍在进行,[5] 原因在于,西方世界虽然掌握并发展起育蚕缫丝技术,但长期不懂得须将蚕子在化蛾前杀死的关键技术,所得的蚕丝纤维短,颜色暗,质量最佳的丝绢仍需要依靠从中国进口。

突厥和拜占庭既均以波斯为敌,则联盟关系中自然不会排除共同对付波斯的军事协定。[6] 况且,利用外援捍卫帝国的利益,一向是拜占庭帝国惯用的外交手腕。深谙此道的拜占庭外交家自然不会错

---

[1] Menander, *The History of Menander the Guardsman*, p. 127.

[2] 西诺尔:《突厥帝国的历史地位》,第431页;白鸟库吉:《"拂菻"问题新论》,第217页。

[3] 洛佩斯:《欧洲元代的中国丝绸》,《美国东方学会学报》(R. Lopez, China Silk in Europe in the Yuan Period, *Journal of the American Oriental Society*),第72卷(1952年),第72—76页;奥波林斯基:《拜占庭帝国和它的北方邻国》,第487页。

[4] 张广达:《论隋唐时期中原与西域文化交流的几个特点》,《西域史地丛稿初编》,上海古籍出版社,1995年,第285—286页。

[5] 洛佩斯:《欧洲元代的中国丝绸》,第72—76页。

[6] 奥波林斯基:《拜占庭帝国和它的北方邻国》,第478页。

过利用西突厥对付波斯的大好机会。6世纪初叶以后，拜占庭帝国与波斯的关系趋于紧张。524年波斯军队侵入伊伯里亚（即格鲁吉亚），527—531年双方的冲突扩展到两河流域。532年查士丁尼为了将军队集中于地中海西部进行征服活动，曾以支付约折合1.1万镑年贡为代价与波斯缔结和约，但波斯不愿看到拜占庭军队在西部的成功，于540年发动对拜占庭的攻击，占领安条克。此后两国冲突不断，直到562年拜占庭帝国支付重金与波斯缔结和约。568年西突厥遣使到拜占庭，向罗马皇帝庄严宣誓："突厥人愿意为罗马帝国效力，击退入侵罗马帝国领土的敌人。"这对拜占庭帝国可谓天赐良机。569年拜占庭使者蔡马库斯出使西突厥，受到突厥可汗室点密的款待，随后可汗便决定往征波斯，其行动很有可能是受拜占庭使者的鼓动。[1] 不过，突厥人这次讨伐波斯似乎只是表示愿与拜占庭帝国共同行动，而在实际中并未发动对波斯的大规模进攻。

西突厥与拜占庭帝国的联合军事行动还有两次明确见于记载。据塔伯里（Tabari）记载，波斯王霍尔米兹四世（Hormizd IV）在位第11年（588—589），突厥可汗沙巴（Schaba）利用波斯在西线与拜占庭帝国交战之机，领兵30万来侵，兵至帆延（Badhaghis）和哈烈（Herat）两地，同时罗马皇帝从叙利亚沙漠进兵，而可萨王的军队也进至里海南岸的打耳班（Derbend），大肆焚杀。波斯大将巴赫兰率军抗击突厥，突厥可汗中箭而死。波斯获胜，突厥损失惨重。[2] 这次西突厥与拜占庭帝国的遥相呼应，是否经过双方的密谋策划，不得而知，但在行动上显然是互相配合的。另外一次是626—628年拜占庭帝国皇帝希拉克略与西突厥部属可萨人对波斯的共同行动。此前波斯对拜占庭的战争取得一系列胜利：611年，攻占安条克；612年占领大马士革；614年攻取耶路撒冷和埃及，希拉克略借助可萨人援助，于628年彻底击溃波斯军队，迫使波斯俯首称臣。

[1] 西诺尔：《突厥帝国的历史地位》，第431页。
[2] 沙畹：《西突厥史料》，冯承钧译，中华书局，1958年，第217—218页。

拜占庭帝国对波斯的战争虽以胜利告终，但两国因长期的战争消耗而元气大伤。7世纪中叶伊斯兰阿拉伯势力兴起，向波斯和拜占庭帝国发动强大攻势，两国均无力量组织有效抵抗，先是波斯被征服，随后拜占庭帝国永久失去对小亚细亚大部、地中海东部和埃及的统治。面对阿拉伯伊斯兰势力咄咄逼人的进攻，拜占庭帝国在很长时期内只是岌岌乎为生存而奋斗；而西突厥于659年被唐高宗击灭，严格意义上的西突厥帝国已不存在。作为国家关系，拜占庭帝国和西突厥的交往至此不复存在。

（原载于《世界历史》，2002年第1期）

# 6至7世纪拜占庭帝国对中国的丝绸贸易活动及其历史见证

公元3世纪以后，以罗马为政治中心的帝国西部逐渐衰落，地中海东部沿岸地区则日显重要。公元330年，君士坦丁皇帝将帝国首都迁移到希腊旧城拜占庭，改名为君士坦丁堡，从此一个不同于原罗马帝国的新帝国逐渐形成。这个东部帝国借助于其固有的地理、社会优势，经过数代皇帝的励精图治，从6世纪初期进入了文治武功的鼎盛时期。查士丁尼（527—565）皇帝发动一系列的征服战争，建立了一个庞大的环地中海帝国；就其东部领土规模而言，并不亚于极盛时期的罗马帝国。为其政治和商业利益，它同东部的强人邻国波斯萨珊王朝展开了激烈的角逐；试图与包括中国在内的东方各国进行直接的商贸活动，成为这种角逐的一个组成部分。7世纪中叶阿拉伯伊斯兰教势力兴起并夺取其地中海东部和北非的领土，此后拜占庭帝国为获取丝绸所做的努力受阻而逐渐减弱。

在中国古代史籍中，罗马帝国，特别是它统治下的东部地区即地中海东岸，被称为"大秦"；由罗马帝国东部疆域演化而来的拜占庭帝国则更多地被称为"拂菻"，但在许多情况下仍继续沿用旧称"大秦"，或"大秦"、"拂菻"并用。"拂菻"用指拜占庭帝国，在隋唐时期的典籍中最为明确，也最为频繁。这个名称可能源自"罗马"一词，经波斯和中亚语言进入汉语。330年以后兴起的以拜占庭为中心的东部帝国在对外关系中仍以"罗马"（Róm，Rüm）相称。Róm一词进入亚美尼亚语演变为Hróm（Hórum），进入波斯语系后h转为f，故中亚的呼拉子密语和粟特语中又转为 Fróm（Furum），Fróm 在汉语中转读为"拂菻"。[1] 从拜占庭史料和汉文典籍中有关"大秦"、"拂菻"的记载以及相关考古资料，我们大致可以看清楚 6 至 7 世纪拜占庭帝国对中国的丝绸贸易活动的轮廓。

一

4 世纪以后兴起的拜占庭帝国同鼎盛时期的罗马帝国一样，随着国力的逐渐壮大，特别是疆域上与东方的接近，追求东方奢侈品，尤其是中国丝绸的兴趣愈益浓厚。据 4 世纪后期罗马作家马赛利努斯（330—？）记载，曾经仅限于贵族阶级使用的丝绸，在他生活的时代已经"毫无差别地遍及所有阶级，甚至社会最下层"。这自然是夸张的描述。下层社会不可能购买丝绸这样的价格极为昂贵的奢侈品。拜占庭帝国是一个等级意识很强的社会，作为身份地位象征的丝绸的大量消费主要限于王公贵族等上流社会。但社会各阶层对东方奢侈品怀有浓厚而强烈的兴趣，确为无可争议的事实。与此同时，基督教会在成为罗马帝国国教以后，经济势力逐渐强大。教会盛行以丝绸装饰教堂、制作教士法衣、以丝绸裹尸体下葬，成为丝绸、香料等东方奢侈品的重要消费者。各蛮族涌入罗马帝国以后，为罗马贵族的豪奢之风所熏染，也开始追求东方奢侈品。[2] 448 年拜占庭帝国与匈奴首领阿

---

[1] P. Pelliot, Sur l' origine du nom de Fu-lin, *Journal Asiatique*, XIII（1912），pp. 497-500；K. Shiratori, A New Attempt at Solution of the Fu-lin Problem, *Memoirs of the Research Department of the Toyo Bunko*, No. 15, Tokyo, 1956, pp. 186-195. 劳费尔认为，其转化过程应为：Rum 或 Rom 先转为 Rim，进入中亚语言后转为 Frim 或 Frīm，转为汉语即"拂菻"，见劳费尔：《中国伊朗编》，商务印书馆，2001 年，第 262—263 页。关于其他学说，见张星烺：《中西交通史料汇编》第 1 册，中华书局，1977 年，第 79—82 页。

[2] 408 年，阿拉里克率领西哥特军队围攻罗马，向帝国政府勒索大量财物，除去金、银财宝，还有丝绸外衣 4000 件，皮革 3000 张和胡椒 3000 磅，见 G.F. Hudson, *Europe and China*, London 1931, p. 116.

提拉的谈判中,为羁縻严重威胁帝国边境的匈奴人,向阿提拉赠送了包括丝绸在内的大量东方奢侈品。[1] 拜占庭帝国将大量奢侈品送与蛮族首领,虽然满足他们的贪欲,阻止蛮族的入侵,但拜占庭帝国的丝绸消耗量也大为增加。作为拜占庭政府的主要收入渠道之一,丝织业的发展使社会各阶层受益,丝织业在拜占庭社会经济中具有异乎寻常的重要性。[2] 拥有50万至100万人口的帝国首都君士坦丁堡,以其横跨欧亚大陆的独特的商业地理位置,推动着拜占庭帝国的东方贸易活动,将商业利益扩展到东方的中国和印度。6世纪地中海沿岸居民对远东奢侈品所形成的嗜好,远甚于罗马时代流行的风尚,这成为拜占庭社会内部进行东方贸易的强大动力。[3]

波斯萨珊王朝如同先前的安息王朝一样,在贯穿其境的丝绸之路上对生丝贸易享有绝对的垄断地位。公元前2世纪末张骞两通西域以后,西传的中国丝绸成为欧亚大陆商贸活动中利润最为丰厚的商品之一。作为西方最大的消费者,罗马帝国"常欲通使于汉,而安息欲以汉缯彩与之交市,故遮阂不得自达"(《后汉书·西域传》)。为了从波斯得到中国丝绸,罗马帝国于298年与波斯达成协议,将尼西比(Nisibis)开辟为两国丝绸贸易口岸。拜占庭帝国的东方贸易尤其是丝绸贸易,也像罗马帝国一样受制于波斯。408—409年,为扩大贸易规模,拜占庭帝国又与波斯商定,增加幼发拉底河左岸的拜占庭治下的城市卡利尼古姆(Callinicum)和波斯-亚美尼亚地区的波斯城市阿尔塔哈塔(Artashat Artaxata)作为通商口岸。此后两大帝国在这三个

---

[1] J. B. Bury, *A History of the Later Roman Empire from Arcadius Irene* (395-800 AD), Amsterdam 1966, p. 213.

[2] R. Lopez, Silk Industry in the Byzantine Empire, *Speculum* 20(1945), p. 2; 又见 R. Lopez, *Byzantine and the World around it : Economic and Institutional Relations*, Variorum Reprints, London 1978, III.

[3] 汤普逊:《中世纪经济社会史》,上册,耿淡如译,商务印书馆,1984年,第197—198、207页。

通商口岸的丝绸贸易进行了大约两个世纪。[1] 5世纪末6世纪初,埃及亚历山大里亚的希腊人科斯马斯(Cosmas Indicopleustes),曾在印度洋游历、经商,到过锡兰(今斯里兰卡)和印度,他在晚年(6世纪40至50年代)所写的《基督教世界风土志》(*Universal Christian Topography*)中,记载当年在锡兰所做的观察:"产丝之国位于印度诸邦中最遥远的地方,当人们进入印度洋时,它位于左侧……这个国家叫秦尼扎(Tzinitza,即中国——笔者),其左侧为海洋所环绕,正如同巴巴利的右侧被同一海洋所环绕一样。被称为婆罗门的印度哲学家们说[2],如果从秦尼扎扯一条绳子,经波斯到罗马领土,那么大地恰好被分成两半。他们也许是对的。秦尼扎国向左方偏斜相当严重,所以丝绸商队从陆地上经过各国辗转到达波斯,所需要的时间比较短,而由海路到达波斯,其距离却大得多。……这可以解释波斯何以总是积储大量丝绸。"[3] 6世纪上半叶,波斯—亚美尼亚地区的第温(Dvin)成为两国通商的重要地点。[4] 这一时期的拜占庭作家普罗可比(500—565)写道:"人们习惯上用来制作衣服的衣料是丝绸,先前希腊人称之为'米底布'(μηδικήν εσθήτα),现时称之为赛里斯布(σηρικήν)。"[5] 可见波斯西北境的米底亚(Media)地区曾长期向拜占庭帝国供应丝绸。

6世纪上半叶,锡兰(今斯里兰卡)成为印度洋商贸活动的重要中介站和丝绸市场。科斯马斯当年观察到的以锡兰为中心的贸易形势

---

[1] A. Jones, *The Later Roman Empire 284-602*, Oxford, 1964, vol. II, p. 827; L. Boulnois, *The Silk Road*, trans. by D. Chamberlin, London, 1966, p. 119; I. D. Frank & D. M. Brownstone, *The Silk Road : A History*, New York-Oxford, 1986, p. 153.

[2] 科斯马斯书中的Tzinitza和稍后提到的Tzinista均指中国。有关其起源考证,见张绪山:《拜占庭作家科斯马斯中国闻纪释证》,《中国学术》,2002年第1期,第68—71页。

[3] Cosmas Indicopleustes, *The Christian Topography of Cosmas, an Egyptian Monk*, trans. by J.W. McCrindle, New York 1897, pp. 47-50.

[4] A. Vasiliev, *Justin the First*, Harvard University Press, Cambridge Mass., 1950, p. 358.

[5] Προκόπιος, Ιστορία τών πολέμων, Αθήνα, 1996, I, xx, 9-12.

是:"该岛(锡兰岛)地处中心位置,从印度、波斯和埃塞俄比亚各地很多船只经常访问该岛,同样它自己的很多船只也远航他方。从遥远的地区——我指的是秦尼斯达(Tzinista)和其他输出地——它接受的是丝绸、沉香、丁香、檀香和其他产品。这些产品又从该岛运往这一边的其他市场,如没来、卡利安那、信德(Sindu,即印度河口的 Diul Sindh)、波斯、希米亚提(即也门)和阿杜里(红海非洲之滨的 Zula)。……该岛也输入上述各地的物产,转而输往更遥远的港市;同时该岛向两个方面输出自己的物产。"[1]就中国典籍记载而论,锡兰在印度洋贸易中的地位的提高,更在此前时期。411年我国高僧法显游历印度和锡兰(狮子国)后乘"商人大船"回国,至耶婆提(今爪哇)后再换乘商船赴广州,这时的商人已经熟知"常行时正可五十日便到广州"。5世纪中叶以后,中国南部已与印度、锡兰乃至更远的波斯建立起固定的商贸联系。《宋书》卷九十七记载当时中国南部与西方交流的情况:"若夫大秦、天竺,迥出西溟,二汉衔役,特艰斯路。而商货所资,或出交部,泛海陵波,因风远至。又重峻参差,氏众非一,殊名诡号,种别类殊。山琛水宝,由兹自出,通犀翠玉之珍,蛇珠火布之异,千名万品,并世主之虚心,故舟船继路,商使交属。"作为商品交换,南朝各代通过东南亚人(中国古代文献称之为"昆仑")接受西方物产的同时,也向南海和印度、锡兰乃至更远地区输出丝绸等中国特产。《南齐书·荀伯玉传》:"世祖(萧赜)在东宫,专断用事,颇不如法,任左右张景真,……(张景真)又度丝锦与昆仑舶营货,辄使传令防送过南州津。"南州津是建康南朱雀门外秦淮河的大港,可见南齐时东南亚的商船已进至长江下游进行贸易。"昆仑舶"是中国丝绸进入锡兰、印度市场的主要媒介。

锡兰丝绸市场的出现,似乎向长期受制于波斯生丝供应的拜占庭帝国展现出一缕希望之光,使之萌生了从海上通达东方丝源,打破波

---

[1] Cosmas Indicopleustes, *The Christian Topography*, pp. 365-366.

斯垄断的念头。528年两国爆发战争，波斯中断丝绸贸易，拜占庭丝织业陷入危机。531年前后，查士丁尼皇帝利用控制红海北部的有利条件，劝诱其在红海地区的盟友埃塞俄比亚人前往锡兰购买丝绸，他向后者指出合作的大好前景："(你们)这样做可以赚取很多钱，而罗马人也可以在一个方面受益，即不再把钱送给它的敌人波斯。"埃塞俄比亚人接受了请求，却未能实现诺言。当时的拜占庭史家普罗可比解释失败的原因是："波斯人总是占据印度(锡兰)船开进的每一个港口(因为他们是邻国)，通常收购了所有货物，埃塞俄比亚人不能进港购得丝绸。"[1]但真正的原因可能是，埃塞俄比亚人已与波斯人在东方贸易上达成默契，即埃塞俄比亚人垄断香料贸易，而由波斯垄断丝绸贸易，双方都不愿为拜占庭帝国的利益卷入两败俱伤的竞争；锡兰人可能也不愿损坏已与波斯建立起来的商业关系。[2]

查士丁尼皇帝计划的失败，使拜占庭在叙利亚(提尔和贝鲁特)的丝织业受到严重影响。为了防止波斯丝商提高丝价，查士丁尼命令加强对生丝的垄断，由政府商务官(commerkiarioi)在固定边界交易点上从波斯人手中购买生丝，以保证政府优先得到生丝，同时避免丝商争购造成波斯人抬价；他还禁止私人丝织者以每磅8个金币以上的价格出售丝织品。这个价格低于私商从波斯人手中的购买价，大量私商因这一规定而破产。540年，第二次波斯战争爆发，生丝贸易停止，政府所存生丝又不敷用，为了保证政府作坊的供应，查士丁尼宣布接受私人丝织场为国有，将生丝和丝织品的买卖全部变为国家垄断。拜占庭丝织业陷于萧条。

十余年之后(约552年左右)，由于一个偶然事件，拜占庭丝织业出现转机。拜占庭史料中，以普罗可比对这个事件的记载最为详细：

---

[1] Προκόπιος, Ιστορία τών πολέμων, I, xx, 11-12.

[2] G. F. Hudson, *Europe and China*, p. 157；G. F. Hourani, *Arab Seafaring in the Indian Ocean in Ancient and Early Medieval Times*, Princeton 1951, p. 44.

大约在同一个时候，几位来自印度人（居住区）的教士到达这里，获悉查士丁尼皇帝心中很渴望使罗马人此后不再从波斯人手中购买丝绸，便前来拜见皇帝，许诺说他们可设法弄到丝绸，使罗马人不再受制于波斯人或其他民族，被迫从他们那里购买丝货；他们自称曾长期居住在一个有很多印度人、名叫赛林达（Serinda）的地区。在此期间他们完全弄懂了用何种方法可使罗马国土上生产出丝绸。查士丁尼皇帝细加追寻，问他们如何保证办成此事。教士们告诉皇帝，产丝者是一种虫子，天性教它们工作，不断地促使它们产丝。从那个国家（赛林达）将活虫带来是不可能的，但可以很容易、很迅捷地设法孵化出活虫，因为一个丝蚕一次可产下无数蚕卵；蚕卵产出后很长时期，以厩粪覆盖，使之孵化——厩粪产生足够热量，促成孵化。教士们做如是解释后，皇帝向他们承诺，如果他们以行动证明其言不妄，必将酬以重赏。于是，教士们返回印度，将蚕卵带回了拜占庭。他们以上述方法培植蚕卵，成功地孵化出蚕虫，并以桑叶加以饲养。从此以后，养蚕制丝业在罗马国土上建立起来。[1]

另一位拜占庭作家赛奥凡尼斯（Theophanes）在6世纪末也记载同一事件，但内容稍有差异。在他的记载中，将蚕种带到拜占庭的是一位生活在赛里斯（Seres）的波斯人。[2] 学者们对赛林达（或赛里斯）地望的考订虽还存在分歧，但大多数人认为可能是新疆地区，更

---

[1] Προκόπιος, *Ιστορία τών πολέμων*, VIII, xvii, 1-7; 裕尔：《东域纪程录丛》，张绪山译，中华书局，2008年，第165页。

[2] Theophanes Byzantios, *Fragmenta*, in Müller, *Fragmenta Histor. Graec*, IV, Paris 1868, p. 270.

具体一点,即和阗[1];记载中的印度教士(或波斯人)则是中亚的景教徒[2]。不管带给拜占庭人蚕子的教士是何方人士,也不管他们从何处得到了蚕子,育蚕业在拜占庭帝国安家落户毕竟是无可怀疑的事实,是欧洲丝织业发展史上的重大事件。就拜占庭帝国而言,养蚕法的获得为丝织业的发展奠定了基础,在一定程度上削弱了波斯的影响力;但基业初创的拜占庭养蚕业,在数量和质量上还不能满足丝织业的需求,生丝供应仍需要从波斯进口。562年,拜占庭与波斯达成50年和平协议,内容之一就是双方在既定的通商地点进行包括丝绸在内的商品贸易。[3]拜占庭帝国仍然无法彻底打破波斯在丝绸贸易上的统治地位。

不过,这一时期突厥在中亚的崛起使欧亚大陆的形势发生了有利于拜占庭帝国的变化。突厥最初居于准噶尔盆地之北,叶尼塞河上游,后迁至高昌的北山(今博格达山)。6世纪中叶,突厥击灭奴役它的柔然,建立了自己的国家,随后又与波斯联合消灭伊犁河(即所谓乌孙故地)以西的哒哒(Ephthalites),将其领土扩展到阿姆河以北,以阿姆河为界与波斯为邻[4],完全控制了传统丝绸之路中亚段的贸易权。同时,在与中原王朝的关系中突厥也处于有利地位。突厥利用

---

[1] "查士丁尼执政时,某一位波斯人在拜占庭展示了(丝)蚕孵化之法。此前罗马人对这件事一无所知。这位波斯人离开赛里斯国(Seres)时,以手杖盛蚕卵,将它们带走,安全地携至拜占庭。"见裕尔:《东域纪程录丛》,第166页;戈岱司:《希腊拉丁作家远东古文献辑录》,耿昇译,中华书局,1987年,第30页;季羡林:《中国蚕丝输入印度问题的初步研究》,《历史研究》,1955年第4期,见《中印文化关系史论文集》,生活·读书·新知三联书店,1982年,第68—69页。又有学者考其为柬埔寨或交趾支那,见G. F. Hudson, *Europe and China*, pp. 120-121; J. Bury, *History of the Later Roman Empire, from Death of Theodosius to the Death of Justinian*, New York: Dover Publication, 1966, vol. II, p. 332, n. 2。

[2] G. F. Hudson, *Europe and China*, p. 121; L. Boulnois, *The Silk Road*, p. 146; Frank & Brownstone, *The Silk Road* p. 121;汤普逊:《中世纪经济社会史》,上册,第210页;安田朴:《中国文化西传欧洲史》,耿昇译,商务印书馆,2000年,第65页。

[3] J. Bury, *History of the Later Roman Empire, from Death of Theodosius to the Death of Justinian*, vol. II, p.121, 332; N. Oikonomides, Silk Trade and Production in Byzantium from the Sixth to Ninth Century, *Dumbarton Oaks Papers*, no. 40(1986), p. 34.

[4] 余太山:《哒哒史研究》,齐鲁书社,1986年,第103—113页。

南北朝末期和隋初中国北部的政治不稳定，干预中原事务，攫取大量丝绢财宝。[1]

从哦哒人转归突厥统治的古老民族粟特人具有悠久的经商传统，以善于经商而闻名遐迩。早在公元前4至3世纪，粟特人就已开始向中国内地迁入。[2]公元前2世纪末张骞西域探险、丝绸之路开通后，粟特人沿丝绸之路东进，建立许多侨居地和商业据点。至南北朝时期，粟特人在中国内地的活动范围已扩展到长江流域。《高僧传》二集卷三十四："释道仙一名僧仙，本康居人。以游贾为业，梁周之际往来吴蜀、江海上下，集积珠宝，故其所获赀货，乃满两船……直钱数十万贯。"在突厥人的支持下，粟特人的商业活动发展到前所未有的规模，中原人看到的粟特人是"善商贾，争分铢之利。男子年二十即远之傍国，来适中夏。利之所在，无所不到"(《旧唐书·西域传》)。粟特人通过在中亚和中国腹地间建立起来的广泛的商业网，源源不断地将大量丝绸运往西域。

积聚了大量丝绢的突厥—粟特人清楚地认识到，敲开波斯丝绸市场后就能获得更丰厚的利润。巨大的利益诱惑使突厥—粟特人迅速采取行动。根据拜占庭史家弥南德（Menander）的记述[3]，作为职业商贾的粟特人首先采取了行动，他们先是请求突厥可汗遣使至波斯，要求波斯王准许粟特人在其境内贩卖丝货。突厥可汗室点密答应其请求，派遣马尼亚赫（Maniakh）为首的粟特使团前往波斯。但波斯王对于突厥—粟特人的如意算盘，从一开始就给予坚决抵制。为了显示不需要来自突厥的生丝，波斯王收购突厥使团带来的全部生丝，当其面全

---

[1]《周书·突厥传》记载："自俟斤以来，其（突厥）国渐强，有凌轹中夏志。朝廷既与之和亲，岁给缯锦彩十万段。……齐人惧其寇掠，亦倾其府库以给之。"突厥在长安的人数常在千人以上，衣锦食肉，俨然上流特权人物。佗钵可汗（572—581）更加骄横，谓其下曰："但使我在南两儿（指北齐、北周）常孝，何忧于贫！"隋朝初年这种状况仍未改变。

[2] W. B. Henning, The Date of the Sogdian Ancient Letters, *Bulletin of the School of Oriental and African Studies*, XII（1948）, p. 608.

[3] R.C. Blockley, *The History of Menander the Guardsman*, Liverpool 1985, pp. 111-127、171-179.

部焚毁。突厥—粟特使者扫兴而归，毫无所获。突厥可汗并不甘心，派出第二个使团。这次波斯将突厥-粟特使团成员大部鸩杀。两次行动未果后，粟特人建议突厥可汗直接与拜占庭进行交易。568 年末突厥-粟特人派遣使团通过沿南俄草原和高加索山区到达了君士坦丁堡，受到查士丁二世（565—578）的接见。查士丁二世特意向突厥使团展示了拜占庭已获知的育蚕法和新生产的丝绸，突厥-粟特人吃惊不小，他们未曾料到拜占庭已有如此巨大成就。[1] 查士丁二世这样做显然是出于对丝绸贸易的兴趣，不过他巧妙地实施了娴熟的欲擒故纵的外交手腕：表面上向突厥—粟特人显示拜占庭可以不依靠突厥传送的丝绸，从而为拜占庭在双方关系中争取更有利的条件。[2] 二者经过谈判后结成反波斯的联盟。为了回应西突厥的通使，拜占庭皇帝派遣西里西亚人蔡马库斯于 569 年 8 月随马尼亚赫回访西突厥。突厥可汗在丝绸装饰的气派非凡的汗帐内接见拜占庭使者，盛情款待。拜占庭使团于 571 年秋返回君士坦丁堡，与之同行的还有另一突厥使团。此后拜占庭和突厥间又互派过多次使节。576 年拜占庭的最后一次使节受到突厥极不友好的对待，随后突厥人进攻拜占庭在克里米亚东部的重要据点博斯普鲁斯城，两国友好关系中断。568—576 年联盟期间，突厥—粟特商人的身影经常出现在君士坦丁堡的街头，而在长安到中亚的商路上忙碌的是粟特人的骆驼商队。[3] 拜占庭帝国与突厥的联盟取得了重要成果：经济上得到了所需求的丝绸，政治上利用突厥攻击波斯，减轻了波斯对拜占庭帝国边境的军事压力。

---

[1] Theophanes Byzantios, *Fragmenta*, in Müller, *Fragmenta Histor. Graec*, IV, p. 270；裕尔：《东域纪程录丛》，第 166 页。

[2] D. Sinor, The Historical Role of the Turk Empire, *Journal of World History*, Paris 1953, vol.I, no. 2, p. 431.

[3] 沙畹：《西突厥史料》，冯承钧译，中华书局，1958 年，第 208—216 页；汤普逊：《中世纪经济社会史》，上册，第 210 页；J. B. Bury, *A History of the Later Roman Empire*, vol. II, p. 63; S. N. C. Lieu, *Manichaeism in the Later Roman Empire and Medieval China*, Manchester University Press 1985, pp. 186-187。

6世纪末7世纪初，锡尔河以西至黑海沿岸的南俄草原走廊均处于西突厥控制之下。《隋书·铁勒传》："铁勒之先，匈奴之苗裔也。种类最多，自西海之东，依据山谷，往往不绝。……拂菻（拜占庭帝国）东则有恩屈（Ugurs），阿兰（Alans），北褥九离（Baskirs），伏嗢昏(Bulgars)等[1]，近二万人。……并无君长，分属东西两突厥……"《旧唐书·西域传·天竺国》："隋炀帝（605—617）时，遣裴矩通西域诸国，独天竺拂菻不至，为恨。"《隋书》对拜占庭帝国以东各民族相对位置的了解和隋炀帝欲与拂菻通聘的企图，显然与当时拜占庭借助于西突厥进行的东方贸易有关。626—628年拜占庭帝国皇帝希拉可略（Heraclius，610—641）对波斯的战争得到西突厥可萨部（Khasars）的援助[2]，说明在576年以后仍然与西突厥存在一定程度的合作关系，拜占庭从它与西突厥联盟中所取得的积极成果并未完全丧失。[3]

## 二

　　7世纪初，裴矩秉承炀帝旨意经营西域，诱使到张掖经商的西域商人，述说其国山川地理及通达路线，写成《西域图记》三卷上奏，称：

> 发自敦煌，至于西海，凡为三道，各有襟带。北道从伊吾，经蒲类海、铁勒部、突厥可汗庭，度北流河水，至拂菻国，达于西海。其中道从高昌、焉耆、龟兹、疏勒，度葱岭，又经钹汗、苏对沙那国、康国、曹国、何国、大小安国、穆国，至波斯，达于西海。其南道从鄯善、于阗、朱俱波、喝槃陀，度葱岭，又经

---

[1] K. Shiratori, A New Attempt at Solution of the Fu-lin Problem, pp. 210-246；张星烺:《中西交通史料汇编》，第1册，第67—79页。

[2] 沙畹:《西突厥史料》，第228—229页。

[3] D. Oblensky, The Empire and its Northern Neighbors, 565-1018, Cambridge Medieval History, Cambridge University Press 1966, vol. IV, p. 487.

护密、吐火罗、挹怛、忛延、漕国，至北婆罗门，达于西海。其三道诸国，亦各自有路，南北交通。……故知伊吾、高昌、鄯善，并西域之门户也。总凑敦煌，是其咽喉之地。(《隋书》卷67《裴矩传》)

《西域图记》所记三道大致上即拜占庭对中国的商贸活动所遵循的道路。从中国方面，北道的行程大致是：到达中亚后，渡过锡尔河（北流河水），下行阿姆河到达里海北岸，由里海北岸进至黑海北岸和地中海（西海），这段路程也是拜占庭与突厥使节所经过的道路。中道则是经过伊朗高原通达波斯湾头并进至地中海的道路，即狭义的"丝绸之路"。南道则是经印度北部、沿印度河而下进至印度西海岸的道路。三道所通达的"西海"并非同一地点，但它们都可以到达拜占庭帝国的政治经济中心君士坦丁堡。

科斯马斯晚年曾嘲笑"有些人为可鄙之利不惮千难万险到大地的尽头去寻找丝绸"。这种情况是他本人早年从商经历的自况，更是当时拜占庭帝国繁荣的商贸活动的写真。与之相应的记载也见于中国史籍。北魏末年（6世纪初），杨衒之《洛阳伽蓝记》卷三记载西域人到达洛阳经商的情况："西夷来附者，处之崦嵫馆，赐宅慕义里。自葱岭以西，至于大秦，百国千城，莫不款附。商胡贩客，日奔塞下，所谓尽天地之区矣。乐中国土风，因而宅者，不可胜数。是以附化之民，万有余家。……天下难得之货，咸悉在焉。"这里的"大秦"指拜占庭帝国统治下地中海东部地区。此外，裴矩经略西域时，"访采胡人或有所疑，即译众口，依其本国服饰仪形，王及庶人，各显容止，即丹青模写为《西域图记》，共三卷合四十四国，仍别造地图，穷其要害"。可知《西域图记》配有图像。裴孝源《贞观公私画史》载，隋大臣杨素藏有拂菻人物器样两卷。这些拂菻人物器样图像很可能就是裴矩所存拜占庭人物器样图像，或是当时丹青妙手根据到达中国的拜占庭人物器样所作。杨素乃隋文帝创基功臣，并于文帝死后拥立杨广践祚，权势遮天，有可能得此宝物。8世纪活跃在唐朝画坛上的周昉与张萱都曾画过《拂菻图》，周昉作品收藏目录上有"《拂菻图》二"，张萱有"《拂菻图》一"。由此推断，在这一时期拜占庭对中国的商贸活动中，可能有拜占庭人到达中国境内。

拜占庭帝国与东方贸易所使用的金制货币，在其东方贸易中具有明显的流通优势。科斯马斯不无自豪地指出："罗马帝国（这里指拜占庭帝国——笔者）还有许多安全保障，它是最强大的国家，它最早皈依基督教，在各个方面都为基督教各国的经济提供服务。上帝赋予罗马人特权的另一标志是，从世界的一端到另一端，所有国家都用他们的货币进行商贸交易，所有人都以羡慕之情接受这一事实，因为他们国家没有类似的货币。"[1]科斯马斯的说法并非虚言，但长期以来并未引起学者们足够的重视。与此相对应的是，《隋书·食货志》提到，后周（557—580年）之初"河西诸郡，或用金银之钱，而官不禁"。对于这里的"金银之钱"，人们也长期不知其所指为何。夏鼐先生以其卓越考古学家的敏锐和洞察力，在40年前我国境内仅仅发现少量拜占庭金币的时候就亦然指出，西域所用金钱即拜占庭金币，银钱则是波斯萨珊王朝银币。[2]20世纪我国境内发现的大量波斯银币[3]和拜占庭金币，已经完全证实了他的见解。

根据我们的初步统计，自19世纪末至20世纪末的一个世纪内，中国境内至少发现拜占庭金币30起，数量逾42枚[4]，是迄今为止我国境内发现的数量上仅次于波斯银币的外国货币。这些金币从发现的地点看，均分布于中国北部，毫无例外地集中于丝绸之路沿线各省，以

---

[1] Cosmas Indicopleustes, *The Christian Topography*, pp.72-73；A. Jones, *The Later Roman Empire 284-602*, p. 825.

[2] 夏鼐：《咸阳低张湾隋墓出土的东罗马金币》，《考古学报》，1959年第3期，第67—74页；见《夏鼐文集》，下卷，社会科学文献出版社，2000年，第82—91页。

[3] 夏鼐：《综合中国出土的波斯萨珊朝银币》，《考古学报》，1974年第1期。

[4] 张绪山：《我国境内发现的拜占庭金币及其相关问题》，《西学研究》第1辑，商务印书馆，2003年。

新疆地区为最多（13 枚，其中和田 4 枚、阿斯塔那 6 枚、雅尔和屯 1 枚、叶城县 2 枚），宁夏次之（9 枚，全部位于固原附近），然后是陕西（8 枚，其中咸阳底张湾 2 枚、西安附近地区 6 枚），河北（6 枚，其中赞皇县 3 枚、磁县 3 枚），甘肃（2 枚，其中武威 1 枚、天水 1 枚），河南（2 枚，全部位于洛阳附近）和内蒙古（2 枚，其中毕克齐镇 1 枚、武川县 1 枚）。长江以南地区迄今尚未有发现。[1]这种分布状况形成的原因可能是，拜占庭商人在海路上的活动范围大致以印度和锡兰为限，不太可能将金币带到远东。拜占庭金币到达印度和锡兰后，会加入当地货币流通，因其数量较当地钱币为少，且价值高于其他钱币，可能在流通一段时间后，被当地上流社会的一些人收藏，退出流通领域，用于与"昆仑人"交易的拜占庭钱币会更少；而且，印支半岛和南海地区为金产量丰富的地区，东流的拜占庭金币也可能被熔铸于当地金货中。此外，还有一种可能：唐中叶以前中国经济中心位于长江以北，此前中国和印度的交流主要以西域交通线为主，流入印度的拜占庭金币也有可能通过印度北部流入中国北部，即经大夏，越葱岭，沿塔里木盆地南缘进入中国内地，换言之，即沿裴矩《西域图志》中的南道做逆向流动。4 世纪末叶以后中印关系的繁荣，可能使拜占庭金币不经海路东传，而是经新疆流入中国北部。

从铸币年代看，中国境内发现的拜占庭金币最早的铸造于君士坦丁二世（337—340）和君士坦斯二世（337—350）时代，即 4 世纪上半叶，最晚的铸造于君士坦丁五世（741—775）时期，即 8 世纪中叶。从可辨认出的金币看，4 世纪中叶至 7 世纪中叶铸造的钱币表现出很大的连续性，即：君士坦丁二世（337—340）1 枚，君士坦斯（337—350）1 枚，狄奥多西二世（408—450）1 枚，列奥一世（457—474）3 枚，阿那斯塔修斯一世（491—518）5 枚，查士丁一世（518—527）5 枚，

---

[1] 上海博物馆收有希拉克略钱币 1 枚，铜制，重 5.2 克。发现地点和时间均未有报道，估计并非出自江南，见上海博物馆青铜器研究部编：《上海博物馆藏钱币：外国钱币》，上海书画出版社，1995 年，第 628 页。

查士丁尼（527—565）4枚（其中仿制品3枚），查士丁二世（565—578）2枚，毛里斯（582—602）1枚（仿制品），福卡斯（602—610）2枚，希拉克略一世（610—641）2枚（其中仿制品1枚）。7世纪中叶以后的金币只有君士坦丁五世（741—775）时期所铸造的1枚，与其他金币没有时间上的连续性。[1]1964年1月西安西窑头村一座唐墓中出土3枚阿拉伯文金币，均在铭文中标明"第纳尔"，分别为702年、718—719年、746—747年所铸。[2]拜占庭金币在中国境内的消失和阿拉伯金币的出现在时间次序上大致吻合，说明7世纪中叶以后随着伊斯兰阿拉伯势力的兴起，对拜占庭帝国地中海东岸和北非领土的占领及其对波斯的征服，拜占庭帝国与中国的经济联系被阻断了。不过，北方的欧亚草原交通线在唐朝击败西突厥，将势力范围扩张到中亚咸海一带以后仍然是畅通的，这种形势在高仙芝塔拉斯之战（751年）失败，中国势力退出西域时仍未改变。拜占庭输入中国优质丝绸一直到元代仍在进行。[3]君士坦丁五世时期的铸币流入中国，可能是通过欧亚草原之路。

在古代世界，包括各种传说在内的民间文化的传播与商贸活动息息相关；商旅贩客不仅是不同地区货流的媒介，而且也是民间文化的主要传播者。因此，作为商贸活动的伴随物的拜占庭民间传说在中国典籍中留下的斑斑陈迹，是拜占庭帝国对中国商贸活动的有力佐证。此处试举两例。其一是明代李时珍《本草纲目》卷九转录陈霆《两山墨谈》的记载：

> 拂菻国当日没之处，地有水银海，周围四五十里，国人取之，

---

[1] 见张绪山:《我国境内发现的拜占庭金币及其相关问题》。

[2] 夏鼐:《西安唐墓出土的阿拉伯金币》,《考古》,1965年第8期；见《夏鼐文集》,下册,第102—107页。

[3] R. Lopez, China Silk in Europe in the Yuan Period, *Journal of the American Oriental Society*, VXXII(1952), pp. 72-76.

近海十里许，掘坑井数十。乃使健夫骏马皆贴金箔，行近海边。日照金光晃耀，则水银滚沸如潮而来。其势若粘裹，其人即回马疾驰，水银随赶。若行缓，则人马俱扑灭也。人马行速，则水银势远力微，遇坑堑而溜积于中。

陈霆是明代浙江人，弘治（1488—1505）进士。他生活的时代，拜占庭帝国早已灭亡，所记故事显非取自同代人。明代人如李时珍等辈所记域外事物多取唐代人记载，所以这个故事传入中土，无疑应在唐代之前。有记载证明，这个故事的原型见于拜占庭帝国统治下的叙利亚：

> 西方遥远处有一地产锡，其地有一泉，水银喷涌。当地人见水银喷出，达其极点，乃择一绝美少女，使之裸体于水银泉前，水银泉迷少女美色，乃趋前欲拥女；少女急走，彼时数少男执斧近少女，待水银趋近少女，乃挥斧击水银，水银流入坑堑而溜积自固。[1]

两处记载框架相同（水银；引出水银；掘坑取之），其渊源关系（或共同之渊源）至为明显。可以断言，这个故事是由叙利亚经伊朗高原沿丝绸之路传入中国。所不同的是，拜占庭文献中产水银的地方是西方某地，而中国文献中则转成了拂菻国。这显然是将故事的传诵地当成了水银产地。另外，水银泉变为水银海，取水银的方法则由裸体少女诱使水银出，转为健夫骏马以金箔将水银引出。这些变化是商贾在讲述过程中的改动，还是中国士大夫记载时所做的变动，则已难以断定。

其二是唐张说《梁四公记》中的记载：梁武帝萧衍大同年间（535—545），四川名士万杰与梁武帝的儒士谈论四方奇闻时提到：

---

[1] Boulnois, *The Silk Road*, pp. 162-163.

西至西海，海中有岛，方二百里。岛上有大林，林皆宝树。中有万余家。其人皆巧，能造宝器，所谓拂林国也。岛西北有坑，盘拗深千余尺。以肉投之，鸟衔宝出。大者重五斤，彼云是色界天王之宝藏。(《太平广记》卷八十一)

"拂林"即拂菻，乃一名异译。张说（667—730）乃洛阳人，唐睿宗至玄宗时三度为相，封燕国公，诗文皆显名。《梁四公记》为小说体裁，但涉及中外交往的内容并非面壁虚构，可能是取自民间笔记。张说所记拂菻传说原型塞浦路斯岛康斯坦提亚（Constantia）地方的主教艾比法纽斯（Epiphanius，约生于315—403之间）的记载：

在大斯基泰（Great Scythia）沙漠中，有一个幽深的山谷，为陡峭如墙壁的高山所环绕，幽谷中烟雾弥漫，深不见底。临近诸国的国王派人来此寻宝，寻宝者为得到谷中宝石，杀羊剥皮，自山岩投诸谷中。宝石粘附在羊肉上。峭壁上游荡的兀鹰闻到羊肉味，潜翔于谷中，衔出肉块而食之。宝石留在山顶上，寻宝者去往兀鹰落脚处寻得宝石。这些宝石色彩各异，价值连城，且具有一个效能：投诸烈火中，烈火自灭而宝石无损；还能助女人分娩，驱除妖魔。[1]

艾比法纽斯记载的内容只是当时流行的故事形式，不是故事最初的形态。类似的传说在希腊罗马世界的流传已相当悠久。据认为，它与希罗多德（约前484—前425）的记载多有相似之处。希罗多德（III，111）记载，在阿拉伯沙漠，一些大鸟将肉桂枝以泥土固定在人们无法企及的山岩上，搭造巢穴。阿拉伯人为了得到肉桂，杀死驮兽将肉放置在鸟穴下面，大鸟飞下将肉块衔入巢窝，因肉块大，巢穴被弄破

---

[1] B. Laufer：*The Diamond, A Study in Chinese and Hellenistic Folk-lore*, Chicago 1915, p. 9.

落到地上，于是阿拉伯人得到这些肉桂。[1] 希罗多德的故事在流传过程中，加入了有关宝石的故事。如，希腊罗马世界相信鹰巢中的石头具有助产的功能。普林尼（23—79）记载，这种石头保持怀孕状态，当摇动一块石头时，就会听到其内部另一块石头响动的声音，好似包裹在子宫中。人们发现，鹰巢中总是有阴阳两块石头；没有石头，鹰就不能蕃息。[2] 不过，这个传说的更具体的演化过程似已很难说清。白鸟库吉认为，这个故事传说并非起源于希腊世界，而是起源于印度，然后传播到西方。[3] 但中国和拜占庭双方记载中故事的大同点（深谷；投肉作饵；鸟将宝石衔出）和时间顺序，使人无法怀疑其联系性。[4]

如同水银传说一样，在中国典籍中，这个故事发生的地点发生了相似的变化：在早期艾比法纽斯的记载中是大斯基泰沙漠，即中亚沙漠，而在《梁四公记》中则演化为拂菻国的西北某地。可见此类神秘故事总是与遥远而具有神秘色彩的地区相联系。对早期的艾比法纽斯和他的同胞来说，大斯基泰沙漠即中亚沙漠无疑具有神秘色彩；当这个故事传至中国时，则不能不与故事流行的那个遥远的神秘国度（拂菻）发生联系。这种变化在文化传播中屡见不鲜，几乎是一个定则。中国典籍将这个传说与拂菻联系起来，一方面表明了它与拜占庭帝国的密切联系，同时也表明了当时拂菻国在中国人心目中的地位。

《梁四公记》所记故事中增加的所谓"宝树"、"色界天王"诸语均为佛教术语，表明这个故事经由印度东传而来。《梁四公记》还记载，扶南大船自西天竺国来，携碧玻璃镜在梁朝境内出售，镜"广一尺五寸，重四十斤。内外皎洁，置五色物于其上，向明视之，不见其质。……其商人言：'此色界天王，有福乐事，天澍大雨，众宝如山，纳之山藏，

---

[1] 希罗多德：《历史》，王嘉隽译，商务印书馆，1962年，第409页。

[2] Laufer, *ibid*, pp. 9, 15.

[3] K. Shiratori, The Mu-na-chu 木难珠 of Ta-chin and the Cintāmani of India, *Memoirs of the Research Department of Toyo Bunko*, 11（1939）, pp.15-24.

[4] Laufer, *ibid*, p.10；张星烺：《中西交通史料汇编》，第1册，第59页。

取之难得。以大兽肉投之藏中。肉烂粘宝,一鸟衔出,而即此宝焉。'"(《太平广记》卷八十一)扶南商人所述拂菻故事与万杰所说几乎完全相同。扶南商人所兜售的碧玻璃镜并非山中宝石,可能是在铜镜的背面嵌入玻璃("颇黎")作为装饰的一面大镜子。[1]罗马所产玻璃在中原各朝久负盛名,中土视之为宝货。5世纪初,罗马帝国的玻璃制造技术已传入中国北方[2],但南方尚未掌握。扶南商人既在印度西部获知拂菻传说,在与南梁朝廷打交道时自然乐于以玻璃器皿与此传说相比附,将其说成宝石,以谋高利,此乃商贾之惯用伎俩。

由拜占庭民间传说的向东传播及其被载入中国典籍的过程,我们可以看出欧亚大陆两端的两大帝国间所存在的密切的商贸关系;反之,两帝国间所存在的密切的商贸关系,也可由中国典籍中有关拜占庭民间传说的记载得到充分证明。

(原载于《北大史学》第11期,北京大学出版社2005年)

---

[1] 宫崎市定:《中国南洋关系史概说》,《宫崎市定论文选集》,下卷,中国社会科学院历史研究所翻译组编译,商务印书馆,1965年,第191页。

[2]《魏书·大月氏传》记载,北魏太武帝(424—452)时,大月氏"商贩至京师,自云能铸热石为五色玻璃,于是采矿山中,于京师(平城)铸之。既成,光泽乃美于西方来者。诏为行殿,容百余人,光色映彻,观者莫不惊骇,以为神明所作。自此中国玻璃遂贱,人不复珍之"。

# "桃花石"（Ταυγάστ）名称源流考

塞奥费拉克图斯·西摩卡塔（Theophylactus Simocatta）是7世纪初期拜占庭帝国的历史家。对于他的生平，后人所知甚少。人们只知道他大约于580年以后出生在埃及的亚历山大里亚，父母为政府官员，他在亚历山大里亚完成早期的学业，二十多岁时可能到了君士坦丁堡，在那里学习法律。610年，拜占庭帝国的一代雄主希拉克略（Heraclius，610—641年在位）发动兵变，推翻依靠兵变夺取毛里斯（Maurice，582—602年在位）皇帝权位的福卡斯（Phocas，602—610年在位）时，西摩卡塔可能已在其手下供职。[1]他在620—630年间完成了平生最重要的著作《历史》，记述毛里斯皇帝执政时期拜占庭帝国的重大历史事件。该书主题集中在两个方面：一是拜占庭帝国在东部边境与波斯的冲突和战争，一是在巴尔干半岛对抗斯拉夫人和阿瓦尔人入侵的战争。在涉及当时频繁冲击帝国边境的阿瓦尔人时，他把笔触转向了阿瓦尔人的故乡中亚地区，提到了突厥崛起后中亚地区政治形势的变动，也提到了与中亚形势变化有关的"桃花石"（希腊文作 Ταυγάστ，拉丁文转为 Taugast）的知识。

在西摩卡塔的记载中，"桃花石"是一个国家的名称，同时又是一座城市的名称。这座"著名的城市，距突厥一千五百哩，与印度为

---

[1] T. Simocatta, *The History of Theophylactus Simocatta: An English Translation with Introduction and Notes*, edited by Michael and Mary Whitby, Oxford: Clarendon Press, 1986, pp. xiii-xvii; M. Whitby, *The Emperor Maurice and His Historian: Theophylactus Simocatta on Persian and Balkan Warfare*, Oxford: Clarendon Press, 1988, pp. 28-33.

邻。居住在桃花石的外邦人，为人数极众而极勇敢的民族，世界诸国几乎无与其匹"。桃花石国的统治者称作 Ταϊσαν，Taisan，在希腊语中意为"上帝之子"。一条大河将桃花石国土划分为二，这条大河过去是彼此争战的两个大国家间的边界，其一国衣服尚黑，另一国尚红，但在今日毛里斯皇帝君临罗马时，黑衣国跨过大河攻击红衣国，取得胜利，一统全国。据说桃花石城是亚历山大在征服巴克特里亚人和粟特人后所建。在桃花石城，国王的皇后妃子们乘金车出入，以一头牛挽车，饰以昂贵的黄金、珠宝，极为奢华，牛的笼头也以镀金装饰。据说亚历山大在桃花石城几里外建筑第二座城市，异邦人称之为库姆丹（Χουβδάν，Khubdan）。库姆丹城有两条大河流横贯其中，大河两岸垂柏依依。桃花石人拥象甚多，与印度的商贸交往频繁。据说他们是印度人，因生活在北方，肤色为白。生产赛里斯丝线的蚕虫在这个民族中到处可见。[1]

西摩卡塔的记载斑驳陆离、真伪混杂。据西摩卡塔自述，他对突厥和"桃花石"国的知识来自598年突厥可汗致毛里斯皇帝的国书。[2]但我们将看到，这些知识并非一件国书所应容纳，也不是国书所能承载。整个记载显示，西摩卡塔书中的内容并非来自一个渠道。他很有可能利用了7世纪20—30年代在君士坦丁堡可以得到的30—60年前保存下来的官方档案，包括他的前辈弥南德（Menander the Guardsman）对拜占庭—突厥外交活动的记载。[3]换言之，西摩卡塔记载的内容，一部分可能取自外交使节的国书，另一部分则可能取自

---

[1] T. Simocatta, *The History of Theophylactus Simocatta*, pp. 191-192; H.W. Haussig, Theophylakts exkurs über die Skythischen völker, *Byzantion*, 23 (1953), pp. 285-286.

[2] M. Whitby, *The Emperor Maurice and His Historian*, p. 315, 将该时间断为595年，似误。参看 J. Bury, *History of the Later Roman Empire*, vol. II, Amsterdam, Adolf M. Hakkert – Publisher, 1966, p. 136 以下；沙畹：《西突厥史料》，冯承钧译，中华书局，1958年，第220页。

[3] Menander, *The History of Menander the Guardsman*, Introductory Essay, Text, Translation, and Historiographical Notes by R.C. Blockley, Liverpool 1985；张绪山：《6至7世纪拜占庭帝国与西突厥汗国的交往》，《世界历史》，2002年第1期。

拜占庭朝廷对突厥—粟特人的询问记录。西摩卡塔之所以对突厥人及中亚历史事件产生兴趣，可能是因为拜占庭皇帝希拉克略于626—628年间联合突厥可萨部对波斯的进攻行动。[1] 有可能是这次联合行动促使他转向利用君士坦丁堡官方保存的有关中亚突厥人及相关民族的材料。[2]

"桃花石"作为中国的一个称谓出现于域外文字中，这是目前我们所能见到的最早的例证。但西摩卡塔本人对于这个国家并没有清晰的认识。在西摩卡塔之后很长时期，后人也不理解其所指。法国学者德经（J. Deguignes, 1715—1800）首先证明"桃花石"即中国。德国学者克拉普罗特（J. H. Klaproth, 1783—1835）在不了解德经观点的情况下得出同样的结论。[3] 他们的看法后来逐渐被其他学者所接受。但是，关于Ταυγάστ（Taugast）一名的起源，长期以来在中外学者中却是众说纷纭。

早期的法国汉学家德经提出"大魏"（Ta-göei）说，认为此名来自南北朝时的鲜卑拓跋部在中国北方建立的元魏政权[4]；此说牵强过分，不仅Taugast与"大魏"对音困难，而且没有证据证明外族确以此名称呼中国，但至今仍有人接受。[5] 德国汉学家夏德（F. Hirth, 1845—1927）提出"唐家"说，日本学者桑原骘藏（1871—1931）则发挥之，引申为"唐家子"，二人均认为该语指中国的唐王朝。[6] 此说虽论证详博，但迂曲难通之处在于，西摩卡塔所用史据是在唐朝建立以前获得，后来名称自无见闻于前代之理。

---

[1] 沙畹：《西突厥史料》，第227—229页。

[2] M. Whitby, *The Emperor Maurice and His Historian*, pp. 316-317。

[3] Klaproth, Mention de la Chine donnée par Théophylacte Simocatta, *Journal Asiatique*, viii（1826）, pp. 227-230。

[4] Yule, *Cathay and the Way Thither*, vol. I, London 1915, p. 33.

[5] 如 I. M. Frank & D. M.Brownstone, *The Silk Road: A History*, New York and Oxford, Facts on File Publications, 1986, p. 163.

[6] 桑原骘藏：《蒲寿庚考》，中华书局，1954年，第103—109页。

对后来影响较大的是法国东方学家伯希和（P. Pelliot, 1878—1945）的见解。伯希和采纳德经的观点后加以引申，于1912年在《通报》上发表文章，提出"拓跋"说，认为："当386至556年之间，中国北部为一来自东蒙古的外国皇朝所据，这就是中国典籍中的元魏。其都城先前久在山西，后迁河南，可是中国典籍尚保存此朝的土姓，而译写其音曰拓跋（Thak-bat）。这个译名，我们很难说他在何限度中代表鲜卑语的原名。汉语古音固较现代语言为丰富，可是缺乏颚音收声（昔有k, t, p, 而无č收声），除开这些音声欠缺，同迷惑不定诸点外，我曾考究桃花石原来的根据，或者就是拓跋，其对音虽不精确，而有可能。就历史方面言之，元魏占领中国北部，而在中亚以土姓著名，遂使中亚的人概名中国为拓跋，犹之后来占据元魏旧壤的辽朝，种名契丹，中亚的人又以此名名中国的情形一样，这也是意中必有之事。"[1]

日本学者白鸟库吉亦力倡此说。[2] 由于伯希和与白鸟库吉二人在东西洋学术界的权威地位，这一观点从者众多，俨然成不可动摇之定论。[3] 但细审之，似亦不无罅漏。拓跋鲜卑族入主中国北部后迅即开始汉化，王朝之名亦采用汉化之"魏"，其本族名称"拓跋"扬名于他族的可能性似不大。

中国学者中，清末洪钧《元史译文证补·西域补传上》考曰："多桑书，字音如曰'唐咯氏'，义不可解……及注《西游记》，有谓汉人为桃花石一语，循是以求，乃悟即契丹之'大贺氏'。蒙古称中国为契丹，今俄罗斯尚然……是知契丹盛时，仍沿大贺氏之旧称，故邻

---

[1] 伯希和：《支那名称之起源》，见《西域南海史地考证译丛》，第1卷1编，冯承钧译，北京：商务印书馆，1962年，第36—48页。

[2] 白鸟库吉：《大秦国及拂菻国考》，《塞外史地论文译丛》第1辑，王古鲁译，上海商务印书馆，1939年，第43—47页。

[3] 如克里亚什托尔内：《古代突厥鲁尼文碑铭》，哈尔滨：黑龙江教育出版社，1991年，第111页；吴志根：《关于"桃花石"》，《江海论坛》，1979年第2期，第84—85页；张广达：《关于马合木·喀什噶里的〈突厥词汇〉与见于此书的圆形地图》，《西域史地丛稿初编》，上海古籍出版社，1995年，第72页。

国亦以氏称之。"但正如张星烺所指出，洪氏"大贺氏"说，其弊在未见西摩卡塔和突厥及阿拉伯作家的记载，眼光只是以《长春真人西游记》为限。[1]

梁园东在1944年发表的文章中认为，Tabγač是由突厥文"天"（Tangri）转化而来，其义为"司天者"，以Tabγač称中国是以中国皇帝的称号指称中国。[2] 1983年章巽发表文章提出"大汗"说，认为草原民族以自己习惯的称号"汗"来称呼中国皇帝，并加"大"以为尊称，久之"大汗"便成为中国的统称。[3]这些观点基本上是从皇族名称或外族对中原皇帝的称号上求索"桃花石"的起源。

岑仲勉对此问题的研究尤多用力，设想之丰富过于他人。他在1935年撰文时，以"敦煌"比定"桃花石"。[4]十几年后，他又放弃此说，提出"太岳"、"梼杌"、"焦获"诸说，但由于方向偏颇，未中鹄的。不过，他提出的解决问题的思路却值得重视。他说："据我所见，匈奴实亦涂兰族类（非蒙古族）之一，在战国末叶已出现。征诸上古习惯，他们对我国应有专名，并不随我国的朝代改革而转变。唯其如此，则六朝之初，北族似应沿用匈奴往日之称谓以称我国，不至另起炉灶，犹之匈奴灭亡以后数百年，隋、唐人文字仍常称突厥为'匈奴'。相互比观，情实自见。换句话说，'桃花石'这个名称极可能传自上古，突厥人不过相承着使用。"[5]这实在是饶有启发性的真知灼见。

循此思路再做推演，我认为"桃花石"最可能的比对者应为"大汉"。张星烺早年已经提出"大汉"说。他写道："吾谓陶格司（即桃花石——引者）恐为大汉二字之转音。今代日本人读大汉二字为大伊

---

[1] 张星烺：《中西交通史料汇编》，第1册，中华书局，1977年，第193页。
[2] 梁园东：《"桃花石"为"天子"，"桃花石汗"为"天可汗"说》，《边政公论》，1944年，第3卷第4期，第48—54页。
[3] 章巽：《桃花石与回纥国》，《中华文史论丛》，上海古籍出版社，1983年第2辑，第39—43页。
[4] 岑仲勉：《释桃花石》，《东方杂志》，第33卷21号。
[5] 岑仲勉：《桃花石之新释》，《突厥集史》下册，中华书局，1958年，第1049页。

干（Daigan），日人之汉字读音，多学自隋唐时代。汉朝虽亡，而以后之人，仍称本国为汉土。法显、玄奘之纪行书可覆视也。"[1] 但十分可惜的是，他未能就此更加详证，故其观点几近湮没不彰。

从语音上，希腊语 Ταυγάστ 尾部的 τ，除非与其他韵母构成一个独立音节，一般不发音，因此 Ταυγάστ 的读音应为 Ταυγάς，这也可由突厥碑铭中的 Tabγač 得到印证。阿拉伯、波斯和西亚作家著作中的写法稍异，有 Tabgač、Tabghaj、Tamgama、Tamghaj、Tooghaj、Tamghj、Timghaj 等，但读音基本无大异。[2] 这些名词的词根为 Tauga，而 s、č、j 等为词根辅助音。[3] 希腊语中的"γ"对应于拉丁语族的 g。"拓跋"的古代读音为 T'ak bwat，中古读音为 T'ak buat。比较 Tau-ga、Tab-ga、Tab-γα、Tab-gha、Tam-ga、Tam-gha 等可知，Tau、Tab、Tam、Tan 相对于"拓"、"大"都有通转的可能，但以"大"更为便通；而 bwat 或 buat 为唇音，ga、γα、gha 为颚音，以 bwat 或 buat 对 ga、γα、gha 不相应。在诸多亚洲语言，如突厥语、波斯语和印度西北俗语中，g / gh / h 之间的互转是通例。如，突厥语 Jabgu 译为汉语作"叶护"；波斯语 muγ 汉文作"穆护"[4]；印度西北俗语 lahu 转为 laghu; ogha 转为 oha; samga 转为 samgha; goduma 转为 ghoduma。[5] 这些都是显著的例证。因此 han 或 gan（"汉"之中古读音为 gan）与 ga、γα、gha 之间的互转，仅在于韵尾的变化，而韵尾的 a、an 互转是音韵学上的通例，

---

[1] 张星烺：《中西交通史料汇编》，第 1 册，第 192 页。

[2] Yule, *Cathay and the Way Thither*, pp. 33-34. 至于 Timghaj 中的 Ti 与其他形式中的 Ta 实无重大区别，如西突厥可汗 Dizaboul 在阿拉伯人的记载中又作 Sindjibou，突厥官名 Jabgu 又作 Djibghu，可知 i 与 a 可互转，见沙畹：《西突厥史料》，第 200—201 页。

[3] Zhang Xu-Shan: Η Κίνας καί τον Βυζάντιο, Ιστρικογεογραφικά, Αθήνα, 1998, pp. 68-70；芮传明认为，在古突厥语中，一个名词加上后缀"č"便生成一个新词，表示"敬爱的"、"可爱的"之类的意思，故 Tabγač 便是"尊敬的大汉王朝"之意，此又可备一说。《Tabγač 语源新考》，《学术集林》卷 10，上海远东出版社，1997 年，第 263 页。

[4] 劳费尔：《中国伊朗编》，商务印书馆，2001 年，第 361 页。

[5] 林梅村：《犹太入华考》，《西域文明》，东方出版社 1995 年，第 86 页。

是常见的。

　　从历史方面，中国之见闻于外族无疑早于两汉，但就中国与北方及中亚民族之关系论，两汉时期最为频繁，影响亦为最大。汉代张骞出使西域，致有中原朝廷与西域各国之外交行动达到空前规模。《史记·大宛列传》称，"诸使外国一辈大者数百，少者百余人……汉率一岁中使多者十余，少者五六辈，远者八九岁，近者数岁而反"；后汉班超经营西域三十余年，击退匈奴在西域的势力，更使汉威响震西域，声名远被。两汉时期中原王朝的对外交往中，与匈奴的交往尤为频繁。在这些交往中，汉臣很早就已惯于自称"大汉"，其例甚多。如汉明帝派郑众再次出使匈奴时，郑众上书表示不愿出使："臣前奉使不为匈奴拜，单于恚恨，故遣兵围臣。今复衔命，必见陵折。臣诚不忍持大汉节对毡裘独拜。如令匈奴遂能服臣，将有损大汉之强。"（《后汉书·郑众传》）又如，建初三年（公元78年）班超上书汉廷请兵定西域："昔魏绛列国大夫，尚能和辑诸戎，况臣奉大汉之威，而无鈆刀一割之用乎？"（《后汉书·班超传》）都是显著的例证。而在另一方面，由于与汉朝的频繁交往，"大汉"也成为匈奴对中原政权的称呼。太始二年（公元前95年）单于遣使致汉书云："南有大汉，北有强胡。胡者，天之骄子也，不为小礼以自烦。今欲与汉闿大关，取汉女为妻，岁给遗我蘖酒万石，稷米五千斛，杂缯万匹，它如故约，则边不相盗矣。"（《汉书·匈奴传》）这是带有威胁性质的说辞，其中"大汉"显然不像汉廷用作自称时具有夸耀性质，而是匈奴对中原王朝的惯称。两汉以降北方游牧民族均以匈奴旧称"大汉"以呼中原政权。[1]

　　西晋石崇《王明君辞》："我本汉家子，将适单于庭。"（《文选》，卷二十七）北齐文宣帝高洋以太子文弱，曰："太子得汉家性质，不似我。"（《北齐书·废帝纪》）朱彧《萍洲可谈》卷二："汉威令行于西北，故西北呼中国为汉，唐威令行于东南，故蛮夷呼中国为唐。崇宁

---

[1] 汉代以后，中原王朝自称"大汉"和域外民族称中原政权为"大汉"的例证很多，见芮传明：《Tabyač 语源新考》，《学术集林》卷10，第259-260页。

间（1102—1106）臣僚上言，边俗指中国为汉唐，形于书文，乞并改为宋……诏从之。"[1]胡三省曰："汉时匈奴谓中国人为秦人。至唐及国朝（宋），则谓中国为汉，如汉人、汉儿之类，皆习故而言。"[2]是汉人自两汉以降涉及自称时往往称"汉"，对应于外族的"大汉"之称谓。

这种情况还有一例。518—519年间，波斯王居和多与北魏通使，上书贡物云："大国天子，天之所生，愿日出处常为汉中天子。波斯国王居和多千万敬拜。"（《魏书·西域传》）可见，即使在鲜卑拓跋部统治中国北方时期，中亚、西亚民族仍延续以往的"大汉"称呼。波斯国书乃汉译，原文似应为"大汉"。见诸记载的"汉家"、"汉"、"汉人"、"汉儿"之类名称，实即"大汉"的汉译。两汉以后的两个多世纪，中国北部诸小王朝势小力微，声威难以扬于域外，鲜卑族拓跋魏与中亚之交往只是恢复两汉对西域的影响。

"桃花石"一名见诸域外文字，就目前所知，以西摩卡塔为最早。以理度之，西摩卡塔的Ταυγάστ之名来自突厥人，此名之为突厥人使用当在此前，但就历史遗留的文字数据而论，更早期的突厥文字证据并未流传下来。8世纪以后，"桃花石"以Tabyač的形式频繁出现于突厥碑铭中，作为一个民族名称使用，同时又作为修饰词和限定词使用，如"Tabyač的可汗"、"Tabyač的民众"、"Tabyač的官衔"等，但它指称中原政权，是没有疑问的。[3]

西摩卡塔时代之后，中亚及西亚民族也以Tabyač或Tabghāj之类的名称指示中国。高昌回鹘时期别失八里僧人详古舍利都统（Sïngqu säli tutong）将汉文《大唐三藏法师传》和《金光明最胜王经》译为

---

[1] 朱彧：《萍州可谈》，卷2；见上海古籍出版社编：《宋元笔记小说大观》2，上海古籍出版社，2001年，第2318—2319页。

[2] 徐松：《汉书·西域传补注》下，上海商务印书馆，民国26年，第74页。

[3] 芮传明：《古突厥碑铭研究》，上海古籍出版社，1998年，第133页；耿世民：《古代突厥文碑铭研究》，中央民族大学出版社，2005年，第94、96、97、105、117、120、122—124、128—129、135、151—153、158、162—164、168—169、172、179、187、201、212、222页。

回鹘文时，将中国径直译为 twqač 或 tvγač，汉文为 twqač（tvγač）。twqač 或 tvγač 显为突厥文的 t(a)bqač 或 t(a)bγač，意为"汉地"或"中原"，所以冯家升整理研究这两份材料时，毫不迟疑地将它们还原为"桃花石"。他认定此回鹘文写本完成于北宋年间。[1]

"桃花石"一名经突厥民族的中介进入到中亚突厥国家以后，仍旧指示中原王朝。11 世纪喀喇汗王朝学者马合木·喀什噶里在《突厥语大词典》中写道："桃花石（Tavghaq）——此乃摩秦的名称。摩秦距离契丹有四个月路程。秦本来分为三部：上秦在东，是为桃花石；中秦为契丹；下秦为巴尔罕，而巴尔罕就是喀什噶尔。但在今日，桃花石被称为摩秦，契丹被称为秦。"[2] 在这里，上秦、中秦和下秦分别对应宋朝、辽朝、黑汗王朝，且他明确指出上秦即桃花石，所以桃花石乃指中原的宋王朝。喀什噶尔被称为"下秦"，包括在"秦"的地理概念中，反映了新疆地区在历史上与中原内地的联系[3]，同时也说明，作为学者的马合木·喀什噶里，是在严格意义上使用代表中原王朝的"桃花石"这一名称。

中亚地区存在的这种区分还有其他证据。1218 年，成吉思汗派遣使团到花剌子模，花剌子模苏丹马哈迈德（Mahomed）在布哈拉接待成吉思汗的使团，他夜间派人召来成吉思汗使团中花剌子模籍的使者，探询成吉思汗是否真的征服了"桃花石"？[4] 花剌子模苏丹所要了解的是蒙古南征的战况，他口中的"桃花石"是蒙古人兵锋所指的

---

[1] 冯家升：《回鹘文写本〈菩萨大唐三藏法师传〉研究报告》，《考古学专号》丙种第 1 号，收入《冯家升论著辑粹》，中华书局，1987 年，第 376—379 页。

[2] 张广达：《关于马合木·喀什噶里的〈突厥词汇〉与见于此书的圆形地图》，《西域史地丛稿初编》，第 70 页。

[3] 如盛唐时期，由于唐朝向中亚的扩展，阿拉伯和亚美尼亚作家有时以"秦"（Sin）之名称费尔干纳。一位阿拉伯诗人提到征服河中地区的屈底波被葬于秦国领土，但其他证据证明是指费尔干纳。Yule, *Cathay and the Way Thither*, vol.1, pp. 219-220.

[4] Yule, *Cathay and the Way Thither*, vol.1, p. 33；多桑：《多桑蒙古史》，冯承钧译，上海书店，2001 年，第 92 页。

中原地区。1221年，邱处机奉成吉思汗之命前往中亚，路过阿马利克（Almalic），看到当地"农者亦决渠灌田，土人惟以瓶取水，载而归。及见中原汲器，喜曰：'桃花石诸事皆巧。'"他并了解到："桃花石，谓汉人也。"邱处机提供的这个事实，再次证实中亚人是以"桃花石"指称中原王朝。不过，这位博学的道教长老只知其意为"汉人"，并未追根溯源，追究到更遥远的"大汉"称谓上。

但在另一方面，这个称谓在使用过程中意义逐渐发生演变：突厥民族在以"桃花石"称呼中原王朝的同时，也将"桃花石"称谓用到自身之上。黄时鉴先生从宋代文献中检出两条材料，可以作为可靠的证据。这两条材料涉及宋时黑汗王朝治下的于阗国贡献美玉的表文，见于宋人蔡絛的《铁围山丛谈》和张世南的《游宦纪闻》。

《铁围山丛谈》记表文：

> 太上始意作定命宝也，乃诏于阗国上美玉。一日，絛赴朝请，在殿阁侍班。王内相安中因言，近于阗国上表，命译者释之，将为答诏，其表大有欢也。同班诸公喜，皆迫询曰，甚愿闻之。王内相因诵曰："日出东方赫赫大光照见西方五百国中絛贯主阿舅黑汗王，表上日出东方赫赫大光照见四天下、四天下絛贯主阿舅大官家，你前时要那玉，自家煞是用心，只被难得似你那尺寸底，我已令人寻讨，如是得似你那尺寸底，我便送去也。"于是一坐为哈。吾因曰：《裕陵实录》已载于阗国表文，大略同此，特文胜者，疑经史官手润色故尔。[1]

《游宦纪闻》卷五记表文：

> 日出东方赫赫大光照见西方五百国、五百国絛贯主师子黑汗

---

[1] 蔡絛：《铁围山丛谈》，卷1，《文渊阁四库全书》本，第1037册，第558页；又见《铁围山丛谈》，李欣、符均注，三秦出版社，2005年，第19—20页。

王,表上日出东方赫赫大光照见四天下、四天下條贯主阿舅大官家,你前时要者玉,自家甚是用心力,只为难得似你尺寸底,自家已令人两河寻访,才得似你尺寸底,便奉上也。[1]

两处记载大致相同,均指同一事件。"條贯主"或作"條贯主",不同版本有所不同,但音无不同,乃同名异译。故黄先生通以"條贯主"贯之,认为表中"條贯主"即希腊语 Ταυγάστ、突厥语 Tabγač(或作 tabghač)。据《宋书·舆服志》及《宋会要辑稿·蕃夷七》,于阗遣使献玉发生在政和七年(1117年)。又据《宋史·于阗传》,元丰四年(1081年):

(黑汗王)遣部领阿辛上表称"于阗国偻儸有福力量知文法黑汗王,书与东方日出处大世界田地主汉家阿舅大官家",大略云……

此表文中的"汉家阿舅大官家"与政和七年表文中的"條贯主阿舅大官家"相对应,可知"汉家"和"條贯主"实为同一名称,即 Tabγač;所不同的是,前者为意译,后者是音译。《宋史·于阗传》记为"汉家",乃是史家润色的结果。[2]

比照《铁围山丛谈》和《游宦纪闻》两处记载,蔡絛记载中"日出东方赫赫大光照见西方五百国中條贯主阿舅黑汗王",对应于张世南记载中"日出东方赫赫大光照见西方五百国、五百国條贯主师子黑汗王",以"條贯主师子黑汗王"为确。[3] 如此,则可知于阗国王称宋朝皇帝为"條贯主阿舅大官家"的同时,也自称"條贯主师子黑汗王"。这里的"條贯主"似乎不可再解为"大汉"。

同样,这个名称也见于10至13世纪间中亚黑汗王朝的钱币

---

[1] 张世南:《游宦纪闻》,卷5,《文渊阁四库全书》本,第864册,第612—613页。
[2] 黄时鉴:《"條贯主"考》,见《东西交流史论稿》,上海古籍出版社,1998年,第34—38页。
[3] 同上,第36页。

上，形成"苏来曼卡得尔 Tabghāj 可汗"、"Tabghāj 布格拉汗"、"克雷奇 Tabghāj 汗"等词语。[1]中亚史名家巴尔托里德也注意到，黑汗王朝时期，"一些伊斯兰教徒的汗把他们自己称作中国汗（突厥语为 Tabgach-khan 或 Tamghach-khan），虽然他们的领地从未包括中国或中国接壤的地方"。但他认为这只是"保留了草原传统和伊斯兰时期以前传统的某些残迹"的结果。[2]这一看法证明他忽略了这个语词在辗转使用过程中的演变而未得要领。

实际上，这里的 Tabghāj 显然已在词义上发生了变化，不能再解为原来狭义的"大汉"了。"大汉"称谓在历史上所代表的显赫声势、中原文化的优越地位，以及它在西域开拓史上的巨大影响，特别是唐帝国所代表的中原王朝长期保持的超迈前代的强大国势和对外的赫赫武功，重新张扬了"大汉"称谓的巨大影响力，使这个称谓演化为一种符号，表达"威望崇高的"、"地位高贵的"、"传统悠久的"等意义。因此，西域各国君王使用"Tabghāj 汗"名称，所表达的应是"伟大的汗"、"尊贵的汗"、"古国之汗"或"伟大而古老传统的汗"等含义，并非如有的学者所说的"古国和大汗"。[3]17世纪克里米亚诸汗仍自称 Tāt 与 Tawγāč（Tawγāj）的大皇帝。Tāt 指非突厥部落，而 Tawγāč 则是中世纪发展起来的 Tawγāč 称号在突厥人和蒙古人中的延续和滥用。[4]

（原载于《古代文明》，2007年第3期；又见 On the origin of *Taugast* in Theophylactus Simocatta and the later sources，*Byzantion* LXXX，Bruxelles，2010）

---

[1] 蒋其祥:《新疆阿图什县喀喇汗王朝钱币窖藏清理简报》,《文物》,1985年第12期,第17—23页。
[2] 巴尔托里德:《中亚简史》,耿世民译,中华书局,2005年,第24页。
[3] 蒋其祥:《试论"桃花石"一词在喀喇汗朝时期使用的特点和意义》,《新疆大学学报》,1986年第3期。
[4] P. Pelliot, *Notes on Marco Polo*, I, Paris : Imprimerie Nationle, Librairie Adrien –Maisonneuve, 1959, p. 274.

史学散论与随笔

# 奥运发展史上的奥林匹克精神

古代奥林匹克运动会发源于古代希腊。通常认为，第1届奥运会举办于公元前776年。古代奥运会每隔1417天举行1次，自第1届至293届都是在位于希腊伯罗奔尼撒半岛西部的奥林匹亚圣地举行。罗马帝国将基督教奉为国教后，被罗马帝国征服的希腊多神教文化受到压制。公元391—392年罗马皇帝提奥多西（379—395）颁布命令，禁止多神教祭祀活动，古代奥运会遭到禁止。公元393年的第293届奥运会成为古代奥运会的绝响。不过，有学者认为，此后与祭礼有关的奥运会可能还在小规模地零星举行，公元5世纪最初数十年，如公元426年11月提奥多西二世（408—450）再次颁布禁令，重申废止异教法，奥运会被最终完全禁绝。从公元前776年起到公元394年止，古代奥运会经历了一千多年的风雨历程。

从起源上看，奥林匹克运动会与古希腊的祭祀活动有关。根据希腊神话，奥林匹亚是宙斯神的居所，希腊主神宙斯在成功取得权力之后，为了庆祝自己的胜利，举行了第1次奥运会，因此，奥运会是祭祀宙斯的宗教庆典内容的一部分。也有传说称，古希腊奥运会是由神话人物大力神赫拉克勒斯所创。不管传说有何分歧，古代奥运会的仪式和比赛项目，都具有宗教仪式的特点。在古代奥运会中，运动会开始前要点燃圣火。在希腊神话中，火是普罗米修斯为人类从宙斯那里偷来的，代表着光明、神圣和美好。参赛得胜的运动员会得到以橄榄枝编织的一环桂冠。在希腊神话中，橄榄树是雅典保护神雅典娜带来人间的，是神赐予人类和平与幸福的象征；太阳神阿波罗经常以戴着桂冠的形象出现。古希腊人崇拜的大部分神祇，在奥运会中都会受到祭祀。在祭祀崇高神祇所形成的神圣氛围中，古代奥运会逐渐形成了一些重要特点，体现出一种独具特色的文化精神——后人称之为"奥林匹克精神"。

"奥林匹克精神"在本质上是"希腊精神"的重要内容之一。在希腊文化史中，虽然曾有柏拉图对肉体和灵魂的区分，但在整体上，强调肉体和灵魂的统一，是"希腊精神"非常重要的特点。希腊人把身体锻炼视为教育的一个重要组成部分，是对整个人的一种锻炼，既是对人的身体锻炼，也是对人的心智锻炼；把这种锻炼视为宗教活动的一个组成部分，是向神灵表达敬意的方式。

在希腊人看来，古代奥林匹克运动会既是展现人类美德的手段，也是对神奉献的形式。古希腊人将人视为包含身体和灵魂的整体，所以，以身心平衡发展为目标的奥运会，不是一成不变地固守最初的一个或几个项目，而是逐渐纳入了有利于身心发展的各种运动项目。古代奥运会的竞技比赛项目主要是田径，后来逐渐增加了摔跤、五项全能、拳击、赛马、角斗以及战车赛、武装赛跑等等；除体育运动项目，还有文化活动，如戏剧、诗歌、音乐和演说等文艺比赛。

在基督教精神主导下的中世纪欧洲，希腊罗马文化精神长期湮没无闻。15世纪以后的文艺复兴运动唤醒了对古希腊文化的向往，而近代欧洲各国学者对古代奥林匹克运动会遗迹的考察和发掘，再度复兴了人们对久远的古希腊奥运会所展现的古希腊精神的兴趣。在法国教育家皮埃尔·德·顾拜旦的倡导与多方努力下，1896年4月第1届现代奥运会于雅典举行，此后每隔4年在各会员国轮流举行。到2004年，奥运会已经举行了28届。

现代奥林匹克运动继承了古代奥林匹克运动的精神实质，并在新的历史条件下加以充分发挥，以重新复兴奥运会的形式，将"奥林匹克精神"提升到前所未有的高度。第1届现代奥运会标志着现代奥林匹克运动的诞生，是人类文明史上的重大事件，它继承了存在千年之久的古代奥运会的人文传统精华,并在新的历史条件下加以发展和弘扬,所以,古今奥运会彼此辉映,表现出许多相同点和相似性。

首先,奥林匹克运动会的开放性。

古代奥林匹克运动会的参赛资格非常严格。古希腊人认为,奥运会是自由希腊人的运动会,所以,古代《奥林匹克竞技赛会会章》规定,奥运会的参加者仅限于有纯正希腊血统的自由人,其他的人如奴隶、罪犯和外国人等都不能参加。看起来,古代奥运会具有排外性,但我们知道,古希腊是由各城邦国家组成的,每个城邦都是一个独立的国家,因此,每个城邦国家的公平参与也就是各独立国家的参与,奥运会不能无故将一个城邦排斥在奥运会之外,除非它不遵守规定——在"神圣停战"期间对其他城邦发动战争,因此在当时的历史环境中,它是各国公平参加的"国际性"的运动会;就个人而言,只要一个人能证明自己是纯希腊血统的自由人,就享有参加奥运会的权利和资格。从这个意义上,它的开放性是很显然的。

现代奥林匹克运动诞生后,其开放性特点更为突出,主要表现为一是民族的多元性。《奥林匹克宪章》规定,以"五个连环"象征五大洲对奥林匹克运动的平等参与和它的全球性。1896年首届现代奥运会只有13个国家的311名运动员参加,其中希腊运动员230人。随着时间的推移,现代奥林匹克运动坚持的多元性赢得越来越多的参与者。2004年在雅典举办的第28届奥运会,已有202个国家和地区参加,约10500名运动员参赛。二是运动项目的包容性。虽然迄今为止的奥运会比赛项目主要是西方现代竞技体育项目,但它坚持不断吸收不同文化来源的运动项目来充实奥林匹克运动的内容,如美国的篮球、巴西的足球、日本的柔道、韩国的跆拳道等都成为竞技项目的重要内容。三是参与者的广泛性,坚持以大众体育作为奥林匹克运动的基础,推动妇女在一切级别、一切机构中参与体育运动,特别是国家和国际体育组织的执行机构,以体现男女平等的原则。女子参加奥运会是现代奥林匹克运动史上最有意义的事件之一。这种开放性在《奥林匹克宪章》中体现为一种理念,即:"以种族、宗教、政治、性别或其他理由对某个国家或个人的任何歧视都与奥林匹克成员的身份不相容。"这一理念已为当今世界各民族所普遍接受。

其次,和平主义的运动宗旨。

古代奥林匹克运动会始终体现了人们对和平的渴慕。公元前8世纪,古希腊人深受众多城邦间连绵不断的战争苦难的折磨,希望通过奥运会及其仪式唤起人们的和平意识。在祭祀宙斯的圣地举行奥林匹亚祭典和竞技赛会,以宗教的神圣性确立了奥林匹克运动的神圣的和平主义原则。和平主义原则体现在奥运会进行的整个过程中。古代奥运会召开前,依照宗教规定,人们聚集在奥林匹亚宙斯神庙前,举行庄严肃穆的仪式,从祭坛点燃火炬,然后奔赴希腊各个城邦,宣告奥运会即将进行的消息。火炬手高举火炬,在奔跑中呼喊:"停止一切战争,参加运动会!"神圣的火炬像至高无上的命令,使和平的理性得以恢复,即使是处于战争厮杀状态的城邦,也要服从"神圣休战",放下武器,忘记仇恨和战争,奔向奥林匹亚参加奥林匹克运动会。神圣休战最初约有1个月时间,后来延长至3个月。在休战期间,任何城邦都不准交战,为的是参赛者和观众可以安全地前往奥林匹亚圣地及返回家乡;破坏神圣休战的人要受到惩罚。神圣休战虽然不能从根本上杜绝和制止战争,但体现了人们反对和制止战争的努力,反映了人们对和平的渴求和向往,成为后世非常珍视的文化遗产。

现代奥林匹克运动继承了古希腊奥林匹克运动的和平主义崇高原则。顾拜旦在《体育颂》中歌颂体育运动所展现的和平之美:"啊,体育,你就是和平!你在各民族间建立愉快的联系。你在有节制、有组织、有技艺的体力较量中产生,使全世界的青年学会相互尊重和学习,使不同民族特质成为高尚而和平竞赛的动力。"2008年奥运会圣火抵达北京、奥林匹克运动会即将在北京开幕之际,国际奥委会主席罗格高兴地指出:"奥运圣火和火炬,是奥林匹克运动中最醒目、最有力的标志。点燃的圣火不仅预示着奥运会的到来,如同古希腊的'奥林匹克休战协议',它也传递着和平的信息。"因此,奥林匹克运动所坚持的和平主义的理想已成为一切爱好和平的人民的共识,也是全球范围内奥林匹克运动追求的重要目标。

第三,公平竞争原则。

公平竞争原则是古代奥林匹克运动会最明显的特征之一。根据古代奥运会章程,凡在竞赛中有舞弊行为者,都要付出巨额罚款,用作建造宙斯铜像,矗立在竞技场的入口,铜像上刻有被罚款人的名字及其被罚的原因。在比赛中犯规的参赛者,有可能受体罚和鞭打。古代奥委会的成员均由地方官及宗教领袖出任,而运动会中的评判则由宙斯神庙中的祭司以及由选举产生的人员共同担任。他们需要接受一定时间的训练,在神坛前宣誓恪守神圣的公正,然后才能正式执行运动会的裁判工作。这一切都反映了古希腊人对奥运会的公正和公平的重视。

现代奥林匹克运动从一开始就将公平竞争视为原则之一。顾拜旦在他的著名诗篇《体育颂》中说:"啊,体育,你就是正义!你体现了社会生活中追求不到的公平合理,任何人不可超过速度一分一秒,逾越高度一分一厘,取得成功的关键,只能是体力和精神融为一体。"他又说:"奥林匹克理想,在我们看来,是一个很强的体育文化概念。它一方面基于骑士精神,即你们醒目地称之为的'公平竞赛';另一方面基于美学思想,即对美与崇高的狂热追求。"奥林匹克运动会所坚持的公平竞赛原则,反映在社会活动中就是公平竞争原则。这种公平竞争原则已经成为现代社会最重要的社会观念和准则之一。

第四,对美与身心和谐的追求。

古希腊人是爱美意识非常突出的民族,在他们的意识中,神优越于人的地方,是神比人体魄更完美、力量更卓越、智慧更高超;神是人类追求完美的榜样,人通过体育锻炼可以接近神的完美。在古希腊人看来,人体是世间最美的事物,古希腊众多优美的裸体雕塑,是古希腊人美学观念的反映,是他们赞赏人体美的产物。古代奥运会中所有运动员裸体比赛，目的就是要展示他们完美的躯体。人的完美是身心美的统一，其本质是身与心的和谐。

在现代奥林匹克运动发展的目标中，身心和谐发展被放到日益重要的位置，得到越来越多的重视。萨马兰奇说："奥林匹克主义是超越竞技运动的，特别是在最广泛、最完全的意义上来讲，它是不能同教育分离的。它将身体活动、艺术和精神融为一体而趋向于一个完整的人。"他还说："奥林匹克运动的宗旨，就是用奥林匹克精神，通过没有任何歧视的体育活动来教育广大青年，以建立一个和平的美好的世界。这个目标需要人们以友谊、团结、公平竞赛的精神来相互理解……当我们讲到奥林匹克教育时，指的就是这样的意识。这种全面的身心发展，是人类追求协调发展的基本元素。"追求人类的身心和谐发展已经被普遍接受，成为奥林匹克的重要理想之一。《奥林匹克宪章》明确规定，奥林匹克运动的理想是确立一种"人生哲学"：通过体育运动，增强人的体魄、意志和精神，使人获得全面、和谐发展，进而建立一个尊重人的尊严的和平社会。

第五，对荣誉的追求和推崇。

在古代奥林匹克运动会中，比赛首日的早晨，运动员和裁判员要向宙斯宣誓，保证遵守奥林匹克规则。裁判员宣誓公正判决，参赛者宣誓不以舞弊行为或不正当竞争去获取好成绩。参加者为荣誉奋勇拼搏，甚至不惜生命。在古代奥运会场地考古出土的两块碎石碑上刻着"取得桂冠或死"这样的字迹，说明运动员何等重视赛场上取得的荣誉。

比赛优胜者受到隆重奖励。前6届奖给冠军的是1头羊。从第7届起增加了庄严的授冠仪式，由主办者将奥运会花冠戴在优胜选手头上，花冠用橄榄枝条编制。古希腊人认为橄榄树是雅典保护神雅典娜赐给人间的宝贵礼物，象征着吉祥与幸福。优胜者头戴花冠返回家乡将被视为凯旋的英雄而受到热烈欢迎，享受各种荣耀，如可享受免费的公餐或者国家馈赠，出席公共集会时被安排在前排就座。获得1次冠军的运动员，可在运动场墙壁上镌刻自己的名字；3次夺冠者，雕塑家将为其塑像、立于宙斯庙之侧，诗人为其谱写颂歌。奥林匹克英雄是公民的楷模，是世人仿效的榜样。

现代奥林匹克运动也非常重视以奥林匹克精神来教育青年，注意培养他们的荣誉感。顾拜旦在1927年4月17日《致各国青少年运动员书》的公开信中说："当今世界，充满发展的极大可能，但同时也存在着危险的道德衰败，奥林匹克主义能建立一所培养情操高尚与心灵纯洁的学校，也是发展身体耐力和力量的学校，但这必须在进行强化身体练习的同时不断加强荣誉观念和运动员大公无私的精神的条件下才能做到。"《奥林匹克宪章》则强调："奥林匹克主义是增强体质、意志和精神并使之全面均衡发展的一种生活哲学。奥林匹克主义谋求体育运动与文化和教育相融合，创造一种以奋斗为乐、发挥良好榜样的教育作用并尊重基本公德为基础的生活方式。"可见重视荣誉、培养高尚的道德是以奥运会为标志的奥林匹克运动始终追求的重要目标。

现代奥林匹克运动从创始之日起，就以与时俱进的开放态度，不断吸收各民族创造的进步思想和价值观念，并以全人类普遍接受的进步理想支持各民族的进步事业；它赢得全人类普遍赞同和支持，其根本原因正在于此。

（原载于《历史教学》，2013年第3期）

# 学术著作的翻译与世界史研究的前景

目下的世界史研究颇有些"莺歌燕舞"的繁荣景象，不过，在我看来，这繁荣外表下实际上隐藏着很大的危机。这危机的主要表现之一，是在中国大踏步走向世界大潮中本来应该与"中国史"等量齐观、获得更大发展空间的"世界史"，被莫名其妙地贬到了一个微不足道的位置上，几乎成了可有可无的"等下"学科；与此相适应，与世界史学科密切相关的外国史学著作的翻译，在各大学和研究机构几乎都不被承认或很少被承认为学术成果。对照时下名目繁多的"课题"、"工程"之类项目动辄获得数千巨万款项资助的盛况，史学著作的翻译差不多成了少数"素心人"的寂寞事业，"门庭冷落车马稀"。在目前的学术界，学术著作的译介，在很大程度上可以概括为三句话：外行者绝不从事翻译，但大多看不起翻译；平庸者乐于为之，但大多做不好翻译；高明者重视翻译，但大多绝缘于翻译。

其实，我国世界史研究要想获得大的进步，必须充分重视学术著作的翻译，道理很简单：首先，任何学科都有一个先学习后创造的过程，世界史学科在我国是近代以来才兴起的新学科，相对于拥有悠久传统的"国学"——史学在其中占有主导地位——还很不成熟，研究的基础仍然薄弱。国际学术界尤其是西方发达国家学术界，在世界史学科方面已经建立起来的相对成熟的学术规范，已经完成了许多重要研究成果，需要先介绍过来，以为我们进一步研究的基础。以我较为熟悉的中世纪史为例，2004年我们翻译出版了年鉴学派创始人之一马克·布洛赫的《封建社会》，受到学术界的好评。这是意料中的事，因为在欧美学术界《封建社会》至今仍被奉为经典之作。大家都承认，过去我们没有这样的著作，目前和今后相当一个时期我们也还难以写出如此水平的著作。但令人费解的是，这部出版于1940年的重要著作，长期无人加以译介。而且，此类情况普遍存在于我国学术界。注意及此，再想一下明治维新之后日本学术界大兴西学著作的翻译带来的学术上的突飞猛进，就不难理解，我国学术界尤其是世界史研究何以难以产生大的飞跃。

其次，我国世界史研究队伍虽有几代学者筚路褴褛的开拓之功，但我们不能不老实承认，研究人员的规模不够壮大，水平尚不很高。在这支势力仍不强大的研究队伍中，除了少数学者得天独厚、掌握多门外语，其实大多数人利用外文资料的能力还很有限，熟练利用英语已是难能可贵，大量优秀的法文、德文学术著作大都无法充分利用，更不用说其他语种的学术著作的利用了。因此，行之有效的办法是，掌握不同语种的学者通力合作，分工协作地将价值高的成果译介过来，使这些优秀成果为大家所共享。

再次，在"全球化"形式咄咄逼人的今天，世界史研究已经是世界各国学者共同努力的事业。中国学者在研究外国历史，外国学者也在研究中国历史，中外学术人为分割的畛域已经被越来越多地打破。中国历史作为世界史的一个重要部分，已经不能仅仅从中国史的唯一视角来加以认识。因此，即使是专门从事中国史研究的学者，也不能对各国已有的世界史研究的成果闭目塞听。早在20世纪前半叶，我国第一流学者致力于译介外国重要学术著作的不乏其人，如贺麟之于西方哲学、朱光潜之于西方美学、潘光旦之于西方心理学、冯承钧之于欧美汉学……，其译介之劳绩皆有大功于中国学术之进步，这已是人所共知的事实。笔者曾在清华大学图书馆搜索1952年——这一年清华大学由一个完备且势力雄厚的综合性大学被改造成为一个单一的理工科大学——以前出版的西方重要的东方学著作，结果发现，这方面的学术名著基本上都有中文译本，令人惊讶的是，这些译本的出版与原著的出版在时间上往往不过数年之隔。时下的人们往往对 20 世纪前叶国事多难的岁月我国学者取得的学术成就赞叹不已,对那个时代的学术进步惊讶莫名,其实只要看一看那个时代中国学者以何等的热情密切关注国际学术潮流,以怎样的雄心壮志紧紧追赶西方发达学术,以何等开放的胸怀不遗余力地译介西方重要成果,就会明白其中的奥秘。可惜这种可贵的大气度在闭门锁国中的整体形势下很快消逝殆尽了。

在我国学术界,轻视学术著作的翻译,是因为长期存在着一个根深蒂固的偏见,即认为翻译只是技术性的工作,算不得真学问;或者认为,只要外语好就可以从事翻译,甚至有人认为外语不怎样,借助字典也可以从事翻译。其实这都是极大的误解——当然也包含着无知。这里有一个真实的故事:一位向来不以翻译为学问的学者,偶然读到国外学者的著作,感觉不错之际偶发翻译的奇想,苦心孤诣经营半年,译出了部分文字,但读来甚至连他自己都感到面目可憎,于是求一位翻译家朋友帮忙修改。这位翻译家感到这位学者的译文实在难以卒读,花费近一月时间重译一遍。这位学者看到两种不同译文后才不得不承认,翻译事业其实并不是人人可为、人人能为。这种情形其实在学术界普遍存在,尤以那些从未从事翻译事业或者根本不懂外语的学者为甚。

有人不赞成甚或轻视外国学术著作翻译的一个理由是,欧美发达国家的重要学者多不从事翻译活动。其实,这是似是而非的见解。且不说这种看法完全不合乎实际:大家都注意到,大凡优秀的学术著作,尤其是公认的经典著作,都有英、法、德等多种译本。即使姑且承认它符合某些领域的情况,也需要考虑与我们不同的现实:近代以来,由于欧美学术界的主导话语权地位,其他国家的学者多半以欧洲主要语言如英、法、德、意等国文字发表研究成果。欧洲这些主要语言文字的关联性和相似性,使欧美学者掌握几种主要语言,远非如我们那样艰难,所以掌握两三种以上外语的欧美学者比比皆是。反观我们的学者,掌握一门外语已属不错,熟悉两种外语算得上杰出,掌握三种以上外语几乎可以被视为"国宝"。在这种情况下,只有进行有计划、有规模的翻译，才能弥补我们在语言条件上的不足；不组织翻译，每个人的研究范围和视野都会受到很大的局限。

在我看来，我国世界史研究的前途，在很大程度上取决于三个基本前提条件：首先是资料的收罗。巧妇难为无米之炊，没有基本的书籍资料，任何学科都不可能发展。前辈学者如陈寅恪、雷海宗、齐思和、季羡林等先生当初之所以不得不转向与中国史有关的研究，在很大程度上是因为当时国力不济，资料问题无法解决。在我国综合国力今非昔比的现在和未来，这个问题似不难解决。

其次是对国际学术界的密切关注和跟踪，预知世界学术界潮流，彻底打破中外学术的人为藩篱。正如王国维当年所说："居今日之世，讲今日之学，未有西学不兴而中学能兴者，亦未有中学不兴而西学能兴者。"而要做到中外不隔，有计划、有规模地译介外国学术著作，则为必要手段。可以断言，只有翻译事业得到充分重视，最优秀的学者大力致力于翻译，我国成为翻译强国，我国的世界史研究才有可能与世界强国并驾齐驱、逐鹿国际学坛。

最后也最重要的是人才的培养。目前盛行的学术成果"量化"制度，规定每人每年必须完成多少篇论文，这种定期考核的管理方式，使广大学者只能以"短、平、快"的低水平作品穷于应付，对世界史学者的培养极为不利。世界史研究人才之养成，必须考虑这个学科的独特性，即作为一个较年轻的学科，与中国史研究相比，取得成果的难度更大：全面搜罗资料（最基本的原始资料和已有的研究成果）相当不易；掌握研读资料所需要的各种语言殊非易事，更不用说作为具体研究对象的一些语言如古埃及语、苏美尔语、梵语、希腊语、拉丁语等古文字的掌握了；世界史研究在方法上也有别于"国学"，因此对中国学者也存在相当大的难度。所有这一切决定了世界史学者的培养，需要比"国学"学者更长的时间。但愿学科的决策者们在制定学科规划时能考虑这个学科人才培养的这些具体特点。

（原载于《北大史学》，第 12 辑，2007 年）

# "国学"困境三题

"国学"现在是充斥媒体的热名词,"国学热"是街谈巷议的话题。中国人民大学、武汉大学、清华大学等学术重镇先后成立"国学院",民间如火如荼的"儿童读经热",半民间、半官方的大规模的"祭孔潮",以及在国外不断出现的"孔子学院"遥相呼应,互为奥援,似乎有力地预示着"国学热"的美好前景。在许多人心目中,"国学复兴"、"国学重振"的局面指日可待。不过,在我看来,"国学"和"国学热"所面临的问题似乎更应该引起人们的关注和思考。

## 一、"国学"与旧政治伦理如何剥离?

与20世纪末的"传统文化热"主要局限于学术圈不同,新世纪以来的"读经热""国学热",从民间到学术界,呈现出立体规模。百余年来"国学"受到的压抑以及它在人们的心目中的负面形象似乎一扫而空;过去被认为糟粕多于精华的儒家经典"四书五经"成为"国学"的代名词,正面形象前所未有地被普遍确立起来。在许多中小学生中,《三字经》《弟子规》《二十四孝》成为大力提倡的读物。据报道,有的地方向儿童大量赠送《弟子规》等,甚至出现赠方校长跪拜即将赠出的5000本《弟子规》的奇观。全国各地从小学到大学的"读经"活动表现出的虔诚笃信,展现的是一股浓浓的复古氛围。可以预料,在这种日渐浓厚的复古氛围中,这些传统典籍所承载的旧政治伦理重新复活,卷土重来,并不是毫无根据的杞人忧天。

我们知道,"国学"一词是近代以来随着西方列强的入侵所促生的概念,这主要表现在两个方面:其一,中国人"国学"概念中的"国"实际上就是近代民族国家的"民族"之意,正是早已成为近代意义上的民族国家的西方列强的入侵,刺激了中国人的民族国家意识,才使中国人认识到"国"的意义;其二,随着西方列强的入侵,异质文化的巨大差异使中国人意识到中国固有传统之"学"——典章制度、风俗礼仪、学术传统等——与他族的不同。张之洞"中学为体,西学为用"命题中的"中学",实际上主要指中国固有文教典章制度,即以儒家思想为主的传统政治伦理,而西学则主要指西方"坚船利炮"所体现的科学技术成就,正如梁启超所指出:"当时之人,绝不承认欧美人除能制造能测量能驾驶能操练之外,更有其他学问。"(《清代学术概论》,上海古籍出版社1998年,第97页。)

民国初年的新文化运动是以伦理之改造为最高目标的,它对于传统文化的攻击,主要在以儒家为代表的与农本社会相适应的政治伦理。"打倒孔家店"的口号背后其实不乏清醒的认识,陈独秀指出:"儒教孔道,非无优点,而缺点则正多。尤与近世文明社会绝不相容者,其一贯伦理政治之纲常阶级说也。此不攻破,吾国之政治法律社会道德,俱无由出黑暗而入光明。"新文化运动的先驱者所坚持的"国学",是用"科学方法"整理"国故"的学问,因为"国故"中不仅有"国粹",而且有"国渣","有鬼",所以"国学"研究不但要提炼"国粹",更要"以评判的态度,科学的精神",清理"国渣"与"打鬼"。这一时期"国学"研究的目标,是将传统政治伦理与学术研究剥离开来,服务于建立民主和科学的新国民伦理的社会改造。

自鸦片战争以来一个半世纪,中国所面临的一个主题即完成由传统向现代的转变,即现代性改造。在经济层面,这个改造表现为由封闭经济向开放经济的转变,即农本经济向市场运作方式的转变;在政治制度方面,表现为由封闭(垄断)的权力制度(即皇权专制)向开放的政治制度的转变,即政治制度的民主化;在思想文化层面,表现为由封闭文化思维向开放文化思维的转变，即传统思维的科学化。新文化运动所致力完成的，是后两个层面的改造，即政治的民主化和思想文化的科学化。

一个半世纪以来，中国的现代性改造道路走得实在太过曲折，内忧外患，加上执政者的错误认识，三个层次上的改造均难得正鹄。改革开放30年来，终于认识到市场经济的运作方式——封闭经济向开放经济的转变的中枢——是历史的必然，于是聚全民族共识，致力于社会主义市场经济建设，实现了发展模式的历史性转变，使中国社会经济层面的改造初见曙光。与经济层面的改造相比，政治和思想两个层面的改造则正在路上，距离完成的目标还很远。在新的政治伦理完全而牢固地确立之前，"读经热"与"祭孔潮"带来的旧传统政治伦理的死灰复燃，必然对政治民主化和思想科学化的实现形成巨大的阻力。

作为"国学"研究对象，传统典籍不仅包含"国粹"，而且包含"国渣"。更重要的是，与"国粹"并存的"国渣"似乎还不太容易失去其毒性，即使是具有高度批判精神的学者，也未必能够完全拒其腐蚀。更重要的是，在弘扬传统的旗帜下，对"国学"研究活动的误解和片面宣传，正在给予方兴未艾的"儿童读经热"以强力推动，由此造成的旧政治伦理的沉渣泛起，对于心智幼稚、毫无批判能力的青少年，其负面影响是可以想见的；与皇权专制互为里表的儒家政治伦理被当作社会公德加以推行，其于中国社会民主制度的建立所形成的阻力和造成的危害，不可视而不见。更何况，有些人乃至一些学者，以"振兴国学"为号召，将"风水""算命""相面"，甚至"推背图"之类传统糟粕也视为"国学"弘扬的目标，其对社会的危害就更不能低估了。

## 二、博通与专精如何统具？

中国传统上的所谓"国学"，主要是"义理之学、辞章之学、考据之学",其最大的特点之一是博通;而新文化运动以来的所谓"国学",是以近代西方学术方法和理念对中国固有历史文化进行研究,落实点是作为分科之学的各学科,其特点是专精。传统国学的博通,其优点在于看重联系性,缺点是笼统与模糊,而分科之学更容易使人看清研究对象的局部面目,弱点是见树木多于见森林。博通与专精作为研究方法,其优劣各具,实为不言自明。

目下"国学"研究的倡导者主张将"国学"作为一个学科来对待,无疑是基于现代学术分科体系造成的弊端。然而,近代世界各国的学术研究之所以取得突飞猛进的发展,无疑应归功于学术的分科体系。无论在西方,还是在中国,近代以前的学者几乎清一色地全是"通才",其研究毫无例外地都是综合性的"通学"。古希腊学术体系被认为是"分析式"的,其实亚里士多德为代表的"百科全书式"学者所进行的研究仍然是"无所不包"的整体学问。近代学术日新月异,知识成几何级数增长,即使不世出的天才穷其毕生精力,也不可能博通几个学科。换言之,近代学术所要求的"博通"只具有相对意义,分科之学的建立乃是学术发展的必然,漫无际涯的博通听来气势恢宏,其实是不切实际,不可能做到的。

人们都承认"国学"范围广博,道学、儒学、佛学、天文、地理、文学、史学、农工、技术、医学、兵学、诗文书画、音乐、舞蹈、棋类等都在其列。自然科学研究中,从事数学、物理学、化学、生物学等学科中的任何一个学科的研究并取得成绩的人,都可称为"科学家";同理,从事"国学"中的一个或一个以上学科研究的学者,都可以称为"国学家"。既然人们不可能指望一位"科学家"的研究覆盖自然科学的几个领域并有精到的研究,何能指望一位"国学家"在"国学"的几个乃至所有领域都有精到的研究?即以新式"国学"创立之初,其学问被誉为"泛滥无涯"的王国维、陈寅恪而论,一生学问虽多有变化,但"根据地"仍是史学;被人们称为"国学大师"的季羡林,其专精主要在印度学和中印关系史研究。现代学科分类中的文学、史学、哲学、艺术学、宗教学、政治学、教育学等，人们以其中之一域或几域为研究目标取得成就，都值得称道，而通行的做法，则往往是坚守一域而旁涉他域，而漫无边际的涉猎往往貌似渊博，其结果可能是所获甚少，乃至一无所成。

时下人们谈到"国学"的辉煌，往往津津乐道于清华"国学研究院"的辉煌成就，其实，"国学"的繁盛乃是彼一特殊时代的产物，是不可复制的。彼一时代的特殊性在于，以中国传统典籍的诵习为主要传授内容的旧式私塾教育虽然风雨飘摇，但仍在延续，由此决定了民国初年众多学者的淹博贯通，无不缘于家学渊源，其旧学积累在青年时代——相当于现在的小学、中学阶段——已经完成。近代教育确立以后，传统典籍内容所占的比重已大为降低，而现代自然科学各学科等已经逐渐占据主导地位。在当今教育体系中，以传统典籍为主要内容的"国学"充其量不过是众多教育元素中的一个元素；对于现代社会以公民教育为目标的公共教育而言，不可能以"国学"教育取代其他主要教育元素如自然科学、美育等而成为唯一或主要元素。换言之，"国学"所要求的传统典籍知识的积累，已经不可能获得清末民初的外部条件，"国学"知识的积累将不可能以同样的方式再现。时与势移，"国学"所需之"博通"与分科之学所需之"专精"终为一对不可化解的矛盾。

## 三、国学与西学如何贯通？

如上所述，"国学"是作为西学的对立物而出现的，在目下的学术界人们仍然这样划分。在我看来，这样的划分其实并无必要。原因是，新文化运动以来的所谓"国学"，实际上是以现代西方学术建立的学术体系，换言之，就学术研究方法和手段而言，近代的"国学"与西学并无本质差别。所不同者只是研究对象有所不同而已，人文社会领域的西学以西方学术文化为研究对象，而"国学"则以中国固有学术文化为研究对象。不惟如此,西方从事中国固有文化学术研究的汉学家,与中国本土的"国学家",在研究方法和手段上也越来越趋同;中国本土从事西方人文学术研究的西学家与西方本土的西学家,也越来越接近。在学理层面上,并无所谓西学与"国学"之别。"学无中西"是无可怀疑的事实。

对于这一点,中国学者从接触西学研究方法和理念之初,就有着明确的认识。被誉为现代学术奠基者的王国维,早在1911年就明确指出:"何以言学无中西也?世界学问,不出科学、史学、文学。故中国之学,西国类皆有之;西国之学,我国亦类皆有,所异者广狭疏密耳。"表面上,这是基于学科分类一致性所做的论断,实际上却是立足于学科研究方法一致性的认识,所以他强调中学与西学的相互依赖和相互促进:"中西二学,盛则俱盛,衰则俱衰,风气既开,互相推助。且居今日之世,讲今日之学,未有西学不兴,而中学能兴者;亦未有中学不兴,而西学能兴者。"(《国学丛刊·序》,《王国维论学集》,中国社会科学出版社1997年版,第404页)这样的真知灼见,即使在今日的学术界也未必人人能透彻地心领神会。

近代国学创立之初,王国维对于康德、叔本华的接纳,以及他后来创立的治史"双重证据法",都印证了他对"学无中西"观念的理解和态度。同样,梁启超对于日本学术借鉴西洋学术带来的变化的敏锐观察,陈寅恪对于乾嘉学派和欧洲(尤其是德国)汉学传统的兼收并蓄,赵元任对于欧美语言学的融会贯通,其程度之深,都达到时代所允许的极限。在清末民初的特殊时代,西学分科学问带给这些传统旧学的饱学之士的冲击,远非当今学者所能想象,原因是目下学者已经视分科学术体系为当然之物,对其产生的刺激反而趋于迟钝。

"学兼中西,贯通古今"历来是学者治学的最高境界和奋斗目标,但要达到这样的目标,谈何容易!现在从事"国学"研究的学者,充其量肯在"贯通古今"上下功夫,而对于西学,则往往认为那是治西学的学者的任务。这种想法,一方面是缘于当今学科体制的划分——

将"中国"和"世界"(实际是"外国")分为两个方向,这种体制下接受学术训练的学者,视铁路警察式的"各管一段"为理所当然;另一方面,也是更重要的,是从事国学研究的有些学者,没有意识到"学兼中西"的必要性,主观地认为国学乃是与西学完全不同的学科,不仅内容不同,研究手段也自成一系,因而本能地加以拒绝。当然,人生有涯,学海无边,以有限逐无限在客观上产生的绝望感,也是其中的重要原因。故国学与西学之难以兼顾的矛盾始终存在。问题既然存在,回避是不可能的。

(2009年11月4日;原载于《中华读书报》,2010年12月15日)

# "以史为鉴"是否可能

## 一、传统"以史为鉴"观是一个值得怀疑的命题

"以史为鉴"是中国传统文化的核心理念之一。在中华民族的习惯思维中,"以史为鉴"是一个不言而喻、不证自明的命题。"前车之覆,后车之鉴""鉴古知今""鉴往知来""观今宜鉴古,无古不成今""明镜可以照影,古事可以知今",诸如此类妇孺皆知的隽语格言,似乎都在佐证着这个命题的有效性。

"以史为鉴"理念的本质内涵是"史鉴资治"。司马迁说"居今之世,志古之道,所以自镜也",这似乎是他欲"究天人之际,通古今之变,成一家之言"的动力。此后的儒士差不多都是从这个角度肯定和强调"以史为鉴"的功用。刘知几说:"史之为用,其力甚博,乃人生之急务,为国家之要道。"杜牧则强调秦朝的覆亡留给后世的教训:"秦人不暇自哀,而后人哀之。后人哀之而不鉴之,亦使后人而复哀后人也"。在传统儒士看来,以史资治乃是"治国平天下"的关键环节之一。

对于政治家而言,"史鉴资治"的内涵则更为显然。魏徵对唐太宗说:"殷鉴不远,在夏后之世。臣愿当今之动静,以隋为鉴,则存亡治乱可得而知。"而唐太宗也是从这个角度理解"以史为鉴"的意义,高度评价魏徵的作用:"夫以铜为镜,可以正衣冠;以古为镜,可以知兴替;以人为镜,可以知得失。朕常保此三镜,以防己过。今魏徵殂逝,遂亡一镜矣。"司马光《资治通鉴》明确表明以"鉴于往事,资于治道"为宗旨,更将"史鉴资治"的意义表达得非常清晰。

"以史为鉴"的总体目标有二：一是借鉴往古的成功经验而恪守之、发扬之；二是接受历史的教训，避免同样或类似的悲剧发生。然而，中外历史发展的跌宕起伏、同类悲剧的一再发生，使我们不得不怀疑"史鉴资治"的有效性。就中国历史实际而论，一个无可辩驳的事实是，既然历史经验可以为鉴，中国历史为何走不出王朝更迭的循环圈？而且每次重蹈覆辙都表现出惊人的相似？近人黄炎培说："我生六十余年，耳闻的不说，所亲眼见到的，真所谓'其兴也勃焉，其亡也忽焉'，一人，一家，一团体，一地方，乃至一国，不少单位都没有能跳出这周期率的支配力。……一部历史，'政怠宦成'的也有，'人亡政息'的也有，'求荣取辱'的也有。总之没有能跳出这周期率。"黑格尔以犀利的思辨力向人们展示人类的发展轨迹时说："我们从历史中知道，人们从不向历史学习。"可见，在东西方的善思者心目中，"以史为鉴"的有效性并非毫无疑问。

而且，一个尽人皆知的自然法则也可以佐证我们对"以史为鉴"有效性的怀疑：一个年轻人为爱情"辗转反侧"，是因为爱情的"求之不得"；一个人不断诉说疾病的痛苦，说明他求医的无效；一个国家、一个民族、一个社会反复倡言某种信念，说明实际生活与这种信念的长期背离。因此，历史长河中，"以史为鉴"呼声的绵延不断、不绝如缕，说明这种信念很少得到落实，如果不是毫无效验，那么其功用的发挥也实在非常有限。

## 二、实现"以史为鉴"所需要的条件

"以史为鉴"的有效性建立在两个预设前提之上：一是人类**应该**"以史为鉴"；一是人类**能够**"以史为鉴"。在这两个前提中，前者是一种应然性的价值判断，它的出发点是人类应该在总结以往经验和教训的基础上建立一个更趋美好的社会，使更多人乃至人类全体从中获益。后一个前提则是基于对人类独有的理性特质的推论：人类是理性的动物，理性的存在和发达是人类得天独厚的条件，是人类区别于动物的基本特征之一，它使人类的活动不像动物活动仅受本能驱使；理性使人类具备分辨善恶的能力，具备权衡利弊的能动性，换言之，理性的存在使人类具备研究历史、推此及彼、汲取历史经验、总结历史教训的条件，具备实现"以史为鉴"的**可能性**；而且，人类理性本身的发展和进步，对人类社会自身发展史的认识的深化，确使人类获取成功经验和避免错误的能力不断提高。所以，作为人类独有的属性，理性的存在是人类"以史为鉴"在一定程度上得以实现的基本条件。对于"以史为鉴"理念的信心，源于人类对自身理性之作用的信仰。

然而，在社会实践层面上，人类是否能够充分做到"以史为鉴"，并不是以理性的存在为唯一条件，它的有效性至少取决于三个充分必要条件：首先，人类以理性为基础的认识能力可以完全洞悉以往历史的本真面目。这是"以史为鉴"的前提。其次，以往历史上的人类活动在过去、现在和未来具有完全的一致性，人类集体和个体的一切活动都可以由人类的理性加以准确地认识，即人对外部世界的反应符合机械律。这是"以史为鉴"链条中"由此推彼"的关键环节。第三，理性是人类活动的唯一导因，人类一切行动绝对服从理性的支配，"理性"可以克服其他一切因素的干扰。这是"以史为鉴"实现的根本。

所以，"以史为鉴"的能否实现，不仅仅取决于是否具有"以史为鉴"的意识，也不仅仅取决于是否具备洞悉历史真相以及在历史经验和现实行动之间建立联系性的能力，而且还取决于人类活动是否像自然运动一样符合"万世不变"的机械律。最后，也最重要的是，即使理性能够洞悉了历史活动展示的经验教训，人类是否能够克服自身的天然局限而加以吸取。

## 三、人类本身的局限使"以史为鉴"不可能完全实现

严格说来，人类并不具备或者说并不完全具备这三个充分必要

条件。

首先,人类的理性认识能力本身具有严重的局限性。西方谚语说"人类一思考,上帝就发笑",人类理性的进步和发达并不能克服自身与生俱来的局限性,正如跳蚤虽具有令人类叹为观止的跳跃能力,但终究不能克服地球引力束缚一样。古希腊德尔菲神庙上镌刻的神谕要求人们"认识你自己",中国古训告诫人们"人贵有自知之明",都表明人类自我认识的困难。以历史研究本身的特点而论,作为研究活动的结果,任何所谓历史"真相"其实都与真实历史不能完全相合,充其量只是最大程度的趋近;对远逝的历史的认识永远不可能真实再现,只能达到"近真"。人类对于自身历史认识的局限性,决定了"历史之鉴"的有限性。换言之,人类永远不可能如愿以偿地利用完全真实而充分的"历史之鉴"。

况且,将理性探索得到的"历史之鉴"(即历史经验和教训)自觉而恰如其分地运用到现实活动,也需要非凡的理性智慧。更重要的是,人类的认识在"道"即规律这个层面上,经由"历史之鉴"得到的许多所谓历史之"道",在现实社会中很多并不具有实践性。司马迁在《史记·伯夷列传》中说:"或曰:'天道无亲,常与善人。'若伯夷、叔齐,可谓善人者非邪?积仁洁行如此而饿死!且七十子之徒,仲尼独荐颜渊为好学。然回也屡空,糟糠不厌,而卒蚤夭。天之报施善人,其何如哉?盗蹠日杀不辜,肝人之肉,暴戾恣睢,聚党数千人横行天下,竟以寿终。是遵何德哉?此其尤大彰明较著者也……余甚惑焉,傥所谓天道,是邪非邪?"可见,司马迁对经由"历史之鉴"总结出的所谓"天道"也不完全认同,尽管史学家的身份使他孜孜以求于古今演变之道。

其次,由以往历史总结出来的认识可以指导未来的行动,这种认识基于一个不言自明的前提:人类行动具有亘古不变的一致性,换言之,它认为人类的行动符合机械律。但是,我们知道,任何阶段上的人类活动都并不是以往活动的机械重复和复制,相反,在大多数情况下具有独特性和单一性。"老皇历看不得"这句民间谚语所表达的，正是人类活动的独特性和单一性特点；"人不能两次踏进同一条河流"，历史条件的变化决定了历史经验主义的不可取；固执地以所谓历史经验为依据处理现实问题并非总能奏效，有时竟与人们的预期目标南辕北辙，原因在于人类的活动并不完全符合机械律。

第三，"以史为鉴"的难以实现还在于，人类即使对历史经验获得明确的认识，并以此作为借鉴的目标，但人类自身的天然局限也会导致人类的活动偏离预期目标。人类是理性动物，但并非只有理性，而是一个复杂的有机体。恩格斯说："人来源于动物界这一事实已经决定了人永远不能摆脱兽性。所以问题永远只在于摆脱得多些或少些，在于兽性与人性程度之间的差异。"（《反杜林论》）所谓"兽性"是指人的自然状态下的"本性"，也就是与生俱来的本能欲望，即生存欲、情（性）欲、支配欲（权力欲和贪物欲）。在社会活动中，尤以后两类欲望的影响为甚。人类与生俱来的这些本能欲望的存在，无时无刻不在干扰乃至支配人们的行动；这些干扰力量在许多情况下是不为理性力量所左右的。

在人类历史上，差不多人人都感受到专制制度的暴虐，所有人都痛恨专制制度和专制暴君，然而一旦掌握了专制政权，则无不奉之若宝物，他人若胆敢觊觎，则必欲灭其九族而后快，结果是"为人剃头者，人亦剃其头"，以暴易暴的政权更迭方式成为常态；每一代夺权者毫无例外地重蹈了前代的覆辙。个中原因在于，人类本能的支配欲（权力欲和贪物欲）的存在使之不能不如此行动。

"成由谦逊败由奢"是至浅至显的道理，然而，夺取政权即走向腐败几乎成为不可避免的铁律。李自成甫一进入北京城后的旋即腐败，洪秀全定都南京后的迅速糜烂，并不意味着这些智力超群的人物忘记了"以史为鉴"的古训，更不是对这一古训茫然无知。唐太宗李世民目睹了隋朝的覆亡，发出"水可载舟，亦可覆舟"的由衷之叹；惊心动魄的民众反抗力量曾经使他在一个时期内以亡隋为鉴，励精图治，创造了"贞观之治"的繁盛局面，然而，即使像唐太宗这样的杰出人物，也无法克服对声色犬马的迷恋和冲动，相反仍不时有所表现，如果不是魏徵等人的苦心极谏，恐怕早已腐败不堪。何以如此？非不欲也，实不能也。

儒家圣人之徒一贯提倡德行修养，但也不得不承认"食色，性也"。孔子坦言"未闻好德如好色者也"，实际上无奈地承认了理性无力对抗本能欲望，因为"好德"是靠理性细心培养，"好色"则出乎天然本能。好逸恶劳、趋于淫乐，人类并非认识不到其坏处，而是无法克服这种天性。余英时说："司马光写《资治通鉴》，就是要给皇帝找教训的，皇帝真的能得到教训吗？皇帝也有七情六欲，等到七情六欲作主的时候，什么教训也忘了，他明明知道女色有害，突然爱起哪个女的来就不顾一切了。他还管教训不教训呢？他把皇帝的责任感给丢掉了。有人说，读历史是要从中得到经验，那是很陈旧的观念。"（余英时：《在开放与公平中寻求进步》，《时代周报》，见《人民论坛网》，2013年11月14日）

## 四、基本结论

在**应然性**上，"以史为鉴"具有可能性，人类理性的存在可以促使这种可能性转化为现实。历史上，人类之所以在一定程度上做到"以史为鉴"，得益于理性的存在和进步。但是，"以史为鉴"的完全实现，并非以"理性"为唯一充分必要条件，还需要其他条件，而这些条件是人类自身局限性无法做到的，故就**实然性**而论，"以史为鉴"在很大程度上是不可能实现的。一部几千年"你方唱罢我登场"的王朝更迭史、不胜枚举的相同或相似悲剧的不断上演，说明在权力不受约束的放纵条件下，对掌权者强调"以史为鉴"并无太大的实际意义，原因是，即使掌权者充分意识到"以史为鉴"的重要性和必要性，其本身的局限也使之难以克服其他因素的干扰而真正做到"以史为鉴"。

在这些干扰因素中,人类与生俱来的本能欲望的影响最为突出。

由于认识到人类的理性无力对抗人类本性欲望导致的趋恶本能,近代以来世界范围内的政治思潮已不再专注于劝勉掌权者"以史为鉴""向善而行"上下功夫,而是从根本上转向了制度建设。道理很简单:较之掌权者的个人道德修养,完善的制度具有更持久、更完备的制约力量,它能弥补掌权者本身的理性力量的不足乃至匮乏,并且阻止掌权者的本能欲望的自由释放而导致的罪恶;只有制度的进步和完善才能强迫掌权者避免"有史而不鉴"的悲剧重演。

(2009年5月24日;原载于《中华读书报》2010年7月21日)

# 历史学是何种意义上的"科学"?

## 一

近百年来,世界各国的许多史学家,为捍卫历史学的"科学"地位进行辩护,但"历史学是不是科学"这个命题迄今并没有得到正解。在20世纪下半叶的数十年间,我国正统意识形态接受斯大林"五种社会形态"的僵硬理论,将它诠释的所谓"历史的客观规律"定为一尊,使得以阐明"历史规律"为目的的正统历史学也当然地被视为"科学"。不过,我们注意到,最近又有学者讨论"历史学是不是科学"问题,说明非学术因素干预学术研究的时代成为历史后,这个问题又重新成为人们探索、认识的对象。那么,历史学是一门严格意义上的"科学"吗?或者说,历史学是何种意义上的"科学"?

坚持"历史学是科学"的观点,主要基于两个理由:其一,历史学研究的对象是客观存在的真实的不可更改的历史,这个前提决定了历史不可由主观意识来改变,历史学不能由主观认定,而是主客和客观统一的产物。其二,历史学家的任务是求真,其思想或理论应当是从历史认识的实践中提炼出来,用以更好地理解和诠释那个真实历史,而且要在史学研究的实践中不断验证,不能"以史注我",把历史当成主观思想的注脚、例子,任意剪裁历史。那么,史学研究对象的客观性和史学家的求真使命这两个特点就能决定历史学成为一门严格意义上的"科学"吗?

要对"历史学是不是科学"做出清楚判定,一个首要的前提条件,是必须明白现在通常使用的"科学"概念所包含的本质内涵。众所周知，"科学"一词出现较晚，直到牛顿（1642—1727）时代有时人们还以"自然哲学"指称"科学"；不过，近代意义上的"科学"在牛顿之前的文艺复兴时代已经开始形成。严格意义的近代"科学"包括两个组成部分：一是组成科学各部门各学科的具体知识成果，如物理学、化学、生物学、天文学等；一是普遍适用于"科学"各学科的获取知识的全部程序即方法、原则。科学各学科如物理学、化学、生物学等学科所研究的具体对象各不相同，它们之所以都能够被称为"科学"，主要是因为它们遵循获取知识的相同的程序原则。我们在日常社会生活中使用"科学"这个概念时，主要是指科学思维的程序和原则。爱因斯坦（1879—1955）指出，西方近代科学的发展是以两个伟大成就为基础的，那就是：以欧几里得几何学为代表的古希腊哲学家发明形式逻辑体系，以及文艺复兴时期产生的通过系统的实验有可能找出因果关系的重要结论。（《爱因斯坦文集》，第1卷，商务印书馆1977年，第574页）换言之，逻辑原则和实验原则是近代科学各学科获取知识共同遵循的两个程序原则。因此，一个学科是否当得起"科学"这个称号，必须看它获取知识的程序是否遵循这两种程序原则。这两个程序有一个基本的预设，即研究对象不为人的意志而改变，研究过程不容研究者的个人情感插足其间。

史学家追溯历史，主要依据是文字形式的历史资料。就丰富多彩的历史存在而言，史学家所能看到的文字资料的范围和数量都十分有限，即使以文字记载完备著称的"国史"而言，当史学家的研究进入具体而微的细节问题时，历史留下来的证据材料仍然很不充分；而这有限的证据又都经过了具有强烈主观意识的记载者的思想感情的过滤，与客观的历史事实已经存在一定的乃至相当大的距离；更何况，其中一些受到有意歪曲，已经使历史事实面目全非，以致高明的读史之人往往不得不慨叹"欺人青史话连篇"（于右任《读史三首》），"五帝三皇神圣事，骗了无涯过客"（毛泽东《贺新郎·读史》）。所以，尽管历史学研究的对象是客观的，但史学家借以追溯历史对象的凭据本身却是不尽客观的。近代考古学的兴起，虽使史学家可以利用的研究资料范围得到拓展，但考古证据的数量从来就是非常有限的，且作为历史证据，考古材料本身并不会开口说话，它本身的价值取决于具有强烈主观倾向的研究者的预设和判断。因此，历史研究领域中的绝大多数材料，都不具备自然科学研究对象的客观性。换言之，历史研究的"证据"在客观真实性上的不充分，与过去发生的历史事实的绝对客观存在之间，始终存在着难以克服的张力乃至矛盾。作为客观存在的历史事实的客观性，并不决定史学家的研究结果必然具有客观性。史学研究受制于历史资料的数量和性质，永远无法达到严格意义上的"科学"所要求的准确性和客观性的标准。

历史研究成果之所以在准确性和客观性上不及严格意义的科学研究，是因为它所使用的获取历史知识的方法和原则不同于严格意义的"科学"。历史演变中至关重要的因素之一——时间本身的一维性，决定了历史存在的不可重复性，决定了历史证据对以往客观存在的反映，不能像自然现象一样，可以通过有目的的系统观察和实验反复验证。虽然史学家们强调，"从历史认识的实践中提炼出来"的思想或理论，"要在史学研究的实践中不断验证"，但史学上的所谓"验证"，充其量不过是将其特定历史证据条件下得出的结论，"验证"于不同历史时期的历史活动。但我们要知道，历史上的任何一次活动都不可能复制，不同于自然研究者以可重复性的系统实验对其结论进行的验证。自然运动具有"万世不变"的特点，这是人类社会不具有的。自然科学研究须臾不可脱离的实验原则，在史学研究中没有发挥其功用的天地；史学家在研究活动中所能坚持运用的原则只有一个，即逻辑原则。质言之，历史研究所能做到的，只是最大限度地搜索证据，然后做出相对严密的逻辑推论。但是，所谓"上穷碧落下黄泉，动手动脚找材料"，主观上对历史材料的"竭泽而渔"，只具有相对意义。从这个意义上，胡适所坚持的"大胆假设，小心求证"研究方法是历史学研究的基本方法，在很大程度上也是所有人文社会学科的基本方法。

历史学研究还无法避免这样一个事实：虽然史学家知道自己的使命是求真，但史学家本身是具有丰富感情的活生生的人，他的思想倾向无时无刻不对他的研究发生影响。如果说史学家对历史事实的鉴别还能较少受到个人情感因素影响的话，那么，他对历史活动内在动因的理解和诠释，则无论如何都难以摆脱主观因素的干扰。史学家的研究结论，不仅受制于史学家的个人禀赋、性情、人生阅历、人生观念，对社会人事的感悟能力等因素，而且更受到他所处时代环境所形成的社会氛围的影响。克罗齐说"一切历史都是当代史"，正是这个道理。这可以解释，对于一个史学家而言，年轻时期百思不得其解的历史问题，何以在积累了相当社会阅历后往往会突然间豁然开朗，大彻大悟；而对自己年轻时代自认为真理在握的历史认识，往往在晚年又不以为然乃至彻底否定。这也可以说明，对于历史上那些已成为不可改变事实的人物和事件，何以在不同时期的史学家，或同一时代的不同史学家，甚至同一史学家生活的不同时期，会形成不同的认识，有时差别之大乃至天壤。同一个孔子，在某些时代被誉为道冠古今、德侔天地的"至圣先师"，而在我们亲身经历的那个刚刚过去的时代，却被称为"四体不勤、五谷不分"的"孔老二""复辟狂"；同一个孔子，在"文革"时期被一位史学家描绘成一个醉心"复辟"的跳梁小丑，而后来则在同一位史学家笔下焕然一新而变成了不起的伟大教育家。绝对客观的历史构建不是史学家不想做到，而是不可能也无法做到，原因在于，历史学家的研究活动受到客观环境这个因素的影响，自始至终贯穿着人的情感因素的作用。

史学家所面对的历史材料，很类似一个考古学家所面对的一两片小小的古瓷器碎片，根据这些碎片，他可以不太困难地做到起码的一点：即肯定某种瓷器在过去的存在，但要由这微不足道的一两片碎片推断或复原历史上曾经存在的真实的完整瓷器，则是极为困难的。这种情况下，史学家所能做到的，只是根据个人的才情学识推出一种可能性的结论，但这种可能性的结论不仅无法达到自然科学研究的准确性（以数学公式加以表达），而且也完全不能通过自然科学研究中习以为常的重复实验加以验证。这也就可以理解，相同的历史材料在不同的史学家手里，何以得出不同结论来。这种情形很类似于相同的泥、瓦、砖等建筑材料，在不同的工匠手里会成为不同的作品一样，在蹩脚的建筑工手里只能建造简单的房屋，而在高明的建筑师手里，则可以建造不朽的艺术杰作。正如孟德斯鸠所说："审慎的历史研究重要而又困难，这种研究就是以无懈可击的方法拼凑缺失的数据，犹如建筑师用最接近实际的方法，以自己的才能和合理的推测弥补残破和缺失，把古代建筑物的轮廓重现在废墟上。"（《论法的精神》，上卷，许明龙译，商务印书馆2009年，第10页）如果认为相同的史料必然得出相同的解释和结论，则往往大谬不然。

所以，历史研究中，研究者的操守和德行往往是他能否得出公正结论的关键；对历史事件和人物的褒贬臧否、"生杀予夺"，不仅取决于历史家的好恶喜憎，而且决定于史学家所处的社会环境。正因为如此，"德、才、识"三者被视为一个优秀史学家的必备素质。然而，即使这三种品德都完全具备，其研究结论也未必完全可靠，道理很简单，历史学家的结论不管多么合乎逻辑，它本身无法得到实际验证。这完全不同于自然科学研究中研究者个人情感的无所为力：一个人是否具备高尚的情操，往往并不影响他靠数理推导和实验手段得出的结论。不管你喜欢还是不喜欢，一个氢原子和两个氧原子在恒定条件相遇都会生成"水"这个物质。二战时期德国和日本的一些科学家，作为法西斯帮凶，竟然从事活人人体实验这样违反人性的事情，从人类道德的角度，他们无疑是德行欠缺者，是必须加以谴责的，但他们研究活动得到的成果本身所具有的科学价值并不因此而受到影响。这种"不以人的意志为转移"的客观性，只有在严格意义上的"科学"那里才能办得到，而历史学无论如何也做不到。

## 二

我们注意到，当下许多人文学者为了抬高自己从事的学科的"品位"和存在发展的正当性，动辄生拉硬扯地贴上一幅"科学"标签。这种做法与近一个多世纪以来科学在中国的特殊境遇有关。早在20世纪初期，"五四运动"新文化人以科学（"赛先生"）和民主（"德先生"）为追求目标，认为这两位先生可以救治中国政治、道德、学术、思想一切方面的黑暗；为了实现国民性的改造，实现"最后觉悟之最后觉悟"即伦理之觉悟，以"断头流血，都不推辞"的决心不遗余力地张扬科学，为科学意识在中国的发展壮大、科学威望的不断高涨做出了重大贡献。在这个过程中，新文化人为了改变国人对来自西方的科学的畏惧心理，大力鼓吹科学方法的普遍适用性，把本来不属于科学范畴的人文学科也强行贴上了科学标签，如胡适说"国学"是科学，将墨子、朱熹和清代朴学大师都说成是与伽利略、牛顿、达尔文、巴斯德等一样的"科学家"。（胡适：《治学的方法与材料》）同样，丁文江则将爱因斯坦的相对论、詹姆士的心理学、梁启超的历史研究法、胡适的《红楼梦》研究相提并论，认为它们都是科学。（丁文江：《玄学与科学——评张君劢的〈人生观〉》）茅盾在1921年声称文学是一种科学，理由是文学"有他研究的对象，便是人生——现代的人生；……文学者只可把自身就文学的范围，不能随自己的喜悦来支配文学。文学者表现的人生应该是全人类的生活，用艺术的手段表现出来，没有一毫私心，不存一丝主观。"（茅盾：《文学和人的关系及中国古来对文学者身份的误认》，《小说月报》12卷第1期）甚至有人认为"侦探小说的本身是科学的"，原因是"对于情节的叙述，往往使用演绎和归纳的方法，那就逃不出逻辑的范围。"（程小青：《侦探小说作法之一得》，《小说世界》第12卷第6期）在当时的文化人那里，逻辑可以径直与"科学"画等号，一切符合逻辑的思想、学说和学科都成了"科学"。"科学"概念在程序原则内涵上的缩小，造成其外延的扩大，其结果是社会实践中"科学"概念的庸俗化。

不过，即使在为科学而战斗的时代，也有人在捍卫科学威望的同时清楚地区分了科学与非科学的特点，如中国科学界的先驱者任鸿隽指出："科学者，知识而有统系者之大名。就广义言之，凡知识之分别部居，以类相从，井然独绎一事物者，皆得谓之科学。自狭义言之，则知识之关于某一现象，其推理重实验，其察物有条贯，而又能分别关联，抽举其大例者，谓之科学。是故历史、美术、文学、哲理、神学之属非科学也，而天文、物理、生理、心理之属为科学。今世普通之所谓科学，狭义之科学也。"又说："今之科学，固不能废推理，而大要本之实验。有实验而后有正确智识。"（任鸿隽：《说中国无科学之原因》）可惜的是，这样清醒的认识并没有被大众所熟悉，成为民众的共识和常识。

近代以来中国科学与技术的落后，使国人的心灵长期遭受着"百事不如人"的折磨。为了培养民族自尊心，"西学中源"论以不断翻新的形式被加以利用。"科学方法"和"科学精神"在中国"古已有之"的见解，成为国人乐于接受的思维定式。于是，《中庸》里的"博学之，审问之，慎思之，明辨之，笃行之"被一些人总结为"科学方法"和"科学精神"。其实，包括《中庸》在内的中国传统经典所教给人们的只是有关"人事"的学问，是"修身齐家治国平天下"的道德哲学。宋儒"格致"竹子的玄思冥想，明清之际考据之学的纸上功夫，根本不是对自然现象的观察和研究，与近代意义上（即严格意义上）的科学全不搭边。还有人说："中国人并非没有科学上的智慧，只是以往没有向科学的路走。……平心而论，明朝如果不亡于满清，那么依顺明末思想家顾、黄、王等人的思想，走儒家健康的文化生命路线，亦未始不可开出科学和民主。"（牟宗三：《中国哲学的特质》，上海古籍出版社1997年，第89—90页）这种判断至少有一半是错误的：认为中国人具备探索科学和接受科学的智慧，是正确的，如怀特海在1925年所说，科学"这种东西只要有一个理智的社会，就能从一个国家传播到另一个国家,从一个民族传播到另一个民族"。(怀特海:《科学与近代世界》,商务印书馆 1989 年,第 3 页)但说明朝不亡,国人继承顾、黄、王等人的思想,走儒家健康的文化生命路线,就可以走向科学和民主,则是大错,原因是,无论是顾、黄、王等人的思想,还是儒家的文化生命路线,都是内省的修身之学,从来没有将自然现象作为研究的对象,从来不是自然界现象的严肃研究和解释者。这些牵强附会的观点,在误导国人对科学的认识的同时,也造就了以虔信多于质疑、模糊多于分析、盲从多于理解的态度为特征的"科学信仰"。

在这种科学信仰炽盛而又充斥实用主义意识的今天,科学这个名词差不多成了一个时代流行的"咒语",以致街头上的算命先生也打出"科学算命"的招牌来招揽生意。在科学崇拜盛行的世风之下,科学成为一切学科巴结的对象,外于科学范畴之外的任何学科,其存在的合理性似乎很自然地受到质疑。因此,我们十分清楚地意识到,在这样的社会氛围中,认为历史学与其他人文社会学科不完全具备严格意义上的科学的特征,当不起完全的科学称号,这样的结论必然会对历史学等人文学科的存在和发展产生不利影响;对于"历史学是不是科学"这个命题的讨论,不仅关系到历史学本身的学科定性,而且也关系到它存在的合理性问题。

然而,对于历史学等人文学科是不是严格意义上的科学的讨论,无论答案是肯定还是否定,其本身并不能成为肯定或否定其存在性的理由。世界各国的经验和我国几十年人文精神缺失的教训告诉我们,科学和人文对于社会健康发展犹如鸟之两翼、车之两轮,不可偏废,正如一个健康的人应具备理性和情感两种基本素质一样:理性固然重要,但情感同样不可缺少,理性和情感都是人类生活中不可缺少的因素,不能因为我们需要理性就否定情感的价值,也不能因情感的存在而否定理性。历史学等人文学科不完全从属于科学,并不是否定这些学科应该存在的根据。人文学科存在的正当性,并不完全取决于其完备的科学性,而更在于它们的合理的价值意义,即服务于人类社会所需要的人文关怀：好坏、善恶、美丑的判断。历史学本身存在的必要性在于，它在追溯、认识人类历史客观存在的层次上，具备了科学各学科所要求的最基本的理性思维特点，即严格性和严密性，尽管没有达到可用数学公式表达的高度；在这个层面上，它具备了科学的起码素质，因而能为人类提供展望未来的凭据，使人们相信"鉴古可以知今""前事不忘，后世之师"的道理。同时，它在提供人们追求历史智慧、探求人性本质的心理需求的基础上，又使人们在对历史存在的感悟和表达中获得愉悦和美感。因此，毋宁说，历史学给人们提供的理性思维手段、灵感智慧和愉悦美感，以及人类生活中至关重要的美善与丑恶的判断准绳，才是历史学存在的主要理由。"读史使人明智"这句话所要告诉人们的，不仅有真假是非观念，而且更有美丑善恶意识。史学的无穷魅力正在于此。

（2006年4月18日；原载于《首都师范大学学报》2009年第4期）

# 略论儒家思想不属于人本主义范畴
## ——向吴于廑先生求教

1984年,吴于廑先生发表了一篇题为《人本主义能够用作批判中国封建思想体系的武器吗?》的文章(《世界历史》1984年第2期),其中关于儒家思想属于人本主义范畴的观点,颇为引人注目。吴先生认为:"儒家思想是人本主义,只是不以'人本'标名而已;人本主义并非西方近代早期城市市民阶级独有的思想。以农本经济为其统治基础的中国封建地主阶级,为了维护其地位,不悖于其自身的利益,也可以有其自成体系的人本主义。"对于这一见解,笔者不敢苟同,兹陈述管见如下,求吴先生指正。

## 一、人本主义的本质特征是什么?

研究儒家思想是否属于人本主义范畴,一个必要的前提是搞清楚人本主义的本质特征。吴先生的文章似乎缺乏对人本主义深层本质内涵的剖析,这并不是说吴先生没有这种能力和见识,而是因为"小文章,谈大问题",难以照顾全面。但是正由于略去了这个至关重要的环节,吴先生的结论失去了坚实的基础。

正本必须清源。人本主义思潮最初出现在欧洲文艺复兴时代。从词源上,人本主义(Humanism)一词系从拉丁文 Humanitas(人性)转化而来,而 Humanitas 一词又从 Homo(人)转化而来,所以人本主义就是关于"人"的思想学说。它以人为起点,又以人为最后的归宿,表现出同基督教神学截然不同的特征。

人本主义作为文艺复兴时期的主流意识，反映着那个时代的社会和阶级要求。根据马克思的见解，14世纪以后，随着地中海沿岸商品货币经济的发展，旧的封建社会经济秩序逐渐瓦解，意大利出现了最初的资本主义关系的萌芽。新的经济社会乃是个人奋斗的大舞台，封建宗法关系覆盖在人们之间的温情脉脉的面纱被无情地扯去，那种使人只是作为一个种族、民族、党派、宗族和社团的一员才意识到个人存在的社会基础已经崩溃，具体的个人"对于国家和这个世界上的一切事物做客观的处理和考虑成为可能的了。同时，主观方面也相应地强调表现了他自己；人成为精神的个体，并且也这样来认识自己"（J·布克哈特：《意大利文艺复兴时期的文化》，商务印书馆，1988年，第125页。）以个体意识为主的个人主义成为服务于新社会和新阶级的人本主义的突出特征，同时也构成新人生世界观的基础。

个人主义对个体的高度重视表现在两个方面：第一，从个体角度赞美人世生活，提出一切自然和社会的要求，强调人类个体本身的价值，要求维护个人的权利和个性尊严。彼得拉克表述得很清楚："我不想变成上帝，或者居住在永恒之中，或者把天地抱在怀里。属于人的那种光荣对我就够了。我自己是凡人，我只要求凡人的幸福！"个人要求抛开了一切外在物。第二，抛却家族宗法主义，确立个体的立身处世观。但丁说："一个人不能因为自己可以说，'我是某某家族出身'，就相信自己是高贵的，除非他身上具有这些果实，……因为神圣的种子不落在家族，而落在个人身上……并非家族使个人高贵，而是个人使家族高贵。"在个人主义的价值观中，个人才能的施展，个人成就的创造，个人价值的实现被赋予了超家族的崇高地位和意义。

人本主义中的个人主义基于这样的前提，即人的意志是天然的、绝对自由的。自由意志是人本主义精髓，其他一切皆以此为根本。当时的思想家反复强调这一主题。但丁说："上帝在当初创造万物的时候，他那最大、最与他自己的美德相似，而且最为他自己珍视的恩赐，乃是意志的自由,他过去和现在都把意志的自由赋予一切有灵的造物,也唯独他们才有自由的意志。"皮科·米朗多拉在《论人的尊严》的著名演说中更集中地表达了这一思想。他说,上帝在造人的时候曾告诉亚当:"亚当呀,我们不给你固定的地位、固有的面貌和任何一个特殊的职守,以便你按照你的志愿、按照你意见,取得和占有完全出于你自愿的那种地位、那种面貌和那些职守。其他受造物,我们将它们的天性限制在我们已经确定了的法则中,而我们却给了你自由,不受任何限制,你可以为你自己决定你的天性。……你能够自由地发展自己和战胜自己。你可以堕落成野兽也可以再生如神明。"人文主义中,自由意志是上帝对人类的天然赐予,因而是无条件的。这是天赋人权思想的最初萌芽。

因此,人本主义在阶级性上是新兴资产阶级(早期城市市民阶级)的,其核心内容是以自由意志为基础、以个体意识为前提的个人主义。它同基督教神学中的"罪人"及宗法制度中的依附之人,是根本不同的思想范畴。吴于廑先生认为农本经济条件下也可以产生人本主义的观点,忽视了人本主义中最明显的本质特征。

## 二、儒家思想是人本主义还是"人伦主义"?

吴先生指出,儒家学说、基督教神学在对待人世问题上有两个不同的特点:一是儒家学说"不鄙弃人世,不否定现实的人间,不把人们的期望引向身后的天堂",儒家历代传人"几乎把他们的全部精神倾注于人世问题的探讨";二是"儒家思想也不以禁欲的态度对待人的感情和欲望"。吴先生由此得出儒家思想是人文主义的结论和见解。

这里引出的问题是,儒家思想以人和人世问题为核心是否意味着它尊重人的个性和自由意志,允许人格的独立和自由发展?儒家思想是人本主义还是"人伦主义"?

儒家思想由孔子的学说体系发祥。的确,孔子的思想是十分世俗的，它没有宗教神学所具有的一般特征：创世神话、神学条律和神职团体等。孔子不提倡来世思想，对诸如"人生有何意义"这类问题的回答很明确："未知生，焉知死？"人生就是目的。在孔子那里，鬼神也是不存在的，"祭如在，祭神如神在……吾不与祭，如不祭"，所以"子不语怪力乱神"。孔子的学说是关于人生和人世的功利性的世俗学说，不是宗教。从这种意义上，孔子的学说是"人本"的。但是，断言孔子学说是"人文主义"，则大谬不然。

历代皇权统治者都认为，"盖万世不变者，孔子之道也"。(王韬：《易言跋》)孔子学说之所以从"诸子百家"中凸出并被抬高到独尊地位，是因为它对人生和人伦社会关系的论述，为社会提供了一套"修身齐家治国平天下"的道德礼仪规范，最适合稳固皇权统治的需要。这套道德礼仪规范，虽从个人的"修身"做起，但绝不意味着完善人性和意志自由。诚如李大钊所言："孔子所谓修身，不是使人完成他的个性，乃是使人牺牲他的个性。牺牲个性的第一步就是尽'孝'。君臣关系的'忠'完全是父子关系的'孝'的放大体。"(《李大钊文集》下卷，第178页)因此，"修身"同样不尊重个人的独立人格和个性自由。

从儒家礼仪规范派生的礼治秩序（"君君、臣臣、父父、子子"），尊卑贵贱（"礼不下庶人，刑不上大夫"），男子治外女子治内，"唯女人与小人为难养也"等类似宗教原则的信条，组成的乃是人伦关系的网络。因此我们觉得，称它为"人伦主义"更合适。它的突出特点就是，不重个体之"人"，而重人生活于其中的宗法、家国关系。李泽厚分析："在中国，人们不相信上帝审判或来世天国，于是便执着地从理智到情感、从现实到观念都处在这个细密复杂的人世的伦常关系的网络中……人的存在和人的本质就是这网络之中，人只是关系，人的'自己'不见了，人性、人格、自由被关系、'集体'、伦常所淹没而消失。"(李泽厚：《中国现代思想史论》，东方出版社1988年，第319页)"三纲"中的臣、子、妻成为君、父、夫的附属品，不再是个性独立、人格完备的意志自由者。

作为人伦主义的核心和精髓，礼治秩序所要完成的是实现社会组织的稳定构造。礼治秩序下，社会成员个体的地位是僵化不变的。具体的个人在出生前就命定了他的位置，这个位置为皇权统治需要的"长幼有序"而被固定化，个人的存在只有通过人与人的依附状态才能表达出来。在这个动弹不得的位置上，人的个性、人格被家国宗法强力而死死地束缚住，任何个性的自由发挥和对礼治秩序的些许反抗，都会被视为"离经叛道"而遭到无情扼杀。每个人在个性遭扼杀后，又自觉不自觉地去扼杀他人的个性自由。"多年媳妇熬成婆"，一旦位置转换，又迫不及待地把自己遭受的苦难加诸他人，于是演出了一幕幕业力轮回、万劫不复的人生悲剧。礼治秩序内部君臣、父子、夫妻的位置虽有变化，但正如孙悟空跳不出如来佛的手掌心一样，具体的个人并不能摆脱礼治秩序强加给人的外在桎梏。所以在中国社会"俗学陋行，动言名教，敬若天命而不敢渝，视若国宪而不敢议……以上制其下，而不能不奉之，则数千年来三纲五伦之惨祸烈毒，由是酷焉矣"。（谭嗣同：《仁学》）人伦主义表面上是人本的，骨子里却是反人本主义的，其作用与基督教神学如出一辙，绝无二致。

如果把儒家思想认作是人文主义，我们将无法理解近现代优秀的思想文化先驱者何以要异常激烈地抨击儒家思想。"五四"新文化运动的先驱者从陈独秀、李大钊到鲁迅、巴金等无不把矛头对准以孔子学说为代表的儒家思想，无不以儒家人伦主义为主要敌人。李大钊说："看那二千余年来支配中国人精神的孔门伦理——所谓纲常，所谓名教，所谓道德，所谓礼仪，哪一样不是损卑下以奉尊长？哪一样不是牺牲被统治者的个性以事统治者？……总观孔门的伦理道德，于君臣关系，只用一个'忠'字，使臣的一方完全牺牲于君；于父子关系，只用一个'孝'，使子的一方完全牺牲于父；于夫妻关系，只用几个'顺''从''贞洁'的名词，便使妻的一方完全牺牲于夫、女子的一方完全牺牲于男子。"（《守常文集》，上海北新书局1950年，第50页。）鲁迅对儒家人伦主义的批判是经典性的。他指出，被封建皇权者奉为圭臬的礼教，其实质就是"吃人"。鲁迅笔下"狂人"那段振聋发聩的呐喊，实际上是鲁迅本人向儒家人伦主义射出的投枪："我翻开历史一查，这历史没有年代，歪歪斜斜的每页上都写着'仁义道德'几个字。我横竖睡不着，仔细看了半夜，才从字缝里看出字来，满本都写着两个字是'吃人'！"毛泽东总结指出，旧中国君权、族权、神权和夫权是压迫和束缚中国人民，特别是妇女的四条绳索。所以近现代进步的革命运动，大都以人的自由和思想解放作为斗争的旗帜，自觉不自觉地把矛头对准儒家思想。如果说儒家思想属于人文主义范畴，那么岂不是说近现代进步的革命运动大都是反人本主义的吗？

儒家人伦主义在中国皇权社会的上升时期，有其稳定社会的积极意义和作用，但是，随着皇权制度不可避免地走向没落和反动，它走向了相反的道路，桎梏人心、戕害人性的本质暴露无异。儒家人伦主义被皇权专制政权当作不可改变、不容置疑的信条强迫信仰和奉行，在漫长的历程中逐渐变成一种物质强力和心理习惯。它对心灵的束缚、人性的扭曲和个性的扼杀，同宗教教化已无二致，可谓异曲同工、殊途同归。儒家思想所出以立论的"人本"出发点，并不能改变自身的反人本主义性质。

遗憾的是，吴先生一方面承认"儒家思想的天道、天理以及依据这种世界观构造出来的全套伦理不过是维护封建统治的吃人礼教"，另一方面又肯定儒家思想是不以人本标名的人本主义。这在逻辑上便陷于难以自圆其说的矛盾中，不知吴先生对此做何解释？

区区无名，挑剔学术权威之璧瑕，实属斗胆包天，愿吴先生鉴在下热爱真理之心。

（《世界历史》1991年第5期）

# "儒家资本主义"论是假命题

19世纪德国社会学家马克斯·韦伯（Max Weber）在其名作《新教伦理与资本主义精神》《儒教与道教》中提出新教伦理有利于资本主义，而儒家思想与现代资本主义不相容的观点，被称为"韦伯命题"。这个命题实际上包括两个部分：一是新教伦理对于资本主义的产生和生长具有助力；二是儒家思想精神难与资本主义生产方式相融合，对后者形成助力。

对于韦伯的这个"命题"，很长时期内人们并未提出异议。自20世纪中叶以后，随着儒家文化圈内的亚洲"四小龙"经济的快速发展，这个命题的有效性开始受到挑战。进入八十年代以后，历史上以儒家思想为正统意识形态的中国大陆，经济发展的快速列车逐渐启动，尤以近20年的快速发展更是令人瞩目。重新审视东亚各国和地区经济发展与儒家思想影响的关系，成为一种潮流。于是，欧美学界一些人和"新儒家"学者，将包括中国在内的东亚"经济奇迹"命名为"儒家资本主义"或"儒家现代化"，从而回应长期流行的"韦伯命题"。

"儒家资本主义"论认为，亚洲"四小龙"以及中国大陆最近半个多世纪所创造的经济奇迹（或称之为现代化成就），主要得益于儒家文化，因为"是儒家使他们忠于家庭、服从权威、尊敬长者，以及勤奋努力、俭朴自制、互相合作。如果缺乏这些伦理信念以及由此形成的价值体系、生活规范与社会结构，那么现代化恐怕很难实现"。（傅佩荣：《儒家与现代化》，见《儒家与现代人生》，上海三联书店2007年，第34页）一言以蔽之，"儒家资本主义"论认为，儒家思想伦理非但不与资本主义牴牾，而且对资本主义乃至现代化还有推动作用。

"儒家资本主义"（或"儒家现代化"）证实"韦伯命题"失效了吗？要回答这些问题，关键是看儒家思想传统是否能够提供资本主义产生的"充分必要条件"。

马克思终生以资本主义为研究对象，他的观点具有无可置疑的权威性。根据马克思阐述的资本主义的根本特点，它的产生和维持需要三个方面的因素为其"充分必要条件"。

首先，资本主义是以资本和雇佣劳动相结合的方式进行生产，这种生产方式的产生所需要的充分条件是，"一方面使社会的生活资料和生产资料转化为资本，另一方面使直接生产者转化为雇佣工人"。（《马克思恩格斯全集》第23卷，第783页）他又说："我们称为资本主义生产的是这样一种社会生产方式，在这种生产方式下，生产过程从属于资本，或者说，这种生产方式以资本和雇佣劳动的关系为基础，而且这种关系是起决定作用的、占支配地位的生产方式。"（《马克思恩格斯全集》第47卷，第151页）这种生产方式的目标是追求利润的最大化，以最快的速度实现财富的增值。资本主义在一百年时间内积累的生产力超过了人类几千年积累的总和，得益于这种有效的财富积累方式。

但是，这一过程所展现的人欲之恶，受到人类趋善之心的厌恶。空想社会主义者对它的批判正是由此而来。因此，承认这种生产方式，就意味着承认人类趋利自私的本性，将创造和增加财富视为一种美德，而不是从道德意义上进行谴责。这一点在资本原始积累时期尤为重要。对财富的追求成为一个时代的风尚（ethos），是资本主义产生的一个基本前提。

其次，生产过程服从市场，产品的出路也依靠市场。换言之，市场是资本主义不可或缺的因素，是资本主义最典型的特征。这一特点决定了生产过程的开放性和产品消费的开放性。它不同于农本经济条件下生产过程的封闭性和产品消费的封闭性。因此，承认市场经济的重要地位，并按照市场规则行事，是资本主义生产方式的不可缺少的环节。

第三，资本和被雇佣者的结合，要求生产过程的自由和产品流通的自由，要求法律制度的建立和有效运作，以保障公平竞争，反对和拒斥贵族特权经济和超经济强制。所以，市场经济又被称为"自由经济"和"法律经济"。

上述三个基本因素就是资本主义生产方式形成的"充分必要条件"，而这些"充分必要条件"恰恰是儒家思想伦理所缺乏的。

首先，儒家的"义利观"使以逐利为特色的工商业行为很难获得道德上的合理性和正义性。孔子说："君子喻于义，小人喻于利。"孟子说："鸡鸣而起，孳孳为善者，舜之徒也。鸡鸣而起，孳孳为利者，庶之徒也。欲知舜与庶之分，无他，利与义之间也。"董仲舒则说："明明求仁义，君子之事。明明求财利，小人之事。"儒家将"君子"和"小人"对立起来，将"义"与"君子"、"利"与"小人"联系起来，其结果自然是"义"与"利"的对立。虽然有学者（如余英时）指出，明清时期的中国商人在精神方面已有重大变化，不再耻谈逐利求富，但从整体上，"义""利"对立至今仍然是积淀于我民族心态最深层的观念之一，尤其是在以"士"组成的主流社会。虽然儒家伦理并不绝对地拒斥逐利行为，甚至连孔子也说"富而可求也，虽执鞭之士，吾亦为之"。（《论语·述而》）但在总体上它并没有冲淡根深蒂固的"义""利"对立观念。这种观念显然不利于工商逐利精神的培育，更不可能促成资本主义制度的建立。

从客观上，作为一种观念形态，儒家伦理无论如何扬"义"而贬"利"，都不会阻止人们在社会实际中对"利"的追求。逐利是人的本性，在"天下熙熙皆为利来，天下攘攘皆为利往"的滚滚俗世中，人们非常清楚"用贫求富，农不如工，工不如商，刺绣文不如倚市门"的致富秘诀。但是，与农本经济互为里表的儒家伦理演变成为制度伦理与思维定式，它对资本主义的否定性作用就显现出来了。

中国传统社会是农本社会。在这个以稳定为追求目标的传统社会中，士、农、工、商即所谓"四民"等级构成社会的主干。在儒家思想伦理中，"士"为四民之首，儒家伦理倡导的皇帝"与士大夫共治天下"的信条，明白无误地表明士大夫阶级的优越地位。作为"劳心者"，士大夫阶级的"治人"地位，受到儒家伦理的特别推崇。儒家"学而优则仕"观念造就的官本位传统，使士大夫汲汲于功名利禄，念念于做官发财。这种行为价值取向，以冠冕堂皇的说法，称作追求"修齐治平"的不朽功业；以通俗的说法，便是满足光宗耀祖、荣华富贵、"黄金屋""颜如玉"的欲望。传统士大夫阶级根本看不起兢兢业业的资本主义创业精神，更不会走上在他们看来粗俗鄙下、充满世俗气的实业道路。儒家"学而优则仕"传统将读书人导向"升官发财"的传统，完全不同于资产阶级以市场为手段去追求"生产殖业"的理想。

在儒家等级伦理中，农民被排在仅次于"士"的地位。这样的次序安排，是因为几千年来中国社会乃是以农业为立国之本。作为"治于人"的物质生产者，农民提供了整个社会存在的物质基础。儒家伦理对于这个等级的最大影响，乃是"不患寡而患不均"的平均主义心理。这种心理使历代农民起义领袖的"均贫富"口号赢得小农生产者最大程度的支持和响应，但在心理和道德上难以接受资本主义生产方式导致的财富地位的不平等。

手工业和商业是最能使资本增值的产业，但却被视为冲击社会稳定、动摇国本的力量，成为皇权专制王朝忌惮的对象，抑制和打击的目标，于是"重农抑末"成为历代皇权专制王朝的基本国策。同时，小农生产养成的"不患寡而患不均"的"均贫富"心理，使工商积累的财富很容易成为下层民众攻击的目标。中国历史上被民间文化推崇备至的农民造反者的"劫富济贫"，不惟针对贪官污吏的不义之财，而且也指向工商业者苦心经营而积累的财富。在传统农本社会里，以工商之途致富，除了在皇权专制王朝重农抑（工）商的基本国策下遭受政治上的歧视，其本身也潜伏着巨大的危险性。

儒家伦理中牢固不破的"义""利"对立观念,在我国国民心理中塑造的是影响深远的"商人重利轻别离"情感伦理。所以,在传统思维中,"工商之人"很少得到正面的肯定,多半被视为精于算计、充满铜臭气的奸猾之徒。以工商致富的经济上的成功者并不能摆脱遭人歧视的地位。在宗法皇权制度之下,处于压抑状态中的商人阶级,或者以奢靡生活将积累的财富挥霍掉,或者用于购买地产转变为以地租为剥削方式生活的地主,但不管采取何种方式,都不可能将手中的财富转化为扩大再生产的资本,实现以资本主义生产方式的资本增值。因此,在中国传统社会中,资本和雇佣劳动的结合,不可能成为占据主导地位的生产方式。儒家伦理塑造的社会心态以及它所服务的社会结构缺乏导向资本主义生产方式的必要条件。

近几十年来,东亚经济发展迅速,保持着持续不衰的活力,成为世界经济发展的明星,被称为"东亚经济奇迹"。有些学者在探讨其原因时,将它与儒家思想的资源联系起来,认为传统儒家伦理价值观,如家族主义、忠诚、尊重权威、重视教育、勤劳节俭、鼓励储蓄等等,是东亚经济奇迹的主要推动因素。"儒家资本主义"成为许多人接受的新概念。

其实,稍做观察就不难发现,日本自明治维新以来一直推行"脱亚入欧"政策,仿效西方模式实现社会转型;二战以后,其经济的率先起飞,也是推行资本主义生产方式的结果。"亚洲四小龙"的经济腾飞,具体原因或有不同,但有一点是根本相同的,即充分认识到市场经济对于财富增值的巨大意义,及时地实现了由封闭经济向市场经济的转化,同时抓住机遇,充分利用了难得的有利的国际经济环境,加入开放的国际贸易大循环。而法律的强化和健全则是保证市场经济正常运作的重要条件。东亚经济奇迹所需要的伦理道德上的"充分必要条件",在儒家政治伦理中是没有的。

20世纪80年代初期开始的改革开放历程,也是在各个方面突破旧的传统思维的过程。首先是打破两千余年以来儒家伦理塑造的义利观的束缚。邓小平提出的那句具有典型时代意义的"贫穷不是社会主义",宣告了一个固守传统生产方式、以贫穷为光荣的时代的结束,开启了一个以有效方式追求个人、社会与国家富强的新时代。此后,"致富光荣"成为一个时代最为流行的重要理念,发展经济、追求财富不再是一件可耻的行为。

其次,商品市场经济的合法性逐渐得到承认,20世纪80年代以后,中共中央以"红头文件"的形式肯定它是"社会主义计划经济的有益补充","经商热"成为席卷全国的潮流,一向坚守"君子固穷"信条的知识分子,在观望、犹豫、彷徨之后也纷纷抛掉"何必曰利"的儒家伦理信条,走向了"下海"创业的道路,终于成为今日中国经济人才群体中的生力军;招商引资,乡镇企业和个体经营,成为中国开放时代最具活力的经济领域。历史的演进终于使这个古老的民族认识到,市场经济乃是高效率的财富增长方式,农本封闭经济与其无法比拟。最终,发展"社会主义市场经济"成为民族的共识,成为追求的目标,庄严地被写入宪法。

第三,与市场经济相配套的法制建设逐渐完善。中国传统社会中,最为流行的观念是皇权至上,所谓"普天之下,莫非王土;率土之滨,莫非王臣",个人权利和个人财产观念都极为薄弱。近代资产阶级革命时期那句响亮的"私人财产神圣不可侵犯"的口号,一直在反抗王权专制制度中发挥着巨大作用。从"姓资姓社"的争论,再到1992年"三个有利于"标准的提出,发展市场经济的必然性和重要性才为全民族所接受,才有了近十几年中国市场经济的顺利发展。与此同时,一系列保护市场经济的配套法律也陆续制定出来。《物权法》的公布,标志着与市场经济相适应的法制建设框架基本完成。

从中国改革开放和经济起飞的整个过程,人们很难看到儒家伦理对于中国经济奇迹的直接推动作用。儒家伦理中"忠于家庭、服从权威、尊敬长者,以及勤奋努力、俭朴自制、互相合作"等因素,在中国两千多年的皇权社会中是一直存在的,但这些因素并没有促使中国社会生产方式发生本质的变化。毋宁说,中国近三十年的改革开放的历程,每前进一步,都伴随着与传统积习的斗争,伴随着克服与破除传统儒家政治伦理阻力的艰苦努力。将中国近三十年的经济发展奇迹归功于儒家伦理的推动,这种似是而非的观点是经不起仔细推敲的;作为资本主义生产方式的主要内容,商品经济、市场经济在儒家思想风光无限的两千多年中始终没有摆脱"萌芽"状态,却在儒家思想备受冷落的最近三十年大放异彩,这个事实本身就颇能说明问题。

(《经济—社会史评》,第5辑,生活·读书·新知三联书店2010年)

# "学以致用"观是非论

在我国思想传统上,"学以致用"观占有极为重要的地位。从孔子的"学而优则仕",到明末清初顾炎武辈的"经世致用",清末张之洞辈的"中学为体,西学为用",以至当今弥漫华夏神州的"凡事为用"思潮,都可以明显地看到"学以致用"观的影子。"学-用"思维模式于我民族可谓源远流长、一以贯之,影响巨大且深远。

中国传统社会因血缘氏族习俗的大量遗存而保留了顽强的祖先崇拜。受此影响,中国传统思想中的"学",主要是指效仿先人,掌握其积累的实际经验、道德修养和行为礼仪等。在中国社会中居于主导地位的儒家思想,其理想和终极目标是建立一个和谐(所谓"长幼有序,尊卑有别")的社会。孟子说:"天下之本在国,国之本在家,家之本在身。"因此,"修身齐家治国平天下"就成了传统上一切为学之人从事"学问"的目的。"学以致用"观的一切成败是非皆源于此。

从积极的方面说,"修齐治平"使命下的"学以致用"观较早地培养了中国传统士人的家国意识,积极向上的参与观念。"达则兼济天下,穷则独善其身","居庙堂之高则忧其民,处江湖之远则忧其君","天下兴亡,匹夫有责","位卑未敢忘忧国",这些几乎溶入中国士子血液、成为其生命意识基本因素的观念,都受到家国意识支配下以学为用的参与观念的影响。宋朝大学者张载提出士子的使命是"为天地立心,为生民立命,为往圣继绝学,为万世开太平",完全是"修齐治平"参与意识的翻版。唐代科举制度的确立,从制度上保障了士子以其学识参与国家事务的权利,使许多家境贫寒的士子通过科举而进身官员阶层,成为国家事务的管理者,扩大了统治基础。这与欧洲中世纪作为文化载体的教士多遁入与世隔绝的教堂而远离尘世迥乎不同。16世纪初期耶稣会士利玛窦到达中土后,很快注意到中国不同于泰西的一个明显事实是,在这个国家中,"整个帝国由博学的、通常被视为哲学家的阶层来管理,有条不紊地管理整个国家的责任完全由他们来承担"。中国帝制时代的文明之所以高于同时期的欧洲社会,很大程度上得因于此。

"学以致用"观念使传统士子较多务实精神,较少浮泛、不切实际的玄想。孔子"不语怪力乱神","敬鬼神而远之",以"未知生,焉知死"为由,拒绝对来世生活作形上之论,树立了以尘世生活为学问目标的榜样。在中国历史上,魏晋玄学和宋明理学一度流行,每每反过来刺激了"致用"思想的发展,尤其是明末以后黄宗羲、顾炎武辈倡导"经世致用",修正了宋明理学空谈心性义理、漠视世用的空疏学风,改变了士子"天崩地解,茫然无与吾事"的做派。可以说,从屈原蒙冤投江,到陈天华难酬蹈海,以至近代以来知识分子为民族危亡而奔走呼号,中国士子上下求索的爱国之举无不与"治国平天下"的务实"致用"观念息息相关。

在对待外来文化上,"致用"思维也造就了中华民族相对宽容的心态,凡于我族类有用者,均不拒绝,胡服骑射可学而用之,胡声胡乐亦可纳而享之。外来宗教如佛教、祆教、景教、摩尼教、伊斯兰教、天主教等入华后均被接纳,与土生土长的儒教、道教和其他地方宗教等和平相处。由宗教引发或主导的大规模的宗教战争,如欧洲11—13世纪发生的十字军东征和17世纪上半叶发生的三十年战争,在我民族历史上是没有的。官方对外来宗教也没有严格意义上的宗教迫害,历史上有名的"三武一宗"灭佛之类的政治事件并非缘于信仰的冲突,而是出于经济的考虑,即"天下僧尼,不可胜数,皆待农而食,待蚕而衣"造成的财力损耗,超出了国家的承受能力。这种现实主义的"致用"态度有利于吸收和接纳外来事物。

但是"学以致用"观的消极影响也是明显的。首先,功利性的"致用"目的使为学不以求真探理为鹄的,脱离了为学的应有轨道,以致"学以致用"变成了"学而优则仕"的同义词,使士子视仕途为致用的捷径。十年寒窗、"一朝成名"的荣耀,"书中自有黄金屋,书中自有颜如玉"的诱惑,以及一登"龙门"则身价百倍的隆迁,使士子们对功名利禄趋之若鹜,耗尽心血。仕途经济带来的巨大物质利益,以其显然的事实确立了为学、入仕和有形之用(所谓"荣华富贵")之间的密切关系,官本位由此形成。学问成为士子们获取进身官场的便捷台阶和敲门砖。"学得文武艺,货与帝王家",几乎成为士子们下意识的为学动机。

汉代罢黜百家、独尊儒术之后,儒家学说成为皇权推行道德教化的至上权威,处于帝王彀中的士子的使命,便是小心翼翼地侍奉其主子,极尽心曲,为帝王的行为作注脚,充当御用文人;或皓首穷经,注释前贤,从故纸堆里为统治者寻找"资治"良方。依附于帝王的士子们以帝王之是为是,以帝王之非为非,成为帝王的政治奴婢和鹰犬,"学术"应有的独立探索精神荡然无存。

功利性的"学以致用"观念削弱乃至扼杀了士子追求真理的激情,造成信仰缺失。战国时代,士子们游走于各国之间,以一己之好恶或一己之私利操纵各国的战与和,欲擒欲纵,纵横捭阖,才学发挥之淋漓尽致,令人叹为观止,可是社会的"正义"和"善"都不曾进入他们的思考范围,更谈不上真正的对"正义"和"善"持久的信仰。汉代以后,士子们入世时往往以儒家思想为正宗,失意消沉时则奉老庄为圭臬,乃至罪孽累累之人也可以皈依佛门,"放下屠刀,立地成佛"。但无论信仰何宗,所希冀于宗教者,无非是保佑自身或宗族之福祉,或为自身之深重罪孽求得解脱。一言以蔽之,一切都是以于己有利、有用为念。儒家虽有"朝闻道夕死可也"的古训,但为形而上的"道"或信仰而殉难者绝少。屈原之投汨罗江,方孝孺反对明成祖夺位而遭诛灭十族……其本质乃缘于政治,比之希腊哲学家苏格拉底为捍卫自已经过艰辛思索而得到的信仰而从容就死，布鲁诺为捍卫己说而遭火刑，不可同日而语。

再次，以"致用"为学问的终极目标，往往使一切智力活动止步于以实用为特征的技术发明，很少进入形而上的学理探索。国人所津津乐道的四大发明其实属于经验技术的范畴，并非形而上层面的学理的重大贡献。李约瑟所著卷帙浩繁的《中国科技史》详举了古代中国的众多智慧成果，但细加思量，其中多数成果为实用的技术性的发明，而很少非实用的理论层面的成就。中国文化史上的突出现象是，有机械的发明而未创造抽象的动力学原理，有对磁石的注意和应用而没有形成定量性的磁作用定律，有对凹凸镜的观察而没有形成物理光学，有应用性的代数而无逻辑演绎的几何学，等等。即使有个别的形而上之论，也是特例，而非通例，更无明显的继承性和连续性。盖所谓"原理""定律""法则"均为高度抽象之事物，非有脱离实际效用的思考和探索无以致之；而脱离"致用"目标的学理探索乃"无用之学"，是我民族最不愿为之事。在西方流传着这样一则故事，说有一位中国哲学家，有人问他大地是靠何物支撑，他回答说："一支乌龟。""那么是什么支撑着乌龟？""一张桌子。""那么是什么支撑着桌子？""一头大象。""那么大象靠什么支撑呢？"哲学家实在不耐烦了："别打破砂锅问到底了！"探讨到此结束。这则故事显然出于西方人的想象，但并非不着边际。对于传统的中国人来说，苏格拉底那种站在大街上无休止地向行人追问和探索"善是什么"的做法，不但不合脾胃，甚至是可笑而难以理喻的；而对于伽利略、布鲁诺辈穷究"地球是否绕太阳转动"这样的"无用"于人事家国的问题，在国人眼中简直就是"杞人忧天"，愚不可及。

我国传统"学以致用"观造成的弊端，在近代国人与西方的交往中表现得至为明显。西方的坚船利炮使国人明白，中华拥有的"器物"在与所谓"蛮夷"的对抗中并不占上风，需要向西洋"蛮夷"学习。但这时的中国人，即使是思想最开放者如魏源、林则徐辈，想到的也只是显而易见的洋人的"技"。"师夷长技以制夷"的观念在当时整个统治阶级闭目塞听、妄自尊大的氛围中，已是了不起的见识了。可是，历史的必然是，以形而下的实用技术为追求目标终究是短视的。洋务派苦心孤诣经营多年的北洋水师在中日甲午海战中灰飞烟灭，戊戌变法的破产，以及辛亥革命后新建共和体制的运转不灵，使国人的探索终于更前进一步："科学"和"民主"遂成为"五四运动"的旗帜，精神层面的改造成为追求的目标。

但是，即使在这个时期，有着悠久"致用"传统的国人也还是难以遽然改变凡事为用的心态。在当时以追求世界潮流自命的留学生中，很多人仍然没有意识到形上之学的"无用之大用"。就在"五四运动"爆发的1919年，正在柏林留学、后来成为著名学者的陈寅恪在与好友吴宓的谈话中，就已经清楚地认识到了这一点。他说："中国古人，素擅长政治及实践伦理学。……故昔则士子群习八股，以得功名富贵。而学德之士，终属极少数。今则凡留学生，皆学工程实业，其希慕富贵，不肯用力学问之意则一。而不知实业以科学为根本，不揣其本，而治其末，充其极只成下等之工匠。境遇学理，略有变迁，则其技不复能用。所谓最实用者，乃适成为最不实用。至若天理人事之学，精深博奥者，亘万古、横九亥而不变。凡时凡地，均可用之。而救国经世，尤必以精神之学问（谓形而上学）为根基。乃吾国留学生不知研究，且鄙弃之。不自伤其愚陋，皆由偏重实用积习未改之故。"（吴学昭：《吴宓与陈寅恪》，清华大学出版社1992年，第9页）在当时民族危机正盛，同样为爱国情怀所激荡的情势下，陈寅恪能洞察"形而上学"于救国经世之根本性"大用"，足见其远见卓识。而于此例，我们可以明白他何以在"文革"这样史无前例的高压环境中仍能秉持精神独立、思想自由之信念而岿然不动，并坚持之，终生不渝，同时我们也可以明白，坚定的信仰必依赖于真正非功利的、独立不羁的艰辛探索，唯"用"是从、翻云覆雨、朝三暮四之徒绝不会有坚定不移的真信仰。

早在"五四运动"发生后的第二年，梁启超就告诫学术界说："凡学问之为物，实应脱离'致用'之意味而独立存在，真所谓'正其谊不谋其利，明其道不计其功'。质言之，则有'书呆子'，然后有真学问。"（《清代学术概论》，上海古籍出版社1998年，第98页。）"五四运动"过去近一个世纪了，然而，我们今天注意到的事实是，现代中国读书人的学术功利心不但不见消退，反而愈演愈烈。对照梁启超的告诫和时下汹涌澎湃的凡事为用思潮，我们真不知为真理而学术的自由理性精神距离我们还有多远。就改造中国社会而论，"五四"前辈们提出的"民主"和"科学"理念现在看来仍没有过时。然而，站在今天的角度看，"民主"和"科学"之功能的发挥需要有超脱"致用"层面的思考。换言之，只有将"民主"和"科学"作为"无用"的纯学理思考，才能不为偏离真理轨道的"现实"所利用和扭曲，才可以发挥二者之"无用之大用"。

（2004年12月；原载于《光明日报》2005年4月26日，有删节）

# "学而优则仕"传统功过说

中国是重视传统的国度。在数千年历史演化进程中，许多东西被作为传统保留下来，演化为国人文化心态的重要组成部分。"学而优则仕"作为这样的传统之一，既是一种有形的习惯，又是一种无形的信仰。这种传统支配中国人的生活观念达两千余年而长盛不衰，至今仍具有顽强的生命力。

"学而优则仕"一语，出自《论语·子张篇》，原作"子夏曰：仕而优则学，学而优则仕"。这句话的本意，各家注释不尽相同。有人解作"做事有空闲时应该学习，学习有空闲时应该做事"，将"仕"训诂为"做事"。但我们知道，主张入世的儒家的根本理想是"修身齐家治国平天下"，子夏所谓的"做事"显然不可能脱离这个根本前提。况且，不管子夏的本意如何，两千余年以来的事实是，"学而优则仕"是作为以学入仕的信条被读书人奉行不逾的。在中国传统中，"仕"的概念从未超出"仕途经济"这个范畴。

子夏强调"仕而优则学"，将它置于"学而优则仕"之前，似乎说明在孔子及其弟子辈所处的时代，"学而优则仕"就已经是很流行的习俗或传统了，子夏要反其道而行之，以矫正时弊。但历史演化的轨迹是，子夏刻意强调的"仕而优则学"似乎完全被后人忘记了，而"学而优则仕"则印进了所有士子的脑海，浸入了血液。尤其是隋唐科举制度形成以后，"学而优则仕"的信条与科举制度融为一体，互为里表，成了士子生活的金科玉律。作为孔子的弟子，子夏的学问与孔子那高墙万仞、不得其门而入无以窥其美的学问相比，无疑不可同日而语，但就历史影响而论，子夏的这句"学而优则仕"却丝毫不逊色于孔子的任何教诲。

"学而优则仕"传统在历史演化中对中国社会产生过积极影响。首先，它确立了学问作为政府取吏的标准。汉代罢黜百家、独尊儒术，使儒家经典成为士子为学的主要内容。以学取士将大部分饱读儒家经典的读书人吸引到官员队伍中，保证了政府运作始终处于接受过儒家道德教训的文吏手中。虽然中国历史上对旧王朝发难、完成王朝更迭者，大多是刘邦式的无赖之徒，但每一个新王朝建立之后，管理国家的任务几乎毫无例外地重新归于文吏之手。历代草莽英雄出身的开国皇帝不得不接受叔孙通的名言"儒者难与进取，可与守成"，承认"马上得天下，不能马上治之"的训诫，并视之为治国要诀，对书生保有相当的尊重，得源于此。文吏统治造就了"士"作为无冕之王的优越地位，也促成了"士为四民之首"的观念。《三国演义》塑造了名士祢衡裸体痛骂曹操而为曹操所宽宥的形象，并非没有文化心理依据。近代文化名人章太炎以大勋章作扇坠在袁世凯的总统府门前大诟袁氏包藏祸心，而被袁氏所容忍，个中原因固不止一端，但有一点可以肯定，士子对世道民心的巨大影响，无论是治世英雄，还是乱世奸雄，都不能不有所忌惮。而在另一方面，读书人坚守位卑未敢忘忧国的信条，以天下为己任，希望将平生所学贡献于国家民族，都与"学而优则仕"传统有关。两千余来士子们秉持以学问介入世事的信念，直到近代的"公车上书"、康梁变法、新文化运动，乃至丁文江辈以科学家之资历鼓吹"好人政府"，其脉络仍然清晰可见。

"学而优而仕"传统对中国吏治的有效性，在很大程度上它对全社会所有等级的开放。唐太宗看到参加科举考试的士子鱼贯而入时，情不自禁地发出"天下英雄尽入吾彀中"的慨叹，反映的是一代雄主对天下英雄为我所用的得意之情。"学而优则仕"传统鼓励士子接受科举制度，将接受过儒家道德教训的士子源源不断地吸收到官僚机构中，成为传统宗法皇权制度下吸收人才最有效的途径。这种选才制度，对于以门第血统为依据的唯亲任用制度，及包含极大偏私和随意性的"举孝廉"制度，其优越性显而易见。尽管"史无前例"的"文革"时代还有所谓"龙生龙，凤生凤，老鼠儿子会打洞"以及"老子英雄儿好汉，老子反动儿混蛋"的粗鄙且滑稽的血统论沉渣泛起，但"学而优则仕"传统下的文吏选拔制度的有效性是无法根本动摇的。

其次，传统社会在本质上是等级社会，其等级结构是很被难打破的，但中国社会等级制度与印度的种姓制度的不同之处在于，各等级的个人可从"学而优则仕"的途径上改变个人的等级地位。中国历史上，所谓"贵族"在很大程度上是一个文化概念，并不是完全由血统决定。对社会各等级的人而言，通过以科举制度为体现的"学而优则仕"途径跻身于士大夫阶级之后，可以加入孟子所说的"劳心者"之列，由"治于人"而变为"治人"，从而由"贱"入"贵"，成为"贵族"，改变自己的等级命运。虽然"朝为田舍郎，暮登天子堂"这种命运的大喜剧只发生在极少数的幸运儿身上，但庞大的官僚机构的存在，足以使众多有才华的穷人子弟得到相应的官位，因此读书人抱定"将相本无种，男儿当自强"的信念，头悬梁，锥刺股，发奋苦读，也有很多得遂其愿的机会。正是由于"学而优则仕"传统为读书人提供了改变自己命运的出路，整个中国社会各等级之间的划分才不像种姓制度那般僵死。

第三，"学而优则仕"传统绵延两千余年而为中国社会所有等级接受，还在于它确立了一个超越各等级而能为所有人接受的原则：学问面前，人人平等。中国两千余年的传统文化并没有创造出多少平等观念，但各等级一视同仁地享受"学而优则仕"的权利，却也是不容否认的历史事实。在西方基督教世界，现世之人可以在"上帝面前，人人平等"的宗教观念中获得基本的平等意识；对于本质上不信教的中国民众来说，"学而优则仕"传统则可以使他们享受到以"学优"而"入仕"的平等。西方基督教世界的信众以信教而为自己争得了平等地成为上帝"仆人"的权利，而中国的士子们则由"学而优则仕"获得了参与政治的平等权。虽然上帝权威之下的"平等权"施于所有信众,使皇帝(或国王)与一般信众成为平等之"人";而"学而优则仕"是以皇权至尊为前提,所谓平等不过是做皇帝奴才的平等,而且仅仅及于为学的士子。

"学而优则仕"传统对中国社会的负面影响,从根本上,是源于以"仕"为"学"之鹄的这个既定前提。在"家""国"一体的宗法皇权时代,以"学"而入仕途,最终结局只能是以"学问"服务于帝王的家天下,因此"学成文武艺,货与帝王家"成为士子们的必然选择与归宿。在帝王家天下附庸关系的等级网中,主仆关系的确立意味着对主子在物质和精神上的依附,于是,以帝王之是非为是非,成为越两千余年不变的通例。被"学而优则仕"信念和科举功名诱入帝王彀中的天下的士子们,在主子面前只能"人主未命而唯唯,未使而诺诺";在"食君俸禄,为君分忧"的附庸伦理支配下,为帝王的"家天下"的长治久安耗尽心力,以便在等于是帝王将相家谱的所谓青史上留取功名,博取"忠""贤""能"的赞辞。

另一方面,进入附庸罗网的士子们也成为专制君主轻慢、侮辱乃至虐杀的对象。这类事例在历史上可谓司空见惯。如刘邦动辄对士吏自称"尔翁"(用今天的话即"你老子我"),会见士吏多以戏侮为乐,取其冠以为溺器,或者傲慢地一边让女人洗脚一边会见士吏。在主仆伦理之下,士子的任何独立意志,在帝王那里都会遇到天然的敌意。游方和尚出身的朱元璋在夺取皇帝宝座后,下令将孟子牌位逐出孔庙,原因是孟子反对君主的绝对权力,主张君臣关系的契约式依存:"君之视臣如手足;则臣视君如腹心;君之视臣如犬马,则臣视君如国人;君之视臣如土芥,则臣视君如寇雠。"(《孟子·离娄下》)与西方中世纪知识人遭受教会迫害不同,中国文人往往成为专制君主淫威的牺牲品。士子以文或言贾祸的事例不绝于史书,成为中国历史上的一道大景观。从秦代的"焚书坑儒",到清王朝的大兴文字狱,似乎都可以从"学而优则仕"传统造就的专制君主的"封主"心态得到解释。

其次,"学而优则仕"传统确立了一个原则,即以"仕途"的飞黄腾达作为"为学"成功的标志,于是对"学优"的追求转化为对仕途经济的追求。由于入仕之途费尽千辛万苦,成功之后必得报偿方为心甘,所以"升官发财"成为士子耗尽心力的永恒追求。这追求中,"升官"是问题的关键,只有升官才有可能掌握更多可以支配的资源,才有可能"发财"。于是,巴结逢迎、欺上瞒下、结党营私,精于"厚黑"之术,成为官场上必须具备的本领,官场之道成为倾轧和整人术的代名词。

更重要的是,士子个人仕途的成功与否不仅关乎读书人个人的前途命运,也攸关家族的兴衰成败。供养子弟读书成为每个家族的头等大事、最大的投资,于是规劝子弟刻苦读书成为整个家族成年人义不容辞的义务。"三更灯火五更鸡,正是男儿读书时""少壮不努力,老大徒伤悲""万般皆下品,惟有读书高""吃得苦中苦,方为人上人"之类俯拾即是的"劝儿语",遂成为千载流传的民众最熟悉的教子格言。在整个家族所寄予的改变现状的重望之下,仕途得意的士子要成为两袖清风的廉吏,真是难乎其难。于是,"三年清知府,十万雪花银"成为官场通例,官场上不愿为五斗米折腰的陶渊明和"难得糊涂"的郑板桥就只有归隐田园,没有其他道路可以选择。这就可以理解两千余年中国历史上,何以老百姓对"青天"的期盼犹如大旱之望云霓,呼唤之声响彻云霄,但"青天大老爷"终是千载之下难得一见的"稀有之物",因为"学而优则仕"的目标就是"升官发财",不发财岂不有违初衷?

对于"学而优则仕"的妙用,历代关心政治的人都是一清二楚。孔夫子骂问稼穑的学生樊须为"小人",是因为这小子似乎不明白在孔子看来很浅显的道理:只要做了官就有"四方之民襁负其子而至矣,焉用稼!"宋真宗赵恒的《劝读诗》,"富家不用买良田,书中自有千钟粟。安居不用架高堂,书中自有黄金屋。娶妻莫恨无良媒,书中自有颜如玉。出门莫恨无人随,书中车马多如簇。男儿欲遂平生志,五经勤向窗前读",更将仕途成功带来的一切美好前景(包括食、居、婚、行等一切方面)赤裸裸地勾画出来。中国社会两千余年以来的所谓"学问崇拜",其实质是对"荣华富贵"的向往,绝不是真正的学问崇拜。在"学而优则仕"传统中,如果有人说读书是为了求知,简直就是痴人之语,会让人笑破肚皮。

因此,"学而优则仕"传统使读书人丧失了两个最重要的人格品质:一是读书人的独立人格和思想自由,二是"为学"应有的形而上学的不懈追求。"学术"以追求真理为依归成为不可能之事,这与古希腊形而上的爱智传统的差别不啻天壤。在古希腊传统中,为发财而追求知识是愚蠢而可耻的想法。柏拉图创办雅典学院,他的弟子中有人学了一些数学公理后,问老师学这样的学问是否可以赚钱,柏拉图听后让人给这个学生几个钱让他赶紧滚蛋,原因是这样的人根本不了解求学的目的,也不配成为学者。这种传统在千载之后的文艺复兴时代再次复活,成为近代科学产生的重要前提。而在中华大地上1905年废除科举之制,曾使许多士子因失去熟悉的事业前景惶惶不可终日。

再次,"学而优则仕"传统虽然承认各等级士子的"平等"参与权,但官僚政治的等级结构使成功"入仕"的士子的最终归位却是等级性的;仕途的升迁成为衡量"学优"的标准,"官大"也就意味着"学优",于是"官大学问大"成为一个不言自明的"真理"。近代以前学问范围有限,所谓"官大学问大"还具有一定的真实性。帮助齐桓公"九合诸侯一匡天下"的管仲,负经天纬地之才的诸葛亮,自信"不为浮云遮望眼"的王安石,以及主张"西学为体,中学为用"的张之洞,都是历史上官高学问也好的显例。但是,近代以来科学技术飞速发展,社会分工日益发达,各种学问已成"分科之学",任何一门学问都足以使一个人耗尽毕生精力而难以窥其全貌。政治家(包括创立了所谓理论体系的政治家)除了在其专精的政治学及其政治实践方面具有较多的发言权之外,在其他领域都不具备任何知识优越性;他的理论不可能是统领一切、包罗万象的绝对真理。在这种情况下,"官大学问大"

是至为显然的谬论。但我们看到，近代以来，中国社会中将政治权威混同于学术权威、科学权威，以政治权威的结论为终极真理，甚至将政治权威置于学术权威和科学权威之上，以政治权威干预学术研究的现象，已是见怪不怪、习以为常，其荒谬性时至今日仍未被充分认识。

最后，应该指出的是，"学而优则仕"传统中的"学"，是服务于礼制秩序的道德哲学，其基本载体是所谓圣贤的"经典"（如"四书五经"），学习的目标和至仕之途的衡量标准是对这些圣贤经典的熟悉程度，其必然后果是，正心修为治国平天下的学问成为正流，被视为学问的正宗，与仕途经济无直接关系的自然研究被排斥在"学问"的范畴之外；对千变万化的自然现象，除了以阴阳五行加以附会臆说外，绝少认真地探索。两千余年的传统治学方式，就是"代圣人立言"，"为往圣继绝学"，以所谓"四书五经"为立说根据，专事冥想，不求实验。在整个古代社会以实用技术为主要内容的发明中，除了一部分（如四大发明）被改造后服务于统治秩序和实际生活外，绝大部分被视为"奇技淫巧"而得不到重视；自然研究则被视为不务正业。中国历史上的所谓"科学家"如张衡、宋应星其实都不是以科学探索的成就为官府重视。直到清末，作为西方文明具体体现的铁路建设传入中国后，仍被当作破坏风水的怪物，受到上至官方下至百姓的敌视。时至今日，我们仍然看到，从事科学研究的人才，面对昔日同窗共读、衣锦还乡的官员同学，还往往不禁产生自惭形秽的感觉；而在政府方面，对于那些在学术研究上做出突出成就的学者，通常的做法往往授之以某个级别的官衔以示尊重。所有这一切都使人清晰地看到"学而优则仕"传统的旧形，使人不得不惊叹于这个传统的顽强生命力，以及它于我民族心态和官场思维的巨大影响。

（2006年8月20日）

# "做官发财"积习历久不衰原因论

## 一、"做官发财"积习至今仍生机勃勃

"做官发财"是中国传统政治伦理中最重要的观念之一,是士大夫所追求的仕途经济的核心内容和人生信念的重要支柱之一。在两千余年的历史演化中,这一观念已渗透到民族血液,演化为文化传统的思维定式,成为国民心态的重要组成部分。早在1916年,陈独秀就以敏锐而深邃的眼光、惯有的犀利笔触,抨击两千余年做官发财积习在国人身心中的根深蒂固:

> 充满吾人之神经,填塞吾人之骨髓,虽尸解魂消,焚其骨,扬其灰,用显微镜点点验之,皆各有"做官发财"四大字。做官以张其威,发财以逞其欲。一若做官发财为人生唯一之目的。人间种种善行,凡不利此目的者,一切牺牲之而无所顾惜;人间种种罪恶,凡有利此目的者,一切奉行之而无所忌惮。此等卑劣思维,乃远祖以来历世遗传之缺点(孔门即有干禄之学),与夫社会之恶习,相演而日深。无论若何读书明理之青年,发愤维新之志士,一旦与世周旋,做官发财思想之触发,无不与日惧深。浊流滔滔,虽有健者,莫之能御。(陈独秀:《新青年》,《独秀文存》,安徽人民出版社1987年,第43—44页)

就本质而言,求富之心,发财之念,乃人类各民族所共有之本性,

不独为我民族所仅有，所不同者只是程度强弱而已。司马迁《史记·货殖列传》谓"天下熙熙皆为利来，天下攘攘皆为利往"，不仅适于商贾，也适于其他阶层的逐利之人；不仅适于个别民族，也适于所有民族。发财致富是人类本能的欲望之一。今之国人不必以正人君子自居，戴着高尚的虚假道德面具，以个别"苦行僧"之类的事例为依据奢谈利他主义，煞有介事、自欺欺人，否认我民族发财传统的存在。

正如陈独秀所指出的那样，"发财本非恶事，个人及社会之生存与发展，且以生产殖业为重要之条件，惟中国式之发财方法，不出于生产殖业，而出于苟得妄取，甚至以做官为发财之捷径，猎官摸金，铸为国民之常识，为害国家，莫此为甚。发财固非恶事，即做官亦非恶事，幸福更非恶事；惟吾人合做官发财享幸福三者以一贯之精神，遂至大盗遍于国中。人间种种至可恐怖之罪恶多由此造成。"（陈独秀：《新青年》，《独秀文存》，第44页）诚然，将发财与做官联系起来，以做官为发财捷径而孜孜以求，历两千余年而不衰，确是我族国民性中最突出的特性之一，是典型的中国特色。此种观念至今犹蓬勃遒劲，生机盎然，实为世界文化史上的奇观。

以今日眼光观之，两千余年中，将"做官"作为"发财"的捷径，而不以实业为追求发财求富的手段，实为我民族长期滞留于传统社会的特征之一，而这一积习演为根深蒂固的思维定式与民族心理以后，又反过来像幽灵一样死死缠住陋习负担极为深重的我民族身躯，成为阻碍我民族走向现代化的极为恶劣的负面因素之一。即使在今日，这一思维定式与民族心理还仍然像鸦片一样时时勾起人们的做官欲望。

做官发财观念何以养成，其坚不可摧之生命力从何而来，如何从制度上铲除这一流传两千余年的病灶，这些问题看似简单，其实异常复杂。它是中国社会实现现代性改造，成为现代民主国家必须解决的重要问题。

## 二、传统农本社会的"重农抑末"政策使"发财"不得不走"做官"之路

两千多年来中国传统社会的最大特点，乃是以农业为立国之本。这个农本社会的最大特点，是维持社会的稳定和简单再生产，它所追求的不是以扩大再生产来实现财富积累，而是在简单再生产基础上保持社会稳定。

这个以稳定为追求目标的传统社会，主要由"士"、"农"、"工"、"商"——所谓"四民"——四个等级构成。在这四民等级中，士与农居于最重要的地位，工、商阶层虽在一定程度上为社会所需要，但并非最重要的因素。士、农之间的主要分工形式是"劳心"和"劳力"：士是"劳心者"，农民则是供养"劳心者"的"劳力者"，其关系则表现为"治人"和"治于人"。士、农、工、商，这样的等级顺序，正表明这四个等级在传统社会中的角色。

在传统社会，就致富之途而论，手工业和商业远较农业便捷，中国古人并非不解此中道理。《史记·货殖列传》记载前人的致富经，"用贫求富，农不如工，工不如商，刺绣文不如倚市门"，可以为证。但手工业和商业被认为是逐巧取利而受到歧视。孙叔敖说："古者必有命（指爵命——引者），然后乃得衣缯丝而乘车马。"（《史记·循吏列传》）历代王朝明令禁止工商之人衣锦绣，相循沿袭，奉为惯例。所以，"衣锦还乡"之人是政治上的得意者，以工商致富的经济上的成功者，并不能摆脱遭人歧视的地位。

更重要的是，手工业的扩大再生产和商业规模的扩大，不同于一家一户的个体生产形式，往往冲击农业生产，造成社会的不稳定，所以很自然地成为皇权专制王朝忌惮的对象，抑制和打击的目标。同时，小农生产养成的"不患寡而患不均"的"均贫富"心理，使工商积累的财富很容易成为下层民众攻击的目标。中国历史上被民间文化推崇备至的农民造反者的"劫富济贫"，不仅针对贪官污吏的不义之财，

而且也指向工商业者苦心经营积累的财富。在传统农本社会里，以工商之途致富，除了在皇权专制王朝重农抑（工）商的基本国策下遭受政治上的歧视，其本身也潜伏着巨大的危险性。

因此，工商业经营者的出路似乎只能是设法进身官僚阶层，使本身财产合法化；如果不能做到这一点，则只能与官府勾结，受其暗中保护，走官商勾结之路。投资官场的好处，首先是买官进入官僚行列，可以取得相应的政治地位，借助升官取得更大的权力空间，谋取更大的发财目标；其次，进身官僚阶层成为"劳心者"，自然就成为优越的特权等级，享受芸芸众生可望而不可及的等级特权；在这种优越性与特权的保障下，其发财便获得了等级秩序认可的"天然"合理性。

## 三、儒家"义利观"赋予"做官发财"道义正当性

"做官发财"的合理性，不仅为农本社会制度合法化，而且也由于儒家圣人之徒的论证发挥而获得道义上的正当性，成为"天不变，道亦不变"的"天道"与"真理"，被民众所接受，并演化为一种理所当然的心态。

儒家思想被历代皇权专制王朝奉为官方意识形态。这种官方意识形态并不以发财致富为恶事。孔子说："富而可求也，虽执鞭之士，吾亦为之。"（《论语·述而》）朱熹《四书章句集注》解曰："执鞭，贱者之事，设言富若可求，则虽身为贱役以求之，亦可不辞。"但儒家主张"修身、齐家、治国、平天下"，即"做官"入仕，所以，在儒家圣人之徒看来，由"做官"而求"富贵"，乃是人生的"正道"；读书不以仕途经济为目标乃是"不务正业"。樊须向孔子问稼穑之事，被孔子斥为"小人"，原因很简单，在孔子看来，读书的目标在于做官，做了官，就有俸禄："四方之民襁负其子而至矣，焉用稼！"

"富家不用买良田，书中自有千钟粟。安居不用架高堂，书中自有黄金屋。娶妻莫恨无良媒，书中自有女如玉。出门莫恨无人随，书

中车马多如簇。男儿欲遂平生志，五经勤向窗前读。"宋真宗赵恒的这首《劝读诗》将"读书做官"、"做官发财"与"荣华富贵"三者之间的关系赤裸裸地勾画出来。它被历代书生奉为"座右铭"，其内在的精神实质与儒家圣人之徒的主张，可谓一脉相承、一以贯之。

儒家"做官发财"之"道"因其义利观而显得冠冕堂皇。孔子曰"君子喻于义，小人喻于利"，将"义"与"君子"、"利"与"小人"联系起来，同时也将"君子"和"小人"对立起来。孟子说："鸡鸣而起，孳孳为善者，舜之徒也。鸡鸣而起，孳孳为利者，庶之徒也。欲知舜与庶之分，无他，利与义之间也。"儒家的"义""利"之分，显示出对仕途"正业"的推崇，对商贾"末业"的不屑。后代儒者所谓的"商人重利轻别离"所表达的是同样的情感伦理。所以，在中国古代文学作品中，"工商之人"很少得到正面的肯定，多半被视为精于算计的奸猾之徒。儒家圣人之徒耻谈以利致富，主张以做官求富贵，视做官为发财的正当途径，奠定了两千余年来读书人做官发财心态基础。

除了以其义利观来说明"做官发财"的正当性，儒家思想还以宿命论来论证"做官发财"的出乎"天意"，即必然性，所谓"生死由命、富贵在天"是也。于是，读书有权利做官，做官有权利发财，做官发财都由命定，便成为中国民众思维的基本定式，成为人人接受的"天理"。做官发财观念与"天命观"相结合，使普通民众的权利意识被完全遏制，造成两千余年来于我民族习焉不察、以为当然的事实：老百姓对于任何自身基本权利被剥夺、被蹂躏的事实，很少从法的角度去考虑其是非，更不会从权利角度去抗争。相反，只能是一方面痛恨官员贪婪，另一方面又烧香拜佛、祈求佛祖保佑自己也有做官发财的好运。

## 四、传统宗法家族制度是"做官发财"的内在驱动力

中国传统社会的最大特点，是宗法家族制度的顽强存在。这种制

度的突出特点，是血缘关系处于人际关系的中心。在家、国一体的政治结构中，政务、家务的运作均以血缘关系为枢纽：家天下与裙带关系是最说明问题的实例。

这一特点表现在家族一面，就是个体成员与整个家族的牢固关系：家族个体成员的行为并非个人独立意志的产物，而与整个家族的意志和命运息息相关，其结果是，家族子弟的命运也就是整个家族的命运。在中国社会，供养子弟读书是家族的头等大事；同样，个人行为对于家族负有一种天然的义务，一个读书人仕途经济的成功与否，与其说关乎个人前途命运，倒不如说攸关家族的兴衰成败。家族子弟仕途之上的沉浮荣辱直接关系到整个家族的根本利益。因此，在儒家传统中，"家贫亲老，不为禄仕"，与"阿意屈从，陷亲不义"及"不娶无子，绝先祖祀"合称为"三大不孝"。"光耀门楣"、"光宗耀祖"等中国传统语汇所表达的，正是这种强大而牢固的家族纽带关系；而个人犯法殃及家族的"诛三族"、"夷九族"，则从反面证明了个人与家族的荣辱与共。

在这种关系中，整个家族竭尽全力为个人进身仕途提供必需的条件，而进身仕途的个人则尽其所能为供养自己的家族做出相应的回报。身负整个家族重望的仕途之人，不能不为改变家族的现状而煞费苦心；十年寒窗苦读的士子一旦走上仕途，必求升官发财以改变家族的现状。所谓"一人得道，鸡犬升天"，正是士子仕途成功给家族带来的客观利益。于此可以理解，做官发财传统下的国人何以陷于一个无法摆脱的怪圈：对贪官污吏既憎恨又羡慕；手中无权时对贪官污吏恨之入骨，恨不能杀尽天下贪官，可是一旦权力在握，则必定绞尽脑汁将这种官僚体制说得尽善尽美、天花乱坠，竭尽全力维护这种制度，同时极尽一切之能事以攫取财富，中饱私囊，填满欲壑。这可以说明，古代仕途得意的士子中，何以两袖清风的廉吏少之又少，直如凤毛麟角，而贪官污吏则层出不穷，多如牛毛，数不胜数。这在某种程度上也可以解释，贪官案发后何以总是揪出一个庞大的家族腐败网——实际上，中国社会的任何贪官都脱不了这个家族腐败网,这是中国官场的特色之一,甚至连所谓的"清官"背后也免不了令人惊诧莫名的家族成员腐败——这种家族成员凭借亲属官势而大发横财,"一人清廉,全家腐败"的现象,实在是中国式宗法家族顽强生命力的有力证据。

在完成了现代性改造的民主社会,如果一个读书人不想在官场上堕落腐败,而又想对家族尽到责任,可以依靠实业经营上的作为来实现。但这种局面的形成需要一个不可或缺的前提,即:实业作为增值国民财富的正常途径得到法律的承认和保护,市场经济成为社会生活的常态。而在皇权专制的农本时代,一个负有改变家族命运责任的士子,其前途只有两个:与贪官们沆瀣一气、同流合污,做官发财;如果不愿意在官场腐败,那么,他只有像陶渊明和郑板桥一样挂冠而去,归隐田园。实际上,陶渊明和郑板桥式的廉吏,在数千余年的中国官场中是被当作稀有"怪物"看待的;而正常的情况是"三年清知府,十万雪花银":做官者发大财,乃是司空见惯的官场本相,天底下人人皆知的官场常态。

## 五、传统吏治制度无力遏制官场腐败使"做官发财"成为必然

中国社会钟情于清官文化历史之悠久,寰宇无双。民众对清官政治向往之持久不疲,世所罕见;对少数清官赞美之不遗余力,争先恐后,令他族望尘莫及,叹为观止;对"青天大老爷"期盼之殷切、热烈,令世界各族瞠乎其后,自叹弗如。这种现象值得反思。《诗经·关雎》描述男子追求女子爱情而不得的情形:"窈窕淑女,寤寐求之。求之不得,寤寐思服;悠哉悠哉,辗转反侧……""辗转反侧"的原因是"求之不得",如果相思之念如愿以偿,又何必苦苦追求?同理,我民族于清官政治朝思暮想,魂牵梦绕,若大旱之望云霓,苦苦追求达两千余年而不松懈,说明中国数千年中清明吏治实在稀少乃至绝无。

1926年,郭沫若曾言:"世界上最黑暗的角落是官场,最黑心的

人是官吏；世界上最黑暗的官场是中国的官场，最黑心的官吏是中国的官吏。"这是郭沫若作为一位涉世不深、心灵尚未被污染的青年人的直率之言。古文字学家杨树达在晚年自白："余性不喜政治。中年涉世，见纯洁士人一涉宦途，便腐坏堕落，不可救药；遂畏政治如蛇蝎。由今日观之，人在社会，绝不能与政治绝缘。余往日所见，实为错误。至仕途腐烂，在国民党及军阀之政权时如此，非所语于今日人民政府之时代也。"（杨树达：《积微翁回忆录》，上海古籍出版社1986年，第1页）杨树达在当时所处的环境中，不得不在这段话的末尾作蛇足之语，其苦心不难想见。

中国传统吏治何以不能防止腐败？在笔者看来，其根源在于，传统政治伦理一厢情愿地相信帝王及官员"大公无私"的美德，天真地相信执权柄者趋向"仁政"的自觉性，对人性恶质的存在视而不见，从未提出"如果执权柄者怙恶不悛怎么办"，尤其是"皇帝冥顽不灵、怙恶不悛怎么办"这种法治制度不可或缺的前提设问，从未正视官场对人性恶质膨胀的催化作用，其结果是，限制大小官员乃至君王恶性滋长的约束机制无从落实，官员腐败不可能在萌芽状态中被及时发现和遏制，而只能在腐败达到不可收拾的局面后，实施不得已的惩罚，以安抚沸腾的人怨。然而，以这种"事后惩罚"的法律机制而欲及时遏制或杜绝腐败，无异于对饿狼不加防范而希望羊群安全无事。中国的吏治制度如不彻底改变，而欲求从根本上解决做官发财传统支配下的官场腐败问题，无疑是异想天开、缘木求鱼。

陈独秀对中国文化传统所塑造的国民心理——"做官发财"是其一端——彻底绝望，故将希望寄托于"伦理之改造"，即接受新思想伦理洗礼之新青年："予于国中之老者壮者，与夫比诸老者壮者之青年，无论属何社会，隶何党派，于生理上，心理上，十九怀抱悲观，即自身亦在诅咒之列。幸有一线光明者，时时微闻无数健全洁白之新青年，自绝望消沉中唤予以兴起，用敢作此最后之哀鸣！"（陈独秀：《新青年》，《独秀文存》，第44页。）陈独秀一代启蒙思想家之所以将希望寄托于青年一代，是因为他们所主张的改造国民伦理、思想先行的社会改造方案，只有在青年一代身上才有实现的可能。

中国现代性改造之所以需要思想先行，道理非常简单：若权力腐败论不能深入人心，则权力制衡制度就缺乏法理依据和群众心理基础；若权力制衡制度不能确立，那么，权力的嚣张就不可能得到根本遏制。换言之，如果拒不接受现代世界普遍接受的"权力意味着腐败""绝对的权力意味着绝对的腐败"的政治伦理，以"奉天承运""天命所归"为权力正义性的基础而实行权力垄断，拒绝民众的政治参与权，那么，权力制衡的防范体系就永远不可能建立；而权力垄断的官场必然是腐败者发财致富、兴欲作乐的天堂。腐败政治宰割下的芸芸众生必然是在徒叹奈何的同时，养成对"做官发财"即痛恨又羡慕的心理：痛恨正在发财的贪官污吏，同时又在羡慕中梦想有朝一日，风水轮流转，我家同样发大财。于此政治机制中，纯洁青年不管其最初的理想多么高尚，一旦踏入仕途，仍然会像吸食鸦片一样染上"做官发财"的毒瘾，还会腐坏堕落，不可救药。此又可断言也。

# 妾妇之道与传统"谏议"政治
## ——读《晏子春秋》有感


一

在古代中国,妾(或妾妇)本是妇女的代称,具体指出嫁的妇女。后来,随着婚姻习俗的变化,"妾"通常转指通过非法定婚姻仪式进入男性家族生活的妇女。妾是中国传统社会婚姻制度衍生的畸形物。

在男权社会里,即使明媒正娶的妇女(妻),其地位也较男子为低。处在"妾妇"地位的妇女,由于不是按照传统的"父母之命、媒妁之言"进入男人家族,其人格权利较之"明媒正娶"的妻,地位更为低下,更得不到承认。这种低下的地位,决定了妾对家族事务没有发言权。后世用"妾妇"一词指小妾奴婢一类地位低下、在男性家族事务中没有正当发言权利或资格的女人;"妾妇之道"这一概念也有意义上的变化。

由于在男人家族中的尴尬处境,妾妇要在家族中生存下去,必须处处谨小慎微,同时又要开动脑筋,想尽办法取得主政男子的欢心。作为一种历史现象,"妾妇之道"的典型特征,是揣摩家主之意,曲意逢迎、刻意讨好——即使为了维护男子家族利益而进言,也不敢理直气壮,仗义执言;与此相对应的是"主父"的权力独擅和予取予夺。

在中国传统社会,家族与社会实为一体,所谓"家规国法"实在就是一个圆点划出的两个半径不同的圆圈,因此,家族之道也就是国家与社会之道;家族行为中的"妾妇之道"自然也可延伸成为政治行为。这种"妾妇之道"显见于皇权制度下的"谏议"政治中。

《晏子春秋》记录中国历史上著名的谏议政治典例，是将"妾妇之道"和政治进谏艺术相结合的经典。《晏子春秋·内篇谏上第二十五》：

> 景公使圉人养所爱马，暴死，公怒，令人操刀解养马者。是时，晏子侍前，左右执刀而进，晏子止而问于公曰："古时尧舜支解人，从何躯始？"公矍然曰："从寡人始。"遂不支解。公曰："以属狱。"晏子曰："此不知其罪而死，臣请为君数之，使知其罪，然后致之狱。"公曰："可。"晏子数之曰："尔罪有三：公使汝养马而杀之，当死罪一也；又杀公之所最善马，当死罪二也；使公以一马之故而杀人，百姓闻之，必怨吾君；诸侯闻之，必轻吾国。汝杀公马，使公怨积于百姓，兵弱于邻国，汝当死罪三也。今以属狱。"公喟然叹曰："夫子释之！夫子释之！勿伤吾仁也。"

晏婴进谏，可谓深谙"妾妇之道"。第一，上峰有错，绝不可直陈其错；要达到劝服上峰改正错误，必须曲意迂回，既要指出上峰的错误，又要照顾上峰的脸面，给台阶下。如果直接指出上峰的错误，不但不能解救马夫，而且可能促使马夫遭殃，甚至危及自己的前途和生命。其次，进谏必须以维护上峰的根本利益为前提。这是进谏能否成功的关键所系。晏子进谏之所以成功，就在于他向景公指出了为一马而杀人的后果，即：百姓闻之，必认为其暴虐；诸侯闻之，必轻视其治国无术。诸侯之蔑视，尚可不予理睬，但"怨积于百姓，兵弱于邻国"，在列国争雄的时代，则万万不能不顾及。于是，君主的杀人之心遂收敛，一场臣下的谏议遂获成功。

类似的例子，屡见于记载。《晏子春秋·外篇重而异者第七》，"晏子谏杀烛邹"：

> 景公好弋，使烛邹主鸟而亡之。公怒，诏吏杀之。晏子曰："烛

邹之罪有三，请数之以其罪而杀之。"公曰："可。"于是召而数之公前，曰："烛邹，汝为吾君主鸟而亡之，是罪一也；使吾君以鸟之故杀人，是罪二也；使诸侯闻之，以吾君重鸟轻士，是罪三也。"数烛邹罪已毕，请杀之。公曰："勿杀，寡人闻命矣。"

两次进谏，路数大同小异，可见这是晏子经常使用的手段。晏子的高明在于巧妙地将劝谏景公之意寓于对臣下的斥责之中，以表面的对下斥责指出君上的错误。因此，"妾妇之道"的运用是否得当，乃是能否成功的关键，故需要用心经营。晏婴将"妾妇之道"运用到谏议政治，达到炉火纯青、天衣无缝的水准，很自然地成为后代仿效的榜样。

唐代贞观时期，被视为开明君主的唐太宗，因马夫弄死了自己心爱的战马，要杀死马夫。长孙皇后劝谏太宗时，也是仿效晏子故事：她一方面以百般温顺侍奉太宗而动之以情，另一方面则以景公受谏赦宥马夫的故事而晓之以理，终于打动了太宗，放弃了杀人之念。

长孙皇后是善用"妾妇之道"劝谏的典型。魏徵虽是唐太宗倚重的大臣，但魏徵屡次不留情面，毫不忌惮地进谏，使太宗十分难堪。某次罢朝，唐太宗气愤难消，对长孙皇后说，魏徵在朝廷屡次发难，使我难堪，誓要杀掉这个乡下佬。精明干练的长孙皇后没有煞费口舌去评判魏徵的是非长短，而是退到内室，煞有介事地穿上朝服，以臣下之礼向太宗祝贺，满足太宗的自尊心："妾闻主明臣直，今魏徵直，因陛下之明也。"一个"妾妇之道"的迂回拍马，直搔到痒处，让太宗转怒为喜，于是一场杀戮忠臣的悲剧，竟然得以避免，而以一场喜剧告终，成为中国历史上进谏纳谏的千古美谈，同时也成了谏议舞台上巾帼不让须眉的典型。此乃"妾妇之道"的妙用。

二

中国传统士大夫受儒家入仕思想熏陶，大多具有治国平天下的豪情壮志，但投身仕途的士子，面对"普天之下，莫非王土；率土之滨，莫非王臣"的"家天下"权力垄断制度，永远不可能摆脱为他人看护家业的"妾妇"地位，于是"妾妇之情"便成为士子天然的情感。所谓"天下乃天下人之天下"的响亮口号，只有在民众揭竿而起时才有可能出现。这种"妾妇之情"在儒士们怀才不遇或遭贬黜之时，表现尤为明显。屈原遭贬于楚怀王乃赋《离骚》，其中有云"众女嫉余之蛾眉兮，谣诼谓余以善淫"，完全是一幅被抛弃的"妾妇"的可怜形象。唐朱庆余《近试上张水部》中的"洞房昨夜停红烛，待晓堂前拜舅姑。妆罢低声问夫婿，画眉深浅入时无"，更是活脱脱的儒士"妾妇行状"。

将"妾妇之道"运用于政治谏议，乃是皇权专制制度的必然产物。皇权专制制度的本质在于皇权外于法律以及对中枢权力（人、物支配权）的垄断。这一特点贯穿于皇权专制社会的始终。秦始皇声称："人迹所至，无不臣者。"司马迁《史记·高祖本纪》记载汉高祖夺取天下后的心态："高祖大朝诸侯群臣，置酒未央前殿。高祖奉玉卮，起为太上皇寿，曰：'始大人常以臣无赖，不能治产业，不如仲力。今某之业所就孰与仲多？'殿上群臣皆呼万岁，大笑为乐。"在臣属方面，这种"家天下"惯例也被视为理故固然。《汉书·哀帝纪》记载，有同性恋倾向的汉哀帝宠幸董贤，将天下视为可以随意处置的己产而赠人，醉酒后，"从容视贤笑曰：'吾欲法尧禅舜，何如？'"遭到中常侍王闳的反对，"进曰：'天下乃高皇帝天下，非陛下之有也。陛下承宗庙，当传子孙于无穷。统业至重，天子无戏言！'"臣子的反对意见好似不同于皇帝的任性行为，但其实质则一，不过认为天下乃皇族家产而已。海瑞给嘉靖皇帝的《治安疏》开头就称："君者，天下臣民万物之主也。"可见，无论对于皇帝还是臣民，都相信"家天下"的万物垄断权乃是天经地义。

既然天下是皇帝的"家天下"，士子的忧国在很大程度上就是为他人作嫁衣裳；儒家所谓"天下有道则仕，无道则隐"，实际上是对这个事实的无可奈何的承认。"食君俸禄，为君分忧"被认为是臣子的职分，但履行职分是万万不可以主人翁自居的。明成祖朱棣明白地告诉方孝孺，他夺取其侄子建文帝的皇位乃是"自家事"，但方孝孺还以主人翁的姿态拒不服从与合作，结果被诛连十族，连门生也随之遭殃。方孝孺的悲剧在于，他不明白皇权专制制度下，所谓"臣""妾"本为一体，即使是所谓"命臣"，其实与妾妇也是一回事，是不可喧宾夺主，甚或反宾为主的。

与这种垄断权相伴随的，是皇帝威严的不可冒犯：所谓神龙"逆鳞"不可触摸的神话，实际上成了皇帝拒谏饰非的"天理"根据。《韩非子·说难》："夫龙之为虫也，柔可狎而骑也。然其喉下有逆鳞径尺，若有人婴之者，则必杀人。"这种神龙"逆鳞"禁忌，使臣下进谏之时，必须用心琢磨，仔细盘算；只有将"妾妇之道"运用得当，且冒犯的所谓"明君"能够纳谏，谏议才能奏效，如果不识时务，犯颜直谏，触及"逆鳞"（所谓"批逆鳞"），则将身败名裂。这方面正反两方面的例子很多。

狄仁杰为大理丞，时武卫大将军权善才误斫皇陵树木，高宗大怒，一定要狄仁杰处斩权善才，狄仁杰坚持罚当其罪，不应处斩。狄仁杰不愧是深谙"妾妇之道"的行家里手，他在"批逆鳞"时将"妾妇之道"运用得炉火纯青："臣闻逆龙鳞，忤人主，自古以为难，臣以为不难。居桀纣时则难，尧舜时则不难。臣今幸逢尧舜，不惧比干之诛。陛下不纳臣言，臣瞑目之后，羞见释之、辛毗于地下。"先将尧舜明君的高帽子优雅地戴在高宗头上，同时又暗喻不接受进谏就意味着甘愿与桀纣为伍，这软硬两手同时并用，果然奏效。君臣彼此给足面子，皆大欢喜！

不过，在暴虐的君主那里，传统的"妾妇之道"的效力就大打折扣。海瑞以刚直见称，他给嘉靖皇帝的《治安疏》，直陈皇帝的荒唐昏聩的同时，也曾为嘉靖皇帝戴高帽子："陛下天资英断，睿识绝人，可为尧、舜，可为禹、汤、文、武，下之如汉宣之厉精，光武之大度，唐太宗之英武无敌……陛下优为之。"但这一套并不发挥作用，终于导致自己身陷囹圄。多亏嘉靖先死,海瑞才躲过一劫。可见,这"妾妇之道"也不是万灵妙药,毕竟,它就像动物界中食草动物身上的一道保护色,仅具有被动的保护作用,而单纯的消极自我保护,是抵不过食肉动物的锋牙利齿的。善用"妾妇之道",对于保全性命固然需要,但生杀予夺的权力毕竟还是操于皇帝之手。所以,在皇权专制制度下,即使处心积虑、挖空心思地小心提防,也难以永远保全身家性命,所谓"伴君如伴虎",此之谓也;因为拥有超越法律权力的皇帝老儿,实际上并非儒家政治伦理所宣扬的"德善天子",而是掌握强大武力、欲望不受约束的恐怖机器,一旦他走上任性妄为之路,"妾妇之道"是无法保障官员免于灭顶之灾的,更不用说普通民众了。

(原载于《社会科学论坛》2010年第13期)

# 传统政治伦理中的两种权力正义观
## ——从诸葛亮与王朗的对骂说开去

《三国演义》是中国古典文学名著,也是中国传统政治伦理经典名著,这不仅体现在"天下大势,分久必合,合久必分"这一人所共知的历史格言所包含的"可怜剃头者,人亦剃其头"的历史循环观念和因果报应思想,而且也包含在它对王朝权力正义性的诠释上。其中第九十三回"姜伯约归降孔明,武乡侯骂死王朗",可以为证。

这一回说的是诸葛亮第一次出师伐中原,智收姜维后,兵临渭水,与魏军对峙。此时魏军以曹真为帅、王朗为军师率军抗击蜀军。两军对阵后,王朗恃其辩才,认为可以说服诸葛亮归附,遂对诸葛亮痛下说词,而诸葛亮则据理力辩,力陈其非。王朗、诸葛亮两位都是饱学儒士,说词极其华美,读来朗朗上口,令人赏心悦目,可谓少见的演说妙文。现抄录如下,共相赏析之。

王朗说诸葛亮:

> 久闻公之大名,今幸一会。公既知天命、识时务,何故兴无名之兵?……天数有变,神器更易,而归有德之人,此自然之理也。曩者自桓、灵以来,黄巾倡乱,天下争横。……盗贼蜂起,奸雄鹰扬,社稷有累卵之危,生灵有倒悬之急。我太祖武皇帝,扫清六合,席卷八荒;万姓倾心,四方仰德:非以权势取之,实天命所归也。世祖文帝,神文圣武,以膺大统,应天合人,法尧禅舜。处中国以临万邦,岂非天心人意乎?今公蕴大才,抱大器,

自欲比于管（仲）、乐（毅），何乃强欲逆天理、背人情而行事耶？岂不闻古人云："顺天者昌，逆天者亡。"今我大魏带甲百万，良将千员。谅腐草之荧光，怎及天心之皓月？公可倒戈卸甲，以礼来降，不失封侯之位。国安民乐，岂不美哉？

诸葛亮答王朗：

吾以为汉朝大老元臣，必有高论，岂期出此鄙言！吾有一言，诸军静听：昔日桓、灵之世，汉统陵替，宦官酿祸；国乱岁凶，四方扰攘。黄巾之后，董卓、傕、汜等接踵而起，迁劫汉帝，残暴生灵。因堂庙之上，朽木为官，殿陛之间，禽兽食禄；狼心狗行之辈，滚滚当道，奴颜婢膝之徒，纷纷秉政，以致社稷丘墟，苍生涂炭。吾素知汝所行：世居东海之滨，初举孝廉入仕；理合匡君辅国，安汉兴刘；何期反助逆贼，同谋篡位！罪恶深重，天地不容！天下之人，愿食汝肉！今幸天意不绝炎汉，昭烈皇帝继统西川。吾今奉嗣君之旨，兴师讨贼。汝既为谄谀之臣，只可潜身缩首，苟图衣食；安敢在行伍之前，妄称天数耶！皓首匹夫！苍髯老贼！汝即日将归于九泉之下，何面目见二十四帝乎！老贼速退！可教反臣与吾共决胜负！

二人对骂的结局是，最终王朗词穷，怒气攻心，栽于马下身亡。据陈寿《三国志》，并无诸葛亮骂死王朗之说，这自然是小说家言，不必计较。但二人的对骂中反映的政治伦理却值得注意。《三国演义》它之所以引起读者的情感共鸣，为读者所喜爱，是因为它处理书中大小事件所依据的中国传统政治伦理，适应了长期以来国人的情感伦理和心态。因此，王朗和诸葛亮对骂中所表达的政治伦理，大致代表了中国传统政治伦理对权力正义的两个基本诠释。

王朗对曹魏政权正义性辩护的理论依据是，"天数有变，神器更易,而归有德之人",这种观念的核心,是"天数"的变化和人的德行。有德之人承受天数变化中的政权,其执政就具有正义性,就是"天命所归""自然之理""应天合人",符合"天心人意"。用当代语言来说,就是适应了历史潮流,乃是历史的必然。因此,王朗整个辩词的核心,是曹魏取代刘汉乃是曹氏家族的德行适应天理演变的结果。

诸葛亮的通篇反驳之词的逻辑则是立足于"正统即正义":汉朝存在四百余年的事实,似乎已经不言而喻地证明了它的正统地位,因此它的承继者蜀汉政权也处于正统地位。这是诸葛亮为何在蜀汉政权与两汉王朝强行扯上承继关系的原因。既然正统即正义,那么,无论两汉政权还是它的继承者蜀汉政权,则当然具有合理性和正义性;既然刘氏家族政权是合理和正义的,那么任何对它的觊觎和不轨行为,都是可恶的僭越行为,因而曹氏政权当属大逆不道。在诸葛亮的反驳中,汉末刘氏政权的纲常失调,没有被归罪于刘氏家族的失德和无能,而是归罪于宦官干政。诸葛亮所着力强调的,乃是刘氏政权的正统地位,刘氏家族的无德无能则处心积虑地避开了。

不过,双方依据的观念都有对己不利的一面。就王朗的"天道演变"论而言,虽然它证明了曹魏政权的现实合理性,但它没有也不可能证明这个政权具有永远的合理性。"天道"演变的存在,意味着万事万物的兴衰更替,这在客观上又论证了曹魏政权迟早要被其他"有德"者"合理"地夺取,因为曹魏政权本身的演变是不能超越于天道的。这自然与论者的本意相反。

诸葛亮坚持的"正统即正义"的观念,从民众接受心理的角度无疑是有力的。中外历史上的无数事实证明,一个政权即使它是以某种不正当的手段得到,只要它能对民众稍施恩惠,时间稍久,就会获得民众的认可,随时光的流逝自然获得其合理性和正义性,任何新兴势力的夺权行为都会被视为非法。但是,"正统即正义"的观念混淆了一个事实:历史正义性和现实正义性不是一回事,二者之间不能轻易地画上等号。换言之,历史上那些曾经一度代表正义的势力和王朝,不可能因一度具有的正义性而妄称自己永远具有正义性，否则它就不会被推翻，就不会有王朝更替了。现实实际中它所表现出的有恃无恐、怙恶不悛、冥顽不灵、横暴邪恶、腐败无能，正是它本身被取代的根本原因。现实中的邪恶又岂能以历史上一度具有的合理性和正义性来辩护？

事实上，一个王朝从开始时具有的合理和正义性到失去其合理性和正义性，是一个必然的过程。当一个新兴势力在它处于生机勃勃的夺权阶段时，它所攻击的处于腐朽阶段的专制政权，实际上是所有民众的压迫者，因此对这个压迫者的攻击，在客观上是符合所有被压迫者的利益的。但当它取得政权以后，它就取得了原来的压迫者的地位，变成了所有民众的压迫者，因此也就失去了对于所有民众利益的代表性，而成为特殊利益者。这个时候还自称代表所有民众，则是欺人自欺的无稽之谈。诸葛亮极力维护其正统地位的刘邦所代表的势力集团，在它推翻暴秦政权过程中是代表正义性和历史趋势的，在他与项羽逐鹿中原时，其行为也有符合民众愿望和利益之处，可以说，他在创立刘汉王朝时期具有合理性和正义性，但若以此便认为刘氏汉朝万世永祚，则是荒谬绝伦。

从当代人的政治观念看，王朗的论辩无疑更胜一筹，因为它以天道演变法则说明了王朝世道演变的必然性，相对而言，诸葛亮的论辩则显得软弱无力。诸葛亮对王朗的有力攻击是对方的个人政治品行，即中国历史上为人厌恶的"二臣"行为。小说作者敢于大胆将故事虚拟为王朗被诸葛亮骂死，不仅是因为这样的情节处理符合作者的情感伦理，而且也相信以读者的情感伦理可以接受这样的处理手法。《三国演义》作者安排这样的结局，显然是由他的权力正义观所决定，他在诸葛亮身上寄托着他的政治理想。

中国历史上，"天道演变"和"正统即正义"这两种权力正义理论，几乎被每个专制王朝驾轻就熟地反复使用，革故鼎新之时则高唱"天道演变"之论，依此证明自己问鼎皇位是"天命所归"，用王朗的话说,就是"顺天者昌,逆天者亡"。这种"天道演变"的观念,在中国民间则表现为一个通俗明了的说法:"皇帝轮流做,今日到我家。"而一旦掌握政权,则会极力鼓噪"正统"正义观,宣扬王朝开创者的神话,以此证明其政权万世永存。历史上绝对没有哪个王朝敢于否定本朝的开创者,即使他原来是一个十足的市井无赖(如刘邦),原因在此。历史的诡谲竟然如此!所以,读史之人,必须有悠然于江渚之上的白发渔樵的旷达、闲逸,跳出利害恩怨的藩篱,拂去历史留下的文字烟幕,才能透过历史的层峦叠嶂,参悟出世间的真谛和万物的真态。

(原载于《历史学家茶座》2006年第3期)

# "汤武革命论"与中国传统政治伦理

"汤武革命论"是中国历史上的传统经典政论命题,自先秦至清,众多思想家无不予以关注。但论者政治立场不同,结论自然迥异,故千载之下,聚讼纷纭,见仁见智,莫衷一是。

## 一、"汤武革命论"的核心是政权合法性

汤武革命是中国历史上的重要历史事件。夏、商末年,夏桀、商纣暴虐无道,夏、商的臣属汤、武起而革其命,取而代之,被称作"汤武革命"。"汤武革命"开启了中国王朝政权以"革命"(暴力)方式更迭的端绪,从此臣下以武力夺取君主的政权,成为中国历史演变的主导模式。

历史上的每一次权力更迭都涉及一个根本性的问题,即正当性与合法性。对一个政权而言,这是必须解决的问题,具有头等重要的意义。孔子曰:"名不正,则言不顺;言不顺,则事不成。"一个政权是否具有正当性与合法性,最重要的条件,是它来得是否名正言顺。换言之,它是如何得来的?其来路是否正当?是奉天承运、顺势而为的合法成果,还是倒行逆施、巧取豪夺的不义之物?"汤武革命"成为中国政治伦理中的经典命题之一,良有以也。

汉初景帝时期发生过一次有关"汤武革命"的著名辩论。这场辩论涉及三个人物,一个是辕固生,一个是黄生,二人是论争对手;因这场辩论是在景帝面前进行,景帝对二人的辩论不得不有所表态,故

景帝也是实际的参与者。《史记·儒林列传》记载：

> （辕固生）与黄生争论景帝前。黄生曰："汤武非受命，乃弑也。"辕固生曰："不然。夫桀纣虐乱，天下之心皆归汤武，汤武与天下之心而诛桀纣，桀纣之民不为之使而归汤武，汤武不得已而立，非受命为何？"黄生曰："冠虽敝，必加于首；履虽新，必关于足。何者，上下之分也。今桀纣虽失道，然君上也；汤武虽圣，臣下也。夫主有失行，臣下不能正言匡过以尊天子，反因过而诛之，代立践南面，非弑而何也？"辕固生曰："必若所云，是高帝代秦即天子之位，非邪？"于是景帝曰："食肉不食马肝，不为不知味；言学者无言汤武受命，不为愚。"遂罢。是后学者莫敢明受命放杀者。

这场讨论的核心问题，是汤武革命模式权力更替的合法性，即以暴力废黜暴虐之君是否合法的问题。辕固生肯定汤武革命，其见解的逻辑基点是"汤武革命，顺乎天而应乎人"。他认为汤武革命，夺取政权，乃是因为"桀纣虐乱，天下之心皆归汤武"；汤武既得"天下之心"，推翻暴虐的桀纣就是"受命"——符合天道——之举。那么，为何说汤武获得了"天下之心"？因为在这场权力更替中，"桀纣之民不为之使而归汤武"。换言之，汤武革命的正当性在于，它得到了包括桀纣治下之民的天下人的支持，是顺势而为，不是巧取豪夺；做到这一点，就具有合法性与正当性。

黄生明确否定汤武革命，其逻辑起点是君臣秩序的天然合理性。这是其观点的基石。他用帽与鞋的比喻来支持自己的观点，推定君臣秩序所规定的"上下之分"具有天然合理性，君臣应各守其位，不可错乱。如果君上行为不合君道，那么臣下要尽臣子的责任，"正言匡过"，但不可诛杀，取而代之，否则便是篡逆之举。

从逻辑学的角度，任何辩论均须有"不证自明的"（self-evident）

起点，这种"不证自明的"起点，在辩论者而言，往往就是某种信条，几乎是无法改变的，除非令对方放弃其信条，否则任何一方都很难说服对方。辕固生理应明白这个道理，就此打住，停止辩论。但此人博学好辩，就此罢手就等于承认自己甘拜下风，所以他不愿看到这种局面。他接下来采取的办法是，拿当朝说事，以"高帝代秦即天子之位，非邪"之问来逼对方放弃其坚持的"不证自明的"前提。不得不说，这实在是逻辑辩论中极高明且厉害的一招。对方无论多么善辩，都不敢对本朝高祖做出否定性结论——那样做意味着将自己置于与本朝政权对立的死地。辕固生的这种辩论手段，实际上是为对方设置一个逻辑陷阱：迫使对方无可选择地接受一个事实——他对这个事实内心可能不以为然，但表面上不得不表示赞同——并且将这个事实作为无可质疑的"不证自明的"逻辑起点，最终得出不愿接受的结论。可以想见，在这个答案不可选择的诘问面前，黄生是无力再进行回击的。

辩论至此实际上已经陷于窘境。可以想见，作为与命题利害最攸关的一方，汉景帝不可能再超然物外了。对辕固生的这个诘问，无论回答是肯定还是否定，都会使汉景帝感到尴尬。以屁股决定脑袋这一官场规则，处于天子位置上的汉景帝，从现实出发，其内心必定赞同黄生之论，认同君臣秩序，反对"以下犯上"，痛恨臣下的觊觎之心；然而，否定"汤武革命"的正当性，就像一个强人高举"替天行道，杀富济贫"旗帜，劫得大量财物之后，转而认定劫掠他人财物为罪恶，鼓吹私有财产神圣不可侵犯一样，其结果必然是否定自己先前行为的合法性与正当性，将自己置于了历史审判台上。在景帝而言，否定"汤武革命"意味着否定刘邦夺权的合法性，否定高祖以"汤武革命"手段获得的刘氏家产的正当性，意味着自己继承的是一份非法遗产；而在另一方面，承认汤武革命的正当性，则同样存在着一个潜在的巨大危险：未来一旦有人将暴君的帽子戴在自己及其子孙的头上，就可以高举"汤武革命"的旗帜，堂而皇之地对自己发动革命。剃人头者总是希望避免被人剃头的下场，处在两难境地的汉景帝只能采取模糊的骑墙立场,以"食肉不食马肝,不为不知味;言学者无言汤武受命,不为愚"的态度,避免做出明确回答以躲开一场尴尬,既为自己留足了余地,也不伤臣下任何一方的面子。

不过,这场讨论给景帝所造成的困窘,显然对他产生了深刻影响,使他意识到此类讨论对本朝政权所具有的潜在危险性,于是便有了"是后学者莫敢明受命放杀者"的局面。很显然,景帝是以"不争议"的决断终止了此后的讨论。但问题是,禁止对这个问题的讨论虽可使汉朝避免论辩带来的是非麻烦,但这个命题所关涉的问题却并没有从此消失。

## 二、"汤武革命"臧否论之优劣

在中国传统社会思维中,"天"是一个最高概念,"天道""天理"统御宇宙万物,于是,两千年"汤武革命"的正当性与合法性问题就变成这样一个命题:这种的政权更迭方式是否符合"天道""天理"?对"汤武革命"的评价,是非两派的对立,实际上取决于一种决定性的观念,即认为"民本"与"君本"哪个才符合"天道""天理"。

最早的否定派以伯夷、叔齐为代表。伯夷、叔齐与武王一样,是商纣的臣民,听说武王要率军讨伐商纣,往见武王劝谏说:"父死不葬,爰及干戈,可谓孝乎?以臣弑君,可谓仁乎?"意思是,父亲死了却不安葬,大动干戈,这是孝行吗?身为臣子却要诛杀君上,这叫作仁行吗?很显然,伯夷、叔齐持论的出发点,是君臣秩序不可违背,违背即是不仁;"以下犯上"便是大逆不道,夺取君上政权乃非分之举,非法行为。但伯夷、叔齐之论忘记了一个前提:商纣的昏庸、暴虐已经破坏了"君臣秩序"的根基;破坏君臣秩序者,其实正是商纣本人。

韩非攻击汤武革命,其起点如同伯夷、叔齐,即认为君臣秩序、上尊下卑为天经地义,"人主虽不肖,臣不敢侵也"。其逻辑依据乃是商纣王宠臣费仲的"名言":"冠虽穿弊,必戴于头;履虽五采,必践之地。"(《韩非子·外储说左下》)他从君权神圣不可侵犯的角度,认为:"臣事君,子事父,妻事夫,三者顺则天下治,三者逆则天下乱,此天下之常道也。"(《韩非子·忠孝》)"冠履之喻"为后世书生所沿用,汉代黄生之论乃是拾人牙慧。

以韩非为代表的法家对"汤武革命"的否定态度,源于"君主本位"观念。在这种立场上,"天意""天理""天道"表现为君臣秩序,君主的尊贵与臣下的卑贱乃是"天理""天道"的体现,符合"天意"的安排,是一种不可改变的秩序。但法家的这种立场忽略了一个前提条件:如果说君臣秩序代表着社会稳定,是人类生活所必需,那么这种秩序存在的一个不可或缺的条件,是要时时确保君主的仁行与勤政;如果说君臣秩序乃"天意",则君主仁行与勤政就是"天意"不可或缺的必要内容。而在实际中,破坏君臣秩序的正是暴君的暴政,这也就破坏了君臣秩序存在的基础与条件。法家的汤武革命论忽略了君主在君臣秩序中的必须遵守的必备条件,将君臣秩序简化为臣下对君上单方面无条件服从。

君尊与臣卑何以合乎"天理""天道"?体现天意?其内在逻辑何在?以"冠履之喻"比附君臣尊卑秩序,似乎精致巧妙,实则不伦不类。首先,帽子与鞋子哪个更为可贵?从实用性上,恐怕是"履"更不可缺少,如果说帽子尚可略去,赤脚者则恐寸步难行,如此说来,则"冠"之可贵何来?显然,"冠"的所谓"高贵性"乃是人为赋予的因素,并非其天然本性;其二,帽子与鞋子同为人类所需,二者之间并不存在像君主与臣民一样的统属关系,更不会像暴君奴役、戕害民众一样,存在帽子对鞋子的奴役与施虐;其三,更重要的是,这种"冠履之喻"在根本上乃是不同事物之间的任意比附,而非逻辑推理,就如同现代学者辜鸿铭以"一把茶壶配几只茶碗"之例论证男人多妻乃天然之理一样,均属牵强附会、任意比附、强词夺理而已。除非能证明君就是"冠",臣就是"履",否则这种任意比附的比喻是毫无意义的。

"汤武革命"的否定论者也承认君主会犯错,但反对"主有失行,臣下不能正言匡过以尊天子，反因过而诛之，代立践南面"，认为可以在"君臣秩序"的前提下帮助君主改正错误。这种逻辑貌似合理，其实完全有悖于历史事实：在君主乾纲独断的专制制度下，暴君之所以为暴君，唯我独尊、自我迷信、刚愎自用、拒谏饰非，乃是其基本的性格特征。如果暴君能听得进臣下的进谏并改正错误，就不成其为暴君了，更不会招致天怒人怨、人神共愤了。如果商纣不是酒池肉林、荒淫无度，不制造"刑辟""炮格之法"，不是囚箕子、剖比干，还是历史上的商纣王吗？大凡暴君，哪个不是拒谏饰非，怙恶不悛，自命不凡、自以为是、我行我素、凶恶暴烈？而且，暴君都有一套自视高明的"暴君逻辑"，要使之改弦更张，无异于幻想染缸里出白布；寄希望于暴君纳谏如流，乃致天良发现，改过自新，这是异想天开，痴人说梦。

　　肯定"汤武革命"者以孟子、荀子为代表。孟子是重民思想中走得最远的思想家，如他主张"民为贵，社稷次之，君为轻"，又主张"桀纣之失天下也，失其民也；失其民者，失其心也"。齐宣王问孟子臣下是否可以弑君的问题，孟子的回答决绝而肯定："贼仁者谓之贼，贼义者谓之残，残贼之人谓之一夫。闻诛一夫纣矣，未闻弑君也。"（《孟子·梁惠王下》换言之，是否为"弑君"关键是看君主本身，残仁害义的君主已经失去君的资格，成为千夫所指的独夫民贼，故人人可得而诛之。荀子也是循着孟子同样的思路评价汤武革命："天下归之之谓王，天下去之之谓亡。故桀纣无天下，汤武不弑君，由此效之也。汤武者，民之父母也；桀纣者、民之怨贼也。今世俗之为说者，以桀纣为君，而以汤武为弑，然则是诛民之父母，而师民之怨贼也，不祥莫大焉。"（《荀子·正论》）以孟、荀的主张，汤武革命的正当性，是桀纣的暴虐，暴虐则失德，失德则失道，失道则失民心，失民心则失天下，一言以蔽之，桀纣失天下乃是丧失民心、"天下去之"的必然结果。孟子、荀子思想中"对暴君造反有理"的主张，包含着对当时及后世君主的警告。

在孟子、荀子所代表的儒家的思想中,"天"是一个最高概念,但"天意"却不是由"天"自身表达的,天何言哉?"天意"是通过人、人心来体现的,即"天视自我民视,天听自我民听",民心即天意,顺应民意与人心,意味着"上合天意,下应民心"。儒家将"天意"与民心统一起来,并把它改造成衡量君主行为的尺度与制约力量,确有其不同凡响之处,具有通向主权在民的现代民主政治倾向。

但认同"汤武革命",赞成暴君可人人得而诛之,这种观点也有难以逾越的局限。最大的问题是,如何了解民心与民意?如何判断暴君或暴政,然后加以驱除?孟子提出一种办法:"左右皆曰可杀,勿听;诸大夫皆曰可杀,勿听;国人皆曰可杀,然后察之;见可杀焉,然后杀之。故曰,国人杀之也。如此,然后可以为民父母。"(《孟子·梁惠王下》)初审之下,这想法有点类似现代公民社会中的全民公决,但仔细考察却发现其中的巨大差异。现代社会全民公决是与整个法治社会相适应的,有一整套操作体系,并有相应的政党力量为之保证,弹劾与罢免有重大缺陷或恶行的国家元首可依法而行,环环相扣,有一套完整的程序;即使要付诸全民公决,也要经过一定程序。但在古代中国,尤其是帝制时代,对于冥顽不灵、暴虐无道的君主,由谁提出罢免的动议?通过何种程序?在君主怙恶不悛的情况下,哪种力量可以制衡之并使之服从法律?那些仰君主鼻息的谏官,真敢舍弃身家性命去逆君主"龙鳞"吗?即使有个别贞臣冒死相谏,能改变暴君的暴政吗?历史呈现的事实是,在一意孤行的暴君面前,任何忤逆君主之意的力量最终结局几乎都是毁灭。

此外,以"得而诛之"这种以暴易暴方式的政权更替,会产生很多问题。

首先,世间并无天生的暴君,君主向暴君的转变有一个过程:从任性妄为、倒行逆施,发展到为非作歹、恶贯满盈,招致天怒人怨、人神不容,成为千夫所指的独夫民贼,几乎无例外地都有一个过程;这个过程的终点,便是民众斩木为兵、揭竿而起,以武力发动诛暴君的起义。从起点到终点——执政君主积小恶到大恶,成为滥施暴政的暴君,再到民众起而反抗——这个过程大多是相当长的。暴君暴政形成的过程,也是民众必须忍受痛苦的过程。如何及时阻止暴君、暴政的形成,减少民众遭受暴政的虐待?

其二,依照孟子的说法,君主一旦成为施行暴政的暴君,他便失去了作为君主的资格与权利,民众对暴君便拥有了"得而诛之"的权利。这只是理论上的可能性。暴君即使成为千夫所指的"独夫民贼",也不会自动放弃国君手中的权力,相反,他会变本加厉地利用国君的名义,牢牢控制国家的整体武力。越是暴虐的君主越是迷信武力,依赖武力并容易诉诸武力。"民众"在抽象意义上是一个整体,但在实际社会上则表现为具体的个人。以具体而渺小的个人而欲诛杀掌握国家武力的暴君,如何做到?难也矣。

最后,也最重要的是,诛杀暴君在理论上具有正当性与合法性,但诛杀行动却不是人类生活的常态,而是遭受暴君苦虐的民众为改变现状不得已采取的非常手段。以诉诸武力的方式完成政权更替,必然造成对民众生命财产与社会生活、生产的极大破坏,大规模的"汤武革命"式的"诛暴君"行动不可避免地带来巨大社会动荡,其必然结果是,无数民众转死沟壑,付出生命、财产的巨大代价,整个民族数十年乃至上百年积累的财富化为乌有。"汤武革命"式的政权更迭,无法摆脱以暴易暴带来的巨大破坏,这是无法否认的事实。

## 三、"汤武革命论"没有突破旧政治伦理窠臼

中国几千年的历史昭示的一个恒久不变的事实是,一个人或一个集团对旧政权发动革命时,往往要颂扬汤武革命,而一旦获得大位,则往往很快改变立场,转为否定汤武革命,支持君臣秩序。最典型的例子是朱元璋。他参加起义军、决意问鼎大位时,内心所想到的一定是暴君可诛的道理。但他夺取皇位后,其立场迅速转移到了君臣秩序

上。洪武五年（公元 1372 年）朱元璋偶览《孟子》，读到"君之视臣如土芥，则臣视君如寇仇"一段时，不禁怒从中来，下令将孟子逐出文庙殿外，不得配享，虽然后来又恢复了孟子的配享，但维护君臣秩序的意志可谓空前强烈。帝制时代两千年的政权更替史，其实就是"汤武革命"模式之下"剃人头与被人剃头"式悲喜剧交替上演的历史。

对于每一个朝代而言，如何诠释"剃他人头"的正当性，阻止他人萌生觊觎之心，同时防止"被人剃头"，成为必须做的课业。对"汤武革命"这个传统命题的诠释，消耗了无数为帝王作嫁衣裳的书生们的心血，但不管如何苦心孤诣、绞尽脑汁，其结论无非依违于是非二者之间。

苏轼作《论武王》认为，后世认同汤武革命，乃是受了孟子的蛊惑。苏轼认为，假若周文王活着，不用革命天下就自然变动过来，改朝换代自然实现。苏轼一生自视甚高，但观其政论，却难显其睿智，往往多为一厢情愿的书生之见。遍观史册，哪一个暴君会自动纳谏如流，放弃暴政，改邪归正，主动让贤？苏轼并非缺乏识见，乃固执于传统君臣秩序之观念，为其蒙蔽耳。

持调和态度的是朱熹。在朱熹看来，肯定"汤武革命"有两个条件，即：臣下要"有汤武之仁"，君主犯有"桀纣之暴"。如果为君者不是桀纣，为臣者不具备"汤武之仁"的德行却别有用心地发动"革命"，那就是"篡弑"。这种态度决定了他对武王的评价有所保留："尧舜之禅授，汤武之放伐，分明有优劣不同……文王'三分天下有其二，以服事殷'，武王胜殷杀纣，分明是不及文王。……盖天下有万世不易之常理，又有权一时之变者。如'君君，臣臣，父父，子子'，此常理也；有不得已处，即是变也。"（《朱子语类·万章下·伯夷目不视恶色章》）一言以蔽之，朱熹认同汤武对暴君"不得已"革其命的正当性，但他同时也想到了一个可能性：汤武革命这面旗帜很可能被有野心的觊觎者所利用，故提出"汤武之仁"的条件，去维护君臣秩序——所谓"万世不易之常理"。

但问题仍然没有得到解决：君主的"桀纣之暴"、臣下的"汤武之仁"如何确定？由谁做出判断？这些问题在近代社会契约论提出之前，是始终无解的。

近代社会契约论的最大贡献，在于它解决了君权的世俗来源问题，它认为君权并非神授，而是民众缔结契约的结果，来自被统治者的认可。在原始状态中互相敌对的民众为了减少彼此的伤害，维护自己的利益而形成契约，让渡出部分天然权利，得到契约权利；让渡的这部分权利就是政府（君主）权力的来源。政府的权力既然来自人民，则必须接受人民的监督，维护民众达成的契约。如果政府违背或破坏社会契约，则人民有权决定和变更政府形式和执政者，包括用起义的手段推翻违反契约的统治者。人民的"公共意志"（公意）由人民自己决定，由公民团体组成的代议机构作为立法者，通过讨论来产生公共意志。换言之，代表"公共意志"的君主或政府之去存，其决定权在人民及服从其意志的组织。正如美国《独立宣言》开篇所说，造物者创造了平等的个人，并赋予他们若干不可剥夺的权利，其中包括生命权、自由权和追求幸福的权利。为了保障这些权利，人们才在他们之间建立政府，而政府之正当权力，则来自被统治者的同意。任何形式的政府，只要破坏上述目的，人民就有权利改变或废除它，并建立新政府；当政府一贯滥用职权、巧取豪夺、一成不变地追逐这一目标，足以证明它旨在把人民置于绝对专制统治之下时，那么，人民就有权利，也有义务推翻这个政府，并为他们未来的安全建立新的保障。在这种思路之下，朱熹所设想的对于"桀纣之暴"的判断，以及谁具有"汤武之仁"资格的认定，都有了付诸实施的现实条件。换言之，对当政者行为是否合法的判定，对当政者去留的判定，其权利掌握在民众及其公民团体组成的代议机构手中。

毋庸说，中国古代思想家的所谓民本思想从未上升到人民主权的思想高度，更没有从人民主权思想得出结论：国家乃人民与公权掌握者订立契约、让渡部分权利之结果；如果公权掌握者违背契约，滥施权力,则人民有权收回让渡之权。不过,话说回来,即使有思想家走出了这关键性的一步,创造出了卢梭式的社会契约论,那么在中产阶级从不发达的传统社会,也没有任何阶级有力量去制约君主及其集团的特权横行。此又可断言也。

(原载于《社会科学文摘》2018年第4期,全文原刊于《史学月刊》2018年第4期)

# 后 记

在进入"知天命"之年后编辑这样的文字集结,自然有"敝帚自珍"的感情存乎其间,但也想借此机会检讨一下个人长期求学的得失。翻检之下,仅得此区区篇什,不免既惭且愧,羞恐交加。但静心想来,便不觉释然:驽钝之人本不该有何非分之想,更不应存何"鸿鹄之志";以瘠薄之资而奢望"名山事业",不独与理相悖,亦乏自知之明。结果如此,岂非宜然?

学者以学术安身立命。每个学者的兴趣与天赋不同,决定他们选择不同的学术道路,与不同的学术对象结缘,留下不同的学术轨迹。我从来不奢想自己的文字可以藏之深山,流传后世,只希望它们能证明我生命的个性化存在。

学问乃素心人的事业,我对治学所要求的"素心",时时铭记并力求付诸实践。然于治学之道的感悟,始终不敢自认为得其要领。"术业专攻"乃治学要诀之一。刘家和教授多次提醒我,治学须避免"游谈无根",力戒"上不着天,下不着地";他谦虚地以身说法,说自己治学成就不大,除了个人无法主宰的客观原因,主观原因乃在于兴趣太泛,以致岁月蹉跎,劳而无功。刘先生乃当世博学鸿儒,学问大家,对后学提携与奖掖,不遗余力,为学界所熟知。他对治学之法的感受真实而深刻,对我的批评可谓切中要害。我暗自忖度,尚称勤勉,但研究成绩乏善可陈,个中缘由无他,性喜猎奇,用功不专故也。最近二十余年,我游历于中外关系史研究、翻译与散论写作之间,从未专守于一端。几十万涂鸦文字竟然可结为《随缘求索录》与《传统权力神圣观研究》两部集子。谚云："搏两兔者不得一兔"，如此见异思迁，焉能望正业有成？生命有涯而学问无限，以有涯而逐无限，殆矣。

记得领袖在"文革"时期曾说过，人之阶级本性"改也难"。既然后天之阶级本性"改也难"，则与生俱来的自由天性，又如何改得了呢？如之奈何？

本书获清华大学历史学系出版资金资助，谨致谢忱。

2018 年 3 月于北京清华园

Chinese Copyright © 2019 by SDX Joint Publishing Company.
All Right Reserved.
本作品中文版权由生活·读书·新知三联书店所有。
未经许可,不得翻印。

## 图书在版编目(CIP)数据

史学管见集/张绪山著.--北京:生活·读书·新知三联书店,2019.10
ISBN 978-7-108-06004-4

Ⅰ.①史… Ⅱ.①张… Ⅲ.①史学-文集 Ⅳ.①K0-53

中国版本图书馆 CIP 数据核字(2017)第 144485 号

| 选题策划 | 知行文化 |
|---|---|
| 特邀编辑 | 江山美 |
| 责任编辑 | 朱利国 |
| 封扉设计 | 陶建胜 |
| 责任印制 | 卢 岳 |
| 出版发行 | 生活·讀書·新知 三联书店 |
| | (北京市东城区美术馆东街22号) |
| 网 址 | www.sdxjpc.com |
| 邮 编 | 100010 |
| 经 销 | 新华书店 |
| 印 刷 | 北京隆昌伟业印刷有限公司 |
| 版 次 | 2019年10月北京第1版 |
| | 2019年10月北京第1次印刷 |
| 开 本 | 635毫米×965毫米 1/16 印张 25.5 |
| 字 数 | 296千字 |
| 印 数 | 0,001-6,000册 |
| 定 价 | 68.00元 |

(印装查询:010-64002715;邮购查询:010-84010542)